LETTRES

DE MADEMOISELLE

DE LESPINASSE

AVEC

UNE NOTICE BIOGRAPHIQUE

PAR JULES JANIN

PARIS : AMYOT, RUE DE LA PAIX.

LETTRES

DE MADEMOISELLE

DE LESPINASSE

PARIS. — IMPRIMERIE CLAYE, TAILLEFER
RUE SAINT-BENOIT, 7.

MADEMOISELLE
DE LESPINASSE.

On pourrait intituler ces pages : *Le Roman de Mademoiselle de Lespinasse*, tant la biographie de cette femme célèbre ressemble à une fiction qui serait arrangée par un romancier habile, avec toutes les grâces de l'imagination la moins correcte, et la plus hardie. C'est même un de nos grands étonnements, qu'au beau milieu de ce XVIIIe siècle si rempli d'idées positives, de réalités sérieuses, de faits immenses, accomplis de la façon la plus futile, on rencontre dans les deux sexes, tant de héros de roman. L'étrange aventure ! que ce XVIIIe siècle réservé à des destinées si terribles, et qui devait accomplir d'une façon plus que sérieuse, grand Dieu ! une révolution de géants, nous semble au premier abord, uniquement régi et gouverné par des bergers, par des amoureuses, par des rêveurs, frivoles héros d'un décaméron d'esprit, de poésie et de licences. Rien n'est plus vrai, la forme est bouffonne si le fond est grave ; ces hommes-là et ces femmes, dans leurs passions, dans leurs livres, dans leurs lettres, dans leur plus intime causerie poussent le monde aux révoltes salutaires que doit recueillir Mirabeau plus tard, eh bien ! regardez autour de vous, pas une biographie de ces hommes importants qui ne ressemble à une fiction bien arrangée, à un drame fait à plaisir. Voltaire, fêté par les Anglais, qui saluent la *Henriade* comme nous saluerons plus tard, les tragédies de Shakspeare, Voltaire et madame Duchâtelet, quel roman plus rempli d'incidents, de grâces, de fantaisies ! — La vie entière de Jean-Jacques Rousseau, quel poëme merveilleusement disposé pour y mêler d'une main abondante, le positif et l'idéal, la misère et la fortune, les grandes joies et les grands désespoirs, quel drame plus accompli de la passion, de la misère, de l'éloquence, des remords, de la honte, de l'orgueil ! — Quelle sanglante tragédie, Gilbert ! — Quelle farce de la foire étincelante et honnête, mêlée de gravelures et d'esprit, la vie de Piron ! — Quel petit conte sentimental, ce grand écrivain Lesage, qui, devenu vieux et aveugle, se sent ressusciter, un instant, chaque jour, quand le vif rayon d'un clair soleil vient à frapper ce noble crâne, d'où est sorti *Gil Blas* ! — Diderot, poëte, historien, romancier, amoureux, orateur, roi à Paris, roi à Saint-Pétersbourg, roi partout où l'Éloquence est reine, fêté des femmes, fêté des impératrices, amoureux de tous les sourires et de tous les beaux yeux, amoureux de la forme, autant que de la vertu, quelle fête perpétuelle, ce Diderot ! — La vie même de Fontenelle, Fontenelle mêlé à toutes les petites révolutions du monde politique et du monde lettré, le berger caché sous les combles du Palais-Royal, quand régnait M. le Régent, Fontenelle, cet homme exquis des fêtes, des élégances et des bons mots.... sa vie est une idylle et une satire, tout ensemble, du Théocrite brouillé avec du Lucien.... et c'est là pourtant un des hommes les plus majestueux du siècle passé.

Les femmes ! ah ! les femmes de ce siècle des petits soupers et de la grande Révolution, voilà des êtres à part, volcans poudrés, frisés et pomponnés qui sont autant d'impromptu et d'énigmes ; de ces énigmes chacun s'imagine trouver le mot, sans trop de peine ; essayez-en, plus vous étudiez le mystère, et plus le mystère s'entoure de ténèbres. Bacon parlant du cœur humain, intitulait son chapitre : *De Speluncâ*, de la caverne, et Bacon lui-même n'eût pas mieux dit, s'il eût voulu ajouter un chapitre aux romans de Duclos. *La Caverne!* A cette époque des révoltes de l'esprit et des sens, quand les femmes règnent par le désordre même qu'elles ont soulevé dans tous les esprits, dans tous les cœurs, il faut les chercher *dans leur caverne*, c'est-à-dire dans leurs folies, dans leurs paradoxes, dans leurs étincelantes amours, dans leurs tristesses passagères, dans leurs joies d'un instant, dans leurs frivolités et dans leurs vices ; elles ne méritent pas mieux que cela dans les respects de l'histoire, dans l'estime des honnêtes gens ; serpents qui ont la tête des anges ; vipères cachées sous les fleurs ; elles ont perdu, en se jouant, une monarchie qui n'avait pas son égale sous le soleil, et parce qu'elles se sont jetées avec courage, sous le fer de la guillotine, elles ont cru qu'elles étaient quittes de tout le reste. — Mais au fait, elles ont subi des expiations cruelles, et ce que nous avons de mieux à faire, c'est de leur pardonner !

D'ailleurs c'est notre histoire, depuis longtemps et à toutes les époques — Toutes les fois que la société française n'obéira pas à quelque discipline sévère, à madame de Maintenon, aidée de Louis XIV, par exemple, vous aurez beau chercher des femmes sérieuses, dans tout ce monde qui obéit à ses fantaisies, vous ne trouverez guère que des héroïnes de romans : madame d'Houdetot, madame d'Épinay, madame Helvétius, madame Favart, mademoiselle Quinault ; elle-même, madame la Maréchale de Luxembourg, mademoiselle Aïssé, la belle esclave que notre ambassadeur amène de Constantinople, et qui, chemin faisant, à peine a-t-elle touché la terre libre de la France, fait du maître qui l'a achetée, son propre esclave... Non, la fiction ne saurait imaginer des créatures mieux faites pour intéresser et pour plaire ; beaux visages, tendres cœurs, vaporeuses pensées, timides éclairs ; je le répète, le roman est partout, si vous voulez le chercher sans dénigrements et surtout sans déclamation ; — madame Geoffrin, c'est un roman d'un bon et aimable caractère, un peu causeur, un peu taquin, un peu long ; — madame de Tencin, la belle et scélérate chanoinesse de Tencin, c'est une orgie ! Elle commence par exposer, sur les marches de Saint-Jean-le-Rond un enfant de son premier bail, et cet enfant, recueilli par *la vitrière*, s'appellera d'Alembert. — Bientôt la chanoinesse de Tencin rentre dans le monde par cette porte d'enfant-trouvé, et elle gouverne par son esprit, autant que par ses complaisances, cet intrépide bouffon, ce pantagruélique Talleyrand, le cardinal Dubois, une de ces puissances bouffonnes, baffouées, intelligentes, admirablement intelligentes, dont la vie est arrangée comme le serait une satire de Juvénal.

Tous ces gens-là, à commencer par le roi Louis XV, à finir par le *neveu de Rameau*, le roi dans sa pourpre rongée d'ennui, et le philosophe paradoxal dans les habits et dans l'orgueil du cynique déguenillé, mènent une vie qui ne ressemble à nulle autre. Sur le seuil du Parc-aux-Cerfs, on se demande si le roi est fou, si le vice n'a pas monté à sa tête, comme fait l'ivresse de l'opium ? Dans la boue où il se complaît, digne habitant coassant de cette eau fangeuse, on se demande si Rameau n'est pas le fantôme grotesque de Diogène dégradé, dégradé jusqu'à tendre le dos aux fouetteurs de Saint-Lazare, qui fouetteront avant peu le père adultérin de Figaro.

Le roman ! il est dans les bruits, dans les silences, dans les fortunes des parvenus ; dans les ruines subites des grandes maisons ; il est à la Bastille et à Choisy-le-Roi ; dans les cabanons de Bicêtre et dans les grands appartements de Versailles ; madame de Pompadour, madame du Barry, ces poëmes amoureux et galants ! Ce siècle a commencé par le roman de Law le financier, il se termine par la tragédie sanglante de 1792. — Féerie aux mille aspects divers, véritable conte des *Mille et une Nuits*, avec cette différence que la sultane favorite, une fois que son conte est achevé, est étranglée sans pitié avec sa sœur et son sultan ; crême fouettée, mêlée de sang, idylle au musc et au poivre de Cayenne. Des enfantillages, des crimes, des rêves..... des larmes amères et pas un remords. Je lisais l'autre jour dans un livre du (1) sieur Amelot de la Houssaie, *ci-devant secrétaire de l'ambassade de France à Venise*, un chapitre où *l'homme sage*, le mentor que l'écrivain a mis en scène, conseille à son élève d'être *l'homme de son siècle*, par la raison : « que toutes les choses de ce » monde ont leurs saisons, et que même les hommes émi- » nents sont soumis à la bizarrerie de l'usage ! » Cette maxime, au premier abord, si on l'applique aux mœurs de la Régence, nous paraît quelque peu complaisante et relâchée et pourtant c'est une pensée de Tacite, que Tacite lui-même a souvent répétée : *Morem accommodari — Præsentia sequi — se meminisse temporum quibus natus sit.* — Écoutez-le, Tacite vous soutiendra : « qu'il y a des vertus pour » chaque époque » à peu près comme il y a des fleurs au printemps, des fruits en automne, de la glace en hiver. Sans vouloir nous débattre contre ces maximes, il me sem-

---

(1) *L'homme de Cour.*

ble que l'on peut accorder cette louange aux amés et féaux sujets du Roi Louis XV, qu'ils ont été tout-à-fait de leur siècle, qu'ils ont certes obéi à l'heure présente, accommodé leurs mœurs aux mœurs du maître, qu'ils se sont souvenus, on ne pouvait s'en souvenir davantage, du temps dans lequel ils vivaient, qu'ils ont été les dignes sujets d'un pareil prince, et que si le peuple n'a rien à reprocher à son roi, le roi, de son côté, n'a rien à reprocher à son peuple. Ils se valent l'un l'autre. Celui-ci a corrompu celui-là ; ils ont marché, bras dessus bras dessous, au même abîme ; et de fait, le peuple et le roi, le flatté et le flatteur, le corrompu et le corrupteur, le valet et le maître, il était temps de les voir disparaître, afin que la nation et la monarchie à venir pussent fonder quelque chose de durable sur les ossements enfermés dans ce tombeau !

Dans ce même livre d'Amelot de la Houssaie : *L'homme de Cour*, je rencontre un très-sérieux chapitre qui pourtant ne me surprend pas. Le maître-courtisan conseille à son élève de recueillir, avec soin, tout ce qu'il voit et tout ce qu'il entend dire autour de lui, il appelle cela l'*érudition galante*. « L'érudition galante est la provision des hon-
» nêtes gens. La connaissance de toutes les affaires du
» temps, les bons mots dits à propos, les petits mystères
» de chaque matin, habilement devinés, font l'homme à
» la mode, et plus il a de tout cela, moins il tient du
» vulgaire. *L'art de converser a plus servi à quelques-uns,*
» *que les sept arts libéraux !* »

Puis dans une note, l'auteur insiste. Il célèbre les maximes éloquentes qui sortent de la bouche d'Hercule. « Faites,
» dit-il, un curieux recueil de tous les bons mots, et de tou-
» tes les galanteries, soit héroïques, soit plaisantes ; re-

» cueillez les axiomes des sages, les traits malins des cri-
» tiques, les drôleries des bouffons, *agréable munition*
» *pour conquérir le goût de tout le monde* — et il ajoute :
« *les plus nouveaux ont le plus de sel, et donnent toujours*
» *plus d'appétit.* » — Enfin, rappelez-vous ce que dit Horace dans *l'art poétique*, que le galant homme n'est pas fait uniquement pour consumer les fruits de la terre, et que c'est une honte, à certains grands seigneurs, de n'avoir pas d'autre science que la petite satisfaction de leur cinq sens : — si riches argent comptant, si pauvres à crédit !

Bref, vous voyez qu'au temps dont nous parlons, cette belle société parisienne se préoccupe autant qu'on doit le faire, quand on a tant et tant d'esprit à dépenser par jour, de recueillir cet esprit dépensé ; on veut bien le jeter par la fenêtre, mais à cette condition qu'il rentrera par la porte ; on ne veut pas se ruiner en bons mots ; il faut que le beau parleur soit sûr d'être écouté d'abord, et faut-il encore que les auditeurs colportent ce bel esprit, qu'ils en tiennent bonne note et registre fidèle. — On ne serait pas content de ne plaire qu'à un seul témoin et que pour un seul instant. Plus ces gens-là vivent en toute hâte, et plus ils s'inquiètent de cette nécessité de leur vie frivole qui les condamne à ne pas laisser plus de trace que la poussière sous les pas du cheval de course, que l'eau du bassin de marbre que ride la pierre d'un enfant.

Ainsi se sont établis les *bureaux d'esprit*, c'est-à-dire les endroits privilégiés de la belle conversation parisienne ; cela avait commencé à l'hôtel de Rambouillet et chez Ninon de Lenclos ; bientôt le grand roi Louis XIV, jaloux de tous les priviléges, n'avait plus voulu que l'on causât nulle part, sinon à Versailles..... Les libertés naissantes du règne suivant ouvrirent de nouveau ces salons tout disposés pour la réunion de quelques femmes plus spirituelles que galantes, et de quelques hommes moins ambitieux qu'éloquents; braves gens arrivés à l'âge critique et sage où la vanité de l'amour ne passe qu'après la vanité piquante de la médisance, où l'on tient assez peu à se montrer les plus belles et les mieux tournées, pourvu qu'on ait le renom d'être la plus aimable et la plus élégante. — Ces sortes d'académies où l'on cause, sont très-nombreuses sous le règne despotique du roi Louis XV, et parmi ces coteries, considérables par le nom et la position sociale des habitués, c'est à qui attirera les plus beaux causeurs.

Les conditions de succès sont à peu près les mêmes pour toutes les réunions de cette sorte; il faut d'ordinaire tenir une bonne maison, bien chauffée en hiver, fraîche en été, convenablement ornée des *commodités de la conversation*, comme disent *les précieuses ridicules;* il faut que cette maison, dans une rue où l'on passe dix fois le jour, soit ouverte à toute heure — que la dame du logis soit assez belle pour qu'on lui dise encore des douceurs, qu'elle ne soit plus assez jeune pour exciter encore des passions et des rivalités; — beaucoup de nouvelles et de nouvellistes — un petit souper chaque soir — un grand dîner, au moins une fois par semaine — seule au monde, madame Scarron avait le droit de remplacer le rôti par une bonne histoire — elle était si charmante il est vrai — et Scarron était si peu jaloux, puis ceux qui dînaient chez elle, c'étaient de grands seigneurs, ou tout au moins quelques favoris des muses qui étaient sûrs de leur souper.

A ce compte, plus d'une maison avait été adoptée par ces exquises réunions mêlées de philosophie et d'atticisme, et dans lesquelles de temps à autre, se glissait un peu d'ambition et quelquefois un peu d'amour. — On causait. . . . . et l'on soupait chez mademoiselle Quinault, la soubrette de la Comédie-Française, morte à 83 ans, comme elle avait vécu, en causant et ensevelie dans ses dentelles. — On causait et surtout on dînait chez madame Pannelier, la femme d'un ancien receveur-général des domaines; elle avait des savants pour ses intimes amis : MM. de Lalande, Sautereau, Le Clerc de Montmercy, Guénaud étaient *de sa faction*. Elle s'appelait Catherine et on faisait des vers le jour de sainte Catherine qu'elle n'avait coiffée, non et tant s'en faut. — On se réunissait activement chez madame Doublet, la reine des *faits divers*, c'était un *quanquan* perpétuel, chez cette bonne présidente Doublet, elle n'était guère moins avide de nouveauté et de *chose réjouissante*, que le roi Louis XV en personne, et comme elle n'avait pas à ses ordres, M. l'intendant des Postes, Jeannette; ou M. le lieutenant de police, elle entretenait des espions dans les meilleurs endroits de la ville. Bien plus, tout ce qui se disait chez elle : le bon mot d'hier, l'anecdote d'aujourd'hui ; tout ce qui se lisait sous le manteau de la cheminée : la lettre d'amour et le mémoire à consulter, toutes les brochures enfouies dans la bosse factice du colporteur que l'*exempt* suit à la trace, tout ce qui se faisait et ne se faisait pas, le mensonge et la chose vraie, la prose et les vers, le scandale et même la gravelure, tout cela se transcrivait, jour par jour, sur le grand registre Doublet : *nostri ferrago libelli*. De ce registre Doublet, que tenait en partie-double le sieur de Bachaumont, un des intimes de la chère présidente, on a tiré cette suite inépuisable de cent petits volumes bariolés et bourrés d'anecdotes, intitulés : *les Mémoires Secrets*. — On causait et l'on déjeunait chez mademoiselle Duthé, où régnait madame de Genlis, heureuse et fière d'être l'amie de la courtisane d'un prince ; on causait aussi chez madame de Genlis, mais ce salon, mêlé de vice et de pruderie, n'a jamais été très-couru, que je sache ; on causait partout et de toutes choses, mais la vraie causerie, la vraie opposition, la redoutable mêlée des railleurs dangereux, vous les rencontrerez seulement sous la bannière philosophique, à l'avant-garde de l'encyclopédie, à l'ombre que projetait Voltaire, du milieu de sa solitude éloquente de Ferney.

Ces grandes maisons hospitalières de 1750 et années suivantes, dont on nous parle, à tout propos, dans tous les livres ; ces antres passionnés de tout ce qui était l'esprit, l'élégance, la liberté, le libertinage ; ces salons où la causerie domine, mêlée de fièvre et d'ironie ; ces châteaux-forts de la philosophie, où la philosophie passe la belle saison, mêlée à tout le délire des sens..... quand, par hasard, vous voulez pénétrer dans le mystère de ces demeures, vous trouvez que cela ne ressemble à rien de ce qui se passait dans les maisons d'autrefois, à rien de ce qui se passe dans les maisons de nos jours. *La Chevrette*, le château du baron d'Holbach ! c'est tout dire, et déjà vous souriez au souvenir de ces scènes nocturnes : — les femmes peu vêtues, les hommes en robe-de-chambre, les portes qui s'ouvrent et qui se ferment, à certaines heures de la nuit ; les visions, les fantômes, les regards curieux du matin, les causeries à voix basse, le soir, et cette vieille dame, jeune encore, qui appelle ses gendres à son aide : —« Tant pis pour vous, mes gendres, si Diderot me fait un enfant ! » Romans, poèmes, contes à la Grécourt, hâbleries, anecdotes, bons mots, anas — *voltairiana*, puis ce boulet de canon qui part, enveloppé dans les feuillets de l'analecta-biblion, et qui s'abat sur le château de Vincennes, pour rebondir sur le trône de Versailles, Mirabeau ! et tous les autres : les économistes, les encyclopédiques, les politiques, les patriotes, les romanciers, les prédicateurs, les avocats pénétrant dans cette mêlée, — *faites venir un avocat !* comme il est dit dans la Philinte de Molière, — tout ce tumulte de l'armée, de l'Église, de la ville et de la cour : — les cardinaux, les évêques, les jansénistes et les molinistes, les parlements, — le vrai parlement et le parlement Meaupou, les faiseurs et les faiseuses de miracles, le pêle-mêle ardent et dévot de tout ce monde, grouillant autour de la Sorbonne, de Saint-Méry et de Saint-Sulpice ; des prêtres qui s'amusent à élever des églises, quand l'Église est chancelante ; — des saints qui s'amusent à faire des miracles, des fanatiques qui s'amusent à se faire crucifier, des morts qui s'amusent à se faire canoniser !

A l'instant même où Montesquieu écrit l'*Esprit des Lois*, où Buffon explique, dans un style digne du génie de la nature, *naturæ par ingenium*, les difficiles miracles de la création, à l'heure où Voltaire écrase, en se jouant, une religion de tant de siècles, à l'heure de Jean-Jacques, n'est-ce pas vraiment une chose étrange que nous-mêmes, nous qui sommes en dehors de cet éblouissement, nous nous mettions à écouter encore, avec une joie presque enfantine, ces bruits, ces rumeurs, ces médisances, ces calomnies, cette académie des sciences qui grandit, au grand préjudice de l'Académie-Française, ces courtisans, dans le lointain, qui jouent du pied avec le flot populaire, et qui ne voient pas qu'à la marée montante, le peuple de 1789 les aura tous noyés, — les drames de chaque jour : les comédies, les comédiennes, les autres courtisanes, les opéras, Arlequin, les bouffons, les danseuses, insolentes comme des duchesses, les bons mots de mademoiselle Arnould la sauterelle lascive, les soupers de mademoiselle Guimard le squelette, tête de mort, aux yeux brillants de toutes les audaces de la corruption, les fêtes de Pantin, de Chantilly, de l'Ile-Adam et de Villers-Cotterets, — *l'esprit dans le vin* de tout ce monde de licences à l'agonie et, pour donner le mouvement, l'action, la vraisemblance à ces romans monstrueux, ces héroïnes dans la soie et dans la honte qu'on appelle : *la comtesse de Mailly, la marquise de Pompadour ?* Oui, c'est étrange que l'on s'occupe tout autant de la bordure dorée, que de la toile peinte, et que le cadre, couvert de fleurs, soit une œuvre digne d'être étudiée, pour le moins autant que le tableau ! — Vous cependant qui vous étonnez qu'un homme puisse perdre son temps à toutes ces bagatelles, savez-vous dans tout le *Cabinet des Fées*, quelque héroïne plus couverte d'or, de diamants, de gloire, de beauté et de fange que cette souveraine des derniers jours de la monarchie du satrape qu'on appelle le roi Louis XV? Madame Dubarry ! madame Dubarry ! Étonnez-vous donc, à moins de vouloir être injuste, de parti pris, que le roman soit mêlé à la vie entière de mademoiselle de Lespinasse ! Une seule chose nous pourrait surprendre, au contraire, dans le beau monde du siècle passé : une femme complétement sérieuse, silencieuse dans ce bruit, respectée dans ces mauvaises mœurs, correcte dans ces désordres, désintéressée dans ces vénalités, loyale dans ces mensonges, sans ambition dans cette société perdue et qui déjà chancèle au bord de l'abîme qui va l'engloutir.

C'est donc au milieu de ces causeurs qui débattaient en se jouant, tant de brûlantes questions, remplies de grâce, de charmes et de dangers, qu'il s'agit de vous conduire, si vous voulez rencontrer l'héroïne de ce roman.

Mademoiselle Julie-Jeanne-Éléonore de Lespinasse vint au monde à Lyon en 1732, et le roman commence tout de suite, au baptême de cette enfant. Sa mère était une grande dame, mariée à un gentilhomme nommé le comte d'Albon, assez galant homme du reste, pour que sa femme, surprise par cette enfant, n'ait pas osé la donner à son mari ; il y eut donc deux grands crimes de commis à ce berceau, la naissance de Julie d'abord, et ensuite la suppression de l'état civil de cet enfant venu en plein mariage. — Cette fille de la comtesse d'Albon, fut inscrite à l'église de Saint-Paul de Lyon, comme la fille d'un humble marchand, Claude Lespinasse, et de dame Julie Navarre.

Fille d'une bourgeoise, qui n'était même pas sa mère, la petite Julie fut élevée, au hasard, tant que vécut le comte d'Albon, puis à la mort de cet honnête gentilhomme, mademoiselle de Lespinasse fut recueillie *par charité*, dans le château de sa mère, et à tout prendre, si la comtesse d'Albon eût été bonne et maternelle pour cette enfant de ses adultères, si les enfants légitimes avaient eu quelque pitié de cette sœur déshéritée par un crime, la position eût été tenable et la petite Julie s'en serait consolée.

Dans la même position, privé de son état par un crime, enfant perdu, trouvé par une bonne femme sur les marches de Saint-Jean-le-Rond, d'Alembert, esprit ferme et net, s'était fait un piédestal des marches de cette église, et devenu célèbre, il avait renié sa mère à son tour... d'ailleurs c'est une histoire que vous rencontrez à tout propos, dans les *Mémoires* de ce temps-là ; peu d'enfants sont les fils légitimes de leurs pères, peu de jeunes filles sont avouées par mesdames ou mesdemoiselles leurs mères ; chacun vit à sa guise, à sa façon, au gré de ses passions du moment, et l'enfant perdu devient souvent un enfant trouvé. Ouvrez les livres, les journaux, *les Mémoires*, on n'entend parler que de suppositions d'enfants ; Jean-Jacques Rousseau, en toute naïveté, porte ses enfants... à l'hôpital, et voilà qui est fait ! — Les tribunaux retentissent de ces procès de substitution d'état, le Parlement s'en occupe, les *causes célèbres* s'emparent des belles pages écrites par des avocats sans cause, à propos de ces créatures sans mère ; la filiation, la paternité, les familles, les enfants exposés, perdus, retrouvés occupent la grande place, dans ces pages qui font la joie des fils légitimes et des bâtards. — L'histoire de mademoiselle de Lespinasse, toute étrange qu'elle paraisse aujourd'hui, n'a donc rien qui doive étonner ; bien plus, en bonne fiction, sa naissance est *régulière*, ou du moins des plus usitées ; et en l'an de grâce 1730, cela n'étonnait plus que quelques innocents. Tant d'avantages et de facilités se rencontraient dans ces demi-maternités : on faisait l'enfant, on l'exposait sous le porche d'une église, puis, par grand hasard, on passait par là, on voyait la pauvre petite créature, à demi-morte de froid et de faim, aussitôt on la recueillait, on l'élevait comme son enfant, et chacun de s'écrier : « *Vraiment, voilà une dame qui est bien bonne !* » Ces hypocrisies d'une maternité coupable sont révoltantes, et d'Alembert ne s'y est pas mépris, lorsque, réclamé par madame de Tencin, la sœur d'un cardinal-ministre, il s'écria : « — La *vitrière* est ma mère !... » la vitrière qui l'avait recueilli, la mère chrétienne qui l'avait adopté, qui l'avait aimé, qui n'avait pas attendu pour l'appeler : son fils ! qu'il fût devenu le plus savant homme de son temps, l'homme qui refuse à Catherine II cent mille livres de rentes et l'éducation du Grand-Duc héritier, l'ami du roi de Prusse, le chef de l'Académie Française et le collaborateur de Diderot.

Il faut être juste pour tout le monde, madame la comtesse d'Albon, malgré les répugnances visibles de ses autres enfants qui ne voulaient pas perdre une part de l'héritage, n'oublia pas tout-à-fait qu'elle était la mère de la petite Julie; elle la fit élever avec le plus grand soin, elle cultiva l'esprit de cette enfant, qui n'aura pas d'autre défense, plus tard, que les grâces de son esprit et de sa parole, et enfin, quand la belle dame mourut, fatiguée de ces passions qui avaient rempli cette vie, vide de passions sérieuses, la dame qui ne voulait pas révéler son secret, elle vivante, laissa à son enfant de quinze ans, à Julie, une somme d'argent *en bons louis d'or*, enfermée dans son secrétaire, plus une cassette remplie de papiers, *une cassette d'un gris rouge*, comme on en voit dans les comédies et les drames. — Encore une fois, cela ne se passe pas autrement dans les histoires, faites à plaisir. On renie ses enfants dans le monde, on les élève, ou bien on les oublie, puis quand enfin la mort arrive, vite et vite! amenez-moi un confesseur, et si l'on peut retrouver un de mes enfants perdus, je veux qu'il assiste à mon agonie. L'enfant arrive, la mère, sans se troubler, et de la façon la plus simple, raconte à cette pauvre créature, qui vaut souvent mieux que ses frères légitimes, qu'elle lui a ôté son nom, sa famille, sa fortune, son passé, son avenir et elle se croit quitte quand elle a demandé pardon à son enfant! — Naturellement l'enfant pardonne, alors on lui met dans la main, une bourse, des papiers... des mystères.

Prenez garde alors, mademoiselle, et soyez prudente! Tant que la fatale cassette est entre vos mains, vous êtes aussi puissante que si vous teniez la lampe merveilleuse; — quelque accident vient-il à briser le talisman de votre fortune naissante, vous redevenez *Gros-Jean, comme devant!*

L'accident arriva à mademoiselle de Lespinasse, tout

comme j'ai l'honneur de vous le raconter ; soit que sa douce mère ait mal expliqué ses intentions au lit de mort, soit que l'innocente Julie n'ait pas bien compris l'importance de ce dépôt *in extremis*, elle se laissa voler sa cassette.

Elle fit mieux, elle rendit à son doux frère, l'argent que la comtesse d'Albon avait destiné à racheter ses erreurs, et le chevalier d'Albon reprit l'argent, comme une chose qui lui était due ! — Ces grands seigneurs étaient souvent aussi durs que cela ! Donc en voilà un qui dépouille une fille sans défense, parce qu'elle n'est que l'enfant de sa mère ! Quand on lui eut pris son argent et qu'on lui eut volé sa cassette, on chassa mademoiselle Julie de cette maison où cependant elle n'était pas une étrangère. Car enfin elle avait des droits à réclamer ; une position à faire valoir, des témoins à faire entendre ; les lois la protégeaient... On la chassa, et comme elle ne voulait pas livrer aux risées, le nom de sa mère, elle put contempler tout à l'aise, sa propre misère : plus d'espoir, plus d'avenir, plus de mère, plus de père, pas même un nom propre... A peine avait-elle compris de quels mystères elle était la fille, qu'elle avait renoncé à ce moyen vulgaire : entamer quelqu'un de ces grands procès qui tenaient attentive la belle société de ce temps-là ; plus le scandale était grand et mieux valait la cause ; si on la gagnait, cette cause bruyante, on avait une fortune ; si par malheur le procès était perdu, le procès ouvrait tout au moins, à *l'intimée*, la porte d'un noble chapitre, ou bien elle obtenait une pension de la cour.

A ce propos, écoutez une anecdote très-touchante, le roi Louis XV, lui-même, en avait des larmes aux yeux toutes les fois qu'il la racontait. Le comte d'Ervieux avait épousé la fille du duc de Villars, et à sa mort il laissait une fille de dix-huit ans dans tout l'éclat de la beauté, de la jeunesse et riche à millions. Elle était l'orgueil et la parure de la cour ; les vieillards la saluaient, en souvenir de leurs jeunes années, les jeunes gens se battaient, à qui obtiendrait un regard de ces beaux yeux ! — Un jour, c'était fête à Versailles, mademoiselle d'Ervieux vit entrer chez elle le directeur de sa mère, et cet homme, faisant parler les intérêts du ciel et menaçant cette jeune fille de la vengeance de Dieu, raconta, d'une voix pleine de fiel, à mademoiselle d'Ervieux elle-même, qu'elle n'était pas la fille du comte d'Ervieux, qu'elle était le fruit de l'adultère, que le chevalier d'Orléans était son père, et qu'il venait, lui, prêtre du Dieu de vérité, au nom de la comtesse d'Ervieux repentante, raconter à sa fille le crime de sa mère ! Le prêtre parla longtemps ainsi, puis soudain la porte s'ouvrit ; et madame d'Ervieux elle-même, se jetant à genoux aux pieds de sa fille, la pria et la supplia de l'aider à se réconcilier avec son créateur. « — Prends pitié de ta mère, mon enfant ! renonce à ce nom qui n'est pas le tien, à cette fortune qui n'est pas la tienne ! ce serait un crime sans pitié de conserver des biens qui appartiennent aux parents du feu comte d'Ervieux. »

Ainsi parlèrent le prêtre et la mère ; la jeune fille épouvantée jura d'obéir à la voix de Dieu qui lui parlait, elle se fit carmélite !

Deux ans après cet abominable sacrifice, la comtesse d'Ervieux se mariait au chevalier d'Orléans, son amant, et lui apportait les biens immenses dont elle avait hérité, le jour même où sa fille avait fait au monde un adieu éternel.

L'histoire de mademoiselle de Lespinasse, pour être moins dramatique, n'est pas dépourvue de cette pitié et de l'intérêt que nous inspire mademoiselle d'Ervieux ; mademoiselle de Lespinasse supporta dignement cette infortune ; elle comprit toute l'étendue de son malheur, et elle n'en fut pas accablée. Comme elle avait beaucoup d'esprit, elle avait beaucoup de résignation, et les cruautés des messieurs et des dames d'Albon n'abattirent pas son courage. Au moins sa résignation lui fut utile, elle fit peur à ces messieurs d'Albon. Ils ne comprenaient pas, les braves gens, que la petite Julie eût renoncé si vite à cette fortune, et la peur les ramena à l'exilée. On lui proposa un asile dans un château de la Bourgogne, chez madame de Vichy, sa propre sœur, et elle consentit à devenir l'institutrice de ses nièces et de ses neveux ; — hier encore leur égale, le lendemain leur servante ; — elle avait dix-sept ans à peine, mais elle était soutenue dans ces épreuves difficiles, par le sentiment d'un légitime orgueil. Pendant trois ans, elle fut exposée aux mépris, aux insultes, à l'espionnage de cette aimable famille qui l'eût ensevelie de si bon cœur ! — trois belles années, dix-huit ans, dix-neuf ans, vingt ans !

Dans cet abaissement elle fut plus forte que son malheur ; tout accablée qu'elle était par la nécessité, sa misère n'était pas plus grande que son énergie. Son caractère enjoué, sa raillerie piquante, sa façon, déjà avancée, de juger toutes les vanités de ce monde, ses vifs instincts d'indépendance, le penchant qui la poussait déjà, à se faire sa place dans l'association des beaux-esprits de ce siècle qui se révoltaient, fièrement, contre le joug des distinctions et des convenances sociales, là était sa force, et il n'en fallait pas tant, croyez-moi, pour étonner toute la belle société de cette province de Bourgogne, et pour charmer les beaux-esprits de Paris qui venaient de temps à autre, sans le savoir, s'abattre dans les solitudes où mademoiselle de Lespinasse tenait le sceptre de l'ironie, de la causerie, de la révolte, de l'esprit.

Ce fut au château de Vichy, que, pour la première fois, madame Du Deffant entrevit le grand parti qu'elle pourrait tirer de cette jeune fille dans un salon comme le sien. Mademoiselle de Lespinasse était jeune, hardie, irritée, ambitieuse, avide de plaisirs, de nouveauté, d'indépendance; elle causait à merveille, elle écrivait d'un ton vif, railleur, badin; elle avait dédaigneusement jeté aux orties du chemin, inutile bagage, les préjugés de l'éducation première, elle éprouvait fort peu de ces scrupules bourgeois, de ces timidités bourgeoises qui deviennent, à la longue, le supplice des vieilles filles; elle ne tenait à personne, elle cachait avec soin, mais pas assez pour ne pas le montrer parfois, un grand nom au-dessous de son petit nom bourgeois, on la pouvait présenter, également, aux esprits du Tiers-État comme une plébéienne, aux grands seigneurs comme une grande dame; et, certes, c'était une belle recrue pour un salon à la mode, dont la mode commençait à passer. Les amis de madame Du Deffant la savaient par cœur; ils n'étaient que trop habitués à ses bouderies, à ses colères, à ses caprices, à ses exigences, à ses malices moins irritantes que ses bontés; d'ailleurs, la dame s'ennuyait, elle avait vu tant de choses nouvelles! elle avait vu s'effacer autour d'elle, tant de renommées! — Oui, vraiment, cette jeune fille, qui était un peu sa parente, et qu'on lui cède au prix coûtant, sera bien placée dans son salon. Cependant, la dame hésite, elle consulte, elle consulte ses amis, ses grands amis, la duchesse de Luynes, le cardinal de Tencin, archevêque de Lyon (bon conseil!), Voltaire lui-même, qui venait d'adopter la nièce de Corneille et qui était en veine d'adoption! — Enfin, quand cette *femme sensible* a bien pesé le pour et le contre de ses bontés, elle se décide à prendre avec elle, mademoiselle de Lespinasse, non pas sans lui avoir fait répéter, au préalable, son grand serment de ne jamais réclamer les droits de sa naissance : « Songez, » ma reine, que je n'aurai jamais à me repentir de ce que » je fais pour vous,... vous ne prendrez pas le parti de ve- » nir auprès de moi, si vous ne vous êtes bien consultée » vous-même, et si vous n'êtes pas bien décidée à ne faire » jamais aucune tentative ! » Cette précaution d'une vieille femme, contre une fille de vingt ans, vous serre le cœur. Grande protectrice qui ne donnait que le vivre et le couvert à cette *fille adoptive*, de ses ennuis.

Mademoiselle de Lespinasse accepta rondement toutes les conditions qui lui furent imposées, et elle vint à Paris chez sa *seconde mère*, madame Du Deffant.

Vous le voyez, cette madame Du Deffant est un de ces noms qui reviennent à chaque instant, à propos de rien, toutes les fois qu'il s'agit du siècle passé. Ces puissances intermédiaires, autour desquelles s'agitent incessamment les philosophes, les poètes, les artistes, les amoureux, tous les rois de cette époque, sont difficiles à bien définir.

Pourquoi madame Du Deffant domine-t-elle la société parisienne? De quel droit madame Geoffrin a-t-elle voix délibérative dans la République des Lettres? De quel droit ces deux ou trois femmes, que l'on rencontre partout et toujours, sont-elles devenues le centre de la philosophie, de la science, des belles-lettres, des beaux-arts, aux plus belles heures de cette brillante époque où la révolution française était en germe dans l'*Encyclopédie*, dans le *Contrat social*, dans l'*Essai sur les Mœurs*, dans l'*Esprit des Lois*, que dis-je? même dans un quatrain de Dorat! La question nous mènerait loin; toujours est-il que madame Marie de *Vichy-Chamrond* (alliée aux d'Albon), marquise Du Deffant, régnait en ce temps-là, par les grâces de son esprit et le génie de son chef d'office, sur la société parisienne, et qu'elle tirait aussi bon parti de l'esprit de son âge mûr, qu'elle avait tiré parti, naguère, de la beauté de sa jeunesse. C'était une vertu à la hauteur de cette morale facile qui était à peu près toute la vertu de cette époque. Pauvre et belle, elle avait épousé un homme vieux, riche, ridicule et laid, et tout le monde avait trouvé que c'était M. le marquis Du Deffant qui faisait la mauvaise affaire ; toujours est-il que l'affaire fut bonne pour la jeune dame ; son mari lui donnait un rang, une maison, un nom, ses petites entrées au Palais-Royal, dans cette maison des élégances dangereuses où M. le Régent voulait voir briller, une heure, toutes les belles personnes de Paris, sauf à ne plus les reconnaître le lendemain — le Palais-Royal, cette maison où l'on passait sans y rester plus d'un jour, mais d'où l'on revenait perdue d'honneur et fort considérée de tout le monde, tant on avait coudoyé de grands seigneurs, de belles dames, de jolies femmes, de cordons bleus et de beaux-esprits, en passant par là.

Puis le Régent mourut, puis une nouvelle cour se mit à papillonner autour d'un jeune roi, et la Marquise des petits soupers du Palais-Royal, se trouva vieille, à trente ans, quand elle vint à songer que le jeune roi Louis XV en avait à peine dix-huit. — Comme cela vous vieillit les femmes, un prince enfant ! Que faire alors pour être à la mode, à moins de faire un peu de ruelle et beaucoup d'esprit? — Madame Du Deffant ne manqua pas à cette loi de son être; elle renonça tout de suite aux jeunes rôles, qu'elle n'osait plus remplir, et, avant que sa dernière intrigue eût disparu derrière les bosquets effeuillés par l'automne, elle coupa court à ces amours qui l'avaient amusée sous la régence, et elle ouvrit cette maison célèbre qui fut pendant si longtemps, le lieu d'asile de tous les beaux-esprits du XVIIIe siècle ; maison pleine de bons mots, de belles paroles, de perfidies, de railleries, d'élégances, de calomnies, de médisances, de frivolités, frivolités mêlées à des idées sérieuses. Comme on y traite les absents, les vieillards, les gens qui gouvernent, les femmes qui règnent, le Roi, les ministres, la Sorbonne, les Jésuites, les Académies, l'archevêque de Paris ! Dans ce salon, dont la porte est discrète, dont la fenêtre est fermée, on sait à point nommé, le fil de toutes les intrigues, le pourquoi de tous les mystères, le but de toutes les ambitions et leur point de départ ; ce salon, qui est pour quelques-uns un abîme sans fonds, ne fait grâce à personne, il se moque du talent, il se moque de la vertu ; il rit des croyances, il rit des passions, il n'admire que la personne qui est là présente, et qui tient le dé de l'inépuisable causerie. Malheur à qui déplaît à cette coterie si bien tenue ! Malheur à qui se permet de dire un bon mot, d'écrire une belle œuvre (1), de faire jouer une comédie, dont le salon de madame Du Deffant n'ait pas été l'écho avant-coureur ! Absolument, et qui que vous soyez, il faut passer sous ces fourches caudines ; les plus grands et les plus illustres sont forcés de venir prendre, ici même, leurs lettres de naturalisation et leurs lettres de crédit. — Le vieux et tout-puissant président Hénault, — Horace Walpole, — Gibbon lui-même, qui fut l'objet d'une si horrible exclamation de la part de la dame aveugle, — Voltaire enfin, ils y viennent tous, implorant — que je les plains ! le ridicule appui de ces Mécènes en jupons.

(1) Témoin Montesquieu ; il méprisa ces coteries. Madame Du Deffant, parlant de *l'Esprit des Lois* ; — c'est, disait-elle, *de l'esprit sur les lois*, et le prétendu bon mot courut le monde entier.

Cependant, rendons justice à ces *bas-bleus* de la belle époque ; on ne saurait les comparer, sans leur faire injure, aux abominables contrefaçons qu'on a vues plus tard, lorsque la maîtresse du logis, hideuse, vieille, édentée, malsaine, ruinée de corps, d'esprit, de fortune, horrible sous tous les points, réunit, dans un salon frileux, autour d'une théière fêlée, une demi-douzaine de pauvres diables, qu'elle infecte de sa colère, de son venin ; de sa prose, de ses vers, de ses prétentions, des petitesses turbulentes d'un amour-propre aux abois ! Quoi de plus laid et de plus grotesque ? Quoi de plus hideux et quel plus grand danger, pour un homme lettré qui se respecte, que de se perdre dans ces bas-fonds de la littérature de carrefour ! —

Au contraire, le salon de madame Du Deffant, ou le salon de madame Geoffrin, c'est quelque chose de royal, comparé à ces taudis malsains — on y reçoit la ville et la cour dans ce qu'elles ont de plus élégant, de plus jeune, de plus charmant ; on y vit de la vie élégante, on y respire le grand air de la liberté qui commence, on s'y abandonne à cette causerie décente, élevée, éloquente, qui vient de Paris, qui vient de Versailles, qui a passé, chemin faisant, par tous les beaux endroits où se traitent, avec l'activité de la parole improvisée, les grandes affaires, de la politique, de la poésie, de la philosophie et de l'amour.

Mais, pour arriver à l'honneur de tenir un salon véritable, un salon habité par les beaux-esprits, par les belles dames, par les grands seigneurs, où se présente, rougissante, la nouvelle mariée de la veille, où se glisse, plein de honte, le poëte d'hier, où le ministre d'État ne dédaigne pas d'entrer parfois, où l'Europe entière vienne prendre le mot d'ordre de toutes les renommées et de toutes les gloires, il faut se donner bien des peines. Être attentive nuit et jour à ses moindres actions, à ses moindres paroles; tenir d'une main égale pour tous, la balance où se pèsent les destinées de tant d'hommes, également avides de renommée; cacher ses amitiés, dissimuler ses haines personnelles, sourire un peu à tout le monde, et malgré soi recevoir tout le monde. Un importun disait : « Il faut que »j'aille chez Madame Geoffrin. — Mais, disait-on à cet »homme, si cela déplaît à la dame? — Eh! répliqua-t-il, «que m'importe, pourvu que je m'y trouve bien! » Le mot est vrai et juste, et vous donne une idée exacte de ces grandes auberges de la conversation parisienne. — Que de zèle, que de soin, que d'attention sur soi-même et sur les autres, quel esclavage! Madame Geoffrin, l'amie du roi de Pologne, ne s'absentait pas trois fois dans l'année, à peine si chaque absence durait vingt-quatre heures, et pourtant c'était dans tout Paris, un bruit, un étonnement, un aria, un désœuvrement! — Chaque personnage de cette ville avait l'air de se dire, comme cet homme devenu veuf qui ne voulait pas épouser sa maîtresse : — O! juste ciel! où irons-nous ce soir?

Même la mort de cette victime de la mode fut un travail pénible; parmi tant de causeurs qui s'étaient empressés autour d'elle, madame Geoffrin n'avait pas trouvé un ami. — Hélas! tous ces gens avaient pris pour de l'amitié, une vaine et frivole habitude de se parler et de se voir. Morte à près de cent ans, et fière d'avoir renié l'Évangile, la pauvre folle! elle s'occupait encore à sa dernière heure, avec son chef de cuisine, du menu de son dernier dîner. — *Mes* beaux-esprits sont gourmands! Que leur fera-t-on manger, ce soir, pour qu'ils soient satisfaits et pour que demain, les salons de Paris répètent les bons mots de mon salon!... Telle fut la dernière préoccupation de cette malheureuse femme qui n'aurait pas conservé un seul ami pour lui dire : bonjour ! si elle n'avait plus été assez riche pour donner à dîner.

C'était donc tout-à-fait un travail, un grand travail, très-sérieux, très-réel, très-difficile de tenir une maison ouverte à la causerie, et le peu de l'influence que l'on gagnait à ces menées de l'esprit ne vaut pas, selon nous, ces lâchetés, ces peines, ces esclavages, toute cette réserve ; — cruel métier, en effet, confesser le dix-huitième siècle ; en deviner, la première, les imprécations, les ambitions, les amitiés, les haines, les vengeances ; assister, attentive, à ce détail de chaque matin ; voir éclore sous quelque machine de nouvelle invention, comme autant de poulets mal venus, les odes, les stances, les élégies, les comédies, les tragédies, les encyclopédies, les pamphlets, les paradoxes et les lettres intimes — car en ce temps-là tout se lisait avec rage, on ne recevait pas une lettre de sa maîtresse, ou un billet doux de son amant, que soudain ce mystère travaillé et ciselé avec art, et pour la montre, ne fût colporté dans les salons, dans les ruelles ; on eût dit que ces gens-là ne vivaient que sur la place publique, et pour faire parade de leur esprit.

Jugez donc de l'ennui d'une malheureuse femme qui était forcée, par son état dans le monde, de faire la chouette, nuit et jour, à ces amours-propres énivrés d'eux-mêmes, et devenus féroces, à force de chercher le bruit et l'effet ! — Madame Du Deffant, aussitôt qu'elle eut touché à ses cinquante ans, borne fatale où le bel esprit commence, quand ce n'est pas la dévotion, où l'on se vautre dans les académies, quand on ne s'agenouille pas au confessionnal, finit par s'avouer à elle-même, que la conversation toute seule, sans un brin de galanterie, était à tout prendre, pour une femme qui avait soupé chez M. le Régent, le plus odieux des souvenirs insipides. Vanité de ces dames qui veulent être admirées dans leurs rides! Courir après le bon mot, arriver tout essoufflée et..... le bon mot a couru plus vite que vous!..... Chercher le trait final et l'aiguiser, en cachette, sur la pierre du voisin; s'inquiéter, à l'avance, de ce qu'on va vous dire, pour savoir comment y répondre, sécher de chagrin, si dans la semaine on n'a pas rencontré au moins un trait vif qui s'envole, soudain renvoyé par les gens d'esprit ou par les sots, de Paris, à Versailles, de la ville à la cour : être toujours en grande tenue d'esprit, en grande représentation de reparties, et jamais ne se dire comme ce digne grammairien à ses confrères : — » Maintenant que nous sommes seuls, faisons des solécismes!... » Rude existence, oui bien rude pour une femme pleine de regrets, d'ennui, de travail, de fatigues, de déceptions... Oh! cent fois mieux vaut le bas à tricoter de nos vieilles grands'mères, sur le pas de leur porte, l'été, quand l'aiguille voltige à petit bruit, à travers la laine docile... Douce occupation maternelle qui permet à ces bonnes femmes de ne penser à rien, sinon aux amis de leur cœur!

Ce labeur de l'esprit tout fait et de l'esprit à faire, voilà justement le pénible travail que madame Du Deffant voulut partager avec mademoiselle de Lespinasse;—elle voulait une acolyte éloquente, dévouée, fidèle, infatigable, animée du désir de plaire; et cependant il ne fallait pas que l'infortunée songeât à plaire, pour son propre compte, elle ne devait songer qu'à la gloire de sa maîtresse, à peine si elle osera dire de temps à autre, une parole timide qui ne soit pas dans l'intérêt de la dame de céans. — Demoiselle de compagnie, c'est tout dire; ce triste mot vous représente toutes les tristesses. La demoiselle de compagnie n'est pas un corps, n'est pas une âme, encore moins une volonté ; elle obéit à certains ressorts cachés de servilité, d'abnégation et de complaisance qui brisent, à chaque mouvement, cette humble énergie. Le valet, la soubrette, le dernier garçon de l'écurie, le coiffeur de madame, bel esprit gascon qui jette aux vents embaumés sa poudre et ses chansons, le concierge, ce tyran qui veille à la porte de l'hôtel, le marmiton qui brûle le bois de la maison pour faire de la cendre à M. le chef, sont plus heureux, cent fois, que la demoiselle de compagnie attachée à cette chaîne de fausses amitiés, de fausse considération, de liberté équivoque. — Malheureuse comparse que son chef d'emploi jette en avant aux endroits les plus difficiles de cette comédie du grand monde, où l'on ne s'amuse guère, si l'on n'est pas commodément assis dans le trou du souffleur.

Certes la condition n'était pas facile, ce métier de femme de chambre de l'esprit d'une vieille femme promettait bien des ennuis. Eh quoi ! se faire la complaisante de ces bons mots, l'écho de ces louanges ou de ces blâmes ; adopter ces vieillards, repousser ces jeunes gens, passer sa vie dans cet entassement de poèmes, de tragédies, d'épîtres à Cloris, pauvre jeune femme ! la vie de cette jeune personne se perd à ces vanités de l'esprit, elle mourra de fatigue à suivre dans ces épines le sentier des intrigues littéraires... triste printemps ! mais les premières années de la pauvre Julie avaient été si tristes ! Mais elle avait commencé de bonne heure, ce métier d'esclave ; mais aussi elle se disait qu'elle avait quelque chose là, là dans sa tête, là dans son cœur, et elle rêvait les honneurs, les hasards, les rencontres, le choc électrique de Paris et du beau monde. Donc elle accepta cette chaîne, et même, aux conditions qui lui étaient imposées, elle fut ravie d'échapper aux cruautés de son avare famille, et de venir prendre sa place dans ce beau salon, où elle fut accueillie comme une piquante nouveauté que l'on n'espérait plus. Madame Du Deffant était déjà bien usée pour ses amis; elle avait répété à satiété, tous ses bons mots; elle perdait la vue, elle avouait tout bas que ce métier de causerie l'ennuyait à mourir; elle n'avait plus rien à apprendre, à personne et de personne. Ces habitués oisifs du même cercle, ne se voyaient plus que par habitude, à peu près comme font ces amants bien élevés qui ne veulent pas s'avouer qu'ils sont las l'un de l'autre, et qui s'occupent à se tromper, sans être la dupe, celui-ci de celle-là.

L'arrivée de mademoiselle de Lespinasse fut un cri de joie; on la trouva vive, spirituelle, intelligente, avec de grands yeux pleins de feu, sans compter l'histoire de sa naissance et le détail de ses malheurs. Soudain le salon de madame Du Deffant prit un nouvel aspect, les visites devinrent plus fréquentes, les dîners furent plus recherchés, le souper ramena la meilleure compagnie en hommes et en femmes. Ce fut, parmi les indifférents, à qui solliciterait l'honneur d'une présentation... Figurez-vous un spectacle qui languissait, et qui soudain se réveille, ranimé par quelque nouvelle comédienne dont les débuts plaisent au public.

Tout alla bien d'abord entre madame Du Deffant et sa jeune protégée; mademoiselle de Lespinasse, modeste dans son triomphe, se tenait sagement sur le second plan; elle ne parlait, elle ne causait que lorsque son chef d'emploi n'avait rien à dire, ses succès même, elle les reportait à sa bonne amie; on s'aimait, on se le disait, on se jurait de vivre et de mourir ensemble, on n'aurait jamais de secret l'une pour l'autre. Quand, par hasard, ces bonnes amies étaient seules, le tête-à-tête devenait une chose charmante, la plus jeune s'amusant à contrefaire tous ces messieurs, toutes ces dames, avec des gestes, avec des voix et des ironies ! Madame Du Deffant riait de toutes ses forces, elle en oubliait son petit chien et mademoiselle Devreux sa femme de chambre, ses deux favoris, et chaque jour elle s'applaudissait davantage de cette amitié reconnaissante qui l'entourait de tant de soins.

Oui, mais la dame de céans devint aveugle tout-à-fait, ces beaux yeux qui avaient flambé tant de cœurs, et qui ajoutaient tant de vives clartés à l'esprit qui se débitait en ces lieux, s'éteignirent dans une nuit profonde ; l'ennui se plaça entre ces dames, de façon à ne plus les quitter. Madame Du Deffant ne voulait pas être seule un instant, mademoiselle de Lespinasse ne la quittait ni le jour ni la nuit, car la bonne veuve ne pouvait plus dormir, et elle se faisait lire les livres nouveaux... et quand un livre était achevé, il en fallait ouvrir un autre, hélas !

Quelles haines devaient s'élever, sourdes et cachées, entre deux femmes qui ne dorment pas, celle-ci parce que le sommeil ne veut pas venir, celle-là qui est dans toute la force de la jeunesse, parce qu'elle n'a pas la permission de dormir ! — En même temps, mademoiselle de Lespinasse grandissait dans l'admiration et dans l'estime de cette cour, dont madame Du Deffant n'était plus que la reine détrônée. Oh ! misère ! oh ! vanité des amitiés, fondées sur la satire et sur le bon mot ! Les amis de madame Du Deffant se cachaient, dans les mansardes de l'hôtel, pour causer tout à leur aise avec mademoiselle Julie. Un jour arrive enfin où mademoiselle de Lespinasse se dit qu'après tout elle était bien bonne de jouer toujours les seconds rôles, à côté d'une femme aveugle, morose, égoïste, mécontente, et qui sent que le sceptre échappe à sa main crispée.

Raisonnement d'un cœur ingrat, je le veux bien, mais d'un esprit distingué. L'amitié en est un peu blessée, mais qu'est-ce que l'amitié, comparée au bonheur de dire ce qui vous plaît, à la vanité de plaire pour son propre compte? — Après les sourds mécontentements de ces deux amies, qui devaient s'aimer éternellement, elles en vinrent à prononcer le grand mot : *séparation*. Mademoiselle de Lespinasse accepta avec empressement ; elle était jeune encore, elle était clairvoyante, elle connaissait ses forces, elle savait les amis qu'elle enlevait à madame Du Deffant, elle sait les recrues qui l'attendent, à coup sûr, quand elle pourra voler de ses propres ailes..... donc elle aura un autre cercle dont elle sera la reine, un salon, qu'elle présidera en personne ; on soupera peu chez elle, on y causera mieux ; voilà qui est fait, — et qui m'aime me suive ! — Bien des gens suivirent mademoiselle de Lespinasse, oubliant, les ingrats ! toutes les faveurs du salon de madame Du Deffant. — Horace Walpole resta fidèle au bel esprit de la dame aveugle, et l'on peut voir dans les lettres de cet anglais qui fut mêlé si activement à nos luttes françaises, comment sa fidélité à madame Du Deffant, fut récompensée par une quantité de belles lettres toutes remplies de la grâce, de l'atticisme, de l'observation fine et moqueuse, du ton solide et sûr, de tant de qualités excellentes qui avaient commencé et consolidé le succès de madame Du Deffant.

Cette rupture de deux amies fit un bruit du diable, et l'on crut un instant que le monde allait finir. Heureuse nation, qui traitait ces choses-là comme un événement ! La ville et la cour furent divisées sur la question de savoir si, en effet, mademoiselle de Lespinasse avait, ou n'avait pas le droit de quitter sa bienfaitrice ? Quel attentat ! quelle perfidie ! quelle violation du droit des gens ! Jamais pareil bruit ne s'était fait autour de deux femmes, depuis l'ingratitude de madame de Maintenon pour madame de Montespan, depuis la trahison, plus récente, de mademoiselle Aïssé, qui avait enlevé son dernier amant à la marquise de Parabère. Ainsi les uns faisaient des élégies sur cette infortunée madame Du Deffant, trahie dans ses affections les plus chères, tandis que les autres prenant parti pour la protégée, contre la protectrice, soutenaient à qui voulait l'entendre, que mademoiselle de Lespinasse avait été, au contraire, le martyre de son dévouement. Quelle vie avait-elle menée dans cette maison ? Quel esclavage plus cruel ? Quelle maîtresse plus exigeante ? — Mademoiselle de Lespinasse avait brisé ce joug de fer, et elle avait raison de le briser ; mademoiselle de Lespinasse avait emporté avec elle d'Alembert, — et d'Alembert avait bien fait de la suivre. Après tout, madame Du Deffant ne faisait rien de d'Alembert, et elle lui permettait à peine d'adresser deux ou trois phrases, bien froides à mademoiselle de Lespinasse, qu'il aimait de tout son cœur ! Madame Du Deffant avait tort, madame Du Deffant devait être plus indulgente que cela ! Madame Du Deffant aurait dû savoir, mieux que personne, que les passions des honnêtes gens s'accommodent mal d'une duègne, cette duègne fût-elle aveugle..... d'Alembert et mademoiselle de Lespinasse osaient à peine se dire qu'ils s'aimaient, et maintenant ils pourront se le dire tout à leur aise ! Tant mieux donc, et que grand bien leur fasse, et puisse la vieille dame en mourir de dépit.

Telles étaient les autorités favorables à mademoiselle de Lespinasse. — Ce siècle de Louis XV était bienveillant et facile aux amours, surtout quand, par hasard, il pouvait croire à une passion véritable. On aimait d'Alembert, on l'honorait, on lui savait gré de tant de belles offres qu'il avait refusées pour vivre pauvre et laborieux, chez la vitrière sa mère adoptive, on lui tenait compte de sa vie correcte et austère, mêlée d'habileté parisienne et de franchise : quand enfin on apprit que le philosophe était amoureux, comme un autre homme, ce fut dans tout Paris une joie universelle. — Paris battit des mains et se mit à célébrer la femme heureuse qui avait fait ce miracle : d'Alembert amoureux ! Les noces du Dauphin ne furent pas célébrées avec plus d'enthousiasme que ce quasi-mariage de mademoiselle de Lespinasse et de d'Alembert ; ce fut une fête, même pour les gens sages, et dès ce moment mademoiselle de Lespinasse fut à la mode. On vint à elle de tous les coins de l'Europe, elle fut saluée la reine des renommées et des élégances ; on la vit enfin telle qu'elle était, non plus soumise aux ordres d'une femme mécontente, mais libre de sa parole, libre de son esprit et maîtresse d'elle-même. — Son salon ne désemplissait pas de louanges et de louangeurs. — Lui-même, dans son ennui, le roi Louis XV, s'amusait de ce quasi-mariage de d'Alembert, et pour cadeau de noces il envoya à mademoiselle de Lespinasse quinze cents livres de pension sur sa cassette. Singulière récompense, bien digne d'être inscrite sur les registres de cette royauté, qui avait refusé à d'Alembert lui-même la pension de Clairault.

Nous l'avons dit, plus d'une ressemblance entre le célèbre philosophe et mademoiselle de Lespinasse devaient les réunir par une de ces sympathies secrètes, irrésistibles, auxquelles les plus sages ne sauraient résister. Comme mademoiselle de Lespinasse, d'Alembert était le fils illégitime d'une grande dame qui aimait mieux perdre un enfant qu'un peu de sa renommée ; l'un et l'autre, après avoir perdu le nom, l'état et la fortune que leur assuraient les lois du royaume, ils avaient été élevés par charité. Jeunes, abandonnés à eux-mêmes, ils avaient lutté contre le sort. Mademoiselle de Lespinasse s'était tirée d'affaires à la faveur de son esprit, d'Alembert était devenu un des maîtres de la philosophie, grâce à sa science et à son génie. Quand il rencontra mademoiselle de Lespinasse chez madame Du Deffant, notre philosophe avait accompli la plupart de ses illustres tentatives : son *traité de dynamique*, son *traité des fluides*, les *recherches sur la position des équinoxes*, surtout il avait publié son chef-d'œuvre : *le discours préliminaire de l'Encyclopédie*, ce grand travail, digne péristyle d'une œuvre gigantesque, qui tenait tout le XVIIIe siècle attentif. Par le nombre et par l'importance de ses travaux, par les services qu'il avait déjà rendus à la philosophie, et par ceux qu'il devait lui rendre encore, par l'amitié sincère que lui témoignait le roi de Prusse, par les sympathies dont l'entourait l'impératrice Catherine II, par sa domination légitime sur l'Académie des sciences, dont il était le secrétaire-perpétuel, et sur l'Académie française qu'il gouvernait à son gré, d'Alembert, en l'absence du Roi-Voltaire, était l'homme le plus important que pût fixer à son char de triomphe, une femme comme mademoiselle de Lespinasse. Où trouver, en effet, parmi ces renommées brillantes qui tenaient le sceptre et l'empire, un homme plus entouré d'estimes, d'amitiés, de respects et en même temps un homme plus souvent entouré d'attaques et d'insultes ? Homme important par les amitiés importantes qui l'entourent, le chef véritable de cette Encyclopédie dont son ami Diderot était le clairon ; désintéressé de toute ambition, peu ami de la fortune, et méprisant l'orgueil, parce qu'il avait vu l'orgueil humain aux prises avec toutes les lâchetés et toutes les infamies. Esprit très-fin, intelligence très-déliée, écrivain très-voisin de Fontenelle dont il a quelques aspects, fort de sa valeur morale, heureux de vivre, et d'assister, l'arme au bras, à cette terrible bataille dans laquelle il était compté tout autant que Voltaire lui-même, tel était l'homme indépendant et fier, que mademoiselle de Lespinasse sut gagner à sa cour. — Ce jour-là elle gagnait un ami, un amant, un serviteur, un esclave. Ce jour-là, madame Geoffrin vint à elle, les bras ouverts, et l'appela : son amie ! A commencer de ce moment d'affranchissement, mademoiselle de Lespinasse devint l'âme des deux académies qui régnaient sur l'Europe, par la science, par l'éloquence, par tout le crédit de ces grands corps restés debout, à l'instant même où les Parlements, frappés dans leurs plus chers priviléges, passaient incessamment d'un exil à un autre exil.

Mais à quoi bon tous ces détails ? Mademoiselle de Lespinasse nous a laissé son autobiographie; ou pour mieux dire elle a écrit le roman de sa vie, et dans ce roman, non-seulement elle s'est peinte en buste, pour parler comme madame de Staal (mademoiselle Delaunay), dont les *Mémoires* paraissaient au moment où nous parlons, mais encore elle s'est représentée avec des couleurs si brillantes, dans un pastel si fleuri, et avec tant de réticences merveilleuses qu'il serait impossible de la reconnaître si l'on n'était pas bien averti de ce qu'elle était en effet même *en buste*. Vous lirez dans ces pages bien senties, plus d'un passage qui rappelle dans sa forme facile et dans sa fiction originale, le fameux livre de Duclos : *Les confessions du comte de* ***.

Ces confessions de mademoiselle de Lespinasse se composent d'une suite de lettres ; c'était la grande mode de ce temps-là, et telle femme qui n'osait pas écrire un livre, ne demandait qu'un prétexte pour publier un volume de lettres ; l'amour-propre n'y perdait rien, non plus que la vérité et le talent du détail ; ajoutez ce grand avantage que la dame faisait entrer, en ligne de compte, toutes les lettres qu'elle avait écrites, dans sa vie, à ses amis, à ses amants, aux grands personnages de la cour, et toutes les lettres qu'elle en avait reçues : de cette façon, pas une ligne, pas un mot n'était perdu, et le livre était fait en un clin-d'œil.

LETTRE Ire.

« Je suis fille de M. le comte de V.... ; vous n'ignorez pas que la maison de V.... est une des plus anciennes et des plus illustres de ce pays, et j'espère que vous ne soupçonnerez pas que ce soit ma vanité qui ait besoin de vous faire cette remarque ; j'étais aimée follement de ma mère et de préférence à ses autres enfants ; je l'aimais avec toute la tendresse et la chaleur dont mon âme était susceptible alors. Je pensai mourir en la perdant ; pardonnez-moi ce détail qui est assez peu important pour le sujet que j'ai à traiter ; je compte, madame, sur votre indulgente bonté, d'ailleurs je ne me suis point engagée à vous rendre le récit que j'ai à vous faire, ni piquant ni même intéressant. Je n'ai point encore la tête assez libre ni l'âme assez calme pour apporter du soin et de la précision à ce que j'ai à vous apprendre. Ma narration se sentira du trouble où je suis encore. Je n'écarterai point l'inutile. Je ne mettrai ni ordre, ni suite, ni style ; mais je vous réponds d'une vérité inaltérable et d'une confiance qui ira jusqu'à l'abandon ; j'écrirai comme si jamais je ne devais être lue : je n'examine point si c'est la modestie ou l'amour-propre qui rend la plupart des femmes réservées sur les détails de leurs passions : celles qui ont été galantes seraient honteuses d'être vraies ; mais celles qui ont été entraînées par un penchant invincible, ont peut-être l'âme et la tête assez exaltées pour faire, de l'amour, une vertu. Alors elles doivent en parler comme elles l'ont senti, avec force, vérité et abandon. Voilà ce que je vous promets ; je vous demande grâce sur tout le reste.

J'imagine que la forme la moins fatigante et qui souffre le plus de longueurs et de négligence, c'est celle des lettres ; cela met des repos dans le récit, et cela en donne au malheureux lecteur qui s'est imposé la tâche de tout lire, pour prix du soin qu'on a pris de tout écrire. Tout ce que je viens de dire sera donc une manière de préface pour laquelle je ne ferai point d'excuse. Je parle, pour ainsi dire, à l'oreille de mon amie, je n'ai besoin que de sa bonté pour être écoutée, sinon avec intérêt, du moins sans ennui.

Il y avait deux ou trois ans que j'avais quitté madame la duchesse de ..... ma tante, lorsque je vis pour la première fois M. de Mora. Elle m'avait pris chez elle à la mort de son mari. C'était une femme d'esprit, mais très-méchante, dont j'avais beaucoup à souffrir. Ces deux ou trois années avaient été celles de ma vie que j'avais passées avec le plus de tranquillité et d'agrément. Elles avaient cependant été troublées par une maladie dangereuse qu'avait eue le comte de Sinclair, mon frère aîné, et qui m'avait fait craindre pour sa vie. Quand il fut tiré de ce danger, il prit le parti de venir loger avec moi ; sa société faisait la douceur de ma vie. Son esprit, ses vertus, le charme de sa conversation, m'attirèrent bientôt la meilleure compagnie en tout genre ; je menais une vie assez dissipée, je soupais tous les jours hors de chez moi, j'allais assez souvent aux spectacles : tout cela était moins pour satisfaire mon goût que pour mener un genre de vie auquel madame la duchesse de ..... ma tante, attachait de l'opinion, et qui lui faisait croire que j'existais avec agrément et considération. C'était sans doute une grande sottise que de contrarier mon goût pour un si puéril intérêt; mais, madame, cet intérêt n'était pas si petit, c'était une manière de me venger, et, en effet, je l'étais complètement par le désespoir où était ma tante, qui avait espéré qu'en la quittant je tomberais dans l'oubli et dans l'abandon.

Je viens de vous peindre ma situation extérieure, je dois vous dire un mot de la situation de mon âme : elle était occupée du sentiment de l'amitié; j'avais des amis qui mettaient de la douceur et de l'intérêt dans ma vie; j'étais aimée, il y avait plusieurs années, par le duc de Wilfort : ce qui n'avait d'abord été en lui qu'un goût passager, avait pris la suite et la consistance d'une passion, et ce n'était en lui qu'un effet d'amour-propre que j'avais, sans dessein, excité par mes refus constants. Je le trouvais très-aimable, il me plaisait toujours quand je le voyais en société. Mais venait-il à me parler de son sentiment, voulait-il me le prouver par ses lettres ou ses discours, alors il me glaçait et il me donnait mille fois plus de force qu'il ne m'en fallait pour me défendre du goût que m'inspiraient son esprit et sa gaîté. Enfin je ne l'aimais pas; il me plaisait, il m'occupait souvent, mais sans agiter ni toucher mon âme. Après avoir employé tous les moyens de me séduire, il avait voulu essayer de me soumettre par la crainte et les menaces; il avait même hasardé des démarches qui le compromettaient autant que moi, et, par un effet singulier de l'amour-propre, il avait souvent risqué de sacrifier son ambition, seule passion dont il fût susceptible, au plaisir de me soumettre et de me vaincre. Mais heureusement pour moi, j'avais été de bien bonne heure dans son secret, et, à son exemple, j'avais fait de cette liaison un objet de vanité et d'amour-propre, et nous combattions au nom de l'amour, sans être animés que de l'intérêt de notre amour-propre.

Il semble que ce combat devrait bientôt finir s'il était connu. Eh bien, je vous dirai, à la honte du cœur humain, qu'il n'y a guère de passion qui ait plus de suite, plus de constance et surtout qui soit aussi ingénieuse pour parvenir à ses fins. Je dois aussi vous avouer sans orgueil, comme vous allez voir, que ce n'est pas par vertu que je n'ai pas cédé à M. le duc de Wilfort, mais uniquement par vanité, par amour-propre, et seulement pour ne lui pas donner cet avantage sur moi. Dans l'espace de 7 à 8 ans que cette espèce de défi a duré, nous étions souvent brouillés, et puis, sans raccommodement, nous nous retrouvions aussi liés, et aussi à notre aise que s'il n'y avait eu entre nous que de l'amitié et même l'habitude de l'amitié.

Voilà où j'en étais, lorsque je vis l'homme à qui je devais consacrer toutes mes affections, toutes mes pensées, en un mot, celui qui devait disposer de tous mes intérêts et absorber toutes les facultés de mon esprit et de mon âme.

Je vais vous laisser reposer, madame; mais, mon dieu, que votre bonté est ravissante! vous voulez bien risquer de vous ennuyer dans l'espoir de me consoler en me faisant parler d'un objet qui a rempli mon cœur d'un plaisir et d'un bonheur qui seraient sans doute ceux du ciel, si nos âmes pouvaient jouir éternellement d'une félicité qui ne peut être goûtée que de bien courts instants et par bien peu de créatures. Hélas si peu de gens sont nés capables de passion ! La multitude meurt sans avoir connu tout le prix de la vie. Les hommes sont attachés, non parce qu'ils aiment, non parce qu'ils jouissent, mais parce qu'ils sont faibles et vains. Ils s'amusent, ils végètent et ils craignent le diable : voilà ce qui fonde cette horreur que presque tout le monde a de la mort. Les passions, qui devraient attacher à la vie, donnent aussi la force de la quitter sans faiblesse. Mais je ne vous laisse pas respirer. J'oublie que je viens de vous promettre de me taire, et, à l'avenir, je tâcherai de me livrer moins aux réflexions. C'est un genre trop commun et trop aisé. »

———

C'est ainsi que mademoiselle de Lespinasse commence son autobiographie, et, dès les premières lignes, vous voyez tout de suite le roman. Cette fois il n'est plus question d'illégitimité et de bâtardise. Nous supprimons, d'un trait de plume, la misère de nos premières années, l'abjection, le délaissement, notre métier d'institutrice et de subalterne dans la maison du père de famille qui n'a pas voulu reconnaître comme sien, cet enfant de sa femme. — Nous sommes, ou peu s'en faut, la fille légitime... d'une duchesse ! la sœur du comte de Saint-Clair, et nous avons eu bien de la peine à sauver ce frère bien-aimé, qui est venu se loger chez nous, dans notre hôtel. — Comme aussi madame Du Deffant, notre première bienfaitrice, la femme qui nous a tirée de cette position lamentable, celle qui nous a conduite à Paris, qui nous a installée dans sa maison, qui nous a présentée à son monde et que nous avons supplantée dans l'esprit de tous les beaux-esprits de cette époque, le nom de madame Du Deffant n'est pas encore prononcé. Pas une allusion à notre bienfaitrice ! En revanche nous avons une tante, madame la duchesse de ***; et si nous allons dans le monde, c'est pour faire enrager cette tante, jalouse de nos succès ! Dans cette haute fortune, où la tête lui tourne comme si elle était montée sur les tours de quelque château en Espagne, mademoiselle de Lespinasse n'a pas même un souvenir pour cet ami dévoué de sa vie orageuse, pour cet homme, d'où lui est venue toute sa considération personnelle, d'Alembert. Est-ce possible ? Rien n'est plus vrai ! les plus intrépides vanités de la grandeur ont monté à la tête de mademoiselle de Lespinasse. Être aimée d'un philosophe ! fi donc ! Elle ne voit que des duchesses et des princes, elle est aimée du beau duc de Wilfort, et rien n'empêche que ce duc de Wilfort ne soit le duc de Fitz-James, le duc de Richelieu, ou le beau Lauzun. — Vous le voyez, dans son livre, du moins, cette femme commence par être ingrate envers tous ceux qui l'ont aimée, mais patience, ils seront bien vengés par l'homme qu'elle aimera pour tout de bon.

Laissons-lui reprendre son roman :

LETTRE II.

« Ha ! que je vous plains, madame, car je me sens en disposition de ne vous pas faire grâce d'un mot, d'un pas, d'un geste ; enfin vous saurez tout ce qui m'a animée, tout ce que j'ai pensé et senti pendant l'espace de huit années, car la passion a cela, elle vit toujours, et il n'y a plus un mot ni un moment indifférent pour deux personnes qui s'aiment : mais je commence enfin.

J'allai un soir, sur les huit heures, chez madame de Francheville.

Je soupais chez le comte de Fortin où devait être le duc de Wilfort ; il y avait peu de monde chez madame de Francheville. Elle me reçut avec sa bonté ordinaire.

« Je suis bien aise de vous voir, me dit-elle, êtes-vous
» engagée ce soir ? — Oui. — Tant pis. Vous auriez été
» bien aise de souper avec madame de Valcourt ; elle vient
» ici avec M. de Mora, dont vous avez sûrement entendu
» parler ; c'est le fils du gouverneur de la province de.....
» Il n'y a pas bien longtemps qu'il est ici avec sa famille
» qui réside la plupart du temps dans le gouvernement du
» père. C'est un homme d'esprit, un homme aimable au-
» tant qu'il est possible de l'être. On ne se douterait pas à
» son ton qu'il n'a presque jamais été en ce pays-ci. »

Tout ce qui était dans la chambre ajoutait à cet éloge. Madame de Francheville s'approcha de moi ; et d'une voix dont personne ne pouvait perdre un mot :

« Il est amoureux de madame de Valcourt qui en est
» folle, je suis fâchée que vous soyez engagée ; cela vous
» aurait divertie à observer : elle vient ce soir ici sans son
» mari. Ils seront seuls, et j'aurais été ravie si vous aviez
» pu rester. — J'en suis vraiment bien fâchée aussi, mais
» il n'y a pas moyen. »

Je finissais ces mots lorsqu'on annonça M. de Mora. Mon premier mouvement fut de m'en aller, et puis je fus retenue par la curiosité que venait d'exciter en moi madame de Francheville. Elle fit un cri de joie :

«Ah! que cela est honnête d'arriver de si bonne heure!
» — Je sors de la comédie, j'ai quitté la petite pièce et je
» me suis fait un plaisir de vous voir plus à mon aise. »

Alors il regarda ce qui était dans la chambre; il fit la révérence d'une manière si noble et de si bonne grâce, que je trouvai que l'on n'avait point assez loué sa figure et son air qui était le plus distingué. Il était mis magnifiquement, et il n'avait point l'air paré. Madame de Francheville loua son habit et lui demanda s'il avait été au bal paré, si c'était là l'habit qu'il y avait eu :

« Hélas! oui, j'ai été au bal, je m'y suis ennuyé; j'ai
» été grondé d'en être sorti à trois heures; je ne danse
» point, c'est encore un tort, j'en suis bien fâché; je ne
» saurais recourir après tous les goûts que j'ai perdus, et
» cela me rend bien maussade.

» — Mais on vous le pardonne, je crois, dit madame
» de Francheville en souriant. Madame de Valcourt a-t-
» elle beaucoup dansé, s'est-elle retirée de bonne heure?

» — Je n'ai eu garde de m'informer de tout cela : je
» sais qu'elle a dîné chez mon père, qu'elle a été à la co-
» médie; sa loge était pleine; je me suis sauvé pour éviter
» la lenteur de la sortie du spectacle.

» — Mais vous serez encore grondé, dit madame de
» Francheville.

» — Vous aurez la bonté de me défendre, n'est-ce pas,
» madame? »

J'observais son visage pendant cette conversation, et je n'y voyais ni le trouble ni le plaisir qui s'y peint lorsqu'on entend parler de la personne que l'on aime.

« Et si vous voulez aussi venir à mon secours, continua
» M. de Mora, sur une dispute que nous avons eue à la
» comédie, je serai bien fort. Madame de Valcourt pré-

» tend que c'est Voltaire qui a le mieux peint l'amour et
» les effets de cette passion dans les femmes. Et moi je
» prétends qu'à cet égard seulement Racine lui est bien
» supérieur. Qu'en pensez-vous, madame ? »

Madame de Francheville, sans répondre, se tourna vers moi :

« Qu'en pensez-vous ?

» — Je serais de l'avis de M. de Mora, dis-je, non pour
» fortifier son parti, car je sens bien qu'il n'est pas géné-
» reux d'être contre les absents ; mais c'est que c'est tel-
» lement mon avis que je crois que je ne serais pas en
» peine de le motiver et de le prouver.

» — Ha ! que je serais ravi, madame, dit M. de Mora
» avec chaleur, si vous vouliez me donner vos raisons pour
» combattre l'opinion d'une femme qui se croit bien plus
» forte que moi, d'abord parce qu'elle est femme.

» — Eh bien, monsieur, tenez-vous assuré que Ra-
» cine a su mieux peindre l'amour dans les femmes que
» M. de Voltaire. Ce n'est ni le talent, ni l'esprit qui lui
» ont donné cette supériorité ; c'est que Racine a été pas-
» sionnément amoureux de mademoiselle Champmeslé, et
» que Voltaire n'a jamais connu ni senti l'amour comme
» passion.

» — Oh ! que cela est vrai ! que me voilà content ! Que
» je vous suis obligé, madame ! et que je me trouverais
» heureux si vous vouliez m'éclairer davantage ! »

Le baron de Saint-Phar arriva, il était fort lié avec M. de Mora, je le voyais beaucoup aussi :

« Arrivez, arrivez, baron, dit M. de Mora avec vivacité,
» je suis triomphant ; vous avez entendu notre dispute sur
» Racine et sur Voltaire, vous étiez tout prêt à être contre

» moi, car vous êtes toujours galant ; hé bien, écoutez :
» madame va vous persuader.

» — Voilà en vérité ce que je n'entreprendrai pas, dis-je
» en me levant ; adieu, madame, je meurs de peur que
» madame de Valcourt n'arrive, et alors je serais trop fai-
» ble et peut-être trop ridicule d'avoir une opinion con-
» traire à la sienne. »

M. de Mora s'approcha de madame de Francheville :

« Quoi ! elle ne reste pas à souper ? Ah ! retenez-la,
» madame, elle me paraît pleine d'esprit.

» — Entendez-vous, madame ! dit madame de Franche-
» ville, élevant la voix.

» — Non, madame, mais je m'en vais avec bien du re-
» gret. »

Je ne sais si en prononçant ce mot je regardais M. de Mora, mais il me fit une profonde révérence, et il semblait me dire : *C'est moi qui le sens, ce regret.* Je sortis et je trouvai madame de Valcourt sur l'escalier. Je fus fâchée d'être partie ; j'aurais voulu voir si son arrivée aurait fait quelque impression sur M. de Mora..... Pourquoi cette curiosité ? Je n'en démêlais point la cause, et peut-être n'était-ce que la curiosité que m'avait inspirée madame de Francheville. J'ai su depuis par M. de Mora ce qui avait été dit de moi à mon départ. Madame de Valcourt entra en demandant quelle était la femme qui sortait.

« Elle a l'air bien noble, dit-elle ; je n'ai pas vu son
» visage.

» — Il n'est pas joli, dit madame de Francheville ;
» c'est madame de Rennefort.

» — Je ne l'ai pas reconnue, reprit madame de Val-
» court.

» — Est-ce que vous la connaissez, madame, lui de-
» manda M. de Mora?

» — Non; je ne la connais que pour l'avoir rencontrée,
» il y a quelques années, avec madame la duchesse de.....
» sa tante.

» — C'est, dit M. de Mora, une personne bien aimable,
» bien spirituelle, et qui m'a paru bien naturelle, qualité
» bien rare en ce pays-ci.

» — Et elle est tout cela, madame? dit madame de Val-
» court en interrogeant madame de Francheville.

» — Oui, madame, et cela est si vrai que, quoiqu'elle
» soit laide, elle plaît généralement aux hommes et aux
» femmes.

» — Mais elle n'est pas laide, reprit M. de Mora; elle a
» de la grâce, de la noblesse, de la physionomie. Cela
» n'est-il pas vrai, madame? en s'adressant à madame de
» Francheville.

» — Oui, tout cela est vrai; mais je vous avertis, ma-
» dame, qu'il n'est si fort prévenu en faveur de madame
» de Rennefort, que parce qu'elle a été de son avis contre
» le vôtre sur l'amour, sur Racine et sur Voltaire. Contez
» tout cela, baron, et madame de Valcourt vous confondra
» tous. »

Alors reprit la dispute, et n'importe qui eut tort ou raison.

J'arrivai chez le comte de Fortin à 9 heures et demie; il vint à moi:

« Je ne savais, me dit-il, ce qui vous était arrivé, je commençais à être inquiet.

» — J'arrive trop tard parce que j'ai été retenue par
» une dispute chez madame de Francheville; elle voulait
» me garder.

» — Et assurément, reprit le duc de Wilfort, c'est un
» grand sacrifice que vous avez fait?

» — Sans doute, il y avait vingt personnes.

» — Et toutes de vos amies?

» — Non, il n'y en avait que six ou sept, mais bien
» choisies, bien aimables, et telles enfin que si je n'avais
» dû souper chez M. le comte, il m'en aurait coûté de
» m'en aller.

» — Mais, mon dieu, nommez-nous donc ces personnes
» si charmantes, si aimables.

» — D'abord, madame de Valcourt.

» — Oh! ce n'est pas elle qui vous aurait fait rester, dit
» le duc de Wilfort.

» — Et puis le comte de Grancé, le baron de Saint-
» Phar et M. de Mora.

» Ah! celui-là je ne le connais pas. On dit qu'il est fort
» aimable; le connaissez-vous, comte?

» Oui, je l'ai vu à Versailles, il a une figure de roman.
» Madame de Valcourt le trouve digne de figurer dans le
» sien, et c'est assurément un bon choix. Voilà ce qu'on
» appelle un amant de bon air; il est jeune, mais il a un
» maintien, un ton noble et grave, et c'est un de ces
» hommes qui s'attirent de la considération à la première
» vue. En avez-vous jugé de même? me dit-il en riant.

» — Plus avantageusement encore, dis-je en riant aussi;
» le comte vous loue sa figure, et moi je vous dirai qu'il a
» de l'esprit, de la grâce, de la chaleur.

» — Prenez garde, dit le comte de Wilfort, vous ou-
» bliez ce qui vous plaît de préférence; il est sûrement
» sensible, n'est-ce pas?

» Je n'en sais rien, répondis-je; mais il a de si beaux

» yeux, il a tant d'expression, que je croirais bien qu'il a
» beaucoup d'âme.

» — Allons, dit le duc de Wilfort en faisant quelques
» pas et en m'éloignant de la compagnie, venez, conten-
» tez-vous de celle d'un homme que vous désolez depuis
» une heure : je vous attendais ; pour arriver plutôt, j'ai
» laissé un rendez-vous d'affaires ; j'y suis toujours attrapé
» et rien ne me corrige.

» — Je vous assure, lui répondis-je à mi-voix, que sans
» vous je ne serais pas ici.

» — Il faut donc que je vous remercie.

» — Non, mais que vous ne me grondiez pas. »

La soirée fut agréable, et je ne regrettai point celle que j'aurais pu passer chez madame de Francheville... Mais, madame, n'êtes-vous pas effrayée de toutes mes longueurs; ne craignez-vous pas un in-folio? Si je suis jour par jour un aussi long espace que celui que j'ai à parcourir, sans doute je serai infinie. Mais je vous annonce des années d'absence, et cela vous donnera le temps de vous reposer de mes petits détails, traités si longuement. Je passe donc au lendemain, car ce jour-là est bien nécessaire à ma vie. Le baron de Saint-Phar arriva chez moi. Le duc de Wilfort y était et plusieurs autres personnes. Le premier mot du baron fut : « Vous avez vu hier, madame, un homme
» qui a un grand désir de vous être présenté ; je me suis
» chargé de vous en demander la permission. »

Le duc de Wilfort l'interrompit :

» — Je parie, monsieur le baron, que c'est monsieur
» de Mora ; oh ! je vous réponds qu'il sera bien reçu : ma-
» dame en est dans l'enchantement, elle nous en parle de-
» puis hier.

» — Il est vrai, dis-je au baron, que je trouvai mon-

» sieur de Mora le plus aimable du monde ; en vous quit-
» tant j'allai souper chez le comte de Fortin, où était mon-
» sieur le duc de Wilfort, et je lui parlai en effet de mon-
» sieur de Mora avec éloge. Depuis je n'en ai pas dit un
» mot ; mais je suis flattée, bien aise même qu'il veuille
» bien me voir, et, comme dit monsieur (en regardant le
» duc), il sera fort bien reçu. Son introducteur suffirait
» bien pour me faire désirer de le voir et de cultiver sa
» connaissance.

» — Il mérite tout cela, madame, répliqua le baron ; ce
» serait un homme rare partout, par la réunion de ses
» qualités aimables et de ses vertus. »

Il se tourne du côté de mon frère :

» — Il a une grande admiration pour vos ouvrages,
» monsieur, et un grand désir de connaître votre per-
» sonne. »

Mon frère répondit par une profonde révérence.

« Oh ! je vous réponds, continua le baron, qu'il vous
» plaira infiniment, ainsi qu'à madame de Rennefort.

» — Cela est déjà fait, dit avec vivacité le duc de Wil-
» fort.

» Cela est juste, dit le baron, car monsieur de Mora me
» pressa, hier au soir, de venir aujourd'hui demander à
» madame la permission de le lui amener. Je lui ai repré-
» senté qu'il faudrait attendre qu'il fût débarrassé de quel-
» ques affaires qu'il avait. Hé ! pourquoi donc, mon cher
» baron, m'a-t-il dit ; est-ce que je ne trouverai pas le moyen
» de sauver quelques moments, pour les venir passer dans
» une société qui me plaise ? En grâce, ne perdez pas un
» moment à me faire faire une connaissance que je vou-
» drais déjà qui fût faite.

» — Tout cela, dis-je, est trop aimable : monsieur de

» Mora est bien jeune pour préférer une société assez bor-
» née, à la dissipation ; mais je jouirai des moments qu'il
» me donnera.

» — Non, non, madame, il n'est pas plus jeune que
» nous. Monsieur de Mora a trente ans d'expérience et de
» raison, la vie s'est pressée pour lui. Elle a déjà été
» remplie de beaucoup d'événements : il y a longtemps
» qu'il est colonel, il a fait la guerre, il a voyagé dans tou-
» tes les cours de l'Europe, il a eu tous les goûts de la
» jeunesse. Peut-être en a-t-il eu tous les malheurs ;
» voyez, après cela, quel âge il doit avoir. Y a-t-il beau-
» coup de gens de quarante ans qui aient eu une vie aussi
» remplie ? Eh bien, il n'en a que vingt-quatre ; mais il
» n'y a en lui que son visage qui puisse le faire croire. »

Alors la conversation devint générale : le baron, en me quittant, me dit :

» Vous croyez bien que je ne serai pas longtemps sans
» vous voir ; je vais rejoindre monsieur de Mora, il va
» prendre grande opinion de ma manière de négocier. »

Il part.

» Vous voilà bien contente, me dit le duc de Wilfort,
» voilà un nouvel intérêt de plaire, voilà de nouveaux suc-
» cès. Mais vous êtes trop aimable, car vous ne dédaignez
» pas les gens de qui vous êtes assurée. »

Je répondis par une plaisanterie, et nous nous séparâmes tous pour aller souper.

Et moi, madame, je vous quitte. Je vous ai promis de ne vous parler que de monsieur de Mora, ou de ce qui peut y avoir quelque rapport, et ma soirée fut vide de cet intérêt. Je reprendrai mon récit au moment où je le revis, et je vois que vous croyez que ce fut encore le lendemain; mais au moins je vous prie de croire que ces *lendemains* ne ressembleront en rien à ceux de Dufrény. Hélas ! notre union a été longue, et elle ne pouvait finir qu'avec notre vie. Quel souvenir ! il me fait frissonner ; et si je voulais continuer, je n'en aurais plus la force. Adieu, madame, puissiez-vous goûter le bonheur avec autant de sensibilité que j'en éprouve en me livrant au malheur ! »

Voilà le roman ! un homme qui soupire ! une fille qui résiste ! un amour éternel ! des serments aux portes du tombeau ! Mademoiselle de Lespinasse a beaucoup d'imagination, si elle a beaucoup d'amour ; la chose s'est engagée plus vite qu'elle ne le dit là, et ces amours, pour avoir été brûlantes de part et d'autre, ne furent pas *filées* avec toutes ces précautions oratoires. Ce fut d'Alembert lui-même, et non pas le hasard, qui eut l'honneur de présenter M. de Mora à mademoiselle de Lespinasse ; M. de Mora était le fils de M. de Fuentès, ambassadeur d'Espagne à notre cour. Il était jeune et beau, et très-riche et très-magnifique ; il avait eu quelques bonnes fortunes dans le monde galant, et, franchement, il ne s'en était pas vanté. — Jusqu'à ce jour, mademoiselle de Lespinasse n'avait rien vu d'aussi beau que ce jeune homme, et aussitôt ses yeux parlèrent si éloquemment, que M. de Mora se laissa aimer ; l'esprit de la dame fit le reste ; elle était éloquente, elle était passionnée, elle était très-entourée des plus honnêtes gens, elle faisait toutes les avances..... M. de Mora la laissa faire, et tout au plus fit-il de son côté le demi-quart du chemin. On se vit, on s'aima, on se le dit, et tout fut dit. Seulement, comme il n'était pas juste de traiter ce bon M. d'Alembert en mari trompé et ridicule, mademoiselle de Lespinasse prit le soin cruel de le prévenir : — « Voyez, mon ami, je ne vous aime plus, ce n'est pas ma faute ! j'aime et j'adore monsieur de Mora ! Il met à mes pieds sa maison, son nom, sa fortune, sa beauté, sa jeunesse..... je ne veux rien que son amour... et votre amitié, mon cher d'Alembert ! »

L'accident ne s'est pas passé autrement que je ne vous le dis, soyez-en sûrs, et, vraiment, cela était assez romanesque pour que mademoiselle de Lespinasse nous ait donné tout ce détail. Qui fut bien triste, bien malheureux, bien à plaindre ? d'Alembert ! Il aimait cette femme de si bonne foi ! il savait si peu le langage des passions ! Il comprenait si peu les amours, à première vue, entre une fille déjà mûre et un jeune homme de vingt-cinq ans. Il en fut hébêté pendant huit jours, mais enfin l'habitude était faite, le pli était pris, d'Alembert ne pouvait plus se passer de mademoiselle de Lespinasse. — Le philosophe courba la tête, il consentit à ces amours, hélas ! il comprenait qu'il ne pouvait rien empêcher.

Une fois libre de s'aimer, mademoiselle de Lespinasse et M. de Mora s'aimèrent à la rage ; ils se voyaient vingt fois le jour, ils s'écrivaient à toute heure ; de l'hôtel d'Espagne à la maison de mademoiselle de Lespinasse, ce n'étaient que *grisons* qui portaient et rapportaient des billets doux. Dans un voyage de la cour à Fontainebleau (1771, encore vingt ans, et le roi de France aura pour Fontainebleau et pour Versailles deux brins d'herbe au pied de la cour du Temple), M. de Mora écrit à sa maîtresse vingt-deux lettres, en dix jours ! C'est ce moment de la passion heureuse qui illumine d'une douce clarté les quelques pages que voici :

LETTRE III.

« Je reprendrai en répétant le *lendemain*. Sur les six heures du soir, étant avec deux ou trois personnes, on m'annonça monsieur de Saint-Phar et monsieur de Mora. Il se fit présenter à mon frère. Il y avait dans son air, dans son ton et dans tout ce qu'il dit, quelque chose de si obligeant, de si flatteur et de si bien senti, que j'affaiblirais en cherchant des mots. Il eut, tout le temps qu'il fut dans ma chambre, l'attention que donne l'estime la plus profonde; il causa beaucoup avec mon frère, il semblait qu'il voulait emporter sa bienveillance, il avait le ton du respect pour son opinion; enfin, sans lui avoir donné une seule louange, il est impossible de louer davantage. Il fut très-obligeant, très-animé avec moi; mais son occupation principale fut d'écouter mon frère. Il arriva successivement d'autres personnes, entr'autres le duc de Wilfort, qui sur-le-champ vint à moi en me disant : C'est lui? Oui, c'est lui, dis-je en souriant. Eh bien! causez avec lui, jugez-le, et prouvez-moi que j'ai de la prévention, et même, si vous pouvez, de l'engouement.

La conversation fut animée : le duc de Wilfort adressa directement la parole à monsieur de Mora, qui répondit toujours avec le ton le plus noble et le plus poli. On vint à parler de la Russie :

» Ah! monsieur, dit le duc de Wilfort, vous étiez à Pé-
» tersbourg du temps de la révolution; du moins vous en
» avez su la cause, vous en avez vu tous les détails, qui
» ne nous sont parvenus que très-imparfaitement. »

On fit plusieurs questions à monsieur de Mora, il répondit à tout avec tant de clarté et de précision, qu'on ne pouvait pas s'arrêter sur l'intérêt et la curiosité qu'il excitait. Le baron de Saint-Phar lui dit :

» Mon cher marquis, vous ne pouvez pas vous en tirer
» autrement que par le détail de ce qui s'est passé à Pé-
» tersbourg, jour par jour, du temps de la révolution. »

Tout le monde se joignit au baron de Saint-Phar. Monsieur de Mora ne s'en défendit point ; mais avec le ton le plus simple et le plus modeste, et jetant les yeux sur tout ce qui l'entourait :

» Le moyen, dit-il, de parler, de se faire écouter, lors-
» qu'il serait si agréable pour moi de jouir d'une conver-
» sation dont j'ai déjà assez connu le charme, pour voir
» que c'est un plaisir presque unique à Paris ! Mon cher
» baron, dit-il en élevant la voix, laissez-moi écouter ici,
» je conterai ailleurs.

» — Mais ce n'est pas là nos conditions, dîmes-nous
» tous ensemble, et vous avez assez de bonté, monsieur,
» pour les rendre meilleures pour nous.

» — Hé bien, madame, en se tournant vers moi, vous
» ordonnez donc que je vous fasse un long récit ; s'il vous
» ennuie, au moins arrêtez-moi, je vous en prie. »

Je ne lui répondis que par une inclination et par un geste, qui l'assurait qu'il serait écouté avec le plus vif intérêt. Il commença l'histoire de cette révolution. Il en parla avec tant de chaleur, il peignit tellement les gens qui méritaient d'être nommés, tous ceux qui avaient eu part à cette affaire, il anima tout, il nous fit tout voir ; et jamais aussi on n'a été écouté avec cette attention, cet intérêt et ce plaisir. Il parla plus d'une demi-heure. Nous étions tous dans une espèce d'étonnement qui tenait de l'admiration. Jamais, en effet, on n'a eu autant de grâce, de simplicité et de vraie éloquence. Mon frère loua avec transport monsieur de Mora qui en paraissait pénétré de reconnaissance ; il n'y avait point de retour d'amour-propre dans la satisfaction qu'il montrait : c'était le plaisir d'une âme honnête, qui jouit avec satisfaction de l'approbation que lui donne la vertu et la bonté. Tout cela était exprimé dans sa manière et dans ses discours.

« Je suis trop heureux, madame, de ne vous avoir pas
» fatiguée, je le craignais bien : les conteurs ne savent
» pas s'arrêter, et j'aurais été désolé de vous priver du
» plaisir d'entendre vos amis. Vous m'avez imposé cette
» privation aujourd'hui ; j'espère que vous me permettrez
» de venir m'en dédommager, et bien souvent, pour me
» consoler du temps que j'ai perdu. Il y a trois ou quatre
» mois que je suis ici, et je ne fais que d'apprendre que
» vous auriez voulu me recevoir.

» Ah! oui assurément, dis-je avec une expression sen-
» sible. Mais, monsieur, vous êtes si dissipé, si recherché,
» que je sais d'avance que la connaissance que je fais au-
» jourd'hui ne ne me causera que des regrets.

» Mon Dieu! quel mot! que de bonté! » dit-il en s'approchant de moi ; et en baissant la voix : « Croyez, s'il vous
» plaît, que je ne suis ni dissipé ni recherché, et que je
» ne trouverais de plaisir ni dans l'un ni dans l'autre.
» Mais me pardonnerez-vous la longueur de cette première
» visite ? »

Le duc de Wilfort, qui avait été charmé de tout ce qu'il avait entendu, répondit aux derniers mots que venait de prononcer M. de Mora :

« Monsieur, dit-il avec le ton du plaisir, de la recon-
» naissance et de l'éloge tout ensemble, nous nous join-

» drons tous à madame pour vous remercier et pour vous
» prier de nous accorder tous les moments que vos affaires
» ou vos plaisirs vous laisseront de libres. Vous voyez, par
» le ton et les termes de ma prière, que tous les amis de
» madame partagent ses sentiments et ses désirs. Ce n'est
» point ici une maison où l'on vienne en visite. On vient
» y vivre avec ses amis, on vient y chercher une société
» choisie, et où l'on trouve réunis le charme de l'amitié et
» le plaisir d'une conversation aussi gaie qu'instructive.
» Vous en avez pris le ton mieux que personne. Vous ve-
» nez de nous faire jouir de tout ce que je vous annonce,
» et j'ai l'impatience de me retrouver chez moi pour écrire
» tout ce que je viens d'entendre.

» — Mais vous n'écrirez pas tout, monsieur le duc, lui
» dis-je, et je suis bien sûre que ce ne sont pas les faits
» seuls qui vous ont intéressé.

» — Vous avez bien raison, mais nous causerons ensem-
» ble de l'impression que nous venons de recevoir ; et si
» monsieur de Mora vous cultive, comme je le désire et
» comme je l'espère, nous goûterons souvent le même
» plaisir que nous venons d'éprouver. »

M. de Mora mit dans sa réponse une grâce, une simplicité qui nous prouvèrent qu'il méritait bien tout ce qu'il
venait d'entendre de flatteur et d'obligeant. En s'en allant,
il vint à moi et me dit, avec un charme qui ne se rend
point :

« Je viens de passer trois heures dans cette chambre :
» que de regrets et de plaisir j'en emporte ! monsieur le
» duc de Wilfort a raison, on ne peut pas y faire de visi-
» tes, il faudrait y vivre. Si j'abuse de la permission que
» vous m'avez donnée, en grâce, madame, laissez-moi
» l'ignorer, ayez cet excès de bonté et de générosité pour

» un homme qui en conservera le souvenir tant qu'il vi-
» vra. »

Il partit avec le baron de Saint-Phar, et, tous à la fois, nous nous récriâmes sur l'esprit, l'âme, la figure, la grâce et la noblesse de M. de Mora ; le duc de Wilfort ne pouvait s'en taire :

« Oui, oui, vous avez raison, on n'a jamais réuni tant
» de choses aimables et estimables, car on sent que son
» âme est forte et élevée. Pour moi, ajouta-t-il, je n'ai ja-
» mais rien entendu de si intéressant que le récit qu'il
» nous a fait. »

Tout ce qui était là applaudit à l'éloge que venait de faire le duc de Wilfort, et moi je m'occupais de l'idée que je ne le verrais guère, puisqu'il était attaché à madame de Valcourt ; et en m'approchant de l'oreille du duc de Wilfort :

« Croyez-vous que madame de Valcourt soit digne d'un
» tel amant ?

» — Oh ! non, en vérité ! mais elle est bien jolie, elle
» est à la mode, cela a pu séduire un jeune homme.

» — Vous lui croyez donc des airs ?

» — Non ; mais, après tout, il ne faut pas se mettre en
» quatre pour justifier un homme de vingt-quatre ans d'a-
» voir madame de Valcourt.

» — Oui, *d'avoir*, puisque vous prononcez ce vilain
» mot : mais, pour une passion, elle ne me paraît pas faite
» pour en inspirer une à l'homme que nous venons de
» voir et d'entendre.

» — Et pourquoi en faites-vous une passion, pourquoi
» voulez-vous toujours du roman ? Il ne vous suffit pas
» d'être exaltée pour vous ; tout ce qui vous plaît, vous le
» mettez à votre ton. Je vous déclare qu'il n'y a point

» d'hommes et fort peu de femmes qui voulussent se met-
» tre à votre ton et à votre régime. Je vous l'ai dit cent
» fois, quoique vous soyez jeune, vous ne l'êtes pas assez
» pour vivre de chimères et d'illusions, et je répondrais
» bien que vous en serez punie, et que je serai vengé.

» — Cela pourra être vrai, répliquai-je ; mais cette
» prédiction n'est pas modeste. Sans doute, je ne devais
» pas prétendre au bonheur de vous plaire, et je suis si
» persuadée que vous me faites grâce, que vous n'excitez
» en moi que le sentiment de la reconnaissance la plus
» vive. »

Il répondit avec froideur :

« Bientôt, je trouverai que vous m'accordez encore
» trop ; je vous souhaite le bonsoir ! »

Il partit. Je restai seule avec mon frère, qui me parla de M. de Mora :

« Nous le verrons souvent ! disait-il.

» — Nous le verrons peu, disais-je ; il est occupé de
» madame de Valcourt, et je vous réponds qu'il aimera
» mieux la suivre, être chez elle, qu'il n'aimera toute no-
» tre belle conversation.

» — Cela peut être, disait mon frère ; mais je parierais
» bien que cet homme-là n'est pas profondément occupé
» d'une femme coquette, grimacière, et qui est à son
» dixième amant ; au moins c'est là le bruit public, et
» monsieur de Mora l'a su avant que d'aimer madame de
» Valcourt. Il est vrai qu'elle est jolie comme un ange, et
» cela peut fort bien contenter un jeune homme. Mais s'il
» l'aime, à coup sûr, il ne l'aimera pas longtemps. Ma-
» dame de Francheville me disait hier qu'elle n'avait pu
» retenir aucun de ses amants, et qu'elle avait toujours
» été quittée ; qu'elle était vaine, coquette, exigeante, et

» qu'elle avait un défaut qui dégoûtait bien vite d'elle,
» que cette bouche si jolie ne pouvait pas se regarder.
» — Ah! c'est un malheur affreux pour une femme
» galante, j'en suis fâchée pour elle; mais quelle que soit
» la raison qui donne ou rende la liberté à monsieur de
» Mora, j'en serai ravie. »

Adieu, madame; respirez donc; je vous accable, mais je ne vous demanderai plus pardon; cette uniformité mettrait un ennui de plus dans ce long récit... »

― Je le répète, tout ce passage est charmant; on y retrouve vraiment la trace et le souvenir d'une passion sincère. C'est bien ainsi que mademoiselle de Lespinasse aura parlé à M. de Mora, elle l'aura vraiment contemplé avec ces yeux éblouis, elle aura déployé aussi toute sa grâce pleine d'originalité, d'imprévu, de charme, et cet esprit qui n'avait pas son égal quand il était excité par l'envie de plaire. A la bonne heure! je comprends cette partie du roman; voilà de la vraie passion bien nette, bien sentie, bien racontée; en lisant ces pages resplendissantes de toutes les élégances de l'amour; on se demande si c'est là la même femme que le baron de Grimm, qui n'y allait pas de main morte, quand il voulait faire un portrait ressemblant, vous a représentée : *sans fortune, sans naissance, sans beauté!*

LETTRE IV.

« Je vous ai promis de vous rendre compte de mes plus

secrètes pensées. Hé bien! madame, je tiens ma parole, et je vous dirai que cette première visite laissa une profonde trace en ma pensée; et, ce qui va vous paraître étonnant, M. de Mora fut le premier objet qui s'y présenta en m'éveillant. Je m'occupais de tout ce que j'avais à lui dire; j'avais déjà cent questions à lui faire; ses projets, ses occupations, ses connaissances, ses liaisons, tout avait déjà pris de la vie et avait droit à mon intérêt. J'aurais voulu, par-dessus tout et avant tout, savoir de quelle nature était son sentiment pour madame de Valcourt; et, par l'opinion que j'avais déjà prise de M. de Mora, il ne me paraissait pas possible qu'il aimât faiblement; et, de ce moment, ce que j'avais caractérisé de froideur chez madame de Francheville ne me parut plus qu'un excès de prudence, qui était pour faire évanouir les soupçons qu'on avait sur leur liaison. Enfin, je créais, je détruisais tour-à-tour une passion qui n'a jamais existé dans l'âme de M. de Mora : ce que cela prouvait, c'est qu'il n'était plus pour moi un objet comme un autre. Vingt-quatre heures avaient suffi pour me donner plus de mouvement et de pensées que n'en donne souvent une liaison de plusieurs années.

J'étais à ma toilette, lorsqu'on vint m'annoncer quelqu'un de la part de M. de Mora. Par un mouvement involontaire qui n'était pas ordinaire, sans faire une question, je répondis : « *Faites entrer!* » C'était un de ses gens qui m'apportait un roman dont on avait parlé la veille et que j'avais paru désirer. Il me faisait dire qu'il aurait bien voulu l'apporter lui-même, mais qu'il était entraîné par des devoirs et des visites qui ne le dédommageraient pas. Il me faisait demander si je serais chez moi le lendemain.

« Oui, assurément, monsieur, dis-je à ce laquais, j'y
» serai et je serai ravie de voir monsieur de Mora. Remer-

» ciez-le cent fois de son roman, dites-lui que je vais le
» lire pour lui épargner la peine d'en juger par lui-
» même. »

En effet, je me mis à faire cette lecture, et je ne fus soutenue que par le plaisir d'en parler à M. de Mora.

L'après-dîner de ce jour-là, je vis beaucoup de monde, et je me souviens que je parlai dix fois de M. de Mora. Il n'y avait rien que de simple à m'informer si on connaissait un jeune homme qui débutait, pour ainsi dire, en ce pays-ci, et qui méritait d'être distingué à tous égards. Tout ce qu'en dirent le duc de Wilfort et mon frère fit naître le plus grand désir de le connaître aux gens à qui nous en parlions. Le duc de Wilfort dit à une personne qui paraissait désirer le rencontrer :

« Vous en allez avoir le plaisir, car peut-être va-t-il ar-
» river.

» — Non, dis-je, il ne viendra point.

» — Et pourquoi jugez-vous qu'il ne viendra pas, sa-
» vez-vous bien que c'est par trop faire vos honneurs ?
» Nous avons été hier si aimables avec lui, nous avons
» montré tant d'empressement de le voir, qu'il n'est pas
» besoin que nous comptions sur vous ni sur l'impression
» que vous lui avez faite, pour espérer de le voir.

» — Je pourrais peut-être disputer sur ce que vous di-
» tes, répliquai-je, je pourrais même le réfuter ; mais je
» ne vous dirai qu'un mot : il m'a fait dire qu'il ne vien-
» drait pas.

» — Oh ! pour le coup ! vous lui avez fait plus d'effet
» que nous. Puisqu'il vous a fait dire qu'il ne viendrait
» pas, cela prouve qu'il avait le désir d'y venir.

» — Cela ne me paraît pas raisonner aussi juste qu'à
» votre ordinaire, mais je ne me rends pas difficile sur la

» conséquence que vous tirez, je souhaite même qu'elle
» soit juste. »

Tout cela était dit avec gaîté et plaisanterie. Le baron de Saint-Phar entra; le duc de Wilfort lui adressa la parole :

« Monsieur le baron, jugez-nous, et voyez si je conclus
» mal. »

Il lui conta ce que nous venions de dire.

« Eh bien! prononcez à présent.

» — Je n'en puis rien faire, dit le baron. Ne faut-il pas
» qu'un juge ne soit point prévenu?

» — Oui, assurément.

» — Eh bien! j'ai été témoin que monsieur de Mora
» était désolé d'être forcé d'aller faire des visites avec son
» père; il m'a demandé si je viendrais ici, je lui ai ré-
» pondu que oui.

» — Ah! que vous êtes heureux, a-t-il repris, mon
» cher baron! vous allez voir, vous allez entendre la meil-
» leure compagnie de Paris; je ne me console pas d'avoir
» été si longtemps sans la connaître. »

Le duc de Wilfort, en l'interrompant, s'écria :

« Vous voyez que mes conclusions sont justes! »

Je répondis par des plaisanteries, et il ne fut plus question de M. de Mora.

J'étais seule le lendemain. A cinq heures l'on annonça M. de Mora.

« Je viens peut-être à une heure incommode pour vous,
» madame, mais je n'ai consulté que mon empressement.
» J'ai affaire à sept heures, et j'ai craint de n'être pas libre
» le reste de la soirée.

» — Toutes les heures où je vous verrai, monsieur, me
» seront agréables. Mais je dois vous dire, et c'est un soin

» que je prends pour votre amusement, que, si vous ve-
» niez à cette heure-ci, vous risqueriez de vous ennuyer,
» car j'y suis souvent seule.

» — Non, madame, je ne donnerai pas dans le piége
» que vous me tendez; non, je n'aurai pas la gaucherie de
» rassurer votre amour-propre, et je vous répondrai du
» fond de mon cœur que je suis charmé de ce que vous
» venez de m'apprendre, que vous êtes quelquefois seule
» à cette heure-ci; vous verrez que je ne l'oublierai pas.

» — Mon Dieu ! que cela est aimable, que cela est
» obligeant ! Mais songez donc que vous veniez dire que
» vous n'étiez pas libre, et je le sais.

» Mais je n'ai pas des affaires tous les jours, et cela se-
» rait bien odieux. Je vais seulement à sept heures chez
» un notaire pour terminer une affaire; j'y vais avec plai-
» sir, parce que c'est la dernière fois.

» — Quoi ! vous croyez qu'il n'y a que les affaires qui
» puissent ôter la liberté ?

» — Non, ce n'est pas cela que je dis, mais je pourrais
» dire avec vérité que ce ne sont que ces affaires qui
» m'ont privé de la mienne depuis trois ou quatre mois.

» — Vous me surprenez beaucoup; mais cependant,
» ajoutai-je, vous avez raison : ce qu'on fait par choix et
» par goût, l'on y est entraîné, et l'on ne peut plus appe-
» ler cela le sacrifice de sa liberté.

» — Ah ! madame, s'il peut arriver un jour où je puisse
» me flatter de mériter votre amitié, je répondrai bien
» autrement à ce que vous me dites et à ce que vous me
» faites entendre. Mais comment vous occuper de moi,
» lorsque vous êtes occupée d'intérêts si chers, si agréa-
» bles, et qui doivent remplir votre vie d'agrément et de

» bonheur? En effet, vous êtes faite pour inspirer tous les
» genres d'intérêt et pour les éprouver tous.

» — Je connais celui de l'amitié, j'en jouis avec sensi-
» bilité. Mais pour que vous sachiez avec qui vous traitez,
» il faut que je vous dise bien vite que je ne crois pas au
» bonheur, que je tiens fort peu à la vie ; d'après cela, si
» vous daignez y penser, vous verrez que ce que vous ve-
» nez de supposer est bien peu fondé ; mais, en vérité,
» vous me trouverez bien extraordinaire.

» — L'aveu que je vous fais est déjà de la confiance ;
» que pensez-vous de ce ton, de cette manière? Avant de
» savoir votre réponse, je dois vous dire que cela me sur-
» prend autant que vous.

» — Eh bien ! puisque nous devons nous surprendre,
» je dois vous rendre confidence pour confidence, et je me
» flatte que vous trouverez que je vais plus vite et plus
» loin que vous. En ne parlant que d'après mon expé-
» rience, je dirai plus que vous. Je ne crois qu'au mal-
» heur, j'en ai été accablé, et il y en a d'une sorte qui ne
» laisse pas même espérer de consolation. Tout ce qu'on
» tente pour s'en distraire est non-seulement inutile, mais
» souvent même devient importun et dangereux ; et enfin,
» ce qui paraît plaisir et bonheur aux yeux des indiffé-
» rents, n'est souvent qu'un surcroît d'embarras, de cha-
» grins et d'ennui pour le malheureux qui fait peut-être
» envie par sa situation et par l'idée que l'on a de son
» bonheur et de tout ce qu'il possède. Est-ce là bien ré-
» pondre, madame? me dit-il avec l'air de la tristesse et
» de l'accablement. N'ayez donc point d'inquiétude sur la
» connaissance que je suis venu à me donner de votre fa-
» çon de penser. Je vous ai menée plus loin, je vous ai
» fait voir ma manière de sentir, je vous dis que j'ai été

» malheureux, je vous ai dit que je souffrais, et j'ajoute
» que tout ce que je fais peut à peine me distraire. D'après
» cela, convenez que vous savez plus de moi, que je ne
» sais de vous. Convenez aussi que je suis assez heureux
» dans ce moment-ci pour vous prouver, de la manière la
» plus évidente, l'opinion que j'ai de vous et le charme
» que je trouve avec vous. En un mot, dites-moi s'il y a
» beaucoup de vos amis, de vos anciens amis, qui vous
» aient prouvé plus d'estime, d'amitié, de confiance ?

» — Vous me comblez de plaisir et de reconnaissance,
» mais vous me donnez de quoi m'occuper bien doulou-
» reusement. *Vous souffrez !* Je reviendrai souvent à ce
» mot ; mais jamais, du moins, je le crois, je n'oserai vous
» faire de questions.

» — Jamais ! si cela devait être, j'ai trop parlé... »

Il entra du monde, c'était mon frère et deux autres personnes. M. de Mora fut à mon frère ; il s'établit entre eux une excellente conversation, qui fut animée, variée et remplie d'agrément et d'instruction. Dans un moment de silence, je m'adressai à mon frère et je lui dis :

« Vous faites oublier à monsieur de Mora qu'il a un
» rendez-vous d'affaires ; je vous avertis, dis-je à M. de
» Mora, que l'heure en est passée. Voyez si elle est man-
» quée tout-à-fait, et alors je serai charmée : j'aurai le
» mérite de vous avoir averti, et j'en serai peut-être ré-
» compensée si vous prolongez le temps que vous deviez
» passer ici.

» — Tant de bontés me pénètrent de reconnaissance,
» je n'ai pas le temps d'ajouter un mot ; je pars ; je serai
» grondé, on m'attend depuis une heure ; mais je défie
» qu'on me fasse regretter l'emploi que j'en ai fait.

» — Je ne réponds pas à cette honnêteté ; mais per-

» mettez-moi une question. (A ce mot, il sourit.) Ah! ce
» n'est pas de celles que je croirais indiscrètes, c'est sim-
» plement pour savoir si je vous verrai demain?

» — Demain? hélas! c'est vendredi, un opéra, des vi-
» sites, cent contradictions qui me deviennent plus à
» charge que jamais. Croyez qu'il faudra que je sois bien
» malheureux si je ne m'en débarrasse (et, en baissant en-
» core plus la voix) : vous êtes quelquefois seule à cinq
» heures, voilà ce que j'emporte, et je me le répéterai
» plus d'une fois dans ma triste soirée.

» — Pourquoi triste?

» — Est-ce qu'elles ne le sont pas toutes? Mais j'oublie
» toujours que l'on m'attend. »

Il partit; ce fut par acclamation que l'on fit son éloge. Chacun loua en lui la qualité et l'agrément qui lui était le plus analogue. Mon frère vantait son esprit, son instruction, l'élévation de son âme. D'autres, la chaleur, l'intérêt de sa conversation, son naturel, l'oubli de lui-même, la nature et la délicatesse de ses louanges, l'agrément et la noblesse de sa figure, son air doux et assuré; enfin on prononçait tout ce que je pensais, et on disait mieux que moi : ainsi je n'eus qu'à approuver et à applaudir, mais ce fut du fond de mon âme, et il me semble, autant que je m'en souviens, que plusieurs des personnes qui étaient chez moi ne m'avaient jamais paru avoir autant d'esprit et de goût que je leur en trouvai dans ce moment-là. Je ne parlerai plus des succès mérités qu'avait tous les jours M. de Mora; c'était une mode de le louer, on venait chez moi pour l'y entendre et pour le voir. Je l'en avertis, et il me répondit avec le ton altéré :

« Hélas! madame, les malheureux n'ont pas besoin d'ê-
» tre loués. Si, par hasard, ils avaient quelques succès, ils

» en seraient embarrassés et jamais enivrés. Croyez-vous,
» en effet, qu'une âme profondément affectée puisse goû-
» ter les plaisirs de la vanité ? Ne faut-il pas être bien li-
» bre et bien heureux pour vivre de cette fumée? Quant à
» moi, je vous avouerai que, sans avoir dû ni pu en jouir,
» j'en ai un dégoût mortel ; et quand c'est vous qui vou-
» lez m'en faire jouir, je me sens humilié et affligé. Par-
» donnez-moi ma franchise, qui vous paraîtra peut-être
» incivile ; mais, désormais, je sens qu'il me sera impossi-
» ble de ne pas vous laisser voir le fond de mon âme :
» dussé-je y perdre, j'ai besoin d'être connu de vous ; et,
» du moins, si vous m'accordez quelques bontés, je n'au-
» rai pas à me reprocher de les avoir usurpées.

» — Hé ! bon Dieu ! lui dis-je, quel prix pouvez-vous
» attacher à mon opinion? Comment une âme occupée
» d'une passion malheureuse aurait-elle assez de liberté
» pour mettre quelque intérêt à une connaissance aussi
» nouvelle ?

» — Eh ! vous m'affligez, vous me montrez que vous
» n'avez pas oublié qu'il n'y a que peu de jours que notre
» liaison a commencé ; ce mot de liaison vous paraîtra
» d'une trop grande liberté, mais il ne m'est point échap-
» pé : c'est mon cœur qui l'a choisi, le vôtre me le par-
» donnera-t-il? Vous avez souvent lu le chapitre de Mon-
» taigne sur l'Amitié ; eh bien ! vous voyez que les vraies
» affections naissent tout d'un coup, le temps ne sert qu'à
» en faire jouir, mais il ne peut rien ajouter à leur force.
» Pourquoi avez-vous donc la cruauté de me dire qu'il y a
» peu de temps que j'ai le bonheur de vous connaître, et
» de me faire souvenir que je ne suis pas fait pour jouir
» d'un tel bien ? Eh ! pourquoi supposez-vous que le mal-
» heur vient d'une passion ? si cela était, ne serais-je pas

» digne des consolations de l'amitié ? Non, non, ajouta-
» t-il avec véhémence, je ne dois pas me laisser aller à
» cette espérance, elle serait trompée, et ce serait un mal-
» heur de plus. Non, madame, je ne dois point troubler
» votre bonheur, je ne dois point prétendre à vous voir
» partager le sentiment que vous m'inspirez : vous êtes
» calme, vous êtes heureuse, votre âme est occupée, elle
» est remplie sans doute, et, dans cette disposition, toute
» nouvelle liaison vous deviendrait importune, ma con-
» fiance vous serait un poids insupportable, et je dois, par
» égard pour vous, me répéter sans cesse ce que vous ve-
» nez de me prononcer : que je ne suis pour vous qu'une
» connaissance ; et, d'après cette cruelle réflexion, je ne
» dois pas chercher de la consolation avec vous. C'est bien
» assez, sans doute, d'y trouver une société agréable, de
» jouir des charmes de votre esprit, et, enfin, de voir et
» d'entendre une personne que je voudrais avoir connue
» en arrivant à Paris. Ah ! vous ne savez pas combien
» vous m'auriez épargné de chagrin, sans parler du bon-
» heur positif dont cela m'aurait fait jouir !

» Je ne vous entends point ; vous m'occupez, vous m'at-
» tristez ; je vous plains, et je ne sais pas de quoi. Je vous
» disais il y a quelque temps que je n'oserais jamais vous
» faire une question, et je sens à présent qu'il me serait
» impossible de ne pas vous en accabler. En grâce, mon-
» sieur, arrêtez-moi, dites-moi que je serais indiscrète,
» que je n'ai point de droit à votre confiance, et surtout
» dites-moi que mon amitié ne sera point un soulagement
» pour vous, et alors nous reviendrons au ton de la so-
» ciété, car il me semble que nous nous en éloignons
» beaucoup. Vous venez dans un instant d'établir des cho-
» ses qui demanderaient de grandes explications. *Je suis*

» *calme*, dites-vous, *je suis heureuse, j'ai l'âme occupée,*
» *remplie*, pourquoi supposez-vous tout cela ? Et d'ailleurs
» qu'est ce que cela a de commun avec la passion qui
» vous rend malheureux, et pourquoi, au défaut de l'a-
» mour de madame de Valcourt, vous faut-il mon amitié
» pour vous consoler ?

» — Ah ! mon Dieu ! que d'erreurs ! dit-il en soupi-
» rant ; vous avez bien raison, votre amitié, tout ce qui
» tient à vous ne peut, en effet, avoir rien de commun
» avec ce qui a rapport à cette femme, et je ne sais ce qui
» peut vous conduire à rapprocher ces idées. Je ne vous
» dirai qu'un mot, parce que le temps me manque ; mais
» soyez assuré que *l'amour*, puisque vous dites l'amour, de
» madame de Valcourt, ne pourrait rien pour mon bonheur :
» un sentiment qu'on ne partagerait pas serait d'une im-
» portunité affreuse.

» — Je vous entends moins que jamais : oubliez-vous
» que vous venez de me dire que vous étiez malheureux,
» que votre âme était profondément occupée ; que vous
» aviez besoin de consolations, et ignorez-vous les bruits
» publics ? Joignez tout cela, et voyez si je ne dois pas
» m'y perdre et si je ne dois pas un peu soupçonner votre
» vérité ? Mais j'ai tort, oui, en vérité, j'ai tort, je dois
» vous écouter sans faire tous ces rapprochements qui peu-
» vent vous déplaire et, qui pis est, vous embarrasser,
» et, si cela était, vous me prendriez bien vite en aver-
» sion.

» Ah ! vous ne m'embarrasserez point en me montrant
» de l'intérêt et de la bonté, vous me consolerez, et je
» vous devrai le seul plaisir que mon âme puisse sentir....
» Mon Dieu ! comme les heures passent ! Me pardonnerez-
» vous de vous avoir retenue ? et me promettez-vous de

» me faire des questions? Songez qu'il n'y en a point,
» mais point auxquelles je ne réponde avec toute la sincé-
» rité de mon cœur, et plus vous m'en ferez, plus je
» vous devrai de reconnaissance. Adieu, madame! vous
» êtes attendue ; si monsieur le duc de Wilfort savait que
» c'est moi qui lui ai enlevé le plaisir de vous voir une
» heure plutôt, je crois qu'il regretterait bien de m'avoir
» marqué tant de bonté l'autre jour ; n'est-il pas infini-
» ment aimable? n'est-il pas encore plus heureux? »

Il me faisait ces questions en me donnant la main pour monter en carrosse.

« Voulez-vous, lui dis-je, que je fasse attendre pour ré-
» pondre à des questions aussi intéressantes? Si vous vous
» en ressouvenez encore demain, je vous promets d'y ré-
» pondre en un mot.

» — S'il n'en faut qu'un, je ne sais si je dois désirer de
» l'entendre.

» — Ce mot est : Oui, il est aimable, oui, il est heu-
» reux, mais c'est autant que peut l'être un homme sans
» passions. J'ai répondu, je crois. Adieu, monsieur! La
» réplique à quel jour ?

» — Demain, dit-il, et je voudrais être à demain. »

Mais j'oublie, madame, que je vous ai dit au commencement que, pour vous laisser du repos, j'emploierais la forme des lettres. Celle-ci est un volume ; je n'ose, en vérité, la relire; je serais confuse de vous occuper de moi aussi longtemps et pour faire aussi peu de progrès dans le long récit que j'ai à vous faire. On a dit que Marivaux faisait faire cent lieues dans une feuille de parquet ; j'outre son défaut, et je n'ai pas de quoi le faire pardonner comme lui; mais Marivaux parle à ses juges qui sont tous ses lecteurs, et moi, je parle à mon amie, et je lui obéis en la faisant pénétrer dans les secrets les plus intimes et les plus chers à mon cœur. Je vous quitte, mais ce ne sera pas pour longtems. »

Elle a raison, depuis longtemps déjà, mademoiselle de Lespinasse n'est plus assez jeune pour se poser en amoureuse timide et tremblante qui n'ose pas oser.

Quand on lit ces beaux sentiments exprimés en si beau style, on se demande : Qui donc trompe-t-on ici? Juste ciel! est-ce bien là cette femme qui était au courant de toutes les hardiesses littéraires ! Elle a lu, la première, *Candide* et *la Pucelle d'Orléans*; Diderot lui a raconté *les Bijoux indiscrets*, Crébillon fils assistait à sa toilette, Favart et Voisenon lui donnaient les premiers produits de leur verve licencieuse ; elle savait tout, on pouvait tout lui dire, et les énormités les plus vives ne l'étonnaient pas.

Lisez, si vous ne le savez pas par cœur, ce très-curieux chapitre de Diderot, ce catéchisme du matérialiste, intitulé : *le Rêve de d'Alembert*; c'est la plus étrange composition qui soit sortie de ce crâne merveilleux ou pour mieux dire de ce volcan qui a jeté au loin, mêlé à la lave ardente des plus folles passions, tant d'idées et tant de génie. — *Ce Rêve de d'Alembert* est un dialogue entre d'Alembert, Diderot, mademoiselle de Lespinasse et le médecin Bordeu.

Diderot raconte qu'il est allé, la veille, chez d'Alembert, où il a trouvé mademoiselle de Lespinasse, car ils logeaient sinon tout-à-fait dans le même appartement, du moins dans la même maison. Ce soir-là, d'Alembert était malade et mademoiselle de Lespinasse était à son chevet, très-inquiète de voir le malade plongé dans cet état de torpeur,

Diderot à peine entré, s'informe de l'état de son ami et mademoiselle de Lespinasse raconte ce qui s'est passé :

« Il a pris sa robe de chambre, son bonnet de nuit et
» il s'est jeté dans son fauteuil, puis sur son lit. — Quand
» il a été couché, il s'est mis d'abord à tirer ses couver-
» tures, à se tourner, à se retourner, à tirer ses bras,
» c'était, dit-elle toujours, un galimatias de cordes vi-
» brantes et de fibres. — Et enfin, curieuse, elle s'amuse
» à écrire *tout ce qu'elle a pu attraper de cette rêvasserie.* »

Rêvasserie, tant que vous voudrez, mais pour que Diderot ait osé raconter à son public, que mademoiselle de Lespinasse a copié tant de choses, pour le moins étranges, et pour qu'il ait raconté cela avec tant de détails incroyables dont il serait impossible, même aux plumes les moins timorées de donner une juste idée, il faut en effet que mademoiselle de Lespinasse ait été reconnue, depuis longtemps, la reine et le modèle des femmes qui *ont jeté*, comme on dit, *leur bonnet par-dessus les moulins*. Jamais la doctrine sainte de l'immortalité de l'âme n'a été attaquée, par des raisons plus vives, que dans ce dialogue fébrile où mademoiselle de Lespinasse joue le rôle du greffier. De temps à autre, et quand la dame n'a plus rien à écrire, d'Alembert sort de sa torpeur, en riant aux éclats; il ajoute des blasphêmes aux premiers blasphêmes, et mademoiselle de Lespinasse, tout en écrivant, ajoute de son côté des commentaires :

« La cervelle, le cœur, la poitrine, les pieds, les ....
» comme cela simplifie la morale .... tout bien décidé
» pourtant, j'aime mieux notre façon de se peupler. »

Là-dessus survient le docteur Bordeu qui explique à son tour, à mademoiselle de Lespinasse, comment elle n'a été au commencement, qu'un point imperceptible, formé

» de molécules plus petites épaissies dans le sang, dans la
» moëlle de son père ou de sa mère! » puis d'induction en
induction, le docteur Bordeu va si loin, que d'Alembert
se réveille et s'écrie : (Il était temps !)

« Je crois que vous dites des polissonneries à mademoi-
» selle de Lespinasse. »

A quoi la jeune personne répond sans se troubler :

« Si c'était l'usage d'aller toute nue dans les rues, je ne
» serais ni la première ni la dernière à m'y conformer.
» Ainsi, faites de moi tout ce qu'il vous plaira ; pourvu
» que je m'instruise !! »

Et on la mène ainsi jusqu'aux dernières limites du possible... en fait de conversation.

Je sais très-bien que ce *rêve de d'Alembert* est une fiction et que mademoiselle de Lespinasse n'a probablement
pas prononcé les folies qu'on lui fait dire, mais enfin quand
Cicéron écrit ses beaux dialogues : *de Amicitiâ*, *de Se-
nectute*, quand il introduit dans ses *Tusculanes* les grands
hommes de la république : Caton, Scipion, Lælius, il les
fait parler, il les fait agir, comme en effet ils ont agi et
parlé :

« Lælius et moi, « c'est Scipion qui parle, » nous avons
» admiré plus d'une fois, ô Caton, comment votre sagesse
» par un de ces heureux priviléges qui n'appartiennent
» qu'aux plus honnêtes gens, peut porter si légèrement le
» poids des longues années, plus lourd pour les vieillards
» vulgaires, que si leurs épaules débiles portaient le mont
» Etna. »

Du *rêve de d'Alembert* à ces lettres d'amour, quel
abîme ! Mais nous parlons trop, laissons encore une fois
parler mademoiselle de Lespinasse.

LETTRE V

« Je ne vous dirai plus *le lendemain*, mais je vous dirai que je ne passai plus un jour sans voir M. de Mora. Je ne sais à qui il enleva tout le temps qu'il me donnait, mais sûrement personne n'y attachait plus de prix que moi. Comment se faisait-il qu'au milieu de la société il trouvait moyen de me parler de lui et de me faire connaître la disposition de son âme, en ayant l'air de ne faire que la conversation la plus générale. Sans le vouloir, sans le savoir, peut-être, il s'établit entre nous une espèce d'intelligence qui fit que bientôt on ne dit plus rien dans ma société qui ne servît à nous communiquer nos sentiments. Cette sorte de langue était si intelligible pour nous, que lorsque nous nous trouvions tête-à-tête, nous n'osions plus parler avec tant de clarté. Je reprenais quelquefois où nous l'avions laissée la dernière conversation que nous avions eue, et souvent il arrivait que M. de Mora me disait :

« Mais nous sommes à cent lieues de là ; pourquoi ré-
» trograder ? Vous voulez, me disait-il souvent, me faire
» parler de moi, et je meurs de peur que ce ne soit pour
» m'ôter la liberté de parler de vous. Vous voulez que je
» vous fasse l'histoire de ma vie, pour vous dérober à celle
» du moment. Vous voulez que je me console en vous
» parlant de mes malheurs, et je crains quelquefois que ce
» ne soit pour me les rappeler ; enfin, il me semble que
» vous me connaissez trop, et que je ne vous connaîtrai
» jamais assez. Je n'oserai jamais vous demander si vous

» avez un secret à confier, et je vous devrais la plus vive
» reconnaissance, si vous vouliez bien écouter le mien.

» — Eh! pourquoi y aurait-il cette différence entre
» nous? pourquoi votre confiance ne mériterait-elle pas la
» mienne?

» — Hélas! je le sais bien pourquoi. Il y a cette dis-
» tance immense entre nous : les malheureux se soulagent
» en répandant leur âme, mais le bonheur, au contraire,
» s'évapore en en parlant. L'âme qui jouit, se resserre,
» elle se referme, elle n'a besoin ni de témoins, ni de con-
» fident, et d'après cette réflexion, je me crois destiné à
» vous parler toujours et à ne vous entendre jamais.

» — Mais, monsieur, soyons plus simples, lui dis-je un
» jour, commençons par le commencement, comme le bé-
» lier d'Hamilton : vous m'avez dit que vous me permet-
» tiez de vous faire des questions, j'en ai cent à vous faire.

» — Mais, si j'avais déjà répondu à toutes ces questions,
» ne trouveriez-vous pas qu'il serait bien froid de me faire
» entrer dans des détails dont vous sauriez les résultats?
» Cependant, ordonnez. Voulez-vous que je commence à
» l'époque de mon début dans le monde? Je n'avais pas
» encore dix-sept ans. Vous voyez que ce sera remonter
» bien haut, et que vous n'aurez peut-être pas le courage
» de me suivre jusqu'à ce moment-ci.

» — Il n'est pas question de courage, lorsqu'on est
» animé par l'intérêt le plus vrai; mais pour prévenir tou-
» tes vos plaisanteries et toute l'adresse que vous mettez à
» me laisser dans l'ignorance, je vais vous interroger; ré-
» pondez-moi, ou arrêtez-moi lorsque je serai indiscrète.

» — Vous n'irez jamais plus loin que ma conscience, et
» je vous réponds que je veux être avec vous comme je
» suis avec elle. Ma seule crainte c'est que vous ne m'ar-

» rêtiez vous-même ; ainsi, jugez si jamais vous pouvez
» courir le risque de pénétrer trop avant : savez-vous ma
» frayeur, à présent? c'est qu'il ne nous arrive quelqu'un.
» Notre exorde est fait, et si nous étions interrompus il
» faudrait le recommencer.

» — Il est plus de neuf heures, dis-je, et nous sommes
» à l'abri des importuns. »

A peine avais-je prononcé ce mot que la porte s'ouvrit, et c'était le duc de Wilfort.

« Vous ne l'espériez pas, dit M. de Mora en se levant.

» — Non, assurément, je ne l'espérais pas, dis-je en
» reprenant plus haut.

» — Ce mot est bien honnête, dit le duc de Wilfort, de
» la part de deux personnes qui, certainement, n'avaient
» pas besoin d'un tiers pour animer leur conversation.

» — Elle était finie, dit M. de Mora. Je soupe au bout
» du monde, et il faut bien que je m'en aille ; vous ne
» soupez pas, sans doute, monsieur le duc, et je vous trouve
» bien heureux, cela donne beaucoup de liberté. »

Le duc de Wilfort répondit avec un peu d'embarras, qu'il était engagé, mais que c'était à ma porte, et qu'il trouvait toujours qu'on arrivait trop tôt.

« Cela est bien vrai, reprit vivement M. de Mora.

» — Mais, les gens qui vous attendent, lui dis-je, ne
» diront pas comme vous. Allez-vous à l'hôtel de Valcourt?

» — Non, bien plus loin que cela. »

Et il partit.

Je ne sais pourquoi j'éprouvai, pour la première fois de ma vie, de l'embarras avec le duc de Wilfort; j'aurais voulu plaisanter, je sentis que je n'en avais pas la force. Je l'attendis donc, et il y eut aussi de sa part un moment de silence.

« Par quel hasard êtes-vous seule de si bonne heure ?
» dit-il en cherchant l'heure à la pendule.

» — Mais, vous voyez bien que je n'étais pas seule ;
» d'ailleurs, il est près de neuf heures et demie, et ce
» n'est pas trop le moment des visites.

» — Cela veut dire que la mienne vous a été importune.

» — Eh bon Dieu ! vous savez du reste que je ne prends
» point de détour pour vous dire ce que je pense, ce n'est
» pas ma manière.

» — Ni la mienne non plus, dit-il en élevant le ton ;
» ainsi, je vous dirai tout franchement que je trouve que
» votre liaison avec M. de Mora devient bien intime, et
» que je crains, par intérêt pour vous, que madame de
» Valcourt n'en soit informée, et alors vous auriez une
» ennemie bien ardente et bien audacieuse ; prenez-y
» garde, au moins.

» — Il faudrait plus que tout cela, lui dis-je ; vous la
» supposez folle : comment voulez-vous qu'elle soit assez
» sensible pour prendre de l'inquiétude, et de qui, bon
» Dieu ? En vérité, vous me faites trop d'honneur, et trop
» de tort à madame de Valcourt. Elle aime, elle est aimée,
» elle est jolie, vous dites qu'elle est aimable ; et moi, je
» suis bien sûre qu'elle est vaine, par conséquent bien
» tranquille sur le sentiment qu'elle inspire.

» — Enfin, il y a des exemples de jalousie peut-être
» moins fondés.

» — Qu'est-ce que cela veut dire ? Je ne me pique pas
» d'entendre à demi-mot ce qui pourrait être offensant.

» — Vous êtes trop modeste, dit-il avec un ton sévère ;
» est-ce que vous ne pourriez pas donner de l'inquiétude
» à madame de Valcourt ? Qu'est-ce que cette remarque a
» d'offensant pour vous ?

» — Je vous ai déjà dit qu'elle n'est pas vraisemblable.
» Ainsi, sans vanité, comme sans modestie je ne crains
» nullement madame de Valcourt.

» — Je vois en effet que votre disposition n'est pas de
» craindre, d'inquiéter et d'affliger : sans doute que la sé-
» curité de la bonne conscience vous suffit ; mais, si vous
» aimiez, ou si seulement vous vouliez penser que vous
» êtes aimée, vous mettriez peut-être plus de délicatesse
» dans votre conduite.

» — Ceci devient grave, dis-je en riant, est-ce que vous
» craignez des préférences ? est-ce que vous ne savez pas
» que vous êtes assez aimable pour plaire toujours lorsque
» vous avez plu une fois ? Vous vous rendrez plus de jus-
» tice, et à moi aussi ; le passé, qui est si long, doit vous
» répondre de moi. Je ne serai pas à vous, mais je ne se-
» rai à personne : convenez que s'il en était besoin vous
» me serviriez de caution.

» — Je devrais le croire, du moins, dit-il avec le ton le
» plus doux, je n'ai point de regret à tout ce que j'ai fait
» pour vous prouver mon sentiment ; mais je crois qu'il
» est sans exemple d'avoir opposé une résistance aussi ab-
» solue. Je partirai ces jours-ci, je serai absent trois mois,
» et je me trouverai, à mon retour, tout aussi avancé que
» si j'avais toujours été présent, car j'ai déjà éprouvé plus
» d'une fois avec vous que les absents n'ont point tort.

» — Eh bien ! vous en faites un sujet de reproche, cela
» est aussi nouveau que plaisant ; mais n'ayons point de
» querelle. Vous partez, vous voulez que je vous écrive, et
» les justifications sont odieuses à cent lieues.

» — Elles le sont bien aussi tête-à-tête, et je ne con-
» çois pas comment vous n'en êtes pas lasse.

» — Cela prouve que je mets un grand prix à votre ami-

» tié ; car, en effet, il est pénible de se justifier lorsqu'on
» n'a que le tort de vouloir échapper à des regrets ou à des
» remords.

» — Ha ! voilà les principes, la morale ; je m'enfuis ;
» adieu.

» — Avant votre départ je vous verrai, j'espère.

» — Plus que vous ne le désirez, je vous le jure. C'est
» un besoin, c'est une habitude, c'est un malheur même
» qui me sont devenus nécessaires. Adieu, adieu. »

Je restai seule, et souvenez-vous, je vous prie, madame, que je vous ai promis de vous rendre compte de mes pensées. Le départ précipité de M. de Mora, les mots qui lui étaient échappés en voyant entrer le duc de Wilfort, tout cela m'occupait et mettait mon âme à la gêne. Pourquoi s'était-il en allé ? Le moment d'avant il paraissait vouloir rester jusqu'à onze heures, comme cela lui était arrivé tant de fois sans l'avoir prévu ni annoncé ; et pourquoi, en voyant entrer le duc de Wilfort, m'avait-il dit : *Vous ne l'espériez pas ?* L'opinion de M. de Mora, son estime, étaient devenues pour moi d'un si grand prix, que le moindre doute de sa part aurait été pour moi une peine sensible. Dans ce moment je vis qu'il soupçonnait ma liaison avec le duc de Wilfort ; je rapprochai tout ce qu'il m'en avait dit, ses questions sur ses agréments, sur son bonheur, ce secret qu'il me supposait, ce qu'il m'avait dit un jour, que mon âme était occupée, remplie ; que j'étais calme, heureuse : tout cela vint me frapper de lumière, et je vis avec évidence qu'il me croyait un attachement, et que ses conjectures se fondaient sur l'assiduité des soins de M. le duc de Wilfort et sur ce qu'il avait pu entendre dire de ma liaison avec lui, qui avait été soupçonnée, et que ma tante rendait suspecte autant qu'elle le pouvait, sans se compromettre vis-à-vis le duc de Wilfort, qu'elle aurait été au désespoir d'éloigner de chez elle, parce qu'elle lui croyait du crédit; et sous ce point de vue elle attachait à ne point le perdre, de la vanité, et ce bas intérêt que toutes les âmes viles ont pour ce qui peut leur être ou leur devenir utile.

Cette réflexion, qui ne paraissait que trop bien fondée, me jeta dans une perplexité qui devint un vrai tourment pour mon âme; quelque intérêt que je misse à l'opinion que M. de Mora pouvait avoir de moi, je sentis le danger qu'il y aurait à lui montrer mon inquiétude. Lui dire que mon âme était libre, c'était, à ce qu'il me semblait, encourager l'envie qu'il avait eue souvent de me parler de l'attrait que j'avais pour lui. En un mot, c'était une coquetterie ou une avance que je lui faisais, et l'un et l'autre me répugnaient également.

D'ailleurs, quoique je fusse bien fondée à croire qu'il n'était point occupé de madame de Valcourt, cependant, je ne savais pas où il en était avec elle, et puis je me rappelais ce qu'il m'avait confié les premiers jours de notre connaissance : *il était malheureux, il était accablé, il n'espérait pas pouvoir se consoler, il pouvait à peine se distraire;* tout cela était le langage de la passion : il est vrai que depuis que je le voyais tous les jours, que depuis que nous causions avec liberté, il n'avait plus été question de cette disposition malheureuse où il m'avait paru d'abord. Il était animé, il avait le ton de la gaîté, il avait envie de plaire, et cette disposition devait me faire croire qu'il avait au moins surmonté l'état de mélancolie qu'il me peignait les premiers jours. Enfin, après avoir pesé et retourné ma pensée de mille manières, je conclus qu'il fallait attendre, qu'il ne fallait point éclaircir M. de Mora sur ce qui m'agitait, que je ne susse plus clairement quelle était la disposition de son âme, et, dût-il me soupçonner, il fallait me soumettre à cette crainte que le temps devait nécessairement détruire.

La circonstance du départ et de l'absence du duc de Wilfort me semblait un grand soulagement, et de ce moment-là je ne regardai plus le sentiment qu'il avait pour moi, que comme un obstacle à mon bonheur. Vous me direz que j'avais donc un plan de conduite, que je me proposais donc un objet de bonheur : pas un mot de tout cela. Je ne m'étais point encore dit que j'aimais M. de Mora, j'étais encore plus loin de penser qu'il pût m'aimer. Enfin, mes sentiments, mes idées, tout était confus dans mon âme, comme dans ma tête ; il n'y avait de bien clair et de bien net, que le chagrin que j'avais de ce que le duc de Wilfort pouvait me nuire dans l'opinion de M. de Mora, et dès-lors, les soins qui avaient flatté jusque-là mon amour-propre me devinrent importuns. Je désirais le moment de son départ avec plus de vivacité que je n'en avais jamais senti pour son retour et pour aucun des témoignages de son goût pour moi.

Vous croyez bien que ma nuit fut agitée ; il suffisait du moment où je devais revoir M. de Mora, pour troubler mon sommeil : je me reprochais de ne lui avoir point demandé si je le verrais le lendemain ; cependant, il y avait bien longtemps que cette question était devenue inutile ; mais j'avais plus d'intérêt que jamais de le voir, il me semblait que je verrais dans sa manière, dans son ton avec moi, tout ce qu'il avait pensé de cette visite du duc de Wilfort ; enfin, je croyais que le désir que j'avais de le voir était un mouvement dont je devais m'applaudir : il était si naturel de craindre ce qui aurait pu me faire perdre son estime !

Je rentrai ce jour-là à cinq heures précises, et je me souviens que je forçai tout pour cela. Je ne me disais pas : M. de Mora viendra à cette heure-là ; mais il me suffisait de le croire possible, pour ne rien mettre au hasard. Il ne vint point, il était six heures, sept heures, et il n'était pas arrivé. Je tombai, malgré moi, dans un silence et dans une tristesse qui furent remarqués par les personnes avec qui j'étais. On s'informa si je souffrais, je dis que oui, que je venais d'être prise d'un battement de cœur violent, qu'il me fallait du repos. La conversation continua. Sur les huit heures, on annonça M. de Mora. Ce fut alors que j'eus réellement le battement de cœur que j'avais supposé une heure auparavant. Il y avait sept ou huit personnes dans la chambre : il ne vint point à moi, il me fit une révérence roide, il fut à la cheminée, et il ne parla que lorsque mon frère lui adressa la parole :

« Ma sœur est fort souffrante depuis une heure, » lui dit-il en s'approchant de moi. M. de Mora passa devant lui.

« — Qu'avez-vous donc, me dit-il, avec le son de voix
» étouffé, êtes-vous malade ? pourquoi ne me l'avez-vous
» pas fait dire ? »

Et tout cela sans attendre de réponse, mais avec un regard qui ne me permettait pas de douter de son intérêt.

« — Non, je ne suis point malade, je suis souffrante,
» mais ce n'est rien, je me sens déjà beaucoup mieux.

» — Mais qu'avez-vous donc souffert ? depuis quand souf-
» frez-vous ? Mon Dieu, que j'aurais eu de regrets ! j'ai
» pensé ne pas venir ce soir ; vous ne m'auriez rien fait
» dire, n'est-ce pas ? »

Pendant qu'il me parlait, tout le monde causait et nous n'étions point écoutés; d'ailleurs, il avait toujours le dos tourné à la compagnie, et il empêchait qu'on ne me vît, ce qui me mettait à mon aise et me ramenait le calme.

« — Prenez garde, lui dis-je en souriant, que vous
» m'avez accablée de questions, et que je ne vous ai pas
» répondu. Voilà bien la manière, ou les manières d'un
» homme du monde.

» — Je ne répondrai pas à cette critique, vous voyez
» trop bien le mouvement qui m'anime; mais répondez
» donc, comment êtes-vous?

» — Mieux, en vérité, et tout-à-fait bien.

» — Mais qu'avez-vous donc eu? Quoique je sois homme
» du monde et du bon air, j'ai besoin que vous me disiez
» en détail ce que vous avez eu et ce qui vous a fait souf-
» frir.

» — Devinez-vous les énigmes?

» — Eh! bon Dieu, pourquoi une question si disparate
» à ce que je veux savoir? C'est déjà une énigme pour moi
» que cette façon de me répondre.

» Vous voulez donc que je dise clairement ce qui m'a
» fait mal? eh bien, *c'est l'heure.*

» Mais que dites-vous donc? que voulez-vous dire? En
» honneur, si je ne vous voyais pas, si votre visage n'était
» pas meilleur qu'il y a un moment, vous m'inquiéte-
» riez.

» — Non, ne soyez pas inquiet : j'ai eu un violent bat-
» tement de cœur, il est passé, je me sens bien, fort bien,
» voilà qui est clair; dites-moi à présent de vos nou-
» velles.

» — Je ne prendrai point votre style énigmatique, je
» vous dirai tout bonnement ce que j'ai fait depuis hier.

» En vous quittant, je rentrai chez moi, je me couchai de
» bonne heure pour me débarrasser de mes gens ; j'ai dîné
» chez mes parents, nous étions seuls, je n'ai vu personne
» et je suis sorti pour venir ici ; voilà ce que j'ai fait. Vou-
» lez-vous savoir ce que j'ai pensé ? tout ce qu'il y a de
» plus triste, de plus décourageant. Je suis arrivé ici dans
» la plus mauvaise disposition, celle où je vous ai trouvée
» m'a troublé, et, par un effet singulier, je suis moins
» triste qu'en entrant. Faites de cela une plaisanterie, je ne
» m'en fâcherai pas, mais ce ne sera pas faire le dia-
» logue.

« — Nous le faisons trop, j'ai peur ; revenons donc aux
» gens qui ont la bonté de nous laisser seuls.

» — Encore un mot. Je suis obligé de m'en aller à neuf
» heures, je vais à l'hôtel de Valcourt ; j'ai manqué hier au
» soir à un souper chez le comte d'Inville, à qui je n'ai
» rien fait dire ; j'étais engagé ce soir à souper, et à pis que
» cela encore ; j'ai mandé ce matin que j'avais été incom-
» modé hier, je ne puis me dispenser d'y aller ce soir ; mes
» parents ne manqueraient pas de dire que je me porte
» bien, et j'aurais une scène. J'en aurai bien une encore,
» mais celle-là n'éclatera pas. Mon Dieu, plaignez-moi
» donc !

» — Serait-ce d'être trop aimé ?

» — Aimé ! c'est en vérité profaner le mot et la chose ;
» non point aimé, mais engagé, embarrassé, ne sachant
» comment m'en tirer, ayant des torts, prévoyant que j'en
» aurai de plus grands encore, en un mot une situation
» odieuse où je me suis mis sans avoir une bonne raison à
» en donner ; vous ne concevez pas combien ce que j'ai
» fait, combien ce que je ne veux pas faire met de tour-
» ment dans ma vie ; si vous ne m'entendez pas, en vérité

» ce n'est pas ma faute, car je crois vous peindre ma si-
» tuation de manière que vous voilà aussi bien instruite
» que si je vous avais conté ma déplorable histoire.

» — Je ferai donc le commentaire tel qu'il me plaira.

» — Oui, pourvu que la conclusion soit qu'il n'y a pas
» un homme sous le ciel, plus excédé du rôle qu'il s'est
» imposé, et qu'il joue avec le plus grand dégoût; il est si
» pressé d'arriver à la catastrophe, qu'il se prépare à par-
» tir pour l'amener plus promptement.

» — Quoi! vous comptez partir? je vous croyais ici en-
» core pour bien longtemps.

» — Cela est impossible; vous ne savez donc pas que j'ai
» un régiment, qu'il faut y aller, dans une garnison effroya-
» ble; mais ce n'est pas là ce qui me fait peur; j'ai besoin
» de solitude; j'étudierai, je me calmerai peut-être, et
» enfin je me délivrerai du fardeau qui m'accable; j'en
» sens d'autant plus le poids qu'il me force à vous quitter.
» Mais, dites-moi encore une fois que vous ne souffrez plus
» et que vous me recevrez demain à cinq heures, ou la
» soirée. Décidez l'heure, je vous en prie.

» — La soirée.

» — Et si M. le duc de Wilfort en dispose, vous en se-
» rez bien aise, mais moi...

» — Mais, vous..... vous en seriez moins contrarié que
» moi : il ne viendra pas, il est à Versailles.

» — Eh bien, nous reprendrons où nous étions restés,
» et surtout nous nous souviendrons que l'exorde était fait.
» Adieu, madame, cette chambre-ci ne devrait pas servir
» d'exorde à celle où je vais, elle jette un mortel dégoût
» sur tout ce que je vais voir et entendre. »

Il s'en alla, et j'eus toutes les peines du monde à me
remettre au ton de la conversation. Mon Dieu! qu'il en

coûte en de certains moments pour se séparer de sa pensée! Je passai ainsi toute ma soirée, je ne parlai que pour ne pas me taire, et je me disais, en voyant tous les gens qui soupaient dans la maison où j'étais : Que je plains toutes ces personnes, si elles sont ici avec aussi peu d'intérêt et de plaisir que moi! Je commençais à éprouver, depuis quelque temps, que la société ne peut avoir de charmes que pour deux sortes de gens : ceux qui ont l'âme et la tête assez libres pour y apporter le désir de plaire, ou l'intérêt de l'observation, ou bien pour ceux, qui véritablement occupés de travail, y viennent chercher du délassement. Je n'étais ni dans l'un, ni dans l'autre cas ; aussi n'éprouvai-je plus dans le monde que de la contrainte et de l'ennui. J'avais passé dix ans de ma vie à observer ; c'est-à-dire, tout le temps que j'avais vécu avec ma tante ; depuis, j'avais eu ce désir de plaire et de réussir qui fait qu'on met de l'intérêt à tout ce qu'on entend, et à tout ce qu'on dit. J'étais dans une situation tranquille, ma vie était douce, mon amour-propre pouvait être flatté par les soins du duc de Wilfort. Je changeai de disposition ; je n'étais pas malheureuse, mais profondément occupée ; mes amis s'en aperçurent bientôt, ils m'en demandèrent la cause ; ma santé me servait d'excuse : en effet, elle commençait à s'altérer par le trouble de mon âme, je dormais peu, je n'avais plus de plaisir à rien, j'avais besoin de solitude, et quand je me recueillais, que je rentrais en moi-même, je ne trouvais que du trouble dans mon cœur et du vague dans ma tête.

Cet état m'était pénible, et je ne voyais aucun moyen de m'en tirer. En effet, comment chercher du soulagement à un mal inconnu? Je voyais bien que M. de Mora remplissait toutes mes pensées, mais je ne me disais point que je l'aimais, je voyais au contraire toutes les raisons, tous les obstacles qui s'opposaient à ce qu'il devînt seulement pour moi un ami de société. Je me répétais sans cesse : Nous devons passer notre vie éloignés l'un de l'autre ; des liens, des devoirs le retiennent loin des lieux que j'habite : le moyen de former aucune espèce de liaison avec un homme que je dois à peine revoir ! Cette réflexion, qui me conduisait dans une espèce d'abattement qui m'ôtait bientôt la liberté de penser, me rendait aussi quelquefois injuste. J'accusais M. de Mora... Que prétend-il ? que veut-il ? disais-je ; pourquoi cet abandon de confiance ? pourquoi ce ton d'intérêt ? pourquoi ces mots de passion ? car il lui en échappait souvent ; il sait mieux que moi que sa situation nous sépare à jamais ; et pour chercher quelques moments de consolations fugitives, il compromet le bonheur et la tranquillité de ma vie. C'était moi qu'il fallait accuser, condamner ; il était temps encore peut-être de m'arrêter, et je me sentais entraîner.

Si vous avez aimé, madame, si vous connaissez la marche des passions, vous voyez, mieux que je ne puis l'exprimer, le combat qui se passait en moi, et vous dites sûrement : Rien ne la détournera plus de l'abîme où elle va se précipiter ; son sort est prononcé, elle ne peut plus désormais vivre sans aimer. Oui, madame, mon sort a été rempli, et maintenant, en n'éprouvant plus que du désespoir d'avoir à regretter ce que j'aimais, je rends encore grâce au ciel qui m'a fait naître pour connaître et aimer M. de Mora ; mais vous qui n'avez pu partager mon enthousiasme, n'est-il pas injuste de faire peser sur votre âme mes regrets et ma douleur ? Je me souviens que vous me disiez un jour, en m'imposant la tâche que je remplis : *Songez donc que j'ai lu trois fois Clarisse !* Ah ! madame, cette pensée devrait m'ôter le courage de prendre la plume. Clarisse, ce chef-d'œuvre de malheur et de vertu ; Clarisse, cet objet qu'on ne peut abandonner, qu'on ne saurait écouter sans attendrissement ; cette peinture si vraie, si suivie de tout ce qui l'environne ; ces caractères tracés avec tant de force qu'on ne connaît pas si bien sa propre société que l'on connaît tous les Harlowes ; enfin ce prodige de l'esprit humain, qui fait une telle illusion qu'on ne saurait se persuader que l'on n'a fait que lire ! l'on est si profondément affecté qu'on se surprend cent fois croyant avoir vu, avoir été témoin de ce qui n'a été qu'un récit. Je m'écrierai comme Diderot à Richardson : *Richardson, homme unique à mes yeux, tu seras dans tous les temps ma lecture.* Vous le jugez, vous le sentez comme moi, madame ; ainsi, vous me pardonnerez ce mouvement d'enthousiasme pour ce qui a si souvent échauffé et animé votre cœur sensible.

Vous croyez bien que je ne vous parlerai plus de moi aujourd'hui ; je vous laisse occupée de la divine Clarisse : céleste créature ! »

Clarisse Harlowe, l'ange de la chaste vertu à propos de la maîtresse publique de d'Alembert ! Clarisse ! invoquée par mademoiselle de Lespinasse ! voilà de ces étonnements dont il est difficile de revenir ! Certes, comme dit La Fontaine :

> .... On ne s'attendait guère
> A voir *Clarisse* en cette affaire.

Mais le livre de Richardson était le livre à la mode, et grâce à Diderot qui venait d'en faire un si emphatique éloge, il n'était fils ou fille de bonne mère qui ne se crût obligé de s'extasier aux quatorze volumes de la traduction de l'abbé Prévost ou de Letourneur. — Maintenant que nous sommes à distance, nous pouvons nous rendre compte de l'engouement du siècle passé pour cet illustre roman, et si nous voulons être vrais, nous conviendrons que nos pères et nos mères en parlaient beaucoup, mais que peu d'entr'eux avaient lu, jusqu'à la fin, cette touchante histoire des combats de la vertu et du devoir, contre le vice et la séduction.

En effet, quel livre fut jamais plus déplacé dans ce monde frivole qui vivait de scandales, et dans cette foule de passions satisfaites, que ce traité de morale intitulé : *Clarisse Harlowe*? Quel livre moins fait pour amuser un lecteur, habitué aux petits romans de Crébillon fils, aux esquisses légères de Duclos, aux futilités de chaque matin, à toutes ces *matinées de Cythère* en prose et en vers, que ce grand drame d'une sainte jeune fille qui sort victorieuse des embûches du plus abominable démon qui ait osé s'acharner à l'innocence, à la chasteté, à la vertu sérieuse ? Quand j'entends mademoiselle de Lespinasse parler avec tant de feu de *Clarisse Harlowe*, quand je la vois se voiler le visage derrière le voile blanc qui cachait au monde, indigne de ces limpides clartés, cette fraîche et touchante beauté, je me demande si nous n'allons pas à quelque bal masqué? Cependant, avec un peu de soin, vous retrouverez ce souvenir de Clarisse Harlowe, mêlé à toutes les licences de ce temps-là. La maîtresse de Diderot, mademoiselle Volant, s'appitoye, dans ses lettres, sur les malheurs de la jeune victime! Dans la maison du baron d'Holbach, profane maison habitée par la philosophie profane, on pleure sérieusement, sur les malheurs de miss Harlowe.

Jean-Jacques Rousseau veut-il écrire sa *Nouvelle Héloïse*, ce roman des sens mêlés à l'esprit, il commence par traduire le roman de Richardson et il finit par le prendre à son compte ; même dans les *Liaisons dangereuses*, ce crime d'un esprit froid qui voulait pousser à l'excès le roman anglais, il est question de *Clarisse Harlowe*, et la présidente séduite, se console en relisant les lettres de la sainte puritaine. — En ce temps-là, vous ne seriez pas entré dans la petite maison de quelque Aspasie à la mode, sans rencontrer sur sa table de laque, un volume de Clarisse, et dans son boudoir un portrait de Clarisse, la gorge nue et tournant un regard amoureux sur une image de Lovelace ! Il ne faut donc pas s'étonner de trouver mademoiselle de Lespinasse, agenouillée devant l'héroïne de Richardson, c'était la grande mode alors ; les femmes d'une vie équivoque, les hommes voués au plus intrépide libertinage de l'esprit et des sens, ne juraient que par miss Harlowe... ils en avaient fait une sainte, une vierge, une madone..... ce n'était pas une croyance, c'était une superstition !

Mais comme nous allons lentement dans l'histoire des amours de mademoiselle de Lespinasse avec monsieur de Mora ! Comme cela languit et se traîne, d'un détail à un autre détail ! On voit que la dame se plaît à se raconter à elle-même, le beau conte de ses passions. Elle se plaît à poser un nouvel étage sur le fragile édifice de ses châteaux en Espagne. Maintenant que monsieur de Mora a été enlevé, par une mort subite, à la tendresse rétrospective de mademoiselle de Lespinasse, et comme la dame n'a rien de mieux à faire, la voilà qui se raconte, à elle-même, les bonheurs et les sentiments qu'elle aurait pu éprouver, les conversations qu'elle aurait pu tenir. Même je suis sûr que parlant ainsi à sa propre personne, elle se pare, elle s'ha-

bille, elle se pose d'une façon favorable à la circonstance.
— Debout devant sa glace, elle joue la comédie de ses amours! Il me salue comme ceci, je lui rends son salut comme cela. — Il me dit ceci, je lui réponds cela. — Cette image à demi-vraie d'un jeune homme qu'elle a eu à peine le temps d'aimer, se reflétait avec grâce et énergie moins dans le caractère que dans le cerveau de cette femme, qui vivait surtout par les passions de sa tête, car c'était une des têtes les plus occupées du royaume de France!

Quelle vie en effet! Quelle vie menaient-elles, ces héroïnes de la conversation parisienne? Ces reines d'un cercle où nuit et jour il fallait sourire et causer? Toujours sous les armes, toujours écouter, répondre; parler, attendre, deviner à demi-mot, savoir à point nommé, le bruit qu'il faut répéter déjà et le bruit qu'il faut taire encore; passer en revue et le même jour, l'état, l'église, la cour, la ville, l'armée, les étrangers, les lettres, les sciences, la philosophie, l'économie politique et les deux côtés de l'opéra; être attentive également aux doléances de l'évêque, aux forfanteries du militaire, aux confidences de la duchesse, aux menaces du philosophe, aux petits vers du poète, aux murmures de l'ambassadeur et faire si bien, que chacun de ces personnages si divers, sorte de votre salon, persuadé qu'il a obtenu votre attention toute entière. — C'était là la grande force de mademoiselle de Lespinasse, c'était son autorité, sa tâche de chaque instant de la vie; l'amour ne venait qu'après, amour que l'on cachait de toutes ses forces, non pas par respect humain, tant s'en faut, mais ces amitiés oisives se seraient inquiétées d'une femme amoureuse, ces messieurs et ces dames n'auraient plus compté ni sur le secret ni sur l'attention exclusive de leur confidente, et enfin ces oisifs, chose triste à dire, auraient porté leurs confidences autre part, tant c'était précieux en ce temps-là, un bavard qui venait s'étendre sur les causeuses d'un salon ! —

Pour ma part, j'admire de toutes mes forces la liberté d'esprit de cette femme ; jamais elle n'est lassée ni abattue ; jamais elle ne laisse voir sur son visage souriant, les combats et les tortures de son âme ; elle joue son rôle de bel esprit, et elle le joue à merveille, sans gêne, sans grimace, sans que personne ne pût douter que cette femme : *était née avec des nerfs prodigieusement sensibles*, comme disait Grimm, et qu'elle avait été prodigieusement tourmentée *par cinq ou six amours !* Ceci au reste pourra vous faire juger s'il y a plus à gagner avec la philosophie et les philosophes, qu'avec la grâce et le directeur de conscience.

On a besoin de tous ces détails pour se tenir en garde contre cette narration amoureuse de mademoiselle de Lespinasse, narration que l'on dirait prise sur le fait, et qui n'est que le souvenir d'une vieille fille « de la tête la plus
» vive, de l'âme la plus ardente, de l'imagination la plus
» inflammable qui ait existé depuis Sapho ! » (1)

LETTRE VI.

« Avez-vous connu, madame, tout le charme attaché au commencement d'une passion, cette mélancolie douce,

---

(1) Mémoires de Marmontel.

cette profonde occupation, ce besoin, cette crainte de voir l'objet qui anime toute notre vie, en un mot cet abandon de l'âme à un sentiment qu'on ne s'est point encore avoué? J'en étais là avant de savoir si monsieur de Mora pouvait me répondre, ou s'il m'avait prévenue. Il envoya le matin savoir de mes nouvelles, et, dans un petit papier plié à mi-marge, il m'écrivit : *Vous avez souffert hier, êtes-vous mieux aujourd'hui? Si j'allais à cinq heures chez vous, y seriez-vous? Refuserez-vous d'écrire* oui ou non, *à toutes ces questions ?*

Cette forme de billet, cette concision, me parurent singulières. Je mis *oui* à tout, et je ne sortis pas de chez moi pour y être sûrement à cinq heures. Il me fut impossible de lire ni de m'occuper de rien ; je ne pouvais même pas former un projet ; je savais que j'allais voir monsieur de Mora, mais il m'était impossible de prévoir ce que j'avais à lui dire. Il vint en effet avant cinq heures ; j'étais triste, abattue : il s'en aperçut en entrant.

» Je venais remonter mon âme auprès de vous, dit-il,
» et il me semble que vous souffrez ; au moins que je
» sache si je vous importune. N'ajoutez pas à mes maux le
» regret de vous être à charge.

» — Comment pouvez-vous le craindre? Ne vous ai-je
» pas dit que je serais chez moi? Je ne suis pas sortie, et
» je vous attendais.

» — Je compte toujours sur votre soirée, me l'accor-
» dez-vous?

» — J'ai cru que vous veniez me la rendre.

» — Hé! bon Dieu! est-ce là comme vous entendez?
» Ah! je n'ai plus qu'un malheur, et c'est le seul que vous
» voulez ignorer ; je vous dirai tout ce que j'ai souffert,

» et vous n'aurez jamais la bonté de vous informer de ce
» que je souffre.

» — Mais vous me promettez votre confiance entière, je
» n'aurai donc plus besoin de vous faire des questions.

» — Et vous ne préviendrez pas celles que je n'oserais
» vous faire ?

» — Comment vous préviendrais-je lorsque ma pensée
» ne sait où s'arrêter ! Je vous promets la vérité sur tout ;
» d'après cela je n'ai besoin ni de vous deviner ni de vous
» prévenir. »

Il resta dans le plus profond silence ; je ne savais plus comment continuer à parler, je me tus aussi ; il se leva, alla s'asseoir à quelque distance de la place où j'étais.

« Pardonnez un moment de trouble, dit-il avec le ton
» de la douleur ; vous êtes triste, et je viens encore vous
» rendre témoin de mon malheur.

» — Mais lorsque vous êtes venu chez moi, vous aviez
» quelque chose à me dire ; je ne vous ai ni interrompu,
» ni détourné par rien, permettez donc que je vous inter-
» roge, puisque vous n'avez rien à me dire. »

Et alors je cherchai des choses indifférentes pour retrouver le calme et l'y ramener.

« Eh bien, votre soirée, comment s'est-elle passée ? avez-
» vous eu à appaiser la colère de madame de Valcourt ?

» — J'ai mieux fait, je l'ai bravée.

» — Comment cela ?

» — Elle avait beaucoup d'humeur, beaucoup de dé-
« dain, elle croyait m'accabler et elle me ravissait. Je
» m'approchai d'elle, et avec le ton doux et froid, je lui
» dis : J'étais incommodé hier au soir, je ne pus pas
» m'excuser du souper du baron, il était trop tard ; je ne
» ferai pas de même ce soir ; je viens vous dire mon re-

» gret de ne pouvoir pas profiter de vos bontés ; je ne
» souperai point, je me retirerai de bonne heure, j'ai
» besoin de repos et de sommeil ; je n'ai pas dormi la nuit
» dernière. En parlant, je la regardais, et je voyais le dé-
» pit, le dédain et la colère se peindre tour-à-tour sur
» son visage, j'en prenais plus d'assurance. Elle m'inter-
» rompit lorsque je dis que j'avais peu dormi, et avec un
» sourire dédaigneux :

» — Vous comptez, dit-elle, mieux dormir cette
» nuit.

» — Je m'en flatte, du moins.

» Je prononçai ces mots du ton le plus calme.

» — Mais, monsieur, ajouta-t-elle avec une sorte de
» fureur qu'elle retenait pourtant à cause des témoins,
» vous avez donc perdu la mémoire, ou serait-ce un
» refus ?

» — Ah ! quel mot ! madame, vous oubliez que vous en
» êtes l'objet ; vous vous rendez plus de justice, et je crain-
» drais de vous offenser en me justifiant d'un tel soupçon.

» Je ne m'y méprends pas, ce respect apparent couvre
» un outrage.

» — Je me garderai bien de répondre un mot ; votre
» disposition et le moment me forcent à me taire.

» — Ce n'est point cela, mais l'embarras et l'impossi-
» bilité de répondre.

» Je me retirai au milieu de la cheminée.

» Madame la marquise de Calonne, qui était à l'autre
» coin et en face de madame de Valcourt, n'avait point
» entendu ce que nous disions, mais elle avait vu une
» grande altération dans le visage de madame de Valcourt ;
» elle m'adressa la parole : Vous nous avez manqué hier au
» soir chez le baron, vous en avez eu sans doute d'excel-

» lentes raisons, mais, si je ne me trompe, elles n'ont pas
» satisfait madame de Valcourt ; je ne sais ce que vous ve-
» nez de lui dire, mais vous l'avez mise dans un état vio-
» lent.

» — Hé mon Dieu, madame, vous me faites trop d'hon-
» neur, lui répondis-je, je n'ai point cet ascendant sur
» madame de Valcourt. Elle est plus calme et plus forte
» que vous ne l'imaginez.

» — Je ne sais, répliqua-t-elle en riant, mais je crois
» que vous n'êtes point encore l'homme qu'il lui fallait.

» — En vérité, madame, je le crois comme vous le di-
» tes. Pendant ce moment de conversation, madame de
» Valcourt était occupée à arranger des parties. Elle vint
» à madame de Calonne, et sans me regarder, elle dit :
» M. de Mora ne joue, ne soupe, ni ne veille. Madame de
» Calonne répondit : Mais nous savons bien qu'il n'est bon
» à rien.

» — Ce n'est pas cela que je dis, madame, reprit-elle
» avec un ton sec ; monsieur est malade, il est fatigué : il
» est tout simple que dans cet état la société lui soit im-
» portune. Elle était fort près de moi. Prenez garde, lui
» dis-je, que cette société qui ne m'est point importune
» ne vous devine trop bien.

» — *Je ne reçois point de conseil de qui m'outrage ;*
» elle prononça ces mots avec le ton et l'accent du mépris.
» Je vous avoue qu'il ne m'en a jamais tant coûté pour me
» taire. Mais il fallait de la prudence, j'avais affaire à une
» folle. Tout le reste de la soirée, c'est-à-dire, jusqu'au
» souper, elle reprit l'air et le ton de la légèreté, de la
» gaîté. Elle voulait faire des plaisanteries auxquelles je
» prisse part ; j'entendais qu'elle disait au baron : M. de
» Mora était malade hier, et si malade, qu'il ne vous fit

» rien dire ; aujourd'hui, il l'est encore, et il me l'est venu
» dire. Mais, dit le baron, qu'a-t-il ?

» — Ah ! ce qu'il a, demandez-le-lui ; il se ménage, il
» est d'une prudence pour sa santé qui ne doit point lais-
» ser d'inquiétude aux gens qui l'aiment. Et tout cela,
» d'un ton de persifflage dont j'étais indigné ; mais je me
» tus, sentant, plus que jamais, le malheur d'être attaché
» à une femme dont le moindre défaut est d'être galante
» jusqu'au dégoût.

» — Mais ce portrait est affreux, c'est le dépit d'un
» amant passionné.

» — Ah ! de grâce ne m'accablez pas par la plaisanterie,
» mais mon dieu, pourquoi exigez-vous que je vous ra-
» conte ces détails ? que c'est mal employer le temps que
» j'ai à passer avec vous ! Pourquoi voulez-vous m'occu-
» per de ce qui m'afflige et me déplaît, tandis qu'il m'est
» si aisé et si doux de l'oublier avec vous ?

» — Non vraiment, je ne veux pas que vous l'oubliez,
» car je vous prie de m'achever tout ce qui a rapport à
» madame de Valcourt. Pourquoi êtes-vous son amant ?
» pourquoi la haïssez-vous ? et depuis quand êtes-vous lié
» avec elle ?

» — D'abord, je vous arrête à la première question ; je
» ne suis point son amant : si vous attachez à ce mot l'idée
» d'un sentiment, je n'en ai point, ni n'en ai point eu.
» Vous savez que depuis que je suis entré dans le monde,
» j'ai fort peu vécu en ce pays-ci. je n'ai fait depuis cette
» époque que trois voyages à Paris que j'avais quitté fort
» jeune. Dans les deux premiers que j'y ai faits, j'étais
» avec ma femme, c'était en allant et en revenant d'An-
» gleterre. Les séjours que je fis à Paris furent fort courts,
» cependant je vis souvent madame de Valcourt ; vous sa-

» vez que nous sommes parents? Elle était dans ce temps-
» là extrêmement jolie et fort à la mode; elle était entou-
» rée de tous les sots et de tous les fats de la cour; je ne
» sais lequel ou lesquels étaient favorisés, mais ils avaient
» tous l'air content. Si je n'avais pas été pour si peu de
» temps à Paris, je me serais mis aussi sur les rangs, et,
» en vérité, je crois pouvoir vous dire sans orgueil, qu'elle
» ne m'aurait pas désespéré. Elle était si coquette et si
» facile tout ensemble, que je fus violemment tenté d'a-
» voir mon tour comme les autres. Le chevalier de Mont-
» cal qui était, je crois, dans le moment, celui qui avait les
» plus grands droits, s'aperçut de mes prétentions, et il
» mit assez d'adresse à m'éloigner. Je vous ai dit que j'a-
» vais peu de temps : ainsi je fus aisé à éconduire. D'ail-
» leurs, j'avais passé un an à Londres, où, si j'avais pu me
» blaser sur le goût des femmes, je l'aurais été alors. Vous
» voyez que je vous fais ma confession générale; vous allez
» peut-être prendre mauvaise opinion de moi, mais du
» moins sachez-moi gré de ma confiance et de ma sincé-
» rité.

» — Je vous assure, lui dis-je, que c'est ce qui me
» frappe et me touche le plus.

» — Vous voulez donc que je continue?

» — Oui, assurément.

» — Eh bien, je vous dirai que mon âme ne connaît
» que les excès. A Londres, j'ai été libertin; à Péters-
» bourg, j'ai été amoureux jusqu'à l'égarement; je suis
» revenu en France, accablé d'un malheur qui avait pensé
» me coûter la vie, et, avant que de venir cette fois-ci à
» Paris, j'avais passé huit mois dans les convulsions du
» désespoir et dans les angoisses de l'agonie. J'étais à mon
» régiment, où je ne voyais, ni ne parlais à personne. Les

» officiers de mon régiment ont craint souvent pour ma
» tête et pour ma vie. Il y avait huit mois que je vivais
» dans cet éloignement de toute la nature. Mon père
» exigea mon retour auprès de lui, disant qu'il avait be-
» soin de me voir. Il fallut bien partir ; il m'en coûta
» pour m'arracher à ma solitude. Depuis deux mois, j'a-
» vais repris le goût de l'étude qui avait été la première
» passion de mon âme, je commençais à y retrouver de
» l'attrait, et je fus véritablement affligé et contrarié de ce
» que mon père voulait me voir. Je ne pouvais pas douter
» que son objet ne fût de faire diversion à ma douleur !
» On lui avait mandé, de mon régiment, qu'elle faisait
» craindre pour ma vie. J'allai, la veille de mon départ,
» dire adieu aux officiers de mon régiment ; le change-
» ment dans lequel j'étais, l'abattement de toute ma ma-
» chine les effraya au point de craindre que je n'eusse pas
» la force de faire mon voyage. On le manda à mon père,
» et moi, en même temps, je lui demandai d'aller dans les
» provinces méridionales du royaume, dont je n'étais pas
» fort éloigné. Je lui disais que je ferais de ce voyage un
» objet d'instruction qui me serait utile. Il l'approuva, et
» je fus trois mois à parcourir cette partie avant de me
» rendre à Paris.

» O puissance de la jeunesse ! au bout de huit jours de
» route je respirais sans douleur, je dormais, je pensais
» avec intérêt à ce que je devais voir le lendemain, j'étais
» seul, j'étais sans aucune espèce de contrainte, je sentais
» déjà le prix de cette liberté. Enfin, chaque jour mon
» âme était soulagée ; je n'avais plus de mouvements de
» désespoir, ni ces accès d'angoisses qui m'avaient jeté
» mille fois dans un état d'anéantissement plus affreux que
» la mort. Que vous dirai-je? des objets indifférents, des

» objets inanimés vinrent à bout, non pas de calmer, mais
» changer ce que mes douleurs avaient de poignant et
» d'aigu, en une mélancolie douce et sensible qui était
» presque une jouissance pour mon âme, et j'arrivai ici
» dans cette disposition. Je fus reçu de toute ma famille
» avec des transports de joie; je ne pouvais pas partager
» leur sentiment, mais je m'en laissais pénétrer. Il m'était
» doux d'être aimé; je trouvai ici deux de mes amis, le
» duc de Salvetat et le chevalier de Portalès; ils avaient
» su mon malheur, ils m'avaient écrit, mais je ne leur
» avais point répondu, je n'avais conservé de correspon-
» dance qu'avec mon père, le reste de la nature avait été
» anéanti pour moi pendant près d'un an. Mes amis ne me
» firent point de reproches, il semblait que ce que j'avais
» souffert avait augmenté mon amitié; ils s'emparèrent de
» moi à mon arrivée et ils me dirent : Nous allons parta-
» ger vos maux, livrez-vous à notre tendresse et soyez
» persuadé que nous n'abuserons point de ce que vous
» nous accorderez, vous serez libre dans tous les moments
» de votre vie, mais nous nous flattons que vous nous pré-
» férerez à une solitude qui a pensé vous être funeste. Je
» répondis à toutes leurs avances avec une tendre sensibi-
» lité; ils me faisaient éprouver quelques moments de con-
» solation. Je me disais quelquefois : La vie serait-elle donc
» un bien pour moi? Je fus, les premiers jours, unique-
» ment livré à mes parents, je ne sortis point.

» Madame de Valcourt venait tous les jours voir ma
» mère, elle me combla d'honnêtetés, elle s'occupait de
» moi avec intérêt; elle avait su une partie de ma mal-
» heureuse aventure, et elle paraissait me plaindre, sans
» pourtant me dire un mot qui eût rapport à ce qui s'é-
» tait passé à Pétersbourg. Un jour, elle me proposa d'al-

» ler à la comédie ; j'y fus ; mademoiselle Guéant jouait,
» je la trouvai fort belle, je crus même qu'elle jouait bien,
« et je ne sais si c'est à moi ou à elle que je dus le plaisir
» de recevoir une vive impression du spectacle. Il y avait
» alors un an que j'avais oublié qu'il y eût des femmes
» dans le monde ; le souvenir d'une seule, de qui j'étais
» séparé pour jamais, avait anéanti toute autre idée ; je
» croyais n'être plus susceptible d'aucun mouvement de
» plaisir. Le sentiment douloureux qui remplissait mon
» âme me le faisait croire justement, mais à vingt-cinq
» ans les sens ne sont pas toujours d'accord avec l'âme.

» Ha mon Dieu ! que nous sommes faibles et inconsé-
» quents ! Ce même jour où j'avais vu mademoiselle
» Guéant, je m'informai quel était son amant. L'on me
» dit que c'était celui qui payait le mieux. Si j'avais été
» dans la disposition de l'aimer, cette réponse m'aurait fait
» horreur, mais j'en avais envie, et cette réponse me
» charma. Je dis à Salvetat la fantaisie que j'avais, il en
» fut ravi : il me dit qu'elle jouait le lendemain, je ne sais
» plus dans quel rôle, qu'il fallait que nous fussions à la
» comédie, qu'il me mènerait après dans sa loge, et qu'il
» me répondait presque du succès pour cette soirée. Tout
» arriva comme il l'avait prévu ; il lui offrit de la ramener
» chez elle, elle y consentit ; je demandai à l'accompagner,
» elle l'accepta. Nous arrivâmes chez elle ; il n'y avait
» qu'une vieille femme qui lui dit que celui qui achetait fort
» cher le droit d'être le maître du logis, avait fait dire
» qu'il ne viendrait pas ce jour-là. Tant mieux, dit-elle,
» j'en serai plus libre. Ma soirée est à vous, messieurs :
» me donnerez-vous la vôtre ? Salvetat dit qu'il était dé-
» solé, qu'il s'était engagé à mener quelqu'un le soir
» même à Versailles. Eh bien, ajouta-t-elle avec un air

» d'impudence qui aurait dû me repousser, j'en serai en-
» core plus libre, et si votre ami veut me donner la sienne,
» nous tâcherons de vous oublier. J'en serai charmé, lui
» dis-je, en commençant à me mettre fort à mon aise.

» Salvetat partit; mademoiselle Guéant alla donner ses
» ordres pour le souper. Salvetat, en s'en allant, s'appro-
» cha de mon oreille : Songe, me dit-il, que tu dois tout
» ton bonheur à l'idée que je lui ai donnée de ta généro-
» sité. Ma foi! cela est trop aisé, lui dis-je, cela ne devrait
» pas être cher. Je vous ferai grâce des détails de cette
» soirée; tout ce que je puis vous dire, c'est que cette
» mademoiselle Guéant est la plus libertine et la plus bête
» créature que j'aye jamais vue. Je restai avec elle jusqu'à
» deux heures après minuit; je lui donnai cent louis, et je
» lui promis de revenir dans trois jours; elle devait jouer
» ce jour-là, elle me dit que je la ramènerais; je n'y con-
» sentis pas, je ne voulais pas que mes parents fussent in-
» formés de cette fantaisie, ils en auraient été inquiets et
» pour mon repos et pour ma santé. Je rentrai chez moi,
» ma mère donnait à souper, il y avait encore du monde
» chez elle; je vis le carrosse de madame de Valcourt,
» cela me fit entrer dans le salon. Salvetat y était; il vint
» à moi, il voulait absolument savoir tous les détails de ma
» soirée; je le repoussai pour répondre à madame de Val-
» court qui me faisait de grands reproches de ce que je
» n'avais pas voulu souper avec elle. Ma mère, qui ne la
» pouvait souffrir, dit qu'elle serait bien fâchée de me
» contraindre, et qu'en conséquence elle ne me disait ja-
» mais si elle avait du monde à souper. Madame de Val-
» court, avec le ton d'une coquetterie très-aimable, me
» dit : Hé bien, M. de Mora, voulez-vous que je vous aver-
» tisse toutes les fois que je souperai ici? J'en serais com-

» blé, madame, mais je préviendrai cette marque de bonté
» et je prierai ma mère de me faire jouir d'avance en me
» disant les jours où vous devez nous faire cet honneur.
» Elle me fit mille agaceries, elle me rappela le court sé-
» jour que j'avais fait à Paris en revenant de Pétersbourg;
» elle prétendit avoir beaucoup perdu auprès de moi de-
» puis ce temps-là; elle me dit qu'elle valait pourtant
» beaucoup mieux, que si je voulais je m'en convaincrais
» moi-même; enfin, la conversation fut très-gaie, très-ani-
» mée jusqu'à trois heures et demie. Ma mère, dont le
» goût était de se coucher tous les jours à cinq heures du
» matin, avait cependant souffert impatiemment que ma-
» dame de Valcourt s'oubliât aussi tard. C'est une des per-
» sonnes du monde pour laquelle je lui ai vu le plus d'é-
» loignement. Elle prétendait en avoir d'excellentes rai-
» sons; madame de Valcourt avait fait de son mieux, à ce
» qu'elle croyait, pour lui ôter la confiance de mon père,
» et actuellement que je la connais, je la crois très-capable
» d'en avoir conçu le projet. »

M. de Mora fut interrompu un moment par l'arrivée de deux personnes; nous avions été servis bien heureusement par le hasard, nous fûmes plus d'une heure seuls. Il me dit, dès que nous fûmes libres :

« Je vais maintenant vous écouter, je m'en irai à sept
» heures et je serai ici avant neuf, à ce que j'espère. Que
» je rendrai grâce au ciel de ma journée, si je puis vous
» trouver seule !

» — J'en serai charmée, vous me finirez votre roman
» avec madame de Valcourt.

» — Ah, quel roman ! quelle héroïne, grand Dieu ! »
Il me quitta.

Sans nul doute cela est raconté avec beaucoup de grâce, d'imagination et d'esprit, mais est-il besoin de vous faire observer que non-seulement mademoiselle de Lespinasse se donne a elle-même le beau rôle dans un roman d'amour, mais encore elle dispose de M. de Mora, avec aussi peu de sans-gêne que lorsqu'elle dispose d'elle-même. Elle habille son amant à la dernière mode du roman philosophique, elle en fait une façon d'homme blasé et ennuyé de tout ; à Londres, libertin ; amoureux pour tout de bon, à Saint-Pétersbourg, amoureux, d'un amour qui touchait aux *convulsions du désespoir*, aux *angoisses de l'agonie !* Puis, quand notre homme est à Paris, elle lui fait courir les aventures avec les femmes de théâtre ; car dans ce temps-là qui était le règne des danseuses, ces sortes d'aventures paraissaient indispensables pour qu'un jeune homme fût posé dans le monde, sur un certain pied. — Singulière habitude de mentir, même aux passions que l'on a éprouvées ! Je suis bien sûr, au contraire, que M. de Mora n'a jamais fait une des folies qu'on lui suppose, et que mademoiselle Guéant eût été bien empêchée de montrer l'or et les diamants dont le bel Espagnol l'avait gorgée. — Je ne crois même pas à cette madame de Valcourt, qui ressemble fort à un pastel des *Liaisons dangereuses* ; au fait, je ne crois rien dans toute cette histoire, sinon à la passion rétrospective de mademoiselle de Lespinasse pour M. de Mora.

Que disons-nous ? et pourquoi tant nous débattre ? mais nous avons le vrai portrait de M. de Mora lui-même, fait par mademoiselle de Lespinasse, un portrait de l'an 1773, écrit en pleine passion, et si l'image tracée reste encore belle et décevante, du moins nous fait-on grâce des passions et des douleurs imaginaires de ce beau ténébreux. Le peintre exagère encore, mais c'est l'exagération d'une belle peinture ; la ressemblance est embellie, mais c'est toujours de la ressemblance. — Je ne crois pas au héros de tout-à-l'heure ; je crois volontiers au héros que voici et qui est encore assez séduisant pour justifier tous les transports d'une femme passionnée qui n'avait pas le droit d'espérer une si belle fortune, d'une femme sur le retour et forcée à tous les ménagements que la société impose à ses martyrs.

Écoutez-la, et vous pouvez l'en croire, elle a son modèle sous les yeux : « M. de Mora est un beau cavalier, sa
» physionomie est pleine de douceur et d'esprit, sa taille
» est noble et leste, il a quelque chose d'adroit et de déli-
» béré dans toutes ses manières, qui plaît infiniment. — Il
» a beaucoup d'esprit. — Le caractère principal de son
» esprit, c'est la clarté, la netteté et la justesse. » — (Ne
» dirait-on pas que mademoiselle de Lespinasse parle en
» ce moment de son ami d'Alembert?) Son style (il faut
» absolument avoir un *style* à soi, fût-on né à Londres ou
» à Madrid, dans ces beaux salons de 1773), son style est
» clair et concis. (Toujours d'Alembert.) Il parle bien.
» (Autre motif pour l'aimer.) — Tout ce qui est du res-
» sort de l'esprit, l'intéresse et l'occupe. (Voilà pourquoi il
» a aimé sans doute mademoiselle de Lespinasse.) Il aime
» surtout les ouvrages de raisonnement. Il estime Racine
» comme poète. (C'est bien heureux pour Racine !) Bref,
» il apprécie tout, mais il ne *sent pas tout.* » C'est bien là le mot d'une femme qui doute de sa beauté et qui ne doute pas de son esprit.

Tout ce portrait de M. de Mora est semé de ces traits qui démontreraient, au besoin, combien les femmes amoureuses sont disposées, autant que Dieu lui-même, à créer l'homme à leur image : « Tout ce qui le blesse fait sur lui

» une impression vive, dont il n'est pas le maître, mais
» qui se dissipe au même instant. — Il se prête avec com-
» plaisance aux plus difficiles exigences de la société. —
» Son humeur est égale, sa gaîté est douce et naturelle,
» elle a le naïf et la grâce de l'extrême jeunesse ; il est
» sans airs, sans prétentions ; son maintien est simple, je
» dirais même qu'il est sans vanité, s'il était possible que
» nous en fussions tous exempts.

» M. de Mora a plus d'activité que de passion ; bien des
» gens le jugent mal et croient qu'il est absolument gou-
» verné par l'ambition. Sans doute, il est occupé de sa
» fortune, mais ce qui prouve que c'est sans passion, c'est
» qu'il n'est point entraîné comme le sont les ambitieux :
» c'est par réflexion et par délibération qu'il agit ; aussi
» n'a-t-il point fait de fausses démarches, et on pourrait
» répondre qu'il n'en fera jamais. »

Nous voilà déjà loin du roman de tout-à-l'heure ; ce jeune homme n'est donc pas si amoureux qu'il ne soit très-occupé de sa fortune, et soyez sûr que sa liaison même avec mademoiselle de Lespinasse, cette personne entourée de fêtes, de crédit, d'alliances et d'amitiés honorables, ne devait pas nuire à l'ambition de M. de Mora, le fils de l'ambassadeur du roi d'Espagne à Paris.

Cette objection s'est présentée certainement à l'esprit de mademoiselle de Lespinasse : « — Il ne recherche pas la
» faveur, seulement *il voit les personnes qu'il trouve ai-*
» *mables*, il les préfère, et l'on ne découvre dans aucune
» de ses actions, *ni projet, ni dessein.* » Tels sont les traits principaux de ce portrait un peu flatté dans les détails, mais vrai dans l'ensemble.

Passons maintenant au portrait moral de M. de Mora, à son cœur :

« Je vais parler de son cœur : je crois pouvoir assurer
» que personne ne le connaît mieux ; c'est le plus grand
» intérêt de ma vie qui m'a éclairée sur tous ses mouve-
» ments. Je l'ai d'abord jugé avec prévention, bientôt
» après avec passion ; je n'aurais pas pu alors me rendre
» compte à moi-même de ce que j'en pensais. Je passais
» alternativement, du trouble que cause le commence-
» ment d'une passion, à l'illusion trop nécessaire et trop
» flatteuse d'avoir rencontré autant de sensibilité et de
» tendresse qu'il avait su m'en inspirer. Mais la vérité de
» mon sentiment et la conduite de M. de Mora ne m'ont
» pas permis de rester dans l'erreur. Je la regrette sans
» doute cette erreur, puisque c'est à elle seule que je
» dois les instants de plaisir que mon cœur a sentis ; mais
» les regrets et les réflexions sur mon malheur seraient
» aussi inutiles que déplacés ici. »

Ici, en effet, mademoiselle de Lespinasse s'arrête, forcée de s'avouer à elle-même, que ce beau jeune homme,
qu'elle nous a représenté, dans son roman, si amoureux,
si fort exposé aux passions profondes, funestes, n'était
rien moins que susceptible de la *plus vraie, de la plus
tendre et de la plus douce des passions*, c'est-à-dire de l'a-
mour. Bien plus, et c'est en ce moment surtout que vous
allez voir combien les confessions de la dame nous met-
traient dans une grande erreur, si nous les prenions à la
lettre, non-seulement M. de Mora n'a jamais bien été ce
qu'on appelle un Céladon du premier mérite, mais encore
il ne croit pas à l'amour, non, il ne croit ni à l'amour, ni
à ses effets :

« Il n'est juge que de ce qui tient aux sens, tout le
» reste lui paraît autant de fictions ; aussi ne fait-il pas
» beaucoup de cas de la sensibilité ; elle ne lui paraît qu'un

» effet de l'amour-propre, et, sous ce point de vue, il en
» est plus blessé qu'il n'en est touché. Il n'a jamais été
» amoureux, mais il a eu infiniment de goûts passagers
» qui lui ont donné des plaisirs momentanés que son cœur
» n'a jamais sentis ; en un mot, il n'a point connu tout ce
» que cette passion a de doux et de terrible, et, en même
» temps, il est assez aimable pour inspirer un sentiment
» vif et sincère..... »

Vous comprenez tout ce que la pauvre femme a dû souffrir, et combien ce portrait-là est peu ressemblant avec *l'idéal*; mais quoi qu'elle nous montre dans son roman, nous ne pouvons pas nous arrêter en si beau chemin, et, puisque cette vérité-là tombe soudain au milieu de ces fictions, laissons parler la vérité, d'autant plus, chose remarquable et qui fait honneur à son esprit autant qu'à son bon goût ! que mademoiselle de Lespinasse écrivait aussi bien en disant vrai, qu'en disant faux.

Elle reprend donc en ces termes douloureux le portrait de M. de Mora :

« Une femme peut être très-malheureuse par lui ; ce-
» pendant elle serait injuste de s'en plaindre, car il est
» incapable d'avoir, de propos délibéré, de mauvais procé-
» dés avec elle. Il n'a ni sensibilité, ni tendresse, mais ce
» n'est point par choix, c'est par nature ; on ne peut pas
» même lui reprocher qu'il veuille en imposer; au con-
» traire, on pourrait se plaindre des effets de sa franchise.
» Il n'épargne point la vérité à la personne dont il est
» aimé, quelque dure qu'elle puisse être. On cesse de lui
» plaire, il veut qu'on le sache ; il a été bien aise d'être
» aimé tout le temps que ses sens l'ont désiré ; mais, une
» fois satisfaits, il veut amener à ne l'aimer que comme il
» a besoin de l'être, parce qu'il ne voit plus dans l'attache-

» ment qu'il a inspiré que la gêne et la contrainte que
» cela lui imposerait. Il ne peut pas aimer, il ne veut pas
» plaindre ; enfin, il veut être libre et ne pas songer si
» c'est aux dépens du bonheur de la personne qu'il a sé-
» duite. Il met tant de froideur et de fermeté dans sa
» conduite, qu'il est impossible de se croire en droit de
» ne rien exiger de lui. La légèreté, je pourrais même dire
» la dureté, avec laquelle M. de Mora traite les femmes
» vient du peu de cas qu'il en fait : il en a une idée gé-
» nérale dont il ne se départ point et qu'il a peine à ca-
» cher même à celle qu'il veut séduire. Voici comme il les
» voit : coquettes, vaines, faibles, fausses et caillettes.
» Celles qu'il juge plus favorablement, il les croit roma-
» nesques ; et, s'il est forcé de reconnaître dans quelques-
» unes quelques bonnes qualités, il trouve que ce n'est
» point la peine de les en louer, ni de les en estimer da-
» vantage, parce que c'est plutôt en elles des vices de
» moins que des vertus de plus ; cependant, il est sensible
» à leurs agréments jusqu'à un certain point, c'est-à-dire
» que celle qu'il trouve la plus aimable, il n'y attache
» guère plus d'idée qu'à un joli enfant qui plaît et avec
» qui on peut se divertir un moment. C'est tellement sa
» façon de penser sur les femmes, qu'il n'accorde aucune
» préférence à celle qu'il aime ou qui lui plaît et dont il
» se croit aimé ; il n'a nulle confiance, nul épanchement
» de cœur avec elle, et, jusque dans les moments où il
» semble qu'il devrait s'oublier, il m'a avoué qu'il était en
» garde pour ne lui point laisser prendre d'ascendant sur
» lui. C'est de son aveu que j'ai acquis cette connaissance ;
» enfin, M. de Mora n'a connu jusqu'ici des femmes que
» parce qu'il était jeune, et il n'a cherché à en séduire
» d'honnêtes et de vertueuses que pour satisfaire son

» amour-propre : cela est si vrai, qu'il ne saurait suppor-
» ter la résistance. Ce n'est point qu'elle blesse son cœur,
» mais c'est qu'elle offense sa vanité, oui, sa vanité ! c'est
» la seule occasion où elle se fait sentir et où l'on s'aper-
» çoit qu'il a le caractère haut et impérieux, car il cher-
» che moins à toucher qu'à soumettre. Sans doute qu'il
» voudrait, comme je le lui ai entendu dire, leur appren-
» dre à conduire leurs sentiments, comme s'il ne savait
» pas que l'un de ces mots exclut absolument l'autre;
» mais les liaisons avec les femmes ne lui ont jamais paru
» assez importantes pour s'en occuper : c'est comme dis-
» sipation et divertissement qu'il les voit, qu'il les prend
» et qu'il les quitte, et il n'estime pas assez leurs senti-
» ments et leur personne pour se croire obligé de ménager
» leur sensibilité. Il paraît, au contraire, que plus il est
» sûr d'en être aimé et moins il leur doit d'égards et de
» ménagement ; je crois qu'on peut répondre qu'il n'aura
» jamais le regret qui fait dire à l'Aminte du Tasse : *J'ai*
» *perdu tout le temps que j'ai passé sans aimer.* En voilà
» bien long, sans doute, pour ne dire autre chose, sinon
» que M. de Mora n'a jamais été amoureux, et qu'il n'a
» le cœur ni tendre, ni sensible. »

Quel portrait... Que cette image doit être ressemblante! comme cette malheureuse femme se fait illusion à elle-même! comme elle s'efforce de se dissimuler les cruautés de son amant, comme elle se plaît à songer que cet homme qui est le plus beau joyau de sa couronne de femme préfé-rée, est vraiment insensible pour toutes les femmes, qu'il leur porte à toutes la même indifférence, le même mépris, et que s'il avait pu faire une seule exception, l'exception eût été faite en l'honneur de mademoiselle de Lespinasse, tout au plus.

Pourtant quand elle traçait ces lignes cruelles, elle espérait encore ; elle comptait que son jeune amant adoucirait quelques traits en sa faveur, qu'il effacerait tout au moins les termes de mépris et de dédain !... Elle montra à son amant lui-même, ce portrait qu'elle avait tracé d'une main amoureuse et tremblante... M. de Mora eut la cruauté de se reconnaître trait pour trait, et il ne se fâcha pas le moins du monde, de ce qu'on lui trouvait si peu de cœur ; au contraire il en fut bien aise, tant cela lui ouvrait une porte libre sur le vaste champ de l'indépendance !

De tous ces malheurs, mademoiselle de Lespinasse se console, en songeant que M. de Mora réunit : — Belle consolation pour une femme bien éprise — « tous les agré-
» ments, toutes les qualités et toutes les vertus que l'on
» doit désirer dans son fils, dans son frère, dans ses amis.
» Il est affreux, sans doute, d'avoir à regretter de ne pas
» trouver en lui le sentiment qui aurait fait mon bonheur ;
» mais ce regret, quoique vif et profond, ne met point
» d'amertume dans mon âme, parce que j'estime M. de
» Mora autant que je l'aime. Je pourrais lui dire ces vers
» de Métastase : »

« Tel est sur ma raison votre fatal empire,
» Sans pouvoir m'aveugler, vous m'avez su séduire. »

Voilà la vérité, mais cependant laissons le vrai M. de Mora *se consoler d'être peu sensible, en songeant qu'il est fort aimé,* et revenons à notre roman.

LETTRE VII.

« Vous vous doutez bien, madame, que M. de Mora fut exact au rendez-vous, et vous croyez bien aussi que je faisais des vœux pour être libre à neuf heures ; et pour y parvenir je fis dire à ma porte, à huit heures et demie, de ne laisser entrer que M. de Mora et M. le duc de Wilfort. Il était à Versailles, mais vous connaissez sans doute cette petite ruse si nécessaire pour échapper à la malignité des domestiques. J'avais eu fort peu de monde l'après dîner, et il était au-dessus de mon pouvoir d'animer la conversation qui mourait à chaque instant. Il m'était pénible de parler, et il me l'était de me taire ; je vous répète encore que la société est une contrariété insupportable lorsqu'on a l'âme occupée. M. de Mora arriva avant neuf heures ; avant que de me regarder il parcourut des yeux les personnes qui étaient dans ma chambre, et je vis que la joie se peignait sur son visage, lorsqu'il eut vu que tous les gens qui étaient là partiraient bientôt pour aller souper. Il connaissait tous mes intérêts de société, il savait tous mes goûts, il me devinait sur tout avant que j'eusse parlé. En un mot, je n'avais pas une pensée, pas un mouvement auquel il n'attachât quelque intérêt.

« — Je suis consolé, me dit-il, ayez la bonté de me dire
» que vous êtes bien aise de mon plaisir.

» — Oh ! je suis plus personnelle, lui dis-je, permettez-
» moi d'être bien aise du mien.

» — Mon Dieu, que vos amis sont heureux ! et si vous
» en distinguez un, quel heureux mortel ! Non, c'est que

» je suis convaincu que personne au monde n'aime mieux
» et autant que vous.

» — Je ne sais que répondre à une prévention aussi fa-
» vorable, la modestie ne peut jamais faire refuser cette
» louange; je l'accepte donc avec plaisir, mais tâchons de
» causer avec ces messieurs, nous allons en être déli-
» vrés. «

En effet, à neuf heures, nous restâmes seuls avec mon frère qui tombait de sommeil; il nous dit qu'il allait se coucher, que la conversation avait été si froide, si morte, qu'il en avait été d'abord engourdi et bientôt après endormi, et il nous souhaita le bonsoir.

« — Accusez-moi, si vous voulez, me dit M. de Mora,
» mais je suis comblé du départ de monsieur votre frère;
» vous savez pourtant ce que je pense et ce que je sens
» pour lui; mais il y a un intérêt qui tue tous les au-
» tres.

» — Oui, dis-je; l'intérêt personnel; et vous allez me
» parler de vous, et cela vaut mieux que de causer avec
» mon frère.

» — Ah! vous êtes plus juste que vous ne dites, à moins
» que vous n'entendiez par intérêt personnel cet intérêt
» qui, selon Helvétius, anime toutes nos actions. Oui, c'est
» celui-là qui m'entraîne, c'est lui qui me ferait trouver
» mille fois plus de charme encore à vous écouter, que je
» ne trouve de plaisir à vous entretenir.

» — Je ne vous répondrai point, vous me devez la suite
» de votre histoire : nous en sommes restés à trois heures
» du matin, vous aviez quitté mademoiselle Guéant, et
» vous étiez en coquetterie avec madame de Valcourt.

» — Enfin, vous me condamnez à me rappeler des cir-
» constances qui n'ont nul intérêt pour moi, voyez ce

» qu'elles seront pour vous ! Oui, en vérité, vous me faites
» violence en me forçant de vous parler de tout ce qui a
» rempli mon temps depuis mon arrivée à Paris jusqu'au
» moment où je vous vis chez madame de Francheville. Du
» moins permettez-moi de vous dire tout ce que j'ai senti
» depuis cet instant-là.

» — Mais je sais tout ce que vous avez fait, tout ce que
» vous avez vu, il me semble que vous m'avez dit tout ce
» que vous pensiez ; ainsi c'est le temps de votre vie que
» je sais le mieux.

» — Ah ! je vous jure que non, c'est celui de tous que
» vous ignorez le plus.

» — Eh bien, nous y viendrons peut-être ; mais met-
» tons de l'ordre dans nos affaires. Nous en sommes à ma-
» demoiselle Guéant.

» — Eh bien, mademoiselle Guéant ; je la vis encore
» trois ou quatre fois ; sa bêtise, son libertinage et son avi-
» dité auraient suffi pour éteindre la passion, mais elle me
» dégoûta bien vite du plaisir que mes sens seuls pouvaient
» goûter avec elle. Je la payai magnifiquement ; c'était une
» manière de la quitter qui ne pouvait lui laisser aucun re-
» gret. Je lui demandai le secret, mais, comme de raison,
» elle en parla à tous les hommes qui eurent des préten-
» tions sur elle. Mademoiselle Guéant me cite à tous ses
» amants, et elle prétend qu'elle ne peut pas leur inspirer de
» l'émulation. — Tous nos grands seigneurs sont des gueux,
» me disait-elle un jour ; ils veulent avoir du plaisir et qu'il
» ne leur en coûte rien.— Ils ont grand tort, lui dis-je ; car
» assurément, on ne peut pas douter que ce ne soit vous
» faire un grand plaisir à vous que de vous donner beau-
» coup d'argent. — Ah ! cela est vrai, dit-elle naïvement,
» c'est aussi ce qui fait que je vous aime à la folie. Voilà

» mon histoire avec mademoiselle Guéant : n'en est-ce pas
» assez ?

» — Non, il faut revenir à madame de Valcourt.

» — Ah, mon Dieu! que vous êtes cruelle! Eh que
» vous importe de savoir comment j'ai eu madame de Val-
» court? ne doit-il pas vous suffire de savoir que je n'y ai
» pas mis plus d'intérêt qu'à mademoiselle Guéant ; qu'elle
» m'a fait beaucoup moins de plaisir, et que ce qu'il y a de
» pis, c'est qu'elle n'est pas aussi facile à quitter?

» — Non! il n'y a pas moyen de s'en débarrasser avec
» de l'argent?

» — Hélas! non, je m'y ruinerais. Mais n'allez pas croire
» que ces grandes et belles dames ne soient fort cher
» aussi : mais c'est le moindre de leurs inconvénients.

» — Eh, bon Dieu! dites-moi donc comment il arrive
» que cela soit cher; je ne m'en doute pas.

» — Comment? mais cela est pourtant aisé à deviner. Il
» y a un laquais confident, il passe la nuit à attendre pour
» ouvrir une porte de jardin; il faut bien payer ce pauvre
» diable qui court ouvrir la porte du paradis à ce malheu-
» reux amant, qui paierait bien plus cher pour éviter de
» pareils rendez-vous. Et puis il y a une femme-de-chambre
» confidente : c'est une personne d'un si grand mérite,
» qu'il n'est pas question de donner de l'argent, cela serait
» trop grossier. Sa maîtresse a la bonté de se charger du
» présent ou des présents, qu'elle voudra bien recevoir; et
» quand on est un peu noble, vous croyez bien qu'on ne
» manque pas une occasion si heureuse de faire sa cour à
» la femme qui se croit aimée. Enfin, laissons tout cela, je
» m'en dégoûte en en parlant, et je ne sais laquelle m'ins=
» pire le plus d'horreur, de la fille de théâtre ou de la grande
» dame dont j'ai tant envie de me délivrer

» — Je ne vous en tiens pas quitte, je veux absolument
» savoir ce qui a fait dire que vous étiez l'amoureux de
» madame de Valcourt?

» — Mais c'est sa folie, son indiscrétion, sa plate va-
» nité.

» — Allons, du courage! je vous en prie, et faites-moi
» des détails.

» — Il faut bien vous obéir. Peu de jours après cette
» soirée où elle avait été si animée, si aimable, car elle sait
» fort bien l'être quand elle a le désir de plaire, je fus chez
» elle; je la trouvai seule avec son mari qu'elle trouva le
» moyen d'éloigner; et voici comment elle entra en conver-
» sation : Savez-vous, que madame votre mère a pour moi
» la plus grande aversion? et, en vérité, c'est un malheur
» que je n'ai pas mérité. Je l'ai prévenue de toutes sortes
» de soins et d'attentions. Elle s'est imaginé que M. votre
» père était amoureux de moi et que je voulais sans doute
» m'emparer de lui; et de ce soupçon assez mal fondé, elle
» en a fait une passion de haine et de jalousie dont je souf-
» fre souvent. J'ai pensé que vous pourriez lui faire enten-
» dre raison, et qu'enfin vous lui prouveriez que je n'ai
» point une passion effrénée pour son mari. Peut-être lui
» remettrez-vous la tête, et vous me rendrez à moi un
» grand service, car j'éprouve des dégoûts continuels que
» je ne souffre que par honnêteté pour M. votre père. Il me
» presse sans cesse pour aller passer mes soirées chez vous;
» je n'ai pas voulu lui dire non plus les raisons que j'ai pour
» ne pas y aller si souvent. Vous voyez, vous sentez l'embar-
» ras de cette conduite; je vous serai sensiblement obligée
» de donner vos soins à ce qu'elle soit plus facile; alors,
» j'aurai fort à me louer de ce qui vous aura approché de
» moi et de ce qui aura formé une liaison entre nous.

» — Je répondis à cela comme je le devais. Ce n'est pas
» tout, dit-elle, il faut que je vous parle de vous, oui de
» vous, et en grand détail, ajouta-t-elle en souriant. —
» Vous avez mille fois trop de bonté, madame, et com-
» ment serais-je assez heureux pour vous occuper un mo-
» ment? — Ah! non, non, reprit-elle vivement, ce n'est pas
» de la bonté. Je meurs de peur que vous ne trouviez que
» ce soit de l'indiscrétion. En tous cas, vous m'arrêterez,
» je vous en prie, je vous le demande en grâce; car, as-
» surément, mon projet n'est pas de vous déplaire. A ce
» mot d'indiscrétion, j'avais pris, sans le vouloir, l'air sé-
» rieux, parce qu'il me fit craindre qu'elle ne voulût parler
» de mes malheurs, et j'aurais été vraiment embarrassé;
» car, assurément, elle ne m'avait point inspiré de con-
» fiance. Elle s'aperçut de l'altération de mon visage, et,
» pour me remettre, elle me dit gaiement : Mais je ne sais
» si c'est moi ou votre conscience qui vous trouble; rassu-
» rez-vous, je n'ai point le droit de critiquer vos goûts,
» mais vous m'inspirez assez d'intérêt pour trouver du plai-
» sir à vous en parler.

» — J'en aurai beaucoup à vous entendre, et je n'ose
» me flatter que vous ayez en effet assez de bonté pour me
» critiquer.

» — Cela est bien honnête, et me voilà encouragée. Eh
» bien donc, je m'en vais commencer par les paroles sa-
» cramentales. Vous êtes amoureux de mademoiselle Guéant,
» et je ne saurais vous exprimer combien cette passion m'é-
» tonne : d'abord, de ce que votre âme a été assez calme
» pour être susceptible d'un nouveau sentiment; et puis ce
» qui m'étonne bien davantage, c'est l'objet de cette pas-
» sion.

» Je m'interromps, me dit M. de Mora, pour vous faire

» observer ce qu'est l'amour pour les âmes corrompues.
» Remarquez, je vous prie, combien il y a de sottise et de
» manque de délicatesse dans ce que me disait madame de
» Valcourt ; elle me supposait une passion pour une fille
» publique ; elle rapprochait ce sentiment de celui qui ve-
» nait de m'animer et qui m'avait rendu assez malheureux
» pour faire craindre pour ma raison et pour ma vie ; elle
» n'avait pu même en être informée que par les alarmes
» que j'avais données à ma famille. Eh bien, cette tête lé-
» gère, cette femme dénuée également de morale et de
» sensibilité, avait confondu tout cela. J'étais amoureux,
» j'avais une passion !... En l'écoutant, je me sentais un
» peu révolté, mais cependant je vis qu'il ne fallait pas l'ar-
» rêter ; cela aurait entraîné des explications dans lesquel-
» les je ne voulais pas entrer. En effet, lui dis-je, il serait
» bien extraordinaire que j'eusse une passion pour made-
» moiselle Guéant ; j'ose vous assurer, madame, que j'en
» serais encore plus étonné que vous ne l'êtes.

» — Ah ! ne m'allez pas dire que vous ne l'avez pas. Je
» vous avertis que ces demoiselles dispensent du secret.
» Vous auriez de la morale de reste, et vous manqueriez
» à la vérité : car je sais tous les détails de ce goût, puis-
» que ce n'est pas une passion. Je sais qu'elle chante vos
» louanges.

» — En vérité, elle me fait bien de l'honneur, et je la
» dispense de la reconnaissance.

» — Oh ! ce n'est peut-être pas un motif si honnête qui
» l'anime ; elle veut exciter la vanité de nos jeunes sei-
» gneurs, elle voudrait leur apprendre à être aussi nobles
» que vous l'avez été : mais il n'y aura pas moyen ; tous
» nos agréables n'ont que des airs, des dettes, et pas un

7*

» écu. Mais, dites-moi donc, aimez-vous mademoiselle
» Guéant? Mon Dieu! que je crains votre réponse!

» — Eh! pourquoi vous fait-elle quelque chose? Si vous
» voulez, je n'en ferai point.

» — Je vois que je suis mal entendue (avec un air fin
» et mécontent). Je vous demande si vous aimez mademoi-
» selle Guéant?

» — Non, en vérité, je n'aime point mademoiselle
» Guéant; je suis tout au plus comme elle, fort reconnais-
» sant de ses bontés, quoiqu'elle en soit si prodigue, qu'en
» vérité, quand on les a payées, on pourrait bien en per-
» dre le souvenir.

» — Ah! je suis charmée que vous n'y mettiez pas plus
» d'intérêt, je craignais... et elle s'arrêta.

» — Mais que craigniez-vous donc, madame? cela me
» confond.

Après un silence d'un moment, elle ajouta avec un regard très-expressif:

« Je craignais qu'elle ne m'empêchât de profiter du
» temps que vous avez à passer ici; je veux que nous nous
» voyions beaucoup.

» — Comment répondre à tant de bonté? Croyez, ma-
» dame que vous disposerez de tout mon temps comme il
» vous plaira. Je suis comblé du plaisir de penser que vous
» voudrez bien me souffrir, et que je pourrai me livrer à
» tout l'empressement que j'ai de vous faire ma cour.

» — Oui, assurément, je vous souffrirai, (et ce der-
» nier mot fut prononcé avec un ton si doux, qu'il ne tint
» qu'à moi d'en concevoir de grandes espérances), et,
» continua-t-elle, j'espère que monsieur de Valcourt n'en
» prendra point d'ombrage; car vous lui plaisez beaucoup:
» il a déjà remarqué que vous étiez fort aimable, que vous

» aviez beaucoup d'esprit. Cet éloge ne doit pas vous tour-
» ner la tête, car je gage que vous avez aussi déjà remar-
» qué que monsieur de Valcourt ne doit être ni connais-
» seur, ni difficile. Mais c'est un bien honnête homme que
» monsieur de Valcourt, et c'est un si bon homme que
» son amour même m'est rarement à charge.

Cet éloge de monsieur de Valcourt me fit rire.

« — Vous riez, me dit-elle, vous ne pouvez pas croire
» qu'une jeune femme loue de bonne foi un mari qui se-
» rait son père. Eh bien ! je vous avoue que je mets mon
» plaisir à avoir une conduite honnête avec lui ; j'ai tou-
» jours pensé que cette manière ajoutait à la considération
» d'une jeune femme, et je me suis fait un principe de ne
» pas l'éloigner de ma société.

» Ho ! je m'arrête encore, me dit monsieur de Mora, je
» veux que vous sentiez tout le prix de l'honnêteté d'une
» femme sans vertus et sans morale.

» — Pourquoi donc imaginez-vous que cela glisse sur
» moi ? Mais en grâce continuez. Votre récit m'enchante,
» m'intéresse, et il me semble entendre un chapitre des
» *confessions du comte de...* par Duclos.

» — Si cela ressemble à celle que je vous fais, m'en
» voilà dégoûté. Que je plains monsieur Duclos, s'il a
» peint, s'il a écrit d'après des expériences !

» — Vous êtes hors de mesure ; vous êtes par trop phi-
» losophe aussi : est-ce donc un si grand malheur à votre
» âge que d'avoir de bonnes fortunes, que de tourner la
» tête à de jolies femmes ? Non, il est impossible que vous
» n'y trouviez pas quelque plaisir.

» — Hélas ! c'est cet amour du plaisir qui m'a entraîné
» en effet ; c'est l'espérance d'en avoir qui m'a fait enga-
» ger. Que je me suis trompé ! que je m'en suis puni !...

» Et n'allez pas croire que ce soit une affectation de phi-
» losophie, qui serait, comme vous le dites, un grand ri-
» dicule à mon âge ; mais c'est l'expression profonde d'un
» malheur qui, loin de pouvoir être soulagé par de pareil-
» les distractions, n'en est qu'irrité ; et je joins à ma dou-
» leur le remords d'y avoir cherché du remède. Ah ! ce
» n'est pas la galanterie qui me consolera ; ce sera peut-
» être un nouveau malheur, mais je m'y abandonne avec
» transport, je m'en sens déjà soulagé, et cette espèce de
» calmant ou de tourment fait à présent ma plus vive oc-
» cupation.

» Prenez donc garde, lui dis-je, que vous laissez là ma-
» dame de Valcourt, et qu'il me faut la suite de votre
» histoire.

» — Oui, comme vous dites, je laisse là madame de
» Valcourt ; vous ne savez pas combien j'en étais loin, et
» vous ne savez pas non plus combien il m'en coûte pour
» m'en rapprocher. J'en étais à ses principes : je les louai
» beaucoup, et je lui dis qu'elle avait d'autant plus de mé-
» rite que j'avais entendu dire que monsieur de Valcourt
» était fort jaloux.

» — Dites que vous vous en êtes aperçu ; car il n'est ni
» fin, ni délicat dans ses propos ni dans ses manières. Vous
» l'avez entendu brusquer monsieur de..., monsieur de... ;
» car il croit tous les hommes amoureux de moi.

» — Mais il ne se méprend guère, dis-je, dans cette
» opinion.

» — Cela est bien obligeant, dit-elle ; mais si on aimait
» une seule fois, il n'y aurait pas moyen d'être vaine de
» l'hommage qu'on recevrait d'ailleurs.

» — Je n'imagine pas que vous puissiez craindre ce

» malheur; je suis bien sûr même que vous faites le bon-
» heur d'un homme qui m'en paraît digne.

» — Ah! voilà que vous voulez parler de mon grand
» Saint-Clair. Eh bien, je vais me perdre dans votre opi-
» nion, mais je me sens une confiance extraordinaire en
» vous, et je crois qu'elle est fondée. Il est vrai qu'il y a
» peu de temps que nous nous connaissons, mais ce n'est
» que par la faute des circonstances; car naturellement il
» y a trois ou quatre ans que je devrais être liée avec vous.
» En effet, pourquoi n'étiez-vous pas ici avec toute votre
» famille? Eh bien, je vous dirai donc que ce grand Saint-
» Clair est amoureux de moi comme un écolier, depuis
» plus de deux ans. Il a mis tant de suite, tant de cons-
» tance dans ses soins, qu'à la fin j'en ai eu pitié. Il m'a
» touchée, oui en honneur, il m'a touchée, et assez pour
» lui faire peut-être des sacrifices qui ont dû lui faire croire
» qu'il était fort aimé, et je n'ose pas vous dire qu'il s'est
» trompé; j'ai été entraînée par son honnêteté, par la
» mienne en vérité; j'ai été à lui, j'ai renoncé à tout, et
» je sens, et plus que jamais, que je ne l'aimais pas. Vous
» ne concevez pas tout le malheur d'une jeune femme sen-
» sible qui a de l'honnêteté et de l'élévation dans l'âme.
» Si vous saviez combien il faut de force et de raison pour
» se tirer de tous les écueils dont est entourée une jeune
» femme de mon âge qui a de l'esprit et assez d'attraits
» pour exciter et flatter la vanité des jeunes gens qui ont
» des airs et des prétentions!

» — Quelque intéressant que soit le tableau que vous me
» faites, dis-je en l'interrompant, pardonnez-le-moi, ma-
» dame, mais je ne saurais vous plaindre. Comment plain-
» drais-je, en effet, une personne qui répand le bonheur
» et le plaisir sur tout ce qui l'environne? je plaindrais

» bien plutôt les malheureux que vos rigueurs éloigneraient
» et décourageraient.

» — Si ce ne sont pas là des flatteries que tous les hommes
» croient devoir à toutes les femmes qui ont quelques
» agréments, je serais en effet bien contente de vous en-
» tendre dire qu'un homme honnête, sensible et aimable
» croirait trouver son plaisir et son bonheur en moi, et,
» si je ne craignais de paraître trop vaine, je vous répon-
» drais bien qu'il ne se méprendrait pas. Ho! pour cela
» non, il ne serait pas trompé, car j'ai en moi de quoi ai-
» mer passionnément.

» — Et permettriez-vous qu'on en fît l'épreuve? lui dis-je
» avec assez de chaleur (elle avait échauffé ma tête et mes
» sens).

» — Oui, dit-elle, car en m'éprouvant, sans doute on
» me prouverait qu'on m'aime et qu'on m'aimerait avec
» constance, car j'abhorre ces sentiments du moment qui
» vous font goûter le plaisir, mais qui vous éloignent du
» bonheur.

» — Eh, bon Dieu! de quoi voudriez-vous occuper un
» homme que le présent enivrerait de plaisir? Que fait
» l'avenir à une âme qui est fortement éprise par un objet
» qui lui ôte le pouvoir de penser?

» En disant ces mots, mes regards l'assuraient que je ne
» la trompais pas; elle me tendit la main, elle me permit
» de la baiser, elle me permit plus encore, et je ne sais
» qu'est-ce qui m'empêcha d'être ce jour-là aussi heureux
» que je le fus le lendemain.

» Me voilà enfin arrivé au terme de ce détestable ro-
» man, car j'espère que vous me ferez grâce de tout ce
» qui a suivi ce jour-là. Cependant, je veux vous faire
» voir une espèce d'apologie de la galanterie, qu'elle m'é-

» crivait une quinzaine de jours après qu'elle m'eut ac-
» cordé ses bontés. Elle commençait à me trouver bien
» froid et pas assez esclave de ses volontés ; elle s'imagina
» qu'on m'avait peut-être conté toutes ses aventures, et
» que c'était cette découverte qui me refroidissait. Elle
» jugea qu'un aveu bien fidèle de ses fautes et de ses mal-
» heurs (car c'est ainsi qu'elle s'exprimait) me toucherait
» et me prouverait son amour et son abandon pour
» moi.

» Il me semble qu'elle n'a pas réussi.

» — Non en vérité, mais vous verrez : cela est aussi
» spécieux qu'il est possible; il y a de l'esprit et de l'a-
» dresse ; enfin vous verrez. »

Ici s'arrête le récit de mademoiselle de Lespinasse. Nous attendrons, mais nous l'attendrons en vain, ces pages que l'on nous annonce : *Madame de Valcourt peinte par elle-même !* Le manuscrit de cette *nouvelle nouvelle* nous eût intéressé au plus haut point, car mademoiselle de Lespinasse a beau faire, cette madame de Valcourt ne nous déplaît pas ; elle est dans son rôle ; elle joue son jeu de grande coquette, agréablement, franchement. Elle entend à merveille le grand art de se faire aimer à première vue, et de retenir par l'épouvante, les amants qu'elle ne peut plus garder par amour. Ce portrait de madame de Valcourt, mademoiselle de Lespinasse ne nous l'a pas donné, peut être, parce que sa rivale lui paraissait encore trop charmante; en revanche elle ne nous a pas fait grâce d'un seul détail de la vie réelle de M. de Mora.

— Certes si M. de Mora ne s'est pas fâché des duretés contenues dans *son portrait*, j'imagine qu'il n'aurait pas été content le moins du monde, des louanges folles que lui donne sa nouvelle maîtresse. Non-seulement le voilà devenu un homme à petits soins, mais, qui pis est, mademoiselle de Lespinasse en fait un roué qui paie certaines femmes plus qu'elles ne valent, et qui a le mauvais goût de calculer, sur ses doigts, ce que ces dames lui ont coûté, sans oublier le *pour-boire* de Frontin, et les *épingles* de Lisette. Nous serons plus hospitaliers pour M. de Mora, nous irons le chercher, non pas chez *les filles publiques*, mais chez M. de Voltaire, comte de Ferney, à Ferney même, où d'Alembert avait envoyé ce jeune homme, comme à un pèlerinage obligé.

Comme d'Alembert était l'ami déclaré, et quelque chose de mieux, de mademoiselle de Lespinasse, il était juste, ou du moins dans l'ordre des honnêtes gens qui sont trompés, par leurs femmes ou par leurs maîtresses, que d'Alembert devînt l'ami dévoué, le protecteur zélé de M. de Mora. — Il nous semble qu'avec son esprit et son tact habituel, mademoiselle de Lespinasse aurait pu éviter ce ridicule à un homme comme d'Alembert, mais elle n'y a pas songé le moins du monde, et vous voyez au contraire cet homme considérable par sa renommée et par son génie, donner une lettre de recommandation, à son rival heureux et dédaigneux :

« Mon cher et ancien ami, écrivait d'Alembert à Voltaire,
» j'ai une grâce à vous demander, que je souhaite fort que
» vous ne me refusiez pas, mais sur laquelle pourtant je
» serais fâché de vous contraindre. Il y a ici un jeune Es-
» pagnol de grande naissance et du plus grand mérite, fils de

» l'ambassadeur d'Espagne à la cour de France, et gendre
» du comte d'Aranda, qui a chassé les jésuites d'Espagne.
» Vous voyez déjà que ce jeune seigneur est bien *apparenté*,
» mais c'est là son moindre mérite; j'ai peu vu d'étrangers
» de son âge qui aient l'esprit plus juste, plus net, plus cul-
» tivé et plus éclairé : soyez sûr que, tout jeune, tout grand
» seigneur et tout Espagnol qu'il est, je n'exagère nulle-
» ment. Il est près de retourner en Espagne, et il est tout
» simple que, pensant comme il fait, il désire de vous voir
» et de causer avec vous. Il sait que vous êtes seul à Fer-
» ney, et que vous voulez y être seul; aussi ne veut-il
» point vous incommoder. Il se propose de demeurer à
» Genève quelques jours, et d'aller de-là converser avec
» vous, aux heures qui vous gêneront le moins. Ce qu'il
» vous dira de l'Espagne vous fera certainement plaisir; il
» est destiné à y occuper un jour de grandes places, et il
» peut y faire un grand bien. Je dois ajouter qu'il aura
» avec lui un autre jeune seigneur espagnol, nommé le
» duc de Villa-Hermosa, que je ne connais point, mais
» qui doit avoir du mérite, puisqu'il est ami de M. le mar-
» quis de Mora; c'est le nom de celui qui désire vous voir.
» Il vous verra avec son ami, si cela ne vous gêne pas trop;
» sinon, M. le marquis de Mora vous ira voir tout seul. Je
» puis vous répondre que, quand vous l'aurez vu, vous
» me remercierez de vous l'avoir fait connaître. Faites-
» moi, je vous prie, un mot de réponse ostensible, soit
» pour accepter ce que je vous propose, soit pour le refu-
» ser honnêtement, ce qui m'affligerait, je vous l'avoue,
» sans cependant que je vous en susse mauvais gré, ni
» M. de Mora non plus. Il compte partir le 20 de ce mois;
» ainsi je vous prie de m'écrire un mot avant ce temps-là.
» Oh ! qu'un jeune étranger comme celui-là fait de honte

» à nos fréluquets Velches! Adieu, mon cher maître; por-
» tez-vous bien, et aimez-moi toujours. »

Et dans une autre lettre du 23 avril :

« M. le marquis de Mora, que je vous ai déjà tant an-
» noncé, et que je ne vous ai pas annoncé autant qu'il le
» mérite, veut bien se charger de vous remettre cette let-
» tre, dont il n'aura pas besoin quand vous aurez causé
» un quart-d'heure avec lui. Vous trouverez en lui un es-
» prit et un cœur selon le vôtre, juste, net, sensible,
» éclairé et cultivé, sans pédanterie et sans sécheresse.
» M. le duc de Villa-Hermosa, qui voyage avec M. le mar-
» quis de Mora, désire et mérite de partager avec lui la sa-
» tisfaction de vous voir. Je vous l'ai dit, mon cher maî-
» tre, vous me remercierez d'avoir connu ces deux étran-
» gers. Vous féliciterez l'Espagne de les posséder, et vous
» nous souhaiterez des grands seigneurs semblables à ceux-
» là, au lieu de nos fanatiques imbéciles et barbares, de nos
» danseuses et de notre Opéra-comique. »

Voltaire fut enchanté de cette visite; il écrivit, le
1er mai, à d'Alembert :

« Que l'Être des êtres répande ses éternelles bénédictions
» sur son favori d'Aranda, sur son très-cher Mora, et sur
» son bien-aimé Villa-Hermosa! Un nouveau siècle se for-
» me chez les Ibériens. La douane des pensées ne ferme
» plus l'allée à la vérité, ainsi que les Velches. On a coupé
» les griffes au monstre de l'inquisition, tandis que chez-
» vous le bœuf-tigre frappe de ses cornes et dévore de ses
» dents. »

Et à M. de Villevieille, le même jour :

« Le marquis de Mora, fils du comte de Fuentes, am-
» bassadeur d'Espagne à Paris, gendre de ce célèbre M. le
» comte d'Aranda qui a chassé les jésuites d'Espagne, et

» qui chassera bien d'autres vermines, est venu passer trois
» jours avec moi ; il s'en retourne en Espagne et ira peut-
» être auparavant à Montpellier ; c'est un jeune homme d'un
» mérite bien rare. Vous le verrez probablement à son pas-
» sage, et vous serez étonné. L'inquisition d'Espagne n'est
» pas abolie ; mais on a arraché les dents à ce monstre, et
» on lui a coupé les griffes jusque dans la racine. Tous
» les livres si sévèrement défendus à Paris, entrent libre-
» ment en Espagne. Les Espagnols, en moins de deux ans,
» ont réparé cinq siècles de la plus infâme bigoterie. »

Et à M. d'Argental, le 6 mai :

« J'ai eu pendant trois jours M. le marquis de Mora,
» que vous connaissez. Je vous prie de faire une brigue
» pour qu'on l'associe quelque jours au ministère d'Espa-
» gne. Je vous réponds qu'il aidera puissamment le comte
» d'Aranda, son beau-père, à faire un nouveau siècle. Les
» Espagnols avancent quand nous reculons. Ils ont fait plus
» de progrès en deux ans que nous n'en avons fait en vingt.
» Ils apprennent le français pour lire les ouvrages nouveaux
» qu'on proscrit en France. On a rogné jusqu'au vif les grif-
» fes de l'inquisition ; elle n'est plus qu'un fantôme. L'Es-
» pagne n'a ni jésuites, ni jansénistes. La nation est ingé-
» nieuse et hardie ; c'est un ressort que la plus infâme su-
» perstition avait plié pendant six siècles, et qui reprend
» une élasticité prodigieuse. »

Dans toutes ces lettres de recommandation, il faut reconnaître mademoiselle de Lespinasse s'inquiétant pour son amant. — Ceci n'est plus du roman, c'est de la comédie. Reprenons l'histoire de madame de Valcourt.

LETTRE VIII.

Je n'ai point oublié que je vous ai promis une esquisse de l'histoire galante de madame de Valcourt ; et j'y vais venir dès que je vous aurai rendu compte de la fin de ma soirée avec M. de Mora.

Après s'être engagé à m'envoyer le lendemain matin cette justification si coupable de madame de Valcourt, il me pria en grâce qu'il n'en fût plus question, dans le peu de moments qui lui restaient à passer avec moi.

« — Eh bien, j'y consens, lui dis-je ; si j'insistais pour
» savoir la suite de cet amour où il y en a si peu, vous me
» trouveriez aussi tyrannique que madame de Valcourt, et
» n'ayant pas ses droits, vous seriez sans doute moins in-
» dulgent.

» — Accordez-moi une grâce, madame, me dit-il d'un
» air triste et pressant.

» — Votre ton, votre voix ne me laisse pas la liberté de
» vous refuser : quelle est donc cette grâce ?

» — C'est de ne jamais faire de rapprochement de ce
» que la nature et mon sentiment ont mis si distinct, si
» éloigné, qu'en vérité c'est blesser tout à la fois la vérité
» et la justice, que de vous rapprocher de madame de Val-
» court; mais ce qui m'est plus sensible, c'est que vous
» blessez et affligez mon âme, en supposant un instant
» qu'elle puisse être pour vous ce qu'elle est pour une femme
» que je méprise et que je voudrais n'avoir jamais connue.
» Après cet aveu qui est l'expression juste de ce que je pense
» et de ce que je sens, ne me donnez plus le chagrin de vous

» entendre profaner le nom et la personne que je respecte
» le plus, en la mettant à côté de madame de Valcourt.

» — Ce que vous me dites est plein de délicatesse, de
» bonté et d'honnêteté.

» — Ah! je ne suis pas heureux, vous ne me dites pas
» le mot propre, et je vois que vous ne l'avez pas rejeté;
» s'il vous était revenu, du moins!

» — Je l'aurais dit, je vous assure; mais je ne cherche
» pas ce que je vous dis; en effet, qu'importent les mots,
» lorsqu'on traite avec la pensée et l'âme de quelqu'un?

« — Hélas! il est bien vrai, cela ne laisserait rien à dé-
» sirer; mais de bonne foi, puis-je croire jouir de ce bon-
» heur? Sans doute vous m'accordez beaucoup, puisque
» vous avez la bonté de vouloir savoir tout ce qui m'a in-
» téressé; vous daignez écouter l'histoire de ma vie, vous
» me montrez de la curiosité, même de l'intérêt, et j'en
» sens si bien le prix, que je me trouve souvent injuste
» lorsque je me sens triste et dans la disposition de me
» plaindre.

» — Mais serait-ce de moi que vous auriez à vous plain-
» dre?

» — Remarquez donc que je vous dis que ce mouve-
» ment est une injustice; la réflexion, mon sentiment en
» triomphent bien vite. Je vous dois de la reconnaissance,
» je vous dois plus que le bonheur; car vous m'avez enlevé
» à un sentiment de douleur et d'abattement qui consu-
» mait ma vie; je sentais que mon âme s'éteignait sans
» pouvoir se calmer, je souffrais et je croyais ne pouvoir
» plus jouir. Que de biens je vous dois! et cependant que
» de maux j'éprouve encore! Mais ce n'est point tout cela
» que je voulais vous dire, je sais trop que vous ne pouvez
» ni ne voulez m'entendre; je voulais seulement répondre

» à ce que vous me disiez, que je traitais avec votre pen-
» sée et avec votre âme. Est-il possible que vous puissiez
» le croire? M'avez-vous jamais dit un mot, ni de ce qui
» vous occupe, ni de ce qui vous intéresse? Je vous vois
» tous les jours; j'ai en vous une confiance qui va jusqu'à
» l'abandon : cela m'a-t-il donné la moindre lumière sur
» vous, sur les objets de vos affections? et en me traitant
» avec beaucoup de bonté, m'avez-vous mis en mesure de
» vous faire une question? Cependant, pouvez-vous ignorer
» l'intérêt que j'aurais à vous connaître? Enfin, voyez dans
» quel degré d'ignorance vous me laissez, voyez à quelle
» distance vous me tenez; je ne sais pas même si vous êtes
» heureuse ou malheureuse ; je vois que vous êtes aimée,
» et je ne vois pas si cela met du plaisir ou de la douleur
» dans votre âme; en un mot, je ne sais rien de vous, et
» bientôt je n'aurai plus rien à vous apprendre de moi. Je
» meurs de peur dans cet instant, de vous paraître et trop
» indiscret et trop confiant ; pardonnez-moi, je ne voudrais
» pas, au prix du bonheur de toute ma vie, mettre un mo-
» ment pénible dans la vôtre. Vous ne me répondez point ;
» votre silence me fait craindre d'avoir trop parlé. Que je
» suis malheureux ! Voulez-vous que je m'en aille? voulez-
» vous que je vous évite l'embarras de me répondre, et
» peut-être la peine de me punir? J'ai tort, sans doute,
» mais je m'engage à me soumettre à tout ce que vous vou-
» drez m'imposer. Je ne vous écrirai plus, je ne vous di-
» rai jamais un mot de vous, enfin je n'approcherai point
» de votre âme, et, si j'en ai la force, je vous cacherai ce
» que je souffre. Que voudriez-vous de plus? Ne vais-je
» pas au-devant de tout ce que vous pourriez me pres-
» crire?

» — Eh ! oui assurément, vous prévenez ma pensée,

» car vous me faites désirer et vouloir d'après la vôtre;
» vous allez trop vite, je vous avertis que je ne vous sui-
» vrai pas; les expressions de votre amitié et de votre in-
» térêt n'offensent en rien mon amitié, je jouirai avec plai-
» sir et sensibilité de la vôtre, ainsi ne soyez pas plus déli-
» cat que moi; ne vous accusez point, et surtout ne vous
» punissez point comme vous le dites, vous me feriez par-
» tager la punition; je ne suis point coupable, vous ne l'ê-
» tes pas non plus. J'espère que nous nous verrons demain,
» et la première fois que nous nous trouverons seuls,
» vous voudrez bien achever de me conter la suite de vo-
» tre liaison avec madame de Valcourt, jusqu'au moment
» où je la vis avec vous chez M. de Francheville, un certain
» soir dont je ne sais plus la date, mais qui me paraît dé-
» jà bien éloigné.

» — Ah! je sens comme vous à cet égard, il me semble
» qu'il s'est écoulé des années depuis cet instant, et
» à coup sûr ce n'est pas la même cause qui nous donne
» cette mesure de temps.

» — Je n'en sais rien, mais ce que je vois avec regret,
» c'est qu'il est tard et qu'il faut que vous vous en alliez,
» et, si vous faites bien, vous ne rentrerez pas chez ma-
» dame votre mère. Si vous y trouviez madame de Val-
» court, elle vous ferait des questions.

» — Je n'en serais pas embarrassé, je vous jure, mais
» je serais bien fâché, en vous quittant, d'aller cher-
» cher quelqu'un; je ne veux ni me distraire, ni m'en-
» nuyer.

» — Bonsoir, envoyez-moi ce papier.

» — Je n'ai garde de l'oublier; je veux que vous le li-
» siez sans moi, il m'enlèverait encore des moments que
» je dois mieux employer. Laissez-moi vous dire tout pla-

» tement une vérité qui m'étoufferait si je l'emportais,
» c'est que de ma vie je n'ai passé une meilleure soirée,
» et que jamais je n'ai trouvé tant de bonté et de douceur
» réunies à tant d'esprit et de piquant.

» — Mais taisez-vous donc, allez-vous-en donc ; c'est à
» coup de massue.

» — Oui, cela est vrai ; aussi n'ai-je pas prétendu vous
» louer ni vous plaire, j'ai voulu me soulager en expri-
» mant grossièrement ce que je sens avec force.

» — Adieu donc, à demain, car il me semble que vous
» n'allez plus aux spectacles.

» — Ho non, je n'y vais plus ; la dissipation n'est un
» bien que pour les désœuvrés.

» — Et vous êtes accablé d'affaires ?

» — Mon Dieu ! vous mériteriez bien que je vous ré-
» pondisse, mais je me sauve. »

Et il était dans l'antichambre en disant ces mots.

Je dormis mal, mais je fus occupée d'une manière douce et agréable ; je n'avais rien à me reprocher, et j'avais ce sentiment de bonheur que donne la certitude d'être aimée. Il me semblait que j'en jouissais pour la première fois de ma vie, et je n'en jouissais que parce que je partageais ce sentiment. C'est à nous-mêmes, à ce que nous trouvons dans notre cœur, que nous devons les vrais plaisirs. Ce qu'on nous donne, ce qui vient de l'âme d'un autre, quand la nôtre ne répond pas, ne peut faire jouir que l'amour-propre ; hé ! combien ses plaisirs sont minces ! qu'ils sont pauvres en comparaison de ceux que fait sentir la passion ! Ha ! si l'on pouvait en arrêter les progrès, si l'on pouvait mourir après les premières jouissances qu'elle donne, quel homme ne sacrifierait pas cent ans d'une vie remplie même de gloire, pour six mois d'une

vie remplie et animée, d'une passion sentie et partagée? Non, l'imagination la plus exaltée ne peut se peindre le degré de bonheur que m'a fait éprouver M. de Mora. J'ai senti le malheur avec la même force : j'ai eu, en l'aimant, des jours de ce plaisir, de cette ivresse de l'âme, qui, je crois, est restée sans expression dans toutes les langues du monde ; mais de combien d'années de douleur les ai-je payés, et de quel désespoir! Ces souvenirs et mes regrets ne remplissent-ils pas le temps qui me reste à languir? car on ne vit point, lorsque l'âme ne peut plus s'intéresser fortement à rien ; je n'ai plus de force que pour souffrir, et mon âme a comme un germe de poison, qui, en lui donnant de l'activité, lui fait sentir une torture que rien ne peut adoucir, et dont le seul remède sera la mort.

Mais, madame, je m'aperçois qu'en vous occupant de mes réflexions, je retarde le désir que vous avez de connaître madame de Valcourt ; mais il me semble qu'elle s'est peinte elle-même en rendant compte à monsieur de Mora de ses galanteries. Voici, je crois, la place de vous faire lire ce long récit. Ce sera madame de Valcourt qui parlera ; car, quoique je n'aie pas gardé la pièce originale, je vous réponds d'une grande fidélité dans le récit des faits et même dans les réflexions qui les accompagnaient ; il y aura, tout au plus, quelques expressions altérées, mais non pas de celles qui changeraient le ton et l'intention de la personne qui parle : il n'est pas besoin de vous dire qu'avant dix heures du matin, M. de Mora m'écrivit un billet en m'envoyant cet écrit. Ce billet était court, et d'un genre si neuf, que j'en ai retenu les mots :

« — Satisfaites votre curiosité, madame, et n'en prenez
» pas mauvaise opinion de ma morale, ou plutôt voyez-
» moi tel que je suis, et faites-moi grâce ou condamnez-

» moi à jamais. Je suis dans une position impossible à sou-
« tenir ; je paierais de tout mon sang une marque de vo-
» tre confiance, et, peut-être, si vous me la donniez, je n'y
» pourrais pas survivre. Pardonnez le trouble et l'obscurité
» de ce billet ; depuis hier au soir, je ne puis posséder ni
» calmer mon âme. Serez-vous chez vous cet après-dîner ? »

Je n'écrivis point à M. de Mora : je l'essayai vainement, j'étais trop agitée pour avoir une idée arrêtée. Je le fis remercier et lui dire que je ne serais chez moi qu'à six heures.

Ho ! pour le coup, madame, je vous laisserai écouter madame de Valcourt ; vous vous souviendrez qu'elle parlait à M. de Mora, qui était son amant depuis quinze jours, et vous vous rappellerez aussi, combien peu de temps il lui avait fallu pour s'abandonner à un homme qui n'avait jamais pensé à la tromper, ni même à lui plaire. Cet épisode était nécessaire et vous le verrez bien.

Vous vous attendiez à la *confession de madame de Valcourt*, et vous aviez raison ; avec la rage des filles vieilles et laides contre les femmes jeunes et jolies, avec la colère des créatures abandonnées de l'amour contre les belles personnes entourées de louange, d'admiration et d'empressement unanimes, mademoiselle de Lespinasse aurait pu écrire un beau livre, un livre vrai. Elle était à bonne école pour détester toutes les concurrences, pour haïr les femmes recherchées des hommes du monde, pour exécrer madame Favart, reine par le caprice du maréchal de Saxe, mademoiselle Arnould, reine par les vices du parterre, madame Dubarry, souveraine des âmes et des consciences par les épuisements de ce roi Louis XV, accablé de vices et de voluptés. — C'étaient là autant de concurrences sérieuses où se faisait l'esprit parisien. Ces dames qui causaient du fond de leur bergère, et dont la moindre parole était un arrêt souvent, un jugement pour le moins, étaient jalouses de ces beautés faciles qui tenaient à leur char d'or et de soie, les jeunes gens et les vieillards, l'enfant de noble maison et son aïeul ; filles de l'esprit et du hasard qui menaient de front des entières générations de grands seigneurs au même abîme !

Mais, voilà le malheur ! mademoiselle de Lespinasse n'a pas osé publier les *Mémoires de madame de Valcourt*. Elle a commencé ce récit à plusieurs reprises, et elle a fini par y renoncer. Elle aura trouvé d'abord qu'elle en disait trop, bientôt qu'elle en disait trop peu ; elle aura passé d'un excès à un autre excès, puis enfin elle se sera arrêtée tout court, s'avouant peut-être, à elle-même, qu'après tout la véritable destination des femmes, dans un siècle de doute, de corruption et d'élégance, c'était, non pas l'esprit qui cause, mais l'esprit qui écrit, mais l'esprit qui règne, la mode, l'entrain, la verve, les élégances, la scélératesse, toutes les grandes folies de la jeunesse, et toutes les charmantes perfidies de la beauté.

Reconnaissons, à ce propos, tout le progrès des femmes françaises, littérairement parlant. Quand vivait mademoiselle de Lespinasse, le seul talent d'une femme de mérite c'était de bien dire et l'art de bien écrire une lettre ; mais essayez de tirer ces dames de leurs habitudes de chaque jour, elles hésitent, elles se troublent, elles ne savent plus ni parler ni écrire ; elles font plus, elles rougissent ! — Que cela est bien changé ! Quelle était, à la fin du siècle passé, la jeune fille éloquente qui déjà, dans le salon de son père, préludait aux grandes pages de Corinne ? Plus d'une est venue ensuite qui a charmé le monde par la toute-puissance inspirée de sa parole républicaine. — Madame Roland, par exemple, et de nos jours... vous l'avez nommée, l'auteur de *Lélia !*

Mademoiselle de Lespinasse s'arrête donc au beau moment de son récit, sous ce prétexte, — c'est elle qui parle : — *que l'histoire d'une femme n'est point un roman* ; que l'histoire d'une femme honnête doit être comme celle d'un pauvre honteux, monotone et froide... Vous voyez déjà qu'il nous est impossible, malgré notre bonne volonté pour cette dame, de rien trouver qui ressemble dans sa vie, à ces deux grandes qualités négatives des femmes et des académies qui ne font pas parler d'elles — la monotonie et la froideur.

LETTRE IX.

Il vous souvient que j'avais mandé à M. de Mora que je ne serais chez moi qu'à six heures, et c'était pour être libre jusque-là. Je savais que le duc de Wilfort devait me dire adieu, il m'avait demandé si je serais seule chez moi à quatre heures ; j'avais répondu que oui, et que je l'attendrais. Mon cœur saigne encore, en pensant au mal que je fis à M. de Mora, en donnant ce rendez-vous, auquel je n'attachais ni intérêt, ni plaisir. Le duc de Wilfort vint en effet à l'heure dite. La conversation fut, comme à l'ordinaire, moitié gaie et moitié amère ; il me croyait vaine et injuste ; il me le disait tantôt en reproches, tantôt en regrets. Je le trouvais toujours aimable, mais jamais sensible; et avec ce fond de connaissance que nous avions l'un de l'autre, nous ne pouvions plus prétendre à nous tromper, ni à nous séduire. Il me parla beaucoup de lui, de ses intérêts, de ses affaires, de ses projets; il revenait quelquefois au regret qu'il avait de me quitter, et bientôt il était ramené à parler de ce qui lui était encore plus intime, de lui, de la contrariété que je mettais dans son âme et dans sa vie depuis bien des années.

« Oui! je devrais vous haïr! me disait-il. Par une bi-
» zarrerie que je ne puis m'expliquer, vous m'attachez plus
» en me résistant par vanité que les femmes qui me cèdent
» par tendresse; vous me dégoûtez du plaisir en ne me don-
» nant que du chagrin et du mécontentement.

» — Songez que vous partez, lui dis-je, ne nous quit-
» tons pas en querelle : vous voyez que j'ai partagé le dé-
» sir que vous aviez de me voir; je suis seule, et ma porte
» est fermée jusqu'à six heures.

» — Cela serait bien honnête, si vous ne vous en faisiez
» pas un mérite.

» — Vous me forcez à vous faire remarquer ce que je
» ne fais que pour mon plaisir. »

Nous continuâmes à causer ainsi avec le ton animé et de l'intérêt. Il était six heures, et j'entendis dans l'antichambre M. de Mora qui disait à mon laquais :

» Elle est donc rentrée? y a-t-il longtemps?

» — Elle n'est pas sortie, » dit mon laquais en ouvrant la porte.

Je me sentis un peu d'embarras, parce que je me souvins que j'avais mandé à M. de Mora que je ne serais chez moi qu'à six heures; il en eut beaucoup plus que moi en me trouvant seule avec le duc de Wilfort; il voulut parler, sa voix était sensiblement altérée; je n'osai pas lui

8*

adresser la parole. Le duc de Wilfort, qui ne voyait point le trouble qu'il causait, se mit à parler de la nouvelle du jour. Cela nous donna le temps de nous remettre à l'un et à l'autre, et, peu de moments après, mon frère et d'autres personnes arrivèrent : je vis que M. de Mora était soulagé, parce qu'il n'était plus dans la nécessité de parler ; il se mit dans la place la plus éloignée de celle où j'étais, et il me parut accablé de tristesse. La crainte que le duc de Wilfort ne s'en aperçût me fit faire effort pour l'entretenir ; et, par une suite naturelle de l'embarras où j'étais et de la tâche que je m'imposais, je passais la mesure, je pris le ton de la gaîté : c'était celui qui convenait le mieux au duc de Wilfort. Il fut très-aimable, très-occupé de me plaire et de me faire valoir. Je m'aperçus bientôt que la tristesse de M. de Mora en augmentait ; cela me troubla et ne m'arrêta pas ; voilà qui est inconcevable et qui ne peut s'expliquer que par la mobilité de mon âme, qui, dans le même instant, est susceptible des mouvements les plus contraires. M. de Mora avait l'air si souffrant, que j'entendis que mon frère lui demandait s'il n'était pas malade.

« Non, monsieur, je ne suis pas malade, mais je viens » d'être pris d'une douleur bien vive et bien profonde là, » en portant la main sur la poitrine.

Je me levai avec précipitation, sans répondre au duc de Wilfort, qui me parlait.

« Vous souffrez, M. de Mora? lui dis-je avec trou- » ble et intérêt.

» — Oui, madame, et profondément, » dit-il en levant les yeux sur moi et avec un regard qui pénétra au fond de mon âme, et dont le souvenir me fait encore tressaillir ; il ajouta avec le ton le plus doux :

« — Ne vous occupez pas de moi ; ce que je souffre n'est
» pas la douleur d'un moment ; permettez-moi de rester
» auprès de vous, et pardonnez-moi d'y être aussi maussade
» et aussi triste. »

Je ne sais ce que je répondis, mais il dut être content de l'impression que je venais de recevoir. Tout ce qui était dans la chambre lui conseilla quelque chose, du thé, de l'éther. Le duc de Wilfort lui disait de prendre de l'eau de fleur d'oranger, et l'y détermina : il citait que souvent il en avait été soulagé.

« Est-ce que vous souffrez quelquefois, monsieur ? lui
» dit M. de Mora. Je croyais que la douleur n'approchait
» pas de vous. »

Cela plut beaucoup au duc de Wilfort, qui est sans doute heureux, et dont la prétention est aussi de le paraître. Son bonheur, sa bonne humeur, sa gaîté devinrent le sujet de la conversation. M. de Mora n'y prit guère part, il ne dit qu'un mot, mais avec force et chaleur :

« Je suis si convaincu, dit-il, du bonheur de monsieur
» le duc de Wilfort, que, tout-à-l'heure, je préférerais d'en
» jouir à avoir la couronne de France ou à posséder toute
» la gloire de Voltaire ou de César. »

Le duc de Wilfort fut charmé, il fit des plaisanteries très-aimables sur l'opinion que M. de Mora avait de sa sérénité et de son bonheur. Sur les sept heures, le duc de Wilfort dit qu'il partait à trois heures du matin, qu'il était forcé de s'en aller, qu'il allait faire une longue absence ; il se leva, et, en me disant adieu, il prit ma main qu'il baisa. Ce mouvement me déplut, il s'en aperçut, et me dit en riant, en regardant tout ce qui était là :

« Demandez, si, en prenant congé, c'est une trop grande
» liberté.

» — Si, par hasard, je la jugeais telle, croyez-vous que
» je dusse consulter ? »

Il me répondit de la manière la plus agréable, et il partit ; ce fut pour moi un grand soulagement.

On parla de son esprit, de ses talents, et, comme je vis que M. de Mora ne prendrait pas de part à cette conversation, je fus me mettre dans un fauteuil à côté de lui :

« Vous m'inquiétez, lui dis-je.

» — Ah ! vous êtes trop bonne ! en me plaignant, vous
» me faites mal ; je suis condamné à souffrir. En grâce, ne
» me faites point de questions. Dans ce moment, je suis si
» souffrant, qu'il m'échapperait des choses dont je me re-
» pentirais.

» — Je n'ose insister, mais je suis bien affligée que vous
» pensiez que le repentir suivrait votre confiance.

» — Je dois attendre la vôtre ; mais je suis si malheu-
» reux, que je n'ose la désirer.

» — Mais, dites-moi, que dois-je faire ? vous me faites
» partager votre trouble ; je ne sais que vous répondre ; au
» moins, je ne suis pas comme vous, je ne crains pas vos
» questions. Faites-moi toutes celles qu'il vous plaira,
» et je vous assure que je répondrai avec la plus exacte vé-
» rité.

» — Vous êtes trop aimable et trop généreuse, mais
» vous oubliez que je viens de vous dire que je n'ai
» pas la liberté d'user de la permission que vous me don-
» nez... »

Et, tout de suite, en s'interrompant, il me fit remarquer que les gens qui nous entouraient pouvaient être étonnés de ce que je les avais laissés là pour m'occuper de lui.

« Vous êtes malade, il n'y a donc rien que de bien na-
» turel à ce que je fais.
» — Oui, trop naturel, en effet! »

Et il se leva avec un mouvement vif. Je fus reprendre ma place, il se remit à la sienne, et il ne parla plus de la soirée. Il est vrai qu'il vint tant de monde, et surtout tant de femmes, qu'il n'y avait pas d'affectation à se taire; mais moi, qui l'observais, je le vis abîmé dans la mélancolie. A neuf heures, il partit, et il prit le moment où je reconduisais des femmes pour que je ne pusse pas lui parler. J'étais engagée à souper, je fis dire que j'étais incommodée et que je ne sortirais pas. Mon frère s'en inquiéta, je le rassurai; et, pour qu'il me laissât seule, je dis que j'allais me coucher. En effet, je me mis dans mon lit pour éloigner tout le monde de moi, et pour pouvoir me livrer sans distractions aux différentes pensées qui agitaient mon âme.

Ha! qu'elle était triste! qu'elle était agitée! qu'elle était flottante entre le désir de s'ouvrir toute entière à M. de Mora et le danger de perdre son estime! En lui montrant mon sentiment, c'était encourager le sien, c'était lui dire que j'étais faible, c'était le prévenir enfin; et plus j'attachais d'intérêt à être aimée de lui, et plus je craignais de m'y méprendre. Il y avait des moments où je me croyais aimée avec passion, et, l'instant d'après, je trouvais mille bonnes raisons d'en douter. Pourquoi ce silence obstiné? pourquoi n'a-t-il voulu entrer dans aucun détail sur la passion qui a pensé le faire mourir? Peut-être existe-t-elle toujours. Les jours où je le vois plus accablé, c'est parce qu'il en a eu des nouvelles qui réveillent sa douleur; et, après des heures de réflexion, je finissais par me persuader qu'il fallait que son sentiment pour moi fût bien faible, puisqu'il conservait le pouvoir de le taire et qu'il semblait vouloir me le cacher. Je me rappelais tout ce que je lui avais entendu dire sur la facilité de madame de Valcourt, sur l'opinion où il était que l'amour, le véritable amour n'existait point à Paris; je rapprochais tout cela, et j'en concluais que je ne devais pas permettre un mot qui pût encourager M. de Mora. D'ailleurs, madame de Francheville me disait sans cesse que madame de Valcourt lui faisait des plaintes de la froideur de M. de Mora, et qu'elle y joignait une sorte de mépris pour son caractère; elle lui disait que M. de Mora n'était pas digne d'être aimé par une femme de bonne compagnie qui mettait de la tendresse, de la vérité et de l'abandon dans sa conduite. Les jeunes gens de province, ajoutait-elle, n'ont que deux manières de traiter avec les femmes : c'est une crapule, un libertinage infâme, ou bien ce sont des passions de roman; il faut une résistance éternelle, de la rigueur, de la métaphysique; en un mot, ils feraient le bonheur d'un amour pareil à celui du chevalier de la Manche. Un jour qu'elle faisait ces observations sur le caractère des jeunes gens de province, et, en particulier, sur celui de M. de Mora, madame de Francheville lui dit :

« Mais, madame, puisque vous connaissez si bien
» M. de Mora et la manière de l'attacher, pourquoi vous
» y êtes-vous livrée si vite? Car, pour une imagination ro-
» manesque comme vous l'en accusez, il me semble que
» vous avez été bientôt à la conclusion du roman; du
» moins, si je me souviens des détails que vous avez bien
» voulu me confier, il fallait échauffer sa tête, le faire vivre
» de crainte, et ne lui laisser qu'entrevoir son bonheur, en
» un mot, ne lui donner que de l'espérance.

» — Oui, madame, je vous entends, il fallait abandon-

» ner mon caractère de vérité, il fallait être fausse et co-
» quette : cela était au-dessus de mon pouvoir. J'ai été
» tendre, vraie et passionnée ; cela devait l'attacher, le
» fixer à jamais : cela a eu un effet contraire ; j'en suis dé-
» solée quelquefois, mais plus souvent révoltée, et j'ai na-
» turellement tant de fierté, que je l'accablerai plutôt de
» mépris, que de lui laisser voir des regrets. Ha! l'on peut
» à mon âge et avec ma figure, se consoler de cette perte ;
» il va bientôt retourner dans sa province, et je serai déli-
» vrée des reproches que sa présence me forcerait à me
» faire. Ses parents le croient encore amoureux de la
» femme qu'il a déshonorée publiquement, et c'est préci-
» sément ce que cette aventure a de romanesque, qui l'at-
» tache à cette femme qui n'est d'ailleurs, ni jolie, ni ai-
» mable. »

Voilà ce que me contait madame de Francheville toutes les fois que je la voyais en particulier, et elle ajoutait des réflexions pleines de vérité et de sagesse sur la conduite des femmes.

« Elles se méprennent souvent, disait-elle, non-seule-
» ment aux sentiments qu'elles croient inspirer, mais à ceux
» qu'elles croient éprouver. Elles sont pressées de jouir
» d'un hommage qui flatte leur vanité, leur tête s'échauffe,
» et elles disent qu'elles aiment avant que leur cœur ait
» été dans le secret ; et de là ces belles liaisons que vous
» voyez, et la sotte conduite de madame de Valcourt, et
» tous les impertinents propos que je ne me fais point de
» scrupule de vous rendre, parce que l'on ne doit point le
» secret à une femme qui sait si bien garder le sien. Elle
» a dix confidents ou confidentes, madame de Sainville,
» madame de Painfort, les Boursins, le duc de Mereuil,
» que vous dirai-je ? toute sa société. Je ne me suis point

» permis d'en parler à M. de Mora, qui d'abord y a mis
» de la prudence et de la réserve; mais je lui ai bien prouvé
» qu'il se donnait un soin inutile, et que madame de Val-
» court n'exigeait pas tant de mystère, puisqu'elle avait
» mis toute sa société dans sa confidence; je lui ai conté
» ce que m'en avait dit madame de Sainville, alors il s'est
» mis à son aise, et il m'a parlé avec une grande franchise;
» et je vous réponds qu'il ne l'aime pas, mais qu'au con-
» traire il en est excédé, et qu'il fait l'impossible pour s'en
» débarrasser. J'ai voulu savoir si c'était seulement le dé-
» goût qu'elle lui inspirait, ou si cela tenait à quelque at-
» tachement. Il n'a pas voulu se laisser pénétrer, il a dé-
» tourné avec adresse et politesse ma curiosité, il a pris le
» ton sérieux, et je n'ai plus osé lui faire de questions. Je
» croirais, m'ajoutait madame de Francheville, qu'en effet,
» il a une passion dans l'âme : je le trouve triste, dégoûté
» de la dissipation, et ce qu'il y a de plus extraordinaire,
» c'est qu'il était ou qu'il paraissait beaucoup plus gai les
» premiers mois de son séjour ici: cependant, il était plus
» près de l'instant où il avait eu un violent chagrin ; je n'en
» sais aucun détail, et il n'a jamais voulu en faire à ma-
» dame de Valcourt qui en avait la plus vive avidité. Elle
» m'a dit seulement ce que ses parents lui ont appris, qu'il
» était passionnément amoureux d'une femme de la pro-
» vince qu'il habitait, qu'il avait été surpris avec elle par
» son mari, que cette aventure avait fait le plus grand
» scandale, que cette femme avait été emmenée dans une
» terre éloignée par son mari, que M. de Mora avait été
» envoyé à son régiment où il avait été près d'un an, et
» que ses parents avaient craint pour sa vie. Hé bien, con-
» tinuait madame de Francheville, madame de Valcourt
» savait tout cela, et cette folle va se jeter à la tête de

» M. de Mora ; elle le persécute par son humeur et sa
» hauteur, elle voudrait en faire un esclave, comme elle a
» fait des fous et des sots qu'elle a eus, et elle est furieuse
» de n'y avoir pas réussi. Convenez que voilà une femme
» bien intéressante. Aussi, je vous réponds que M. de
» Mora en fait le cas qu'elle mérite ; et d'après cet essai,
» je ne crois pas qu'il soit tenté d'avoir des passades avec
» nos belles dames qui ne demandent pas mieux : car j'en
» connais plus d'une qui le trouvent d'une jolie figure, et
» qui auraient une grande joie de l'enlever à madame de
» Valcourt, et je ne le lui ai pas caché. Non-seulement il
» n'en a pas été vain, mais il m'a montré du dégoût de
» cette seule pensée, ce qui me confirme dans l'idée que
» son âme est encore profondément affligée ou occupée.
» Ce qu'il y a de sûr, c'est que cette femme qui en est
» l'objet doit être bien malheureuse, si elle en est séparée
» pour toujours, comme on le dit. Je n'ai jamais connu
» d'homme qui fût fait pour mieux excuser la faiblesse
» d'une femme ; je le crois, d'ailleurs, capable d'une
» grande constance, si son amour était accompagné d'es-
» time. »

Je me rappelais toutes ces conversations, je les joignais à mes propres observations, et je me fortifiais contre le penchant qui m'aurait entraînée à ouvrir mon âme à M. de Mora ; et pour l'intérêt même de mon sentiment, je me condamnais à le lui cacher. Je ne m'imposais pas de mettre de la fausseté dans ma conduite, mais une extrême réserve, et pour cela il ne fallait pas lui parler du duc de Wilfort, parce que c'était lui fournir l'occasion de me parler de lui, et d'ailleurs j'étais blessée de l'idée qu'il pouvait croire que je voulais me justifier de ses soupçons. Enfin, cette conversation aurait amené des explications qui ne m'auraient pas laissée maîtresse de mon secret : voilà quelles pensées et quelles incertitudes effrayantes remplissaient mes nuits et mes jours. »

Cette lettre est d'un sentiment vrai ; elle exprime à merveille les angoisses de cette âme en peine qui rêvait les félicités infinies, mais sans se faire illusion sur le néant de ces fragiles amours. L'exaltation et la fièvre de cette personne malheureuse ne sauraient se comprendre, si nous n'avions pas sous les yeux, mille révélations qui nous tiennent au courant de ces inexplicables passions, sitôt commencées, sitôt finies, ou pour mieux dire, sitôt remplacées par d'autres passions qui arrivent, chose étrange! avec les années.
Mademoiselle de Lespinasse a donc pris le soin de faire elle-même, l'apologie de ce qu'elle appelle, à bon droit : *ses exagérations, ses enthousiasmes, ses disparates, ses contradictions, ses folies, ses etc., etc., etc., etc. ;* quand on lit de sang-froid, ces pages écrites dans le délire des sens ou de la raison, on comprend très-bien que cette plume féconde et brillante ait semé, çà et là, tant de beaux mémoires sur le fond un peu terne d'une existence toute d'apparât, de représentation, pleine d'amitiés factices et d'amours trompeuses. Nous placerons ici cette singulière *pièce justificative* qui ne tient à rien, et qui méritait cependant d'occuper une grande place dans ce roman autobiographique la plus curieuse étude de physiologie qu'ait jamais rencontrée la plume d'un philosophe et d'un penseur.

APOLOGIE.

Mardi, 31 janvier 1775.

« Hé bien, voilà donc encore un piége que vous me
» tendez ? Vous me dîtes hier avec bonté : Vous allez de-
» main à la *Fausse magie*, j'exige de votre amitié de me
» mander ce que vous en aurez pensé. Mais vous savez
» bien, répondis-je, *que je ne pense pas*, et que je ne juge
» jamais. N'importe, dîtes-vous, j'aime vos impressions,
» d'abord parce qu'elles sont vraies, et puis parce qu'elles
» sont outrées, et que j'ai du plaisir à les combattre. Cette
» observation, que vous croyez si bien fondée, devrait donc
» m'arrêter ; je devrais après cela me faire un avis bien
» modéré, bien raisonnable : il manquerait sans doute de
» goût, et de la connaissance des choses dont je parlerais ;
» mais au moins je ne révolterais point les gens d'esprit,
» parce qu'ils sont indulgents, et les sots m'estimeraient
» parce qu'ils aiment les *gobemouches;* cela les laisse à
» leur place, au lieu que les impressions vives, les mouve-
» ments de l'âme les blessent, les inquiètent, sans les éclai-
» rer ni les réchauffer jamais.

» Je vais donc me laisser aller ; je n'aurai égard ni aux
» sots, ni aux gens d'esprit ; je ne craindrai pas même vo-
» tre jugement, je m'y livre, je serai folle ou absurde, tout
» ce qu'il vous plaira ; je serai moi.

» J'ai eu du plaisir, oui, beaucoup de plaisir à cette ré-
» pétition, et je défie tous les connaisseurs de me prouver

» que j'ai eu tort. J'ai admiré le talent de Grétry ; jai dit
» vingt fois avec transport : Jamais on n'a eu plus d'esprit,
» jamais on n'a mis tant de délicatesse, de finesse et de goût
» dans la musique. J'ai été toujours animée, toujours sou-
» tenue par le plaisir ; l'orchestre me semblait parler, et
» je m'écriais sans cesse : Oh ! que cela est *ravissant !*
» Oui, je le répète, il est ravissant de passer deux heures
» de suite avec des sensations douces, vraies et toujours
» variées ! Le poème m'a paru charmant, il me semble
» que le poète n'a été occupé d'un bout à l'autre qu'à faire
» valoir le musicien : les airs sont distribués avec beau-
» coup d'intelligence et de goût ; il a trouvé le moyen de
» rendre ses vieillards aussi comiques, aussi piquants que
» ceux de Molière ; Grétry a fait de cette scène un duo qui
» en rend le comique et la gaîté d'une manière aussi ani-
» mée qu'originale ; enfin, que vous dirai-je, j'ai été ravie,
» charmée, et je ne sais que louer et aimer, et point cri-
» tiquer ce qui m'a fait autant de plaisir.

» Je vous vois, je vous entends, et vous espérez que je
» vais mettre Grétry au-dessus de Gluck, parce que l'im-
» pression du moment, fût-elle plus faible, doit effacer
» celle qui est éloignée ? Eh bien ! il n'en sera rien, et je
» vous ferai remarquer que si je suis exagérée, je ne suis
» jamais exclusive, et savez-vous pourquoi ? c'est que c'est
» mon âme qui loue, c'est que je hais le dénigrement, et
» que d'ailleurs je suis assez heureuse pour aimer à la fo-
» lie les choses qui paraissent le plus opposées : si bien
» donc, que j'aime, que je chéris le talent de *M. Grétry,*
» et j'estime et admire celui de *M. Gluck;* mais comme
» je n'ai ni *les lumières, ni les connaissances, ni la sottise*
» *nécessaires* pour assigner des places et des rangs aux ta-
» lents, je ne m'avise pas de prononcer lequel vaut le

» mieux, ni même de comparer ce qui me paraît ne pas
» devoir se rapprocher; je ne sais à quelle distance la na-
» ture les a mis l'un de l'autre, mais je sais qu'à talent
» égal, ils auraient dû en faire un emploi différent, puis-
» que le genre de l'opéra-comique n'est pas celui de la
» tragédie.

» L'impression que j'ai reçue de la musique d'*Orphée*,
» ne ressemble en rien à ce que j'ai éprouvé ce matin ;
» elle a été si profonde, si sensible, si déchirante, si ab-
» sorbante, qu'il m'était absolument impossible de parler
» de ce que je sentais : j'éprouvais le trouble, le bonheur
» de la passion, j'avais besoin de me recueillir; et ceux
» qui n'auraient pas partagé ce que je sentais, auraient pu
» croire que j'étais stupide. Cette musique, ces accens
» attachaient du charme à la douleur, et je me sentais
» poursuivie par ces sons déchirants : *J'ai perdu mon Eu-
» rydice*. Et comment voudriez-vous, après cela, que je
» pusse y comparer l'effet de la *Fausse magie?* comment
» pouvoir comparer ce qui ne fait que plaire et attacher,
« à ce qui remplit l'âme, à ce qui la pénètre, à ce qui la
» bouleverse? Comment comparer l'esprit à la passion?
» comment comparer un plaisir vif et animé, à cette mé-
» lancolie douce qui fait presque de la douleur une jouis-
» sance? Oh! non, je ne compare rien, et je jouis de tout;
» et vous appelez cela des contradictions dans mes goûts,
» des disparates dans mes opinions! eh bien! soit, je ne
» serai pas conséquente, comme la raison, mais j'aurai
» tout le plaisir de la sensibilité et de tous les genres de
» sensibilités; et je vous dirai comme Diderot : O! mes
» amis, n'ayons pas tant d'esprit; analysons moins, et
» jouissons davantage; ne portons pas l'esprit de critique
» aux choses d'agrément et de pur amusement. Soyons au-

» moins indulgents pour ce qui vient de nous faire plaisir,
» et notre goût n'en sera ni moins bon, ni moins juste.
» J'aimerai donc ce qui paraît le plus distant, le plus con-
» traire même ; j'aimerai le paisible, le doux Gessner ; il
» portera le calme et la paix dans mon âme ; et j'adorerai
» le passionné Jean-Jacques, parce qu'il agitera mon âme,
» parce qu'il y fera pénétrer une partie de la chaleur qui
» l'anime ; je l'aimerai même par ses défauts ; je lui saurai
» gré de me séduire, au point de m'égarer. J'aimerai, j'ad-
» mirerai, je serai à genoux devant *Clarisse*, que je re-
» garde comme une des plus belles, des plus grandes et des
» plus fortes productions de l'esprit humain ; je serai ravie,
» exaltée, enivrée de tous les genres de beautés dont cet
» ouvrage est plein. La vérité, la simplicité de ce roman
» me fera une assez grande illusion pour me persuader que
» j'ai vécu avec tous les Harlowes ; ils animeront toutes les
» passions dont mon âme est susceptible ; et en admirant
» *Clarisse*, je ne dédaignerai point *Marianne ;* j'y trouve-
» rai sinon la vérité des passions, celle de l'amour-propre,
» celle des différents états de la société : j'aimerai à voir
» toutes les nuances de la vérité rendues et mises en action
» avec finesse et esprit. J'admirerai dans *Clarisse* la noble
» simplicité de Richardson ; et dans Marivaux, j'irai jus-
» qu'à aimer sa manière, et même son affectation, qui est
» souvent originale et piquante, et qui est toujours spiri-
» tuelle.

» Oui, dans tous les genres, j'aimerai ce qui paraît op-
» posé, mais qui n'est peut-être opposé que pour les gens
» qui veulent toujours juger, et qui ont le malheur de ne
« rien sentir. La nature, il est vrai, les a bien dédomma-
» gés : ils sont toujours si contents de leur raison, de leur
» modération, et de la conséquence qu'il y a dans tous

» leurs goûts ! Leur esprit est raide, ils le croient juste ;
» leur âme est de plomb, ils la croient calme ; enfin ils ont
» la satisfaction de la suffisance, et moi j'ai le décousu,
» l'égarement de la folie et de la passion. Il est vrai que
» ces gens si raisonnables se sentent à peine exister, et moi
» je souffre, ou je jouis sans cesse. Ils sont ennuyés, je
» suis enivrée ; mais pour rendre justice à eux et à moi,
» je dois avouer que s'ils sont quelquefois ennuyeux, je
» suis souvent fatigante : les gens froids peuvent être exa-
» gérés, mais les gens animés ne sont et ne peuvent être
» que hors de mesure et outrés ; tous les deux vont par-
» delà le but, mais les uns s'y sont montés, tandis que les
» autres y ont été jetés, entraînés. Les uns ont fait le che-
» min pas à pas ; les autres ont sauté les bornes sans les
» apercevoir. Enfin je trouve qu'il y a cette différence en-
» tre les gens exagérés et ceux qui sont outrés, qu'on
» évite les premiers, et qu'on quitte les derniers ; mais à
» condition d'y revenir le lendemain ; car ce qu'on aime
» par-dessus tout, c'est à être animé, remué, agité, et
» voilà l'avantage qu'on éprouve avec les gens passionnés.
» Ils révoltent sans doute ; souvent ils choquent, ils fati-
» guent : mais en les critiquant, en les condamnant, même
» en les haïssant, ils attirent et on les cherche. Vous me
» direz que je n'y vais pas de *main morte*, et que je me
» loue de manière à révolter le goût et la délicatesse de
» tous mes juges ? Mais c'est à vous que je parle, et vous
» êtes mon ami avant que d'être mon juge : d'ailleurs pour
» excuser *cet orgueil de Lucifer que je viens d'étaler*, je
» dois vous faire observer que je me défends, et alors il est
» permis de parler de soi, comme on parlerait d'un autre ;
» il n'est donc pas question d'être modeste, il s'agit d'être
» vraie.

» Je reviens encore à mes preuves, et j'ajoute que j'aime
» Racine avec passion, et qu'il y a dans Shakespeare des
» morceaux qui m'ont transportée; et ces deux hommes-là
» sont absolument opposés : on est attiré, entraîné par le
» goût de Racine, par l'élégance, la sensibilité et le charme
» de sa diction; et Shakespeare dégoûte, rebute par la bar-
» barie de son goût; mais aussi on est enlevé, surpris,
» frappé de la vigueur de son originalité et de son élévation
» dans de certains endroits : oh! permettez-moi donc d'ai-
» mer l'un et l'autre. J'aime la naïveté, la simplicité de
» La Fontaine, et j'aime aussi le fin, l'ingénieux et le spi-
» rituel Lamotte.

» Enfin, je ne finirais point, si je parcourais tous les
» genres; car je dirais que je rafole du bon Plutarque, et
» que j'estime le sévère La Rochefoucault; j'aime le dé-
» cousu de Montaigne, et j'aime aussi l'ordre et la méthode
» d'Helvétius.

» Que vous dirai-je encore? que j'aime, que j'estime la
» métaphysique de l'abbé de Condillac, et que j'ai lu avec
» plaisir les Éléments de l'enfance, de madame d'Épinay.
» Ah, sans doute, ce n'est pas la peine de dire que j'aime
» à la folie Voltaire; c'est le goût de tout le monde : je ne
» l'opposerai à rien, car ce qui est beau ou bon dans tous
» les genres a quelque rapport à lui; aussi est-ce l'auteur
» qui convient à toutes les situations et à toutes les disposi-
» tions : il a tous les tons, tous les goûts; il satisfait l'es-
» prit et contente l'âme; il a par excellence le ton et le
» goût de son siècle; il en fait le plaisir, il en est l'orne-
» ment.

» Je vous entends vous récrier : Mais il ne fallait pas
» m'assommer de ces détails de vos goûts : que ne disiez-
» vous tout d'un coup, j'aime tout ce qui est bon? Mais

» souvenez-vous donc que je vous l'ai dit cent fois, et
» que sans doute je ne vous ai pas persuadé; car vous ne
» vous lassez pas de me dire que je loue trop, que je suis
» exagérée, outrée, hors de mesure. Il fallait donc vous
» prouver que j'étais fondée à aimer, à admirer, et ce n'est
» pas avec de l'esprit qu'on jouit autant, c'est avec de
» l'âme. Souffrez que je dise, que je répète que je ne juge
» rien, mais que je sens tout; et c'est ce qui fait que vous
» ne m'entendez jamais dire : cela est bon, cela est mau-
» vais; mais je dis mille fois par jour j'aime; oui, j'aime et
» j'aimerai à aimer tant que je respirerai, et je dirai de
» tout, ce que disait une femme d'esprit en parlant de ses
» deux neveux : J'aime mon neveu l'aîné parce qu'il a de
» l'esprit, et j'aime mon neveu le cadet parce qu'il est
» bête.

» Oui, elle avait raison, et je dirai comme elle, j'aime
» la moutarde parce qu'elle est piquante et forte, et j'aime
» le blanc manger parce qu'il est doux. Mais avec cette
» voracité d'affections et de goûts, vous croiriez qu'il
» n'y a rien, ni dans les choses ni dans les hommes, qui
» puisse me déplaire, me dégoûter, me repousser? Oh
» mon Dieu, je ne finirais pas si j'entrais dans tous les détails;
» mais je me contenterai seulement de vous indiquer ce
» qui m'est antipathique : d'abord, les vers qui n'ont de
» mérite que la facture, et qui sont vides de pensées et de
» sentiment, comme ceux de MM. de... les comédies qui
» sont vides d'intérêt et d'esprit, et qui sont écrites ou avec
» un ton trivial, ou comme celles de MM. de... ou celles qui
» ont une espèce de jargon, qui ne peut être intelligible
» que pour la coterie de l'auteur, comme celles de MM.
» de... les tragédies dont le sujet est passionné, fort et ter-
» rible, et dont le style est faible et plat, ou quelquefois

» barbare, comme celles de MM. de... enfin je vous dirai,
» car il faut finir, que le maniéré, le gracieux, le frais, et
» même le fin et surtout le fade, sont pour moi comme la
» manne ou la tisanne, d'un dégoût mortel ; avec cette dif-
» férence pourtant que la manne ou la tisanne pourraient
» cesser de m'être antipathiques, en me devenant nécessai-
» res, et que le reste m'est et me sera dans tous les temps
» également odieux.

»A l'égard de mon attrait et de mon éloignement pour
» les personnes, il est absolument analogue à mes goûts,
» ou à mon aversion pour les choses : j'aime mieux une
» bête qu'un sot ; j'aime mieux un homme sensible qu'un
» homme spirituel ; j'aime mieux une femme passionnée
» qu'une femme raisonnable ; je préfère la rusticité à l'af-
» fectation ; j'aime mieux la dureté que la flatterie ; je pré-
» fère, j'aime avant tout, par-dessus tout, la simplicité et la
» bonté, mais surtout la bonté ; car si l'on me disait quel at-
» tribut voulez-vous donner à Dieu ? je dirais, qu'il soit bon,
» et je l'adore à jamais. Voilà la vertu qui devrait animer tout
» ce qui a de la puissance, c'est aussi la vertu qui convient
» aux faibles, aux malheureux ; enfin c'est la bonté qui sup-
» plée à tout, qui dédommage de tout ; et dût-on en abuser,
» et dussé-je en souffrir, je n'hésiterais pas, si on me donnait
» le choix ou d'avoir la bonté de madame Geoffrin, ou la beau-
» té de madame de Brienne, je dirais donnez-moi la bonté,
» et je serais aimée ; voilà le premier, et si je me laissais aller,
» je dirais l'unique bien dont je veuille jouir. Si je ne me
» trompe, il y en a un plus grand encore, c'est d'aimer ;
» mais la bonté est déjà une affection de l'âme, et avec cette
» vertu on aime tout ce qui souffre, tout ce qui est mal-
» heureux ; ah ! l'on aime donc beaucoup et toujours ! et
» avec ce degré de bonté que je loue, que j'envie, on pour-

» rait se passer des plaisirs et des jouissances des passions.
» L'âme serait sans cesse en activité, et n'est-ce pas là le
» plus grand charme de la passion? Mais dites-moi si ce
» n'est pas à vous que je dois souhaiter cette vertu jusqu'à
» l'excès? Que de bonté et d'indulgence ne vous faudra-t-
» il pas pour lire cette longue, froide et fatiguante apolo-
» gie? Ah! vous voilà dégoûté à jamais de m'accuser,
» mon exagération est encore moins insupportable que ma
» justification ; mais aussi j'y ai été poussée : tous mes
» chers amis m'accablent ; j'ai voulu leur prouver une fois
» par des raisons que ce qu'ils appellent ma folie et mes
» disparates ne sont autre chose que la raison et le senti-
» timent, ou la passion. Quelle est donc la conséquence de
» tout ceci? quel en est le résultat? Voulez-vous que je
» vous le dise à l'oreille?... Mais non, vous ne me croiriez
» pas, et cependant je vous aurais découvert le secret de
» mon âme. Adieu, condamnez-moi ; critiquez-moi, mais
» aimez-moi, je me louerai de votre bonté, et je ne sen-
» tirai qu'elle. »

Effacez de ce portrait, vif et net, quelques traits un peu hasardés, et vous aurez des pages tout-à-fait charmantes, bien senties, d'une réalité irrésistible, des pages dignes d'êtres comparées aux plus vifs passages des *Confessions*.

Puisque nous sommes aux portraits, ce qui était, avec la rage de faire des *synonimes*, la grande mode des beaux salons du dernier siècle, citons quelques passages du *portrait de mademoiselle de Lespinasse* par d'Alembert. Nous l'avons vu, d'Alembert a beaucoup souffert de la tendresse qu'il portait à cette femme, car cette femme ne l'a jamais aimé que d'une amitié qui tirait sur le dédaigneux, et tout au plus a-t-elle supporté des soins, des tendresses, un dévoûment dont toute autre femme eût été reconnaissante ! Mais la passion est égoïste ; l'âme qui souffre n'a guère le temps de songer aux malheurs dont elle est la cause ; cette femme blessée dans son amour, inquiète et malheureuse, même quand elle se croit sûre de son amant, se vengeait cruellement sur d'Alembert, et le malheureux grand homme, ne comprenant rien à ces irritations de chaque minute, acceptait sa destinée en silence ! Ce fut dans un de ces moments d'un calme agité, en 1771, (la première passion de mademoiselle de Lespinasse pour M. de Mora est un an plus tard), que d'Alembert écrivit le portrait que voici : *Portrait parlant à sa personne*, comme dirait un huissier-audiencier.

« Le temps et l'habitude qui dénaturent tout, mademoi-
» selle, qui détruisent nos opinions et nos illusions, qui
» anéantissent ou affaiblissent l'amour même, ne peuvent
» rien sur le sentiment que j'ai pour vous et que vous m'a-
» vez inspiré depuis dix-sept ans : ce sentiment se fortifie
» de plus en plus par la connaissance que j'ai des qualités
» aimables et solides qui forment votre caractère, il me fait
» sentir en ce moment, le plaisir de m'occuper de vous, en
» vous peignant telle que je vous vois.

« Je ne parlerai point de votre figure ; vous n'y attachez
» aucune prétention, et d'ailleurs c'est un objet auquel un
» vieux et triste philosophe comme moi ne prend pas garde,
» auquel il ne se connaît pas, auquel même il se pique de
» ne se pas connaître, soit par ineptie, soit par vanité,
» comme il vous plaira. Je dirai cependant de votre exté-
» rieur, ce qui me paraît frapper tout le monde ; que vous
» avez beaucoup de noblesse et de grâces dans tout votre
» maintien, et, ce qui est bien préférable à une beauté

» froide, beaucoup de physionomie et d'âme dans tous vos
» traits. Aussi, pourrais-je vous nommer plus d'un de vos
» amis, qui auraient eu pour vous plus que de l'amitié, si
» vous l'aviez voulu.

» Le goût qu'on a pour vous ne tient pas seulement à
» vos agréments extérieurs ; il tient surtout à ceux de votre
» esprit et de votre caractère. Votre esprit plaît et doit
» plaire par bien des qualités ; par l'excellence de votre ton,
» par la justesse de votre goût, par l'art que vous avez de
» dire à chacun ce qui lui convient.

» L'excellence de votre ton ne serait point un éloge pour
» une personne née à la cour, et qui ne peut parler que la
» langue qu'elle a apprise : en vous c'est un mérite très-
» réel, et même très-rare ; vous l'avez apporté du fond
» d'une province, où vous n'aviez trouvé personne qui vous
» l'enseignât. Vous étiez sur ce point aussi parfaite le len-
» demain de votre arrivée à Paris, que vous l'êtes aujour-
» d'hui. Vous vous y êtes trouvée dès le premier jour,
» aussi libre, aussi peu déplacée dans les sociétés les plus
» brillantes et les plus difficiles, que si vous y aviez passé
» votre vie ; vous en avez senti les usages avant de les con-
» naître, ce qui suppose une justesse et une finesse de tact
» très-peu communes, une connaissance exquise des conve-
» nances. En un mot, vous avez deviné le langage de ce
» qu'on appelle la *bonne compagnie*, comme Pascal dans ses
» *Provinciales*, avait deviné la langue française, qui n'était
» pas formée de son temps, et le ton de la bonne plaisante-
» rie, qu'il n'avait pu apprendre de personne, dans la re-
» traite où il vivait. Mais comme vous sentez parfaitement
» que vous avez ce mérite, et même que ce n'est pas en
» vous un mérite ordinaire, vous avez peut-être le défaut
» d'y attacher trop de prix dans les autres : il faut bien des

» qualités réelles pour vous faire pardonner à ceux qui ne
» l'ont pas; et sur cet objet assez peu important, vous êtes
» impitoyable jusqu'à la minutie.

» Oui, mademoiselle, la seule chose sur laquelle vous
» soyez délicate, et délicate au point d'en être quelquefois
» *odieuse*, ici je suis comme madame Bertrand dans la co-
» médie du *Moulin de Javelle*, et *je vais d'abord aux in-*
» *vectives*, parce qu'il est question de défendre mes pro-
» pres foyers, c'est votre excessive sensibilité sur ce qu'on
» nomme le *bon ton* dans les manières et dans les discours ;
» le défaut de cette qualité vous paraît à peine effacé par le
» sentiment le plus tendre et le plus vrai qu'on puisse vous
» marquer : mais en récompense, il est des hommes en qui
» cette qualité supplée auprès de vous à toutes les autres ;
» vous les trouvez tels qu'ils sont, faibles, personnels,
» pleins d'airs, incapables d'un sentiment profond et suivi,
» mais aimables et pleins de grâces, et vous avez la plus
» grande disposition à les préférer à vos plus fidèles, à vos
» plus sincères amis; avec un peu plus de soins et d'atten-
» tions pour vous, ils éclipseraient tout à vos yeux, et peut-
» être vous tiendraient lieu de tout.

» La même justesse de goût qui vous donne un si grand
» usage du monde, se montre assez généralement dans les
» jugements que vous portez sur les ouvrages. Vous ne
» vous y trompez guère, et vous vous y tromperiez encore
» moins, si vous vouliez toujours être réellement de votre
» opinion, et ne point juger d'après certaines personnes
» aux genoux desquelles votre esprit a la bonté de se
» prosterner, quoiqu'elles n'aient pas à beaucoup près le
» don d'être infaillibles. Vous leur faites quelquefois l'hon-
» neur d'attendre leur avis, pour en avoir un qui ne vaut
» pas celui que vous auriez eu de vous-même.

» Mais ce qui vous distingue surtout dans la société,
» c'est l'art de dire à chacun ce qui lui convient; et cet
» art, quoiqu'un peu commun, est pourtant bien simple
» chez vous, il consiste à ne parler jamais de vous aux au-
» tres, et beaucoup d'eux. C'est un moyen infaillible de
» plaire; aussi plaisez-vous généralement, quoiqu'il s'en
» faille beaucoup que tout le monde vous plaise : vous sa-
» vez même ne pas déplaire aux personnes qui vous sont
» les moins agréables. Ce désir de plaire à tout le monde
» vous a fait dire un mot qui pourrait donner mauvaise
» opinion de vous à ceux qui ne vous connaîtraient pas à fond.
» Ah! que je voudrais, vous êtes-vous écriée un jour, con-
» naître le faible de chacun! Ce trait semblerait partir d'une
» profonde politique, et d'une politique même qui avoisine
» la fausseté : cependant vous n'avez nulle fausseté; toute
» votre politique se réduit à désirer qu'on vous trouve ai-
» mable, et vous le désirez, non par un principe de vanité
» dont vous n'êtes que trop éloignée, mais par l'envie et
» le besoin de répandre plus d'agréments dans votre vie
» journalière. »

» Si vous plaisez généralement à tout le monde, vous
» plaisez surtout aux gens aimables; et vous leur plaisez par
» l'effet qu'ils font sur vous, par l'espèce de jouissance
» qu'éprouve leur amour-propre en voyant à quel point vous
» sentez leurs agréments; vous avez l'air de leur être obli-
» gée de ces agréments comme s'ils n'étaient que pour
» vous, et vous doublez pour ainsi dire, le plaisir qu'ils ont
» de se trouver aimables.

» Discrète, prudente et réservée, vous possédez l'art de
» vous contraindre sans effort, et de cacher vos sentiments
» sans les dissimuler. Vraie et franche avec ceux que vous

» estimez, l'expérience vous a rendue défiante avec tout le
» reste; mais cette disposition, qui est un vice quand on
» commence à vivre, est une qualité précieuse pour peu
» qu'on ait vécu.

» Cependant cette attention, cette circonspection dans la
» société, qui vous sont ordinaires, n'empêchent pas que
» vous ne soyez quelquefois inconsidérée; il vous est ar-
» rivé, à la vérité bien rarement, de laisser échapper, en
» présence de certaines personnes, des discours qui vous
» ont beaucoup nui auprès d'elles : c'est que vous êtes
» franche par nature, et discrète seulement par réflexion ;
» la nature s'échappe quelquefois malgré nos efforts.

» Les différents contrastes qu'offre votre caractère, de
» naturel sans simplicité, de réserve et d'imprudence, con-
» trastes qui viennent en vous du combat de l'art et de la
» nature, ne sont pas les seuls qui existent dans votre ma-
» nière d'être, et toujours par la même cause. Vous êtes à
» la fois gaie et mélancolique, mais gaie par votre naturel,
» et mélancolique encore par réflexion : vos accès de mé-
» lancolie sont l'effet des différents malheurs que vous avez
» éprouvés; votre disposition physique ou morale du mo-
» ment les fait naître; vous vous y livrez avec une satisfac-
» tion douloureuse, et en même temps si profonde, que
» vous souffrez avec peine qu'on vous arrache de la mélan-
» lancolie par la gaîté, au contraire vous retombez, avec
» une sorte de plaisir, de la gaîté dans la mélancolie.

» Quoique vous ne soyez pas toujours mélancolique,
» vous êtes sans cesse pénétrée d'un sentiment plus triste
» encore; c'est le dégoût de la vie : ce dégoût vous quitte
» si peu, que si même dans un moment de gaîté on vous
» proposait de mourir, vous y consentiriez sans peine. Ce
» sentiment continu tient à l'impression vive et profonde

» que vos chagrins vous ont laissée; vos affections même
» et l'espèce de passion que vous y mettez, ne le détrui-
» sent pas; on voit que la douleur, si je puis parler de la
» sorte, vous a *nourrie*, et que les affections ne font que
» vous consoler.

» Ce n'est pas seulement par vos agréments et par votre
» esprit que vous plaisez généralement, c'est encore par
» votre caractère. Quoique vous sentiez très-bien les ridi-
» cules, personne n'est plus éloigné que vous d'en donner;
» vous abhorrez la méchanceté et la satire : vous ne haïssez
» personne, si ce n'est peut-être une seule femme (1), qui
» à la vérité a bien fait tout ce qu'il fallait pour être haïe
» de vous; encore votre haine pour elle n'est-elle pas ac-
» tive, quoique la sienne à votre égard le soit jusqu'au ri-
» dicule, et jusqu'à un excès qui rend cette femme très-
» malheureuse.

» Vous avez une autre qualité très-rare, et surtout dans
» une femme; vous n'êtes nullement envieuse : vous ren-
» dez justice, avec la satisfaction la plus vraie, aux agré-
» ments et aux bonnes qualités de toutes les femmes que
» vous connaissez; vous la rendez même à votre ennemie,
» dans ce qu'elle peut avoir soit de bon et d'estimable, soit
» d'agréable et de piquant.

» Cependant, car il ne faut pas vous flatter, même en
» disant du bien de vous, cette bonne qualité, toute rare
» qu'elle est, est peut-être moins louable en vous qu'elle ne
» le serait en beaucoup d'autres. Si vous n'êtes point en-
» vieuse, ce n'est pas précisément parce que vous trouvez
» bon que d'autres personnes aient sur vous les mêmes
» avantages; c'est qu'après avoir bien regardé autour de
» vous, tous les êtres existants vous paraissent également

(1) Madame Du Deffant.

» à plaindre, et qu'il n'y en a aucun dont vous voulussiez
» changer la situation contre la vôtre. S'il y avait ou si
» vous connaissiez un être souverainement heureux, vous
» seriez peut-être très-capable de lui porter envie ; et on
» vous a souvent ouï dire qu'il était juste que les personnes
» qui ont de grands avantages eussent aussi de grands
» malheurs, pour consoler ceux qui seraient tentés d'en
» être jaloux. Ne croyez pas cependant que votre peu de
» jalousie cesse d'être une vertu, quoique le principe n'en
» soit pas aussi pur qu'il pourrait l'être ; car, combien y
» a-t-il de gens qui ne croient pas que personne soit heureux,
» qui ne voudraient être à la place de personne, et
» qui ne laissent pas d'être jaloux ?

» Votre éloignement pour la méchanceté et l'envie suppose
» en vous une âme noble ; aussi la vôtre l'est-elle à
» tous égards : quoique vous désiriez la fortune, et que
» vous en ayez besoin, vous êtes incapable de vous donner
» aucun mouvement pour vous la procurer ; vous n'avez
» pas même su profiter des occasions les plus favorables
» que vous avez eues pour vous faire un sort plus heureux.

» Non-seulement vous avez l'âme très-élevée, vous l'avez
» encore très-sensible ; mais cette sensibilité est pour
» vous un tourment plutôt qu'un plaisir ; vous êtes persuadée
» qu'on ne peut être heureux que par les passions,
» et vous connaissez trop le danger des passions pour vous
» y livrer. Vous n'aimez donc qu'autant que vous l'osez ;
» mais vous aimez tout ce que vous pouvez ou tant que
» vous le pouvez ; vous donnez à vos amis, sur cette sensibilité
» qui vous surcharge, tout ce que vous pouvez vous
» permettre ; mais il vous en reste encore une surabondance
» dont vous ne savez que faire, et que pour ainsi dire
» vous jetteriez volontiers *à tous les passants* ; cette sura-

» bondance de sensibilité vous rend très-compatissante
» pour les malheureux, même pour ceux que vous ne con-
» naissez pas ; rien ne vous coûte pour les soulager. Avec
» cette disposition, il est naturel que vous soyez très-obli-
» geante : aussi ne peut-on vous faire plus de plaisir que
» de vous en fournir l'occasion ; c'est donner à la fois de
» l'aliment à votre bonté et à votre activité naturelle. J'ai
» dit que vous donniez à vos amis tous les sentiments que
» vous pouviez vous permettre ; vous leur accordez même
» quelquefois au-delà de ce qu'ils seraient en droit d'exi-
» ger : vous les défendez avec courage, en toute circons-
» tance et en tout état de cause, soit qu'ils aient tort ou
» raison. Ce n'est peut-être pas la meilleure manière de
» les servir ; mais tant de gens abandonnent leurs amis lors
» même qu'ils pourraient et devraient les défendre, qu'on
» doit savoir gré à votre amitié de fuir et d'abhorrer cette
» lâcheté, même jusqu'à l'excès.

» L'espèce de mouvement sourd et intestin qui agite sans
» cesse votre âme, fait qu'elle n'est pas aussi égale qu'elle le
» paraît, même à vos amis. Vous avez souvent de l'humeur
» et de la sécheresse ; mais par une suite de votre désir
» général de plaire, vous ne la laissez guère paraître qu'à
» l'auteur de ce portrait : il est vrai que vous rendez jus-
» tice à son amitié en ne craignant point de vous laisser
» voir à lui telle que vous êtes ; mais cette même amitié se
» croit obligée de vous dire que la sécheresse et l'humeur
» vous déparent beaucoup à tous égards. Ainsi, pour l'in-
» térêt même de votre amour-propre, l'amitié vous con-
» seille d'avoir le moins de sécheresse et d'humeur que
» vous pourrez, à moins que vos amis ne le méritent, ce
» qui doit leur arriver bien rarement, grâce aux sentiments
» si profonds et si justes dont ils sont pénétrés pour vous.

» Vous convenez de cette maudite sécheresse, et c'est
» bien fait à vous ; ce qu'il y aurait encore de mieux à
» faire, ce serait de vous en corriger.

» Pour vous en dispenser, vous cherchez à vous persua-
» der qu'elle est incorrigible, et qu'elle tient à votre carac-
» tère : je crois que vous vous trompez là-dessus, et qu'elle
» tient bien plutôt à la situation où vous êtes. Vous étiez
» née avec une âme tendre, douce et sensible ; vous ne
» l'avez que trop éprouvé, et les effets pour vous n'en ont
» été que trop cruels : or, vous en direz tout ce qu'il vous
» plaira, mais la sensibilité extrême exclut la sécheresse.
» Ce vilain défaut n'est donc pas en vous l'ouvrage de la
» nature ; mais, ce qui est *affreux*, l'ouvrage de l'art : à
» force d'être contrariée, choquée, blessée dans vos senti-
» ments et dans vos goûts, vous vous êtes accoutumée à ne
» vous affecter de rien ; à force de réprimer les sentiments
» qui auraient pu faire votre malheur, vous avez amorti
» ceux qui auraient répandu de la douceur dans votre
» âme ; ils restent comme endormis au fond de votre cœur,
» sans mouvement, sans activité, et vous avez préparé
» bien du mal à vos amis en vous mettant à l'abri de celui
» que vos ennemis cherchaient à vous faire ; en travaillant
» à vous rendre dure à vous-même, vous l'êtes devenue
» pour ceux qui vous aiment. Il est vrai, car le sentiment
» n'est point anéanti chez vous, il n'est qu'assoupi, que
» vous ne tardez qu'à vous repentir des chagrins que votre
» sécheresse a causés, quand vous voyez que ces chagrins
» ont fait une impression profonde ; vous revenez alors à
» votre sensibilité ancienne ; un moment, un mot répare
» tout. Dans les autres le premier mouvement est l'effet de
» la nature, le second est celui de la réflexion : chez vous,
» c'est tout le contraire ; et tel est dans votre âme, d'ail-

» leurs si estimable, le cruel et malheureux effet de l'ha-
» bitude.

» Ce qui prouve encore que cette sécheresse n'est point
» naturelle en vous, c'est un autre défaut que je vous ai
» reproché, et qui est presque l'opposé de celui-là : le dé-
» sir banal de plaire à tout le monde. Pour ce défaut-là, vous
» le tenez beaucoup plus que l'autre de la nature ; elle vous
» a donné dans l'esprit les qualités les plus faites pour plaire,
» de la noblesse, des agréments et de la grâce ; il est tout
» simple que vous cherchiez à en tirer parti, et vous n'y
» réussissez que trop bien. Je ne connais personne, je le
» répète, qui plaise aussi généralement que vous, et peu
» de personnes qui y soient plus sensibles ; vous ne refusez
» pas même de faire les avances, quand on ne va pas au-
» devant de vous ; et sur ce point votre fierté est sacrifiée
» à votre amour-propre : assez sûre de conserver ceux que
» vous avez acquis, vous êtes principalement occupée à en
» acquérir d'autres ; vous n'êtes pas même, il faut en con-
» venir, aussi difficile sur le choix qu'il vous conviendrait
» de l'être. La finesse et la justesse de votre tact devraient
» vous rendre délicate sur le genre et le choix des connais-
» sances ; l'envie d'avoir une cour, et ce qu'on appelle dans
» le monde des amis, vous a rendue d'assez bonne compo-
» sition, et les ennuyeux ne vous déplaisent pas trop,
» pourvu que ces ennuyeux-là vous soient dévoués.

» Les noms, les titres ne vous en imposent pas ; vous
» voyez les grands comme il faut les voir, sans bassesse et
» sans dédain. L'infortune vous a donné cet orgueil res-
» pectable qu'elle inspire toujours à ceux qui ne la méri-
» tent pas. Votre peu d'aisance et la triste connaissance
» que vous avez acquise des hommes, vous font redouter
» les bienfaits, dont le joug est si souvent à craindre pour

» les âmes bien nées ; peut-être même êtes-vous portée à
» pousser ce sentiment jusqu'à l'excès : mais en ce genre
» l'excès même est une vertu.

» Votre courage est au-dessus de votre force ; l'indi-
» gence, la mauvaise santé, les malheurs de toute espèce,
» exercent votre patience sans l'abattre. Cette patience in-
» téressante, et le spectacle de ce que vous avez souffert,
» devaient vous faire des amis et vous en ont fait ; vous
» avez trouvé quelque consolation dans leur attachement
» et dans leur estime.

» Voilà, mademoiselle, ce que vous me paraissez être :
» vous n'êtes pas parfaite, sans doute, et c'est en vérité
» tant mieux pour vous ; car le *parfait Grandisson* m'a
» toujours paru un odieux personnage. Je ne sais si je vous
» vois bien ; mais telle que je vous vois, personne ne me
» paraît plus digne d'éprouver par soi-même et de faire
» éprouver aux autres ce qui seul peut adoucir les maux
» de la vie, les douceurs du sentiment et de la confiance.

» En finissant ce portrait, je ne puis pas ajouter comme
» dans la chanson,

Le prieur qui l'a fait
En est très-satisfait (1) ;

(1) Le chevalier d'Orléans, grand prieur de France, avait fait contre quelqu'un une chanson très-satirique, et, ne voulant pas garder l'anonyme, avait terminé la chanson par ces deux vers. Ce trait rappelle celui du médecin Silva, devant lequel on chantait une autre chanson très-plaisante et très-mordante contre un ministre insolent. *Je voudrais bien savoir*, dit quelqu'un, *quel est l'auteur de cette chanson ; j'irais l'embrasser de bien bon cœur.... Rien n'est plus aisé à deviner*, dit Silva ; *c'est Rigaud*. Rigaud, le célèbre peintre de portraits.

» mais je sens que je vous applique, et de tout mon cœur,
» le vers de Dufresny sur la jeunesse :

Que de défauts elle a
Cette jeunesse! On l'aime avec ces défauts-là.

Ainsi parle d'Alembert, il parle en historien, il parle de ce qu'il éprouve, de ce qu'il a senti..... Il parle en amoureux, on retrouve dans ces pages, empreintes d'une complaisance divine, l'homme qui aime encore et qui a beaucoup souffert..... Mais achevons, il est temps, le roman de mademoiselle de Lespinasse, peinte par elle-même.

LETTRE X.

Oui, madame, j'envoyai chez M. de Mora, et c'était en me disant qu'il vaudrait mieux l'attendre. Je pris sur moi de ne pas lui écrire, et je crus après cet effort avoir triomphé du mouvement de ma passion.

Bon Dieu! que la raison est faible! et que les sacrifices qu'on lui fait sont misérables! Je me contentai donc de faire demander à M. de Mora de ses nouvelles, et si je le verrais ce jour-là. Il m'écrivit deux lignes que voici : « Vous
» me comblez de bontés, et je suis le plus malheureux et
» le plus injuste des hommes, je ne vous verrai plus que
» je ne sois plus calme; vous m'avez pardonné et peut-être
» oublié : le trouble où je suis est inexprimable. Vous ne
» voulez donc pas que je sache comment vous vous por-
» tez? »

Je relus vingt fois ce billet, et quand il aurait prononcé ma sentence je ne serais pas restée dans une plus grande consternation; mais je me souviens que ce qui pesait le plus sur mon âme, ce qui lui ôtait tout mouvement, était ces mots, *je ne vous verrai plus que je ne sois plus calme.* Je ne voyais point de terme à la privation qu'il m'imposait. Mon cœur était déchiré comme s'il m'avait dit : Je ne vous verrai jamais. Je fondis en larmes; mon âme était accablée de la pensée que je passerais la journée sans voir M. de Mora. Depuis trois mois il remplissait ma vie, et je passais tous les jours trois ou quatre heures avec lui; je n'avais jamais senti à quel point il m'était nécessaire, il ne m'en avait pas laissé le temps, il m'écrivait tous les matins, il me voyait tous les jours et il me prouvait qu'il aurait voulu me voir toujours : je n'avais donc point eu l'occasion de juger le sentiment qui m'attachait à lui; c'était le premier instant où M. de Mora m'abandonnait à moi-même, et je fus effrayée de ce que je trouvai dans mon âme.

Ah! madame, vous ne m'entendez point, vous m'avez dit que votre âme douce et tendre n'avait jamais senti les mouvements violents de la passion; aurez-vous assez d'indulgence pour pardonner ce que j'ai à vous peindre? Oui, j'ai fait serment de dire la vérité; voyez-moi donc telle que j'étais en ce moment, livrée tout entière à la passion la plus forte et la plus impétueuse. Je restai seule dans la nature; les devoirs, la morale, l'amitié, l'amour de la réputation, tout fut anéanti. Une voix s'élevait et faisait retentir ces mots jusque dans le fond de mon âme : Il faut désormais vivre ou mourir pour M. de Mora! De cet instant, je ne m'occupai plus de savoir si j'étais aimée, il ne fut plus question de ces discussions de l'amour-propre qui fait craindre de prévoir; et je ne voyais que M. de Mora, je l'aimais, et cela suffisait à mon cœur.

Je fus trois heures entières avec son billet dans mes mains, et à la même place où je l'avais reçu. Je m'étais enfermée au moment où on me l'avait remis. J'entendis frapper à ma porte, j'y allai, et ma femme de chambre m'apprit qu'il était deux heures, et qu'on allait venir me prendre pour dîner. À peine j'entendais ce qu'elle me disait; je répondis que je n'irais pas dîner, que je me trouvais mal et que j'allais me mettre au lit. Je fis défendre ma porte, je mandai à mon frère que j'avais besoin de repos et que je le priais de disposer de sa journée, parce que je voulais être seule. Je me mis en effet dans mon lit; je fis fermer mes fenêtres et ma porte, et je défendis que sous aucun prétexte on entrât chez moi.

Je me sentis soulagée de n'avoir plus à me contraindre; je voulais me recueillir, me calmer, me mettre en état de m'imposer une conduite, et malgré moi j'étais entraînée à ne voir, à ne sentir que M. de Mora; son malheur me bouleversait. Je me trouvais cruelle de lui avoir caché mon intérêt; et par un effet inconcevable de la passion, presque dans le même instant, je croyais que son malheur n'était point causé par moi, mais par le chagrin d'être séparé pour jamais de ce qu'il aimait. Cette pensée égarait ma raison, et je rentrais dans un état d'imbécillité qui ressemblait à la stupidité. Je passai ainsi depuis trois jusqu'à dix heures du soir, et j'aurais pu y passer ma vie, si je n'avais été avertie de la mesure du temps par le besoin que j'avais de savoir des nouvelles de M. de Mora; je sonnai, et mon premier mot fut :

— Allez-vous en savoir si M. de Mora n'est pas sorti de

la journée; sachez s'il n'est pas malade et si je ne le verrai pas demain.

Et savez-vous à qui je parlais? à mon frère qui était auprès de mon lit et que je ne voyais pas, tant mon âme avait troublé mes sens. Il me répondit qu'il allait donner ma commission, mais qu'il voulait savoir auparavant de mes nouvelles :

— Et moi je veux de celles de M. de Mora, dis-je.

Je sonnai sans l'écouter, et je répétai ce que je venais de dire : Allez vite et revenez de même; cependant s'il peut écrire, attendez.

Je disais tout cela avec tant de chaleur que mon frère me demanda si je n'avais point de fièvre; ce mot me ramena à moi et à lui, et je vis qu'il fallait me faire malade pour lui dérober la situation de mon âme :

— Oui j'ai de la fièvre, lui dis-je, j'ai la tête embarrassée, je crois même que j'ai un peu de délire; mais je me sens mieux, ne soyez pas inquiet; si je puis avoir quelques heures de sommeil, je serai guérie.

Il fit apporter de la lumière, il prétendit que j'avais le visage renversé; il était dans la plus grande inquiétude; j'en étais plus importunée que touchée; il me forçait à lui parler, et je voulais être toute entière à ma pensée et à l'attente des nouvelles de M. de Mora. Mon laquais revint avec un billet; mon frère m'offrait de le lire : je ne trouvais pas de mots pour le refuser, tant j'étais troublée; mais je me saisis de ce billet, et j'y lus ces mots :

« J'apprends que vous êtes malade; si j'avais pu espérer de vous voir, j'aurais couru auprès de votre lit. Je viens d'être saigné, mais demain je serai chez vous à dix heures, si vous ne me le défendez pas. »

Je me crus dans le ciel en apprenant que je n'avais plus

que douze heures à attendre ; la saignée m'inquiétait, cependant je me rassurai en disant : il serait venu sur-le-champ ; il n'est donc pas bien malade.

Je passai la nuit avec un peu plus de calme que je n'en avais eu dans la journée, c'est-à-dire que l'espoir de voir bientôt M. de Mora avait remis dans mon âme le sentiment du plaisir. Mais c'est alors que je m'aperçus que ma machine avait reçu une violente secousse : j'avais de la fièvre, et à peine pouvais-je me donner un mouvement sans avoir des battements de cœur qui me mettaient dans un état d'affaissement qui ressemblait à la mort ; je ne fermai pas l'œil, et je comptai les minutes dans l'attente de M. de Mora. Je ne connaissais pas cette espèce d'activité qui dévore l'âme et qui ôte la faculté de se distraire de sa pensée ; non, je ne connaissais point encore les mouvements de la passion. C'est M. de Mora qui m'en a fait éprouver les effets les plus violents et les plus profonds. C'est lui qui me créa une âme toute nouvelle ; c'est lui qui purgea ma tête de mille sottises qui l'avaient occupée jusque là. Enfin, je ne voyais plus que dans un point ; et à beaucoup d'égards j'en devins meilleure : j'oserais presque dire que l'amour devient une vertu ; qu'il élève et agrandit l'âme, quand son objet est doué, comme l'était M. de Mora, de tous les agréments et de toutes les qualités qui peuvent plaire, toucher et attacher.

J'étais dans une agitation et un trouble qui n'étaient cependant pas dénués de plaisir. Je sonnai à huit heures, il me semblait que j'en avançais le moment de voir M. de Mora : je fus vivement tentée d'envoyer savoir de ses nouvelles. C'est alors que je sentis tous les inconvénients que pouvait avoir cette saignée qui ne m'avait pas inquiétée la veille. Je me disais : Il était donc malade ! une saignée fait quelquefois grand mal; il va m'envoyer dire qu'il ne peut pas venir; mon Dieu ! il sera malade; que ferai-je ? J'étais dans cette perplexité, lorsqu'on vint me dire que Dubois était là (c'était le domestique de confiance de M. de Mora) :

« Qu'il entre, et sans l'écouter : Dubois, lui dis-je, M. de Mora est donc malade ?

— Non, madame, il envoyait voir s'il était jour et si vous vouliez le recevoir tout de suite ?

— Oui assurément, dis-je avec assez de calme ; sa réponse l'avait mis dans mon âme. J'ajoutai : Mais pourquoi cette saignée ?

— C'est, me répondit Dubois, que M. le comte a des accès de mélancolie, et dans cette disposition le sang lui porte à la tête, et hier il a été toute la journée si souffrant et si triste qu'il s'est déterminé à se faire saigner. Il est déjà mieux ce matin, quoiqu'il n'ait pas dormi ; il était fort inquiet de la santé de madame, et je cours lui dire qu'il peut venir tout de suite. »

De cet instant je pris en affection cet excellent domestique ; jamais en effet il n'y en eut de plus attaché à son maître : il ne l'a pas quitté dans toutes ses maladies, et c'est lui qui, à la mort de M. de Mora a été chargé de tout ce qu'il y avait de plus sacré, de mes lettres, d'une tablette précieuse, et d'une lettre pour moi, écrite trois ou quatre heures avant le moment funeste qui nous a séparés pour jamais.

Je dois encore ajouter que ce fidèle domestique n'a jamais été le confident de M. de Mora. Son âme était trop élevée, trop noble, trop grande, pour s'abandonner, avec un domestique, à une sorte de confiance dont si peu de gens sont dignes. Il me disait souvent : « Mon amie, nous

» n'aurons jamais besoin de confidents ; c'est la crainte ou
» la vanité qui en font chercher, et nos âmes sont au-dessus
» de ces petites passions. »

Mais je m'égare, madame ; je reviens donc au moment où ce laquais fut parti : mon âme ne se possédait plus ; je me mis sur mon séant, je fis avancer un fauteuil auprès de mon lit, et tout cela pour ne pas perdre une minute du temps où j'allais voir M. de Mora. Quand je fus prête, que je n'eus plus qu'à regarder la porte par où il devait entrer, je ne sais quelle voix s'éleva en moi, qui me demanda :

« Mais que lui direz-vous ? »

Je restai confondue de cette question ; et je vous avoue que j'aurais passé ma vie à y penser sans pouvoir y trouver de réponse. Je n'en eus pas le temps, car je crois que M. de Mora vola. Il ouvrit ma porte avec précipitation ; mon valet de chambre arriva derrière lui pour l'annoncer ; la porte se ferma ; et tout cela se fit dans un clin-d'œil.

Il vint à moi avec une sorte de transport, et à peine eut-il touché le bord de mon lit, je le vis pâlir : ses lèvres et ses mains tremblaient. J'avançai la main, et, sans toucher la sienne, j'étais tout auprès. Il ne fit pas un mouvement. Je ne sais combien nous passâmes de temps dans ce silence involontaire. Je levai les yeux ; je rencontrai les siens, et je crus lui répondre en lui disant :

« Vous avez été malheureux ?

» — Ah ! vous ne concevez pas à quel point je l'ai été ;
» mais, ajouta-t-il, vous avez été malade : vous êtes chan-
» gée ; votre voix est d'une faiblesse qui m'alarme ! »

Ce fut dans ce moment qu'il prit ma main, qui était toujours restée auprès de la sienne ; et, comme pour m'en demander la permission :

« Auriez-vous la fièvre? ah ! mon Dieu, oui, » s'écriat-il, « vous êtes brûlante ! »

C'est alors qu'il commença à trembler, mais à un tel excès qu'il m'effraya.

« Ah ! mon Dieu, remettez-vous donc ! cet état de trou-
« ble me gagne ; et je me sens si faible que vous allez me
» faire trouver mal. »

Il se jeta sur un fauteuil, appuya sa tête sur mon lit.

« Pardonnez-moi, me dit-il ; je me sens égaré : je vais
» tâcher de me posséder. Dites-moi comment vous êtes, et
» surtout dites-moi que vous ne me trouvez pas coupable.
» — Eh ! non, repris-je avec chaleur, vous n'êtes pas
» coupable. Sommes-nous libres ? et, dans un moment, ni
» vous ni moi ne pourrions nous rendre compte de celui-ci.
» — Ah ! la divine créature, dit-il en élevant les bras ;
» je n'ai jamais vu tant de bonté et d'indulgence !
» — Et moi, je n'ai jamais vu tant de prévention et
» d'illusion. Est-ce que vous avez besoin d'indulgence, et
» me croyez-vous assez insensible pour avoir de la bonté
» avec vous? »

Alors, il arrêta les yeux sur moi ; ses lèvres avaient du mouvement, et il ne prononçait rien.

« Mais calmez-vous, » lui dis-je ; « vous me faites mal !
» — Ah ! que je serais malheureux ! Plutôt mourir ! » dit-il, avec un accent si profond et si doux, que j'en tressaillis. Il s'en aperçut.

« Oui, je vous fais mal ; et je vous adore pourtant ! »

Et en prononçant ce mot, il tomba à genoux.

« Ah ! de grâce, monsieur de Mora, lui dis-je avec une
» voix qui avait à peine des sons, arrêtons-nous ! Je vous
» conjure, ayez un peu plus de force ; en grâce, relevez-
» vous. »

Et je lui tendis la main ; il la saisit, ses lèvres s'y collèrent, et il me semblait que c'était du feu. Dans le même instant je sentis sur ma main des larmes brûlantes. Il se releva ; et, s'asseyant avec l'accablement de quelqu'un qui va perdre connaissance, il me dit :

« Je me sens mal ; mais ne vous effrayez pas : quoi qu'il
» arrive, ne sonnez pas. »

Ces mots me renversèrent. Je cherchai mon flacon ; il le prit et en respira ; et, quelques moments après, il me dit, en me regardant avec une expression qui passa jusqu'au fond de mon cœur :

« Ah ! me pardonnerez-vous tant de faiblesse ? croirez-
» vous que mon respect est égal à mon... »

Il s'arrêta ; et, en baissant les yeux, et d'une manière à peine prononcée, il ajouta :

« Non, jusqu'ici je n'avais point aimé ! »

J'étais dans un silence que je ne pouvais surmonter, et qui le jeta lui-même dans cette disposition. Je ne sais combien il se passa de temps : je vis qu'il s'en alarmait ; il se leva, et avec un ton où il y avait de la force et de la fermeté, il s'approcha tout près de mon lit, et me dit :

« Qu'ordonnez-vous, madame ? dois-je vous fuir tou-
» jours, ou ma vie vous est-elle dévouée à jamais ?

» — Ah ! vous manquez de générosité, m'écriai-je ;
» dans le trouble où je suis, comment pouvoir prononcer
» sur le premier intérêt de ma vie ?

» — Vous me mettez dans le ciel, me dit-il avec trans-
» port ; oui, je vous le jure, vous pouvez disposer de moi,
» de ma fortune, de tous mes biens ; je n'ai plus qu'un objet
» dans la nature, je n'ai plus qu'un intérêt, je ne connais
» plus qu'une volonté. Oui, madame, quelle que soit cette
» volonté, tenez-vous assurée qu'elle sera la règle de toutes

» mes actions, et je vais prononcer des mots qui vont vous
» faire sentir tout votre pouvoir : si vous me condamnez
» ce soir à partir, à ne plus vous voir, vous serez obéie.

» — Hélas ! repris-je avec attendrissement, je vous de-
» mande une grâce et ne vous ordonne rien : c'est de laisser
» un peu de repos à mon âme ; ne croyez point, ajoutai-je,
» que ce soit pour éluder de vous répondre.

» — Ah ! ciel, dit-il, vous soupçonner de mettre de l'art
» dans votre conduite ! n'êtes-vous pas toute puissante ? et,
» pour vous le prouver, je vais me taire. Dites-moi donc,
» ajouta-t-il avec le ton animé, avez-vous vu un médecin ?
» Aviez-vous la fièvre hier ? Je le crains ; du moins l'aviez-
» vous quand je suis entré. Êtes-vous aussi brûlante ? »

Et il fit un mouvement pour prendre ma main, qu'il
retint sur-le-champ.

« Je suis mieux, dis-je, et si vous vouliez je serais tout-
» à-fait bien, parce que je crois que j'ai besoin de prendre
» quelque chose, et j'imagine que le chocolat me fortifie-
» rait ; et vous, en avez-vous pris ?

» — Non, dit-il, je l'ai oublié.

» — Eh bien ! je vais en faire apporter. Voilà une sin-
» gulière manière, lui dis-je avec gaîté, de traiter deux
» malades ; remarquez que vous ne m'avez pas encore dit
» pourquoi vous vous êtes fait saigner.

» — Mais Dubois vous l'a dit, répliqua-t-il, car je vous
» prie de croire qu'il ne m'a pas laissé ignorer cette marque
» de votre bonté.

» — Je suis bien sûre qu'il ne vous l'a pas dite tout en-
» tière, car vous sauriez que lorsqu'on me l'a annoncé je
» tremblais qu'il ne vînt dire que cette saignée vous avait
» fait mal et que vous ne pouviez pas venir.

» — Vous m'avez donc supposé à l'agonie ?

» — Mais en vérité, dis-je en riant, depuis que vous
» êtes là vous m'en avez presque donné l'effroi.

» — Il est vrai qu'il y a un instant où j'ai craint de
» m'évanouir ; mon Dieu, que j'aurais été malheureux de
» vous causer cet embarras !

» — Embarras n'est pas le mot propre.

» — Dites-moi donc celui qu'il faut que je mette à la
» place, » reprit-il avec vivacité.

Le chocolat arriva, cela me dispensa de répondre.

Nous continuâmes à causer jusqu'à midi. Mon frère vint savoir de mes nouvelles, il marqua de l'intérêt à M. de Mora, et ils sortirent ensemble, parce que j'en avisai M. de Mora.

« Bonjour, lui dis-je avec liberté, si vous n'avez rien à
» faire ce soir, je serai ravie.

» — Vous croyez bien que cette saignée va me servir
» d'excuse pour huit jours de souper au moins.

» — C'est en tirer le meilleur parti.

» — Oui, et c'est vraiment le moyen qu'elle me fasse
» du bien, » répondit-il ; et il s'en alla.

Mon Dieu ! madame, concevez-vous l'extrême changement qu'il y avait en moi, du moment où M. de Mora était entré dans ma chambre à celui où il en sortait ? La durée d'un an, de dix ans, n'apporte pas une telle révolution dans une âme calme et une tête raisonnable : je ne me connaissais plus, je ne me retrouvais plus, j'étais contente, j'étais heureuse, j'étais plus que tout cela ; mon âme était enivrée de ce plaisir si doux et si profond que fait éprouver le commencement d'une passion partagée par un objet qui vous paraît mériter l'amour et le culte de toutes les créatures sensibles.

Je vais vous laisser penser un moment à mon bonheur ;

cela mettra un sentiment doux dans un cœur que j'ai déchiré si souvent par le récit de mes malheurs et par le spectacle de mon désespoir. Hélas ! par quelle magie puis-je m'en distraire quelques instants? »

Avouez qu'il y a là-dedans bien de l'amour? Ces pages sont belles, le coloris en est vif et pur, l'exaltation n'a rien d'affecté ; mademoiselle de Lespinasse, dans ce chapitre de son roman, raconte l'amour non pas comme elle l'a éprouvé, mais bien comme elle l'a rêvé : or, pour certaines natures passionnées jusqu'au délire, le rêve est la seule réalité possible. L'aveu est complet, le récit est formel ; on dirait que ces détails ont été empruntés à quelque grave récit de Crébillon fils. En vain mademoiselle de Lespinasse, lorsqu'elle écrivait ces pages à la Sapho, se disait-elle que ces lignes ne seraient lues par personne; soyez sûr que la pauvre femme aura hésité bien longtemps avant que d'en venir à ces confidences intimes ; mais enfin la passion est plus forte, il faut qu'elle se fasse jour. Il faut que cette amoureuse, assise sur les débris de son amour, s'amuse à pleurer amèrement sur le conte qu'elle se fait à elle-même. Tant pis pour notre bonne renommée ! tant pis pour notre pruderie ! Nous allons exposer toutes les plaies de notre cœur ; mais qu'importe? pourvu que notre vanité y trouve son compte aussi bien que notre passion. On verra enfin que nous n'avons pas été ce qu'on appelle : *une vieille fille* ; on verra que, toute laide que nous étions, nous avons été aimée plus que les plus belles; notre esprit nous a valu tous les droits de la coquetterie et de la jeunesse ; et que, à notre char s'est attelé le plus beau jeune homme de l'Espagne amoureuse et galante !

Or voilà dans quelle espérance justement, mademoiselle de Lespinasse a écrit ces mémoires. Ils ont été écrits en cachette, mais avec des transports qui tenaient du délire. Hélas ! on n'a pas lutté, pendant quinze ans, contre les passions de sa tête et de son cœur ; on ne s'est pas fait, à soi-même, cette longue violence de paraître uniquement occupée de causerie et de littérature ; on n'a pas donné ces grands coups de bâton à son enthousiasme intérieur, ces froids démentis au feu qui brûle, sans que l'âme vaincue finisse par s'avouer, à elle-même, sa propre défaite. — Nous comprenons donc, très-volontiers, les confessions de cette femme, nous comprenons qu'elle ait gémi, qu'elle ait pleuré, qu'elle ait meurtri sa poitrine de douleur et de rage, qu'elle se soit passionnée au seul souvenir de ces futiles amours, qu'elle ait embelli, dans un portrait de pure fantaisie, l'image de son amant ; ce que nous comprenons beaucoup moins, c'est que mademoiselle de Lespinasse, se racontant à elle-même *son songe d'été*, se soit vue forcée d'arranger ses personnages dans de certains habits et sous de certains noms qu'ils n'ont jamais portés. Pourquoi n'être pas sincère, dans une histoire que l'on se raconte à soi-même ? pourquoi se mentir à soi-même ? à quoi bon changer le lieu de la scène ? pourquoi faire de d'Alembert, l'amant trompé, un bon frère complaisant et dévoué aux amours de sa sœur ? Certes, d'Alembert, cette figure triste et calme qui se montre au milieu de ces tumultes, eût produit un grand effet dans cette histoire, si on l'eût respecté dans sa véritable douleur. Mademoiselle de Lespinasse a fait des choses plus difficiles, dans ces pages que nous venons de lire, elle a avoué qu'elle était *laide !* Elle l'a dit à plusieurs reprises et elle l'a dit avec l'orgueil d'une femme d'esprit. Pourquoi n'a-t-elle pas continué comme elle avait commencé ? Quel beau livre elle eût fait là, si elle s'était dit à chaque ligne : Courage ! Jean-Jacques Rousseau ne sera pas le seul à écrire le récit de sa vie ! Pensons à nous, à nous seule, et nous repaissons de nos intimes douleurs, ce sera autant de gagné sur la souffrance !

Courage ! ce n'est pas à une amie que nous racontons ces intimes douleurs, nous les racontons à nous-même, à nous qui les avons ressenties, à nous qui avons courbé la tête sous ces orages, à nous qui pansons, en secret, ces blessures cruelles ! Nous plaindre ! — Eh ! nous n'avons même pas le droit de gémir ! Pleurer sur nous !... à peine si nous pouvons pleurer tout bas quand, par hasard, notre porte est fermée, quand tout fait silence autour de notre esprit, et qu'il nous est permis d'interroger notre âme en ses plus secrètes douleurs !

Si en effet, elle avait eu cette fidélité pour elle-même, mademoiselle de Lespinasse aurait fait tout simplement un chef-d'œuvre d'amour, car vraiment, quand elle est dans le vrai et, à mesure que la douleur élève la voix dans ce roman intime, on se sent ému, on se sent intéressé, on prend en pitié cette pauvre femme qui a tant souffert, on la plaint pour ses souffrances d'abord, et ensuite pour cette nécessité cruelle de les dissimuler et de sourire, à l'instant même où ces larmes dévorantes retombent sur son cœur.

Un autre intérêt nous gagne, à la lecture de ces passages d'une passion inattendue dans la vie de cette femme bel-esprit, c'est que nous sommes tentés de savoir gré à ces années galantes, les dernières du règne de Louis XV, de nous montrer, de temps à autre, une passion bien sentie. Pourtant les histoires d'amants fidèles ne manquent pas, même sous le règne de madame de Pompadour. Toutes ces femmes amoureuses et inconstantes finissent toujours par revenir à l'objet de leurs préférences. Quand une fois elles se sont mises à aimer, elles aiment à la rage. Celle-ci voyant son amant à Saint-Lazare, se tue pour rendre sa liberté à ce fils de famille, et la lettre de la malheureuse victime, éloquente et touchante, fait pleurer toute cette belle compagnie. Celle-là met en gage sa vaisselle et ses diamants, ornements princiers de sa beauté, pour payer les équipages du héros qui va gagner la bataille de Fontenoy. Coraline, attachée au comte de La Marche, s'en va défier une princesse du sang royal, et elle arrache son amant à la femme légitime. Un drame véritable, c'est l'histoire de madame Billioni. Son enfance avait été des plus malheureuses; elle était la fille d'un danseur de corde, et à cinq ans elle faisait le métier des bateleurs. — A douze ans, elle avait dansé à la cour et enlevé tous les suffrages; à quinze ans, elle chantait les rôles d'amoureuses de la Comédie-Italienne, et tout Paris s'enivrait de ces mélodies inconnues. Elle chantait si bien, sa voix était si belle! Elle avait du feu dans les yeux, des bonheurs dans la voix. Rien n'était beau comme la Billioni... et personne n'était plus sage. Hélas! un jour, par un malheur, elle vit le beau Clairval, elle l'aima, de toutes les forces de son âme, et la voilà perdue! Clairval se laissa aimer de cette malheureuse femme, mais il la traîna dans ses vices; il en fit la victime de son jeu, de ses débauches, de ses dettes, de ses lâchetés... Cachée dans un fiacre, elle le suivait à la trace, elle l'attendait la nuit, toute la nuit, à la porte des tripots; voir passer l'ombre de cet homme, et elle était heureuse! A ce rude métier, sa voix se perdit, son talent se dissipa, sa beauté se flétrit; cette charmante jeunesse, sortie pure de la fange, fut flétrie à vingt-cinq ans !... et la pauvre femme expira, un soir d'hiver, sur une borne où elle était montée, pour voir une dernière fois, à travers les vitres d'un cabaret, son amant qui soupait avec des filles du quartier.

Il n'y a pas de roman qui ne tienne à l'histoire par un certain côté. — *Manon Lescaut*, c'est de l'histoire, hélas !

Achevons cependant l'histoire de mademoiselle de Lespinasse et de ses amours.

LETTRE XI.

« J'ai à vous peindre les jours les plus heureux de ma vie, madame, je me hâte. Il me semble que c'est en jouir que de laisser reposer votre cœur sensible. Il partagea la disposition calme de plaisir où je passai près de deux mois : je n'avais pas un remords ; je voyais ce que j'aimais, je le voyais heureux, et si quelquefois il s'élevait quelques nuages de tristesse, nous en étions sinon plus heureux, du moins plus contents, parce que cette tristesse était toujours la preuve de l'impression de notre tendresse. M. de Mora vint passer la soirée avec moi, et par un excès de délicatesse dont son âme était seule capable, il ne me parla point de ce qui s'était passé le matin. Il me fit cent questions sur ma santé, avec cet intérêt qui ne laisse aucun doute sur le sentiment qui anime ; je ne pouvais venir à bout de le rassurer. J'étais bien, je le lui disais, et l'instant d'après il en doutait.

« Je ne sais, me disait-il, pourquoi votre santé est le
» seul article sur lequel je ne puisse pas vous croire au
» premier mot.

» — J'ai la même défiance avec vous, lui disais-je,
» ainsi je ne suis point blessée de ce que vous doutez de
» ma véracité.

» — Eh bien ! reprit-il avec chaleur, engageons-nous
» avec sermens, de ne jamais nous tromper à cet égard,
» présents comme absents, car je sens que je mourrai
» dans ma triste garnison, si je joins à mon regret l'in-
» quiétude de votre santé.

» — Je vous promets, lui répondis-je, de ne pas vous
» laisser ignorer un de mes mouvements, une de mes pen-
» sées, et de vous envoyer le bulletin de mon état physi-
» que et moral dans un si grand détail que je vous en en-
» nuierai ; mais pour ne point laisser d'avantages sur moi,
» je veux...

» — Ah ! je vais au-devant, dit-il, je m'engage à vous
» dire comment j'aurai passé mes soirées, à vous rendre
« compte de mes journées ; je vous dirai ce que j'aurai
» vu, ce que j'aurai dit ; enfin, rapportez-vous-en à
» moi ; je ne vous ferai grâce de rien. Ce ne seront pas
» des lettres que nous nous écrirons, ce sera le journal de
» notre vie, et j'espère que vous lirez ce journal avec en-
» core plus d'intérêt que celui de Choisi que vous m'avez
» fait lire ; mais en prenant le même engagement tous les
» deux, les conditions ne seront pas égales. Qu'il y a de
» bonté et de générosité à vous, à vouloir bien consoler,
» soutenir un malheureux exilé ! Le temps que vous m'ac-
» corderez sera pris sur des occupations agréables ; vous
» êtes à Paris, vous vivez dans la plus excellente société,
» vous en êtes aimée, chérie, vous avez des amis absents
» qui sûrement désirent et obtiennent beaucoup de vous ;
» où trouverez-vous donc le temps que vous me pro-
» mettez ?

» — Ah! je serai bien généreuse en effet, dis-je avec
» douleur, car je m'abandonnerai au besoin de mon âme;
» je tâcherai, j'essayerai de remplir le temps que je passe
» avec vous, à vous dire à quel point vous me manquez,
» et à peine pourrai-je faire ma consolation de ce qui fait
» aujourd'hui mon plaisir et mon bonheur.

» — Que vous allez me trouver coupable! me dit-il
» avec sensibilité, je ne voudrais pas au prix de ma vie
» adoucir ni diminuer le regret que vous me montrez. Ce-
» pendant je donnerais mille vies pour votre bonheur.

» — Mais mon Dieu, lui dis-je, combien s'est-il écoulé
» de temps depuis ce matin dix heures?

» — Un siècle, peut-être, reprit-il avec transport, mais
» ce qu'il y a de certain c'est que le temps que j'ai vécu
» s'est anéanti ; qu'importe en effet tout ce qui s'est passé?
» Mon âme, ma pensée, tout est rempli et fixé à jamais. Je
» ne sais, ajouta-t-il avec le ton étouffé, à quel bonheur
» ou à quel malheur vous me destinez, mais je vous jure de
» ne dater ma vie que d'aujourd'hui. Vous avez opéré un
» miracle en moi; ce que j'avais cru une passion, est à
» peine un souvenir. Oui, vous m'affligeriez à présent si
» vous exigiez que je vous contasse, comme je m'y suis en-
» gagé, tous les événements de ma vie. Laissez-moi croire
» que ce récit serait aussi déplacé pour vous que pour moi.
» Ah! nous n'avons pas besoin du passé, ajouta-t-il, n'est-
» ce pas déjà trop que d'être obligé de vivre en société,
» d'avoir des devoirs, des relations, des soins à rendre? En
» un mot, n'est-ce pas un vrai désespoir que de se voir
» sans cesse détourné d'une pensée qui absorbe toutes les
» facultés et enivre de plaisir et de bonheur? C'est de moi
» que je vous parle; me pardonnerez-vous de vous pein-
» dre une partie du bonheur que vous me faites éprouver?

» — Ah ! si je vous pardonne ! vous me justifiez tout ce
» que je sens.

» — Non, on ne meurt pas de joie, dit-il, mon âme ne
» se possède plus ; » et il lui fut impossible d'articuler une
parole de plus.

Nous restâmes dans un silence qui est peut-être ce que
la passion a de plus expressif. L'heure qui sonna nous fit
souvenir qu'il fallait nous séparer. « Adieu, M. de Mora,
» lui dis-je, entendez-vous ? voilà une heure, il faut nous
» séparer.

» — Oui, dit-il, nous séparer, mais non pas nous quit-
» ter. Mon Dieu, que ne peut-on arrêter le temps ! Mais
» comment êtes-vous à présent ? votre santé me trouble,
» parce que je m'en vais.

« — Je suis si bien, lui dis-je, que si vous voulez, nous
» irons demain matin nous promener à pied.

» — Oui vraiment, dit-il, il fait un temps admirable ; il
» y avait un monde infini aux Tuileries ce matin à midi ;
» quand je vous ai quittée j'y ai accompagné monsieur votre
« frère ; mais moi j'ai fui la bonne compagnie, je me suis
» promené sur les terrasses.

» — Pour vous éloigner davantage, lui dis-je, nous irons
» demain aux Champs-Élysées.

» — Vous me ravissez, dit-il, je craignais que vous ne
» préférassiez les Tuileries.

» — Oh ! non, vous me devinez mal ; vous deviez vous
» douter que je voulais me promener avec vous ; et dans un
» lieu si public, je n'y serais pas. Mais, adieu, à demain
» onze heures, dormez bien.

» — Gardez votre souhait, dit-il en riant, le sommeil
» serait un mal pour moi cette nuit ; cependant je désire
» que vous dormiez.

» — Si je voulais je vous ferais une querelle, mais bon-
» soir ; il sera plus de deux heures avant que vous soyez
» dans votre lit, et vous avez été saigné hier au soir.

» — Jamais je ne me suis si bien porté, dit-il, dans neuf
» heures je viendrai chercher de vos nouvelles. » Et sans
le savoir j'étais sur l'escalier à le reconduire. »

———

Ici s'arrête cette élégie amoureuse, écrite dans le style même de Tibulle. — Quoi ! tout de bon ? Oui, tout de bon ! — Ça commençait si bien ! — mais ça devait finir si mal ! Eh quoi ! on n'a plus rien su de ces amours ? — Plus rien, du moins du côté de mademoiselle de Lespinasse ! Elle a fermé son livre à ce chapitre, ce qui prouve non pas qu'elle n'avait plus rien à raconter, mais qu'elle n'avait plus rien à se dire. Dans l'intervalle d'un chapitre à un autre, la dame avait passé à un autre roman. — Adieu à celui-là et faisons fête à l'autre. — Donc, arrivés au beau moment de cette histoire, nous en sommes réduits à vous raconter cela comme une chronique du temps passé. Vous savez déjà que le monde avait applaudi au premier mariage morganatique de mademoiselle de Lespinasse, eh bien ! le monde fut aussi indulgent à propos de M. de Mora, qu'il l'avait été à propos de d'Alembert ! D'Alembert était un savant homme, oui ; mais le jeune comte était si séduisant ! — et puis mademoiselle de Lespinasse l'aimait d'un amour si vif ! on voulut voir les deux amoureux, et chacun leur fit fête ! — Ils s'aimaient, ils se voyaient, ils s'écrivaient. Les hommes criaient : Au miracle ! les femmes criaient : Au bonheur ! La vieille madame Du Deffant apprenant cette heureuse chance de son ancienne servante, pensa en crever dans sa peau.

Ces folles amours, qui étaient devenues un des événements de la ville et de la cour, finirent par inquiéter, dans le fond de son hôtel, ce vénérable espagnol de la vieille souche, M. le marquis de Fuentès, le père du comte de Mora. Le vieil espagnol avait commencé par s'amuser du caprice de monsieur son fils! — Un jeune homme de vingt-quatre ans et une fille bel-esprit qui en avait trente-six, la chose ne paraissait pas dangereuse au premier abord. — Cependant le jeune homme tenait bon; chaque jour, il arrivait, plus amoureux, aux pieds de sa maitresse; il s'enivrait de son esprit, de ses grâces, de sa tendresse; bref, M. le marquis de Fuentès finit par s'inquiéter de monsieur son fils, et il en écrivit tout simplement au roi son maître. — Un ordre vint, de la cour de Madrid, qui rappelait M. de Mora. Il fallut partir, et tout de suite, *car je le veux, moi le Roi!* Eh! si elle avait eu le loisir de nous raconter ses adieux, comme mademoiselle de Lespinasse eût été éloquente; mais enfin on se sépare, et l'on se dit adieu en se jurant... tout ce qui se jure au départ. En ce moment, mademoiselle de Lespinasse serait morte de honte si on lui eût dit que sitôt après cet amant perdu... Mais en ce moment M. de Mora emportait l'âme et le cœur de cette malheureuse et ne lui laissait que son esprit. Il avait bien promis de revenir! il avait bien promis d'aimer toujours! il semblait si amoureux, et en effet il écrivait tous les jours... Cela dura deux ans, deux ans d'angoisses, d'inquiétudes, de désespoirs, d'espérances... Pauvre d'Alembert, que ces deux années ont dû lui être longues et pesantes! Il assistait, témoin malheureux de ces transports dont il était jaloux, à tous les désespoirs de cette femme, qui semblait avoir tout perdu en perdant son amant. C'était l'amant outragé qui remplissait auprès de mademoiselle de

Lespinasse, le rôle cruel de consolateur. C'était d'Alembert qui donnait à cette inconsolable, la force, le courage ; c'était lui qui la consolait, lui qui disait d'espérer, lui qui, le matin, allait chercher les lettres de l'absent, à la poste, et quand il trouvait une lettre, il la rapportait en triomphe, plus heureux qu'un amoureux qui reçoit un billet doux pour son compte. — La philosophie est ma femme, disait-il pour se consoler ; mais il pleurait en secret de ne pouvoir plus aimer que celle-là.

On ne le croira pas, mais la chose est ainsi, d'Alembert fort en peine de voir cette pauvre femme qui dépérissait tous les jours, s'en va chez le célèbre docteur Lorry et le supplie, les mains jointes, de faire en sorte que le marquis de Fuentès rappelle M. de Mora à Paris ! — Mon ami, il le faut ; vous direz à l'ambassadeur que son fils est malade, que l'air de la France peut seul le ranimer, que ce jeune homme va mourir si on ne le rapproche pas de la femme qu'il aime... Disant ces mots, d'Alembert retenait ses larmes, et le bon docteur s'étonnait de ce philosophe obéissant à cette sincère, à cette touchante passion !

On fit tant que M. de Fuentès se laissa fléchir, et permit à son fils de revenir à Paris ; il s'avoua vaincu par tant d'amour. — Voilà nos amoureux au troisième ciel ! Ils vont donc se revoir ! Plus d'obstacles !... Mais au milieu du chemin, M. de Mora, qui n'était pas moins impatient que mademoiselle de Lespinasse, fut frappé d'un mal subit, il fut forcé de s'arrêter en route, et enfin après avoir langui six semaines, il mourut de la fièvre maligne à Bordeaux.

La suite de cette histoire est incroyable, vous voyez bien cette amante infortunée ! vous comprenez son immense douleur ! Elle remplit de son deuil et de ses sanglots la ville entière. Elle se désole, elle pleure, elle blasphème, elle oublie toute retenue, elle appelle M. de Mora disant qu'elle ne voulait plus vivre. Émue à ces accents de passion qu'elle avait oubliés depuis longtemps, la belle société de ce temps-là partage la douleur de cette infortunée qui pleurait avec tant d'énergie et de sincérité l'amant qu'elle avait perdu. — On s'abordait dans les rues en parlant de mademoiselle de Lespinasse et de M. de Mora, non jamais même les douleurs de Julie et de Saint-Preux n'ont rencontré plus de sympathies que n'en trouvait mademoiselle de Lespinasse dans l'âme des plus honnêtes gens.

O vanité, vanité! de ces douleurs, vanité de ces désespoirs, de ces amours! Voilà donc une femme de quarante ans qui trouve moyen de faire pleurer tout ce beau monde qui ne pleurait guère, sur les misères de son cœur, et cette même femme, quand tout Paris s'occupe à la consoler, à la tirer de cet abîme où elle se plonge.... elle avait passé soudain à de nouvelles amours sans attendre même la mort de ce jeune homme, elle avait oublié en vingt-quatre heures cet homme tant aimé, tant pleuré, qu'elle voulait suivre dans ce tombeau ouvert avant le temps! Ces secondes amours qui éclatèrent comme une bombe et dont personne ne s'était douté (exceptons d'Alembert!) furent un des scandales du siècle passé, elles indignèrent ces hommes et ces femmes, honteux de leurs sympathies si mal placées, elles soulevèrent une immense clameur de haro! Quelle indignité, disait-on, mademoiselle de Lespinasse a fait de nous autant de dupes, elle s'est moquée de notre pitié, elle s'est jouée de nos affections, elle nous a fait croire à un drame qui se tournait en comédie! — honte sur cette femme qui s'est livrée à M. de Guibert quand M. de Mora vivait encore, quand, chaque jour, M. de Mora agonisant, lui adressait de nouvelles tendresses ! — Et c'est ainsi que pendant vingt-quatre heures, mademoiselle de Lespinasse, l'âme de d'Alembert, la souveraine dominatrice de la conversation parisienne, est devenue pour ainsi dire une réprobation !..... Heureusement pour elle que mademoiselle de Lespinasse était morte lorsque le grand scandale de ses amours fut divulgué, elle serait morte de honte, la plus douloureuse des morts et la plus irrémissible.

> Hélas ! du triste sort dont la honte me suit
> Jamais mon triste cœur n'a recueilli le fruit !

L'objet de ce second amour sitôt conclu, l'homme à qui cette infortunée s'est livrée, à la première vue, était loin de ressembler à ce poétique M. de Mora. M. de Mora était, à le bien prendre, un peu tourné comme les héros de roman. Il était jeune, il était beau, il venait d'Espagne, le pays des galanteries, des sérénades, le pays de féérie et de grandesse par excellence. Ajoutez qu'il avait pour lui d'autres excuses — un grand nom, une grande fortune, tous les petits mystères de la vie élégante d'un grand seigneur. — Le successeur de M. de Mora était au contraire un de ces cadets de famille qui ont leur fortune à faire, et qui la veulent faire à tout prix. Il s'appelait M. de Guibert et il était né, tout simplement à Montauban en 1743. A treize ans, il avait suivi son père le lieutenant-général qui le mena à la guerre d'Allemagne, sous les ordres du maréchal duc de Broglie, et il se battit comme se battent les jeunes gens, enfants de la cape et de l'épée. On fut content de lui, mais la guerre achevée, on oublia tout net, le jeune capitaine, et il s'en vint à Paris pour faire son chemin dans le monde des intrigues et des beaux-esprits. Le moment était bon, Paris ne s'occupait alors que de prose, de vers, de discours, de tragédies, d'opéras, de bouts rimés, de *synonimes*, de proverbes, de satires, d'énigmes, de logogryphes, de charades. Tout jeune homme était le bienvenu à faire ses prouesses dans cette mêlée littéraire, et pour peu qu'il passât sous le drapeau de la philosophie, il était sûr d'obtenir quelque brevet de génie, daté du beau milieu de Ferney, par le patriarche !

La première entrevue de M. de Guibert et de sa maîtresse improvisée vaut bien la peine qu'on la raconte. La languissante et malheureuse mademoiselle de Lespinasse se refusait à toutes les joies de ce monde, elle restait chez elle enfermée dans ses douleurs ; elle attendait chaque jour son amant, qui se mourait à Bordeaux, et qu'elle aurait dû rejoindre ; on eût dit une femme détachée de toutes choses, et qui ne songeait plus qu'à mourir. Cette langueur entrait dans son rôle, et en même temps elle venait de son cœur, deux grands motifs pour ne pas être guérie de sitôt ! D'Alembert perdait sa peine à vouloir consoler cette amante au désespoir, et à peine si la dame l'écoutait. Cependant un jour, triste journée, le philosophe obtint de son amie qu'elle assisterait à un dîner de beaux-esprits, chez madame Lebrun-Vigée, à Moulin-Joli. Madame Lebrun, qui est morte il y a peu d'années, est restée célèbre pour ce beau portrait de la reine de France, Marie-Antoinette, ce portrait qui est à Versailles, belle et fière image empreinte de grâce, de majesté et de cet éclat royal que donnent à la fois la couronne et la jeunesse. En ce temps-là (1772), madame Vigée était une femme à la mode, très-jeune, très-vive, d'un charmant esprit, moitié artiste, moitié femme du monde, très-recherchée, très-aimée et très-digne de tant de faveurs. M. le contrôleur-général qui aimait cette jeune femme, l'avait menée un jour à une maison de campagne nommée : *Moulin-Joli*, et quand il eut montré à l'artiste étonnée et ravie, toutes les beautés de ce beau lieu. — Madame, lui dit-il, vous êtes chez vous, et en même temps il lui offrit le contrat de vente sur un plat d'or. — On en causa beaucoup dans tout Paris, où pourtant ces sortes de galanteries n'étaient pas très-rares ; mais après le premier étonnement, chacun voulut voir *Moulin-Joli ;* la maison était si bien posée ! le parc était si rempli d'ombres et de murmures ! ces riches salons étaient décorés avec tant de goût ! Un si habile cuisinier ! — Bref, *Moulin-Joli* devint une fête, la belle propriétaire de cet enchantement n'eut plus que le choix des invitations, et, comme une femme qui sait profiter des avantages, elle choisissait de son mieux (1).

A l'un de ces dîners se trouvèrent d'Alembert et mademoiselle de Lespinasse, que d'Alembert avait amenée presque contrainte et forcée. M. de Guibert, fraîchement revenu de Corse, plein d'ardeur et d'ambition, soldat et poète, se trouvait à cette fête, et en sa qualité de nouveau venu, il attirait tous les regards. Il parla beaucoup de ses

(1) Madame Vigée avait réclamé vainement contre cette facile acquisition, personne ne voulut croire qu'elle n'avait pas acheté *Moulin-Joli*. Nous trouvons, à ce propos, le couplet que voici :

> Souffrez qu'un critique poli
> En public vous réponde,
> Vous possédez Moulin-Joli,
> Le plus joli du monde.
> Pourtant ne l'avez acheté,
> Meunière jeune et tendre,
> Et l'on enrage en vérité
> Qu'il ne soit pas à vendre.

guerres, de ses duels, de sa tragédie : *le Connétable de Bourbon*, de son livre sur la *Tactique militaire*. En même temps l'habile homme faisait entendre que le gouvernement du roi le menaçait de la Bastille, et il implorait d'un regard touchant, le secours des belles âmes contre la persécution ! — Que vous dirai-je ? en moins d'une heure, cette femme inconsolable, cette héroïne de l'amour, cette âme en deuil, cette créature au désespoir, se prit d'amour pour ce nouveau jeune homme ; son cœur battit avec sa violence accoutumée ! — *Voir*, *venir* et *vaincre*, telle était la devise de ce nouveau César. M. de Guibert vit d'un coup-d'œil et comme un très-habile tacticien qu'il était, le grand parti qu'il pouvait tirer de cette influence puissante... Bref, s'il fut aimé, en un clin-d'œil, il devint amoureux fou de mademoiselle de Lespinasse, la reine honorée, fêtée, et qui mieux est, la reine écoutée de ces brillants salons, dans lesquels l'auteur du *Connétable* voulait entrer à tout prix.

Quoi ! amoureux tout de suite, au premier coup-d'œil, quand M. de Mora n'est pas mort encore, quand tout Paris célèbre les malheurs de mademoiselle de Lespinasse, quand d'Alembert vient de pardonner à l'infidèle ! Cela vous étonne, mais la chose fut ainsi faite, et M. de Guibert n'eut pas de peine à consoler cette femme inconsolable. — Vous lirez tout-à-l'heure *les Lettres à M. de Guibert*, et vous verrez s'il était possible de montrer à un homme si peu amoureux, plus d'enthousiasme et plus d'amour. Pauvre femme ! je la plains plus que je ne la blâme ! je me figure ses luttes intérieures, ses hésitations, ses remords, ses sommeils troublés fréquemment par les visions de l'amant qui *menace* de revenir, âme confiante et dévouée ! Je vois d'ici toute la peine que cette malheureuse créature s'est donnée pour tenir dans l'ombre cet amour dont elle rougissait, et pour le cacher si bien que d'Alembert lui-même n'en put rien savoir. A-t-elle assez tremblé! a-t-elle dissimulé ses intimes souffrances! Elle aimait M. de Guibert, mais elle l'aimait de cet amour inquiet, malheureux, humilié, qui ne peut pas compter sur le lendemain, tout au plus peut-il compter sur l'heure présente. Elle aimait M. de Guibert, mais elle estimait M. de Mora, et elle tremblait à la seule idée de le revoir, lui, ce jeune homme tant pleuré! Cependant elle veillait à la fortune de l'homme préféré, elle s'occupait de ses moindres écrits, elle rêvait pour lui, les honneurs de l'Académie française, et en attendant qu'elle imposât ce nouveau candidat à d'Alembert, elle sollicitait le prix d'éloquence pour son protégé. Elle fit plus, elle le recommanda avec toute la chaleur d'une amitié dévouée, au nouveau ministre de la guerre, M. le comte de Saint-Germain, et celui-ci, rencontrant un homme qui avait été approuvé du roi et de la reine, qui avait d'utiles idées de réformes, qui tenait en même temps à l'armée et aux belles-lettres, n'hésita pas à l'employer. —

Quel malheur pour mademoiselle de Lespinasse! Lorsqu'il se vit, tout à la fois, brigadier des armées du roi, puis maréchal de camp, membre et rapporteur du conseil d'administration de la guerre, inspecteur d'infanterie, quand il vit son père gouverneur des Invalides, quand il comprit que toutes les carrières lui étaient ouvertes, M. le comte de Guibert eut bien vite brisé mademoiselle de Lespinasse, échelon désormais inutile à sa fortune. — Il finit par un grand mariage, comme un homme prudent et sage qui rêve les grandeurs de l'avenir; là n'est pas le crime, le crime c'est d'avoir perverti l'âme, l'esprit, l'intelligence de cette femme qui, à tout prendre, méritait de mourir dans un certain entourage de considération et de respect.

Aussi je n'aime pas ce M. de Guibert; il a tous les aspects d'un hypocrite, il a toutes les lâchetés de l'ambitieux. De bonne foi! pouvait-il tomber amoureux des beaux yeux d'un Bas-bleu et tout en larmes qui allait avoir quarante ans? Comment a-t-il osé parler d'amour à cette pauvre folle, qui aurait dû voir, elle-même, combien elle était loin des grâces de la riante jeunesse? Mademoiselle de Lespinasse, au milieu de ces belles personnes amoureuses, de ces jeunes gens enivrés d'eux-mêmes, confidente volontaire des plus charmantes intrigues parisiennes, comment a-t-elle pu se laisser prendre au jargon, aux soupirs, aux mensonges de cet officier qui voulait être à la fois Folard et Corneille? J'en veux à cet homme d'avoir mis à profit les sentiments trop tendres de cette tête folle, et de n'avoir pas eu pitié de ce cœur trop tendre. Il pouvait jouer un beau rôle; il pouvait dire à la maîtresse de d'Alembert : — Mademoiselle, vous auriez tort d'outrager plus longtemps ce galant homme qui vous aime, et par qui vous êtes honorée. On ne trouve pas deux fois des cœurs comme celui-là, et c'est déjà un grand crime de l'avoir déchiré sans pitié par vos infidélités passées! Aimez-le ; tenez-vous à son ombre; marchez dans sa voie; entourez-le de soins et d'hommages; songez à tout ce qu'il a souffert pour vous et par vous; rappelez-vous enfin que cet homme, si bon pour vous, est en effet un des chefs de la société française, un des maîtres du temps présent, un des maîtres de l'avenir, et que, bon gré malgré, vous serez clouée à sa renommée : faites donc que ce soit par un clou d'or et de diamant.

Voilà ce que cet homme devait dire à mademoiselle de Lespinasse, quand cette fille malheureuse s'est jetée à sa tête; tenez-vous pour assuré que mademoiselle de Lespinasse eût compris ce noble langage : elle était faite pour le comprendre, et d'ailleurs, les remords qui s'étaient élevés dans son âme, dès le premier jour, parlaient assez haut pour qu'une voix amie et bienveillante fût écoutée dans les intervalles haletants de cette inconcevable passion.

— Que disons-nous ? Elle-même, mademoiselle de Lespinasse, elle avait averti M. de Guibert qu'elle aimait M. de Mora ; qu'elle l'avait aimé avec passion ; qu'elle l'aimerait éternellement. Elle l'avait prié et supplié de ne pas profiter de sa propre faiblesse ; elle se repentait, elle voulait rompre, elle voulait qu'à son retour M. de Mora la trouvât libre ; tout au moins demandait-elle le secret de ces nouvelles et inconcevables amours... La vanité de l'officier-poète ne put pas renoncer à l'honneur de régner sur cette âme éloquente ; il trouva lui-même que cela était noble et beau de détrôner M. de Mora vivant dans ce faible cœur que son amour avait rempli. En un mot, il voulut obstinément peser sur l'esprit de cette femme qui avait tant d'esprit. — Qu'arrive-t-il alors ? Ces deux créatures, si peu faites l'une pour l'autre, se réunissent violemment, et pour se déchirer. Elles s'aiment avec rage ; elles se disputent avec frénésie ; elles se jettent, à corps perdu, dans toutes les violences des amours mal assorties ; ce ne sont que : explications, plaintes, raccommodements, brouilleries qui s'entrechoquent ! — Cet homme ne pensait qu'à lui. Il voulait être duc et pair, cordon rouge ou bleu, et, chemin faisant, il n'était pas fâché de passer par l'Académie. Esprit médiocre, sans talent, mauvais poète, écrivain de régiment, âme lâche, perfide cœur ! De sa *Tactique*, rien ne reste ; de sa tragédie, rien n'est resté. Il fait des pièces de théâtre comme M. Massi (1), qui est resté trois mois à

(1) Auteur de la *Nouvelle École des Femmes*.

la Trappe, et qui en est sorti, jurant bien de n'y pas revenir. Il a fait des vers dans le genre de M. Gauthier de Mont-Dorge (1)

> Moi d'Agenor et de Palmia j'embellirais la fête !

Des vers de quatorze syllabes, des vers de grand seigneur. Il a été jaloux du *Brutus* de M. Framery, du *Pharamond* de M. Thomas, du *Cromwell* de M. Maillet du Clairon; et quand il a vu que mademoiselle Dangeville faisait recevoir et jouer *Cromwell*, il a pensé que mademoiselle de Lespinasse ferait bien réussir le *Connétable*. Honte à ces gens trop habiles et sans respect pour eux-mêmes, qui se servent des femmes pour parvenir ! Autant vaut cet officier général qui achetait sa croix de saint Louis à mademoiselle Renaud, la maîtresse du prince de Montbarrey.

Ces petits jeunes gens, ces dandys d'un autre âge, qui mènent de front l'ambition et l'amour, ne peuvent pas être mieux représentés que par M. de Guibert :

> Malgré leur tournure fragile,
> A courir ils perdent leur temps ;
> Ils sont importuns à la ville,
> A la cour ils sont importants.
> Chacun d'eux sans appel décide ;
> Au spectacle ils ont l'air méchant ;
> Partout la sottise les guide,
> Partout le mépris les attend.

M. de Guibert, en fait de poésie, est le confrère du chevalier de Langeac, de madame de Montesson, du marquis de Bièvre (le *Séducteur* vaut cent fois le *Connétable*), du

---

(1) Auteur de l'*Opéra de Société*.

baron de Mativet; mais au moins M. de Mativet s'est-il relevé par un mot charmant. Un laquais mal appris annonçait, chez mademoiselle de Lespinasse, les barons de Montmorency et de Mativet, c'est-à-dire le *premier baron chrétien* et un baron de comédie! Vous jugez des sourires! Mais M. de Mativet, sans se déconcerter : — *Voilà bien une preuve, Monseigneur, que les extrêmes se touchent,* dit-il à M. de Montmorency. J'aimerais mieux avoir dit ce mot-là, que d'avoir fait vingt tragédies comme la tragédie de M. de Guibert.

Cette tragédie fut introduite dans le monde par la mauvaise porte, par la porte des coteries. Je trouve dans les journaux du temps, les *réclames*, à propos du *Connétable*, et toutes ces *réclames* sentent plus ou moins la bonne compagnie. Hélas! mademoiselle de Lespinasse avait adopté le gros bagage de son amant, et elle faisait une affaire véritable, de ce drame malencontreux.

23 avril 1773. « On parle beaucoup d'une tragédie du
» *Connétable de Bourbon*, par M. de Guibert, le *sublime*
» auteur du discours préliminaire de l'*Essai sur la Tacti-*
» *que*. Ce jeune militaire ne peut se refuser aux sollicita-
» tions de ses amis, qui lui en demandent la lecture, et
» dernièrement, dans une maison où l'on ne devait se trou-
» ver qu'entre voisins, il se vit honoré d'un cercle de cent
» cinquante personnes. Tout Paris saura bientôt ce *chef-*
» *d'œuvre*, car on ne pense pas que cette tragédie puisse
» être mise à la scène. Elle fait un *bruit du diable* par les
» hardiesses dont elle est susceptible, et que l'auteur a fait
» valoir avec toute la vigueur de son *génie!* »

Enfin, après tant d'efforts, la pièce fut jouée à Versailles, où le *Connétable* tomba, malgré la protection de la reine; de la cour le *Connétable* passa à Paris, où la pièce fut sifflée, malgré les coteries, et peut-être à cause même de ces coteries, que le bourgeois, c'est-à-dire le vrai public ne pouvait pas souffrir, et qu'il confondait dans ses antipathies (1).

A Dieu ne plaise que je veuille vous raconter la tragédie de M. de Guibert; laissez-moi cependant vous citer les couplets d'une chanson qui aura rendu mademoiselle de Lespinasse bien malheureuse... et M. de Guibert donc?

>Le *Connétable* me plaît fort,
>Comme on y rit, comme on y dort !
>C'est une bonne pièce,
>Eh bien !
>Qu'on joue à nos princesses,
>Vous m'entendez bien ?

>François premier est un faquin,
>Angoulême est une catin,
>Et le vice à Versailles,
>Eh bien !
>C'était une trouvaille,
>Vous m'entendez bien ?

>Bourbon, pour nous faire enrager,
>Déserte en pays étranger,
>Puis il nous fait la nique,
>Eh bien !
>Aidé de la *Tactique*,
>Vous m'entendez bien ?

(1) Madame Geoffrin joue son rôle dans la comédie des *Philosophes,* et de toutes les impertinences de Palissot, ce n'est pas celle-là qui fut la moins applaudie ! madame Du Deffant tenait dignement sa place à côté de ses anciennes amies et camarades, Cathos et Madelon les *Précieuses Ridicules.*

Parmi les glaives, les mousquets,
Adélaïde court après
  Lui dire l'amnistie,
    Eh bien !
  Que Saint-Germain publie,
    Vous m'entendez bien ?

En vain Stuart son chevalier
Le couvre de son bouclier,
  Mais une balle adroite,
    Eh bien !
  Vous le tue en cachette,
    Vous m'entendez bien ?

Enfin meurent tous ces héros ;
Implorons Dieu pour leur repos,
  Prions-le qu'il nous laisse,
    Eh bien !
  Siffler un peu la pièce,
    Vous m'entendez bien ?

Ce vœu charitable fut exaucé ; la pièce fut sifflée à outrance, mais la reine l'avait protégée, mais le salon de mademoiselle de Lespinasse l'avait trouvée admirable, mais l'auteur du *Connétable* comptait sur la voix de d'Alembert pour le prochain fauteuil, mais enfin M. de Guibert était marié ; comme il n'avait plus besoin de la pauvre femme qui l'avait protégé, il l'avait brisée sans pitié, sans façon, sans même prendre garde qu'il venait de tuer cette femme, en déchirant le dernier lambeau de son cœur.

Hélas avant que cet ingrat fût arrivé à cette cruauté dernière, mademoiselle de Lespinasse avait déjà supporté mille morts. Elle avait vu son amour devenir une fatigue, et son orgueil avait été forcé de descendre jusqu'à la prière des femmes qui ne se sentent pas aimées ! M. de

Guibert fut cruel, impitoyable; il n'accorda pas un instant de répit à cette femme qui l'implorait, et quand par hasard, à force de supplications et de larmes, Julie lui avait arraché une visite... il comptait les minutes qu'il passait auprès d'elle. En un mot, il était las de cette femme, il n'en voulait plus, la vieille maîtresse l'obsédait; ses cris, ses larmes, ses remords, ses prières, ses plaintes, ses lettres même — des chefs-d'œuvre étincelants de tous les transports de l'âme humaine, tout ce qui venait de mademoiselle de Lespinasse fatiguait M. de Guibert! — Ce qui le retenait encore, c'était le succès même de cette maîtresse d'un jour. Jamais en effet mademoiselle de Lespinasse n'a été entourée de louanges plus vives, que dans les dernières années de sa vie. Paris ne se lassait pas de la voir et de l'entendre; elle était la fête infatigable de ce monde qui n'aimait rien tant que l'esprit, et qui avait placé, parmi ses vices l'esprit de chaque jour; elle, cependant, elle cachait ses larmes, elle dissimulait ses souffrances, elle se mourait, sans se plaindre; mais au contraire ce cœur sentit avec joie que son rôle était terminé! D'Alembert, le seul témoin de ces souffrances intimes, se demandait parfois d'où venait ce désespoir? — L'infortuné! Il n'a appris ce secret-là que plus tard!

Mademoiselle de Lespinasse eut encore assez de force pour tendre une main amie à la jeune madame de Guibert; elle eut un sourire pour cette jeunesse ignorante de toutes ces misères; mais c'en était trop, et désormais, honteuse et effrayée de son courage, mademoiselle de Lespinasse s'arrangea pour mourir, comme elle avait aimé M. de Guibert, en silence, cachant sa rougeur et ne demandant plus que l'oubli. — A personne, non pas même à son ami d'Alembert; elle n'avait osé demander son pardon!

Elle mourut le 23 mai 1776, à l'âge de quarante-quatre ans! (1) Personne, à la voir expirante, ne se doutait du véritable état de son âme; on nommait M. de Mora, on répétait qu'elle suivait M. de Mora au tombeau, et l'idée ne vint à personne que M. de Mora n'était dans ces douleurs que le prête-nom de l'ambitieux comte de Guibert. Quant à ce dernier, comme il ne trouvait pas un grand sujet de vanité et de vanterie dans la conquête peu difficile d'une femme inflammable à ce point-là, il avait précieusement gardé le secret de ses amours qui le servaient dans un certain monde, un secret qui l'eût perdu dans l'opinion des belles dames à la mode et des jeunes gens. Ce ne fut que plus tard, et lorsque la cause de cette mort prématurée ne fut plus un secret pour personne, que M. de Guibert fit imprimer son *Éloge d'Élisa.*

Élisa, dans cet éloge, c'était un nom de convention; — Sterne l'avait mis à la mode; on lit dans les œuvres de ce bandit charmant, un anglais qui a voulu se faire vif et qui

---

(1) Madame Doublet, dans son journal, inscrit ces quatre lignes d'une sécheresse désespérante... faites donc un grand bruit dans le monde, pour être traitée de la sorte, par vos confrères, les bas-bleus!

« 27 mai 1776 — mademoiselle de Lespinasse, très-connue dans le monde par l'asile qu'elle donnait à M. d'Alembert, par sa passion pour l'Encyclopédie, pour les encyclopédistes et les économistes, vient de mourir. Les Coryphées de ces deux cabales (les économistes et les encyclopédistes) la regrettent pour deux raisons : elle tenait un de ces bureaux de philosophie substitués aujourd'hui à ceux du bel-esprit. M. de La Harpe était un de ses nourrissons; elle ouvrait depuis quelque temps les portes de l'Académie, par son crédit sur le secrétaire qui mène la compagnie. Ce poète (La Harpe) est le dernier qu'elle y aura fait entrer. Le domaine a mis le scellé chez elle, ce qui confirme sa bâtardise. » — Et c'est tout.

a réussi, des lettres d'Yorick à Élisa, et comme mademoiselle de Lespinasse elle-même, avait contribué beaucoup à la popularité du *Voyage sentimental*, M. de Guibert emprunta le nom d'Élisa, suivant en cela l'exemple de mademoiselle de Lespinasse qui avait ajouté deux chapitres au *Voyage sentimental* (1).

Pendant que le tombeau de cette femme, qui laissait un si grand vide dans le monde des beaux-esprits, retentissait encore de mille louanges funèbres, et au milieu de l'empressement général que soulevèrent les prétendus malheurs de mademoiselle de Lespinasse, d'Alembert recueillait pieusement les dernières volontés et les derniers papiers de la femme qu'il avait tant aimée, et chose douloureuse! le malheureux homme découvrait, le premier de tous, ces fatales amours avec M. de Guibert, des faiblesses auxquelles il ne pouvait pas croire, même en ce moment que les preuves étaient sous ses yeux! Voilà donc le secret des froideurs de cette personne si aimée! voilà donc pourquoi ces irritations, ce malaise, ce mécontentement immense et cette ingratitude que d'Alembert ne s'était jamais avouée à lui-même, mais qu'il pressentait confusément et qu'il reconnaissait à cette *sécheresse* de l'âme et du cœur dont il s'était plaint si vivement (2).

(1) Ces deux chapitres ne représentent guère qu'un pastiche assez fidèle de la manière de Sterne. Ils ont été imprimés, deux ou trois fois, le second est écrit à la louange de madame Geoffrin : cela manque de verve, de vérité, de naturel, et ne vaut pas qu'on s'en occupe; mademoiselle de Lespinasse écrivait beaucoup mieux, quand elle s'appliquait beaucoup moins.

(1) Ce philosophe morose et tendre tout ensemble, poussait si loin la délicatesse et la tendresse, qu'il n'a jamais avoué que de l'amitié pour cette femme dont les infidélités lui ont fait tant de mal. C'est

La douleur du philosophe fut immense, il perdait d'un seul coup, toutes les espérances de l'avenir, toutes les illusions du passé. Il se disait, à n'en pas douter, que cette femme ne l'avait jamais aimé, qu'elle l'avait supporté tout au plus. Même dans l'expression de ses volontés dernières, après dix-sept années d'intimité, de confiance, de dévoûment, d'habitation commune, mademoiselle de Lespinasse n'avait pas songé à donner à son ami d'Alembert une seule excuse, à implorer sa pitié, à lui laisser après elle, quelque explication des folies de ce faible cœur. — Elle le nomma pourtant son exécuteur testamentaire, mais elle priait madame Geoffrin de payer ses dettes, et madame Geoffrin accepta ce dernier souvenir d'une amie à qui elle faisait une pension, depuis longtemps. Ce ne fut qu'en parcourant les papiers d'*Élisa* que d'Alembert fut mis au fait de ses erreurs.

On ne lira pas sans attendrissement l'oraison funèbre qu'il écrivit, au mois de juillet 1776.

ainsi qu'il écrit à Voltaire (3 mars 1776.) : « La personne à laquelle on me marie (dans les gazettes) est, à la vérité, une personne respectable par son caractère, et faite, par la douceur et l'agrément de sa société, pour rendre heureux un mari; mais elle est digne d'un établissement meilleur que le mien, et il n'y a entre nous ni mariage ni amour, mais de l'estime réciproque et toute la douceur de l'amitié. Je demeure actuellement dans la même maison qu'elle, où il y a d'ailleurs dix autres locataires; voilà ce qui a occasionné le bruit qui a couru. Je ne doute pas d'ailleurs qu'il n'ait été appuyé par madame Du Deffant, à laquelle on dit que vous écrivez de belles lettres (je ne sais pas pourquoi). Elle sait bien qu'il n'en est rien, de mon mariage; mais elle voudrait faire croire qu'il y a autre chose. Elle ne croit pas aux femmes honnêtes; heureusement elle est bien connue, et crue comme elle le mérite. »

AUX MANES

DE

MADEMOISELLE DE LESPINASSE.

22 Juillet 1776.

» O vous qui ne pouvez plus m'entendre; vous que j'ai
» si tendrement et si constamment aimée, vous dont j'ai
» cru être aimé quelques moments, vous que j'ai préférée
» à tout, vous qui m'auriez tenu lieu de tout si vous l'aviez
» voulu; hélas! s'il peut vous rester encore quelque senti-
» ment dans ce séjour de la mort après lequel vous avez
» tant soupiré, et qui bientôt sera le mien, voyez mon mal-
» heur et mes larmes, la solitude de mon âme, le vide af-
» freux que vous y avez fait, et l'abandon cruel où vous me
» laissez! Mais pourquoi vous parler de la solitude où je
» me vois depuis que vous n'êtes plus? Ah! mon injuste
» et cruelle amie, il n'a pas tenu à vous que cette solitude
» accablante n'ait commencé pour moi, dans le temps où
» vous existiez encore. Pourquoi me répétiez-vous, dix
» mois avant votre mort, que j'étais toujours ce que vous
» chérissiez le plus, l'objet le plus nécessaire à votre bon-
» heur, le seul qui vous attachât à la vie, lorsque vous étiez
» à la veille de me prouver si cruellement le contraire?
» Par quel motif, que je ne puis ni comprendre, ni soup-
» çonner, ce sentiment si doux pour moi, que vous éprou-

» viez peut-être encore dans le dernier moment où vous
» m'en avez assuré, s'est-il changé tout-à-coup en éloigne-
» ment et en aversion? Qu'avais-je fait pour vous déplaire?
» que ne vous plaigniez-vous à moi, si vous aviez à vous
» en plaindre? Vous auriez vu le fond de mon cœur,
» de ce cœur qui n'a jamais cessé d'être à vous, lors même
» que vous en doutiez, et que vous le rebutiez avec tant
» de dureté et de sécheresse? ou plutôt, ma chère Julie
» (car je ne pouvais avoir de tort avec vous), aviez-vous
» avec moi quelque tort que j'ignorais, et que j'aurais eu
» tant de douceur à vous pardonner si je l'avais su? Vous
» avez dit à un de mes amis, qui vous reprochait la ma-
» nière dont vous me traitiez, et dont vous vous accusiez
» vous-même, que la cause de votre chagrin contre moi
» était de ne pouvoir m'ouvrir votre âme, et me faire voir
» les plaies qui la déchiraient: ah! vous saviez par expé-
» rience que je les avais fermées plus d'une fois, de quel-
» que nature qu'elles fussent; et si vous aviez manqué à
» ma tendresse, vous m'avez ôté le plaisir si doux de vous
» dire comme Orosmane:

Ta grâce est dans mon cœur; prononce, elle t'attend.

» Mais pourquoi ai-je ignoré moi-même la peine que
» vous éprouviez de ne pouvoir me parler de vos maux?
» Pourquoi n'ai-je pas été au-devant de votre confiance,
» et prévenu par toute la mienne, l'épanchement où vous
» désiriez de vous abandonner avec moi? J'ai vingt fois été
» au moment de me jeter entre vos bras, et de vous de-
» mander quel était mon crime; mais j'ai craint que vos
» bras ne repoussassent les miens que j'aurais tendus vers

» vous. Votre contenance, vos discours, votre silence même,
» tout semblait me défendre de vous approcher. Je me
» flattais quelquefois de vous rappeler par mes larmes ;
» mais le triste état de votre machine souffrante et détruite,
» me faisait craindre même de vous attendrir. Pendant
» neuf mois j'ai cherché le moment de vous dire tout ce
» que je souffrais et tout ce que je sentais ; mais pendant
» neuf mois je vous ai toujours trouvée trop faible pour
» résister à la triste peinture et aux tendres reproches que
» j'avais à vous faire. Le seul instant où j'aurais pu vous
» montrer à découvert mon âme abattue et consternée, a
» été l'instant funeste où, quelques heures avant de mou-
» rir, vous m'avez demandé ce pardon déchirant, dernier
» témoignage de votre amour, et dont le souvenir cher et
» cruel restera toujours au fond de mon cœur. Mais vous
» n'aviez plus la force ni de me parler, ni de m'entendre ;
» il a fallu, comme Phèdre, me priver de mes pleurs, qui
» auraient troublé vos derniers moments, et j'ai perdu sans
» retour l'instant de ma vie qui m'eût été le plus précieux ;
» celui de vous dire encore combien vous m'étiez chère,
» combien je partageais vos maux, combien je désirais de
» finir avec vous les miens. Je paierais de tout ce qui me
» reste à vivre cet instant que je ne retrouverai plus, et
» qui, en vous montrant toute la tendresse de mon cœur,
» m'aurait peut-être rendu toute celle du vôtre. Mais vous
» n'êtes plus ! vous êtes descendue dans le tombeau, per-
» suadée que mes regrets ne vous y suivraient pas ! Ah ! si
» vous m'aviez seulement témoigné quelque douleur de
» vous séparer de moi, avec quelles délices je vous aurais
» suivie dans l'asile éternel que vous habitez ? Mais je n'o-
» serais pas même demander à y être mis auprès de vous,
» quand la mort aura fermé mes yeux et tari mes larmes,

» je craindrais que votre ombre ne repoussât la mienne, et
» ne prolongeât ma douleur au-delà de ma vie. Hélas !
» vous m'avez tout ôté, et la douceur de vivre, et la dou-
» ceur même de mourir. Cruelle et malheureuse amie, il
» semble qu'en me chargeant de l'exécution de vos der-
» nières volontés, vous ayez encore voulu ajouter à ma
» peine. Pourquoi les devoirs que cette exécution m'impo-
» sait, m'ont-ils appris ce que je ne devais point savoir,
» et ce que j'aurais désiré d'ignorer ? pourquoi ne m'avez-
» vous pas ordonné de brûler, sans l'ouvrir, ce manuscrit
» funeste, que j'ai cru pouvoir lire sans y trouver de nou-
» veaux sujets de douleur, et qui m'a appris que, depuis
» huit ans au moins, je n'étais plus le premier objet de vo-
» tre cœur, malgré toute l'assurance que vous m'en aviez
» si souvent donnée ? Qui peut me répondre, après cette
» affligeante lecture, que pendant les huit ou dix autres
» années que je me suis cru tant aimé de vous, vous n'a-
» vez pas encore trompé ma tendresse ? Hélas ! n'ai-je pas
» eu sujet de le croire, lorsque j'ai vu que, dans cette
» multitude immense de lettres que vous m'avez chargé de
» brûler, vous n'en aviez pas gardé une seule des mien-
» nes ? Par quel malheur pour moi vous étaient-elles deve-
» nues si indifférentes, malgré les expressions de sensibi-
» lité, d'abandon et de dévoûment dont elles étaient rem-
» plies ? Pourquoi, dans ce testament, dont vous m'avez
» fait le malheureux exécuteur, avez-vous laissé à un au-
» tre ce qui devait m'être le plus cher, ces manuscrits qui
» vous auraient rappelée sans cesse à moi, et où il y avait
» tant de choses écrites de ma main et de la vôtre ? Qui
» avait donc pu vous refroidir à ce point pour l'infortuné
» à qui vous disiez, il y a dix ans, que votre sentiment
» pour lui vous rendait heureuse jusqu'à être effrayée de

» votre bonheur? Vous vous êtes plainte, je le sais, et
» plainte avec amertume, surtout dans les derniers mois
» de votre vie, de ma bienfaisance pour la malheureuse
» famille d'un domestique coupable; vous avez laissé croire
» que ma compassion pour de pauvres enfants innocents que
» ce misérable laissait dans l'abandon et dans l'indigence,
» tenait à un principe moins louable que mon invincible
» pitié pour les malheureux : vous n'avez pas rougi de
» penser, et peut-être de dire que j'étais le *père* de ces
» créatures infortunées; vous avez fait cette cruelle injure
» à l'honnêteté de mon âme, dont vous avez vu tant de
» preuves, et à celle de mes sentiments pour vous; et vous
» avez supposé le motif le plus vil, à l'action peut-être
» la plus vertueuse de ma vie? Mais pourquoi vous faire
» des reproches dont vous ne pouvez plus vous justifier si
» vous ne les méritez pas? pourquoi troubler vos cendres
» de mes regrets, que vous ne pouvez plus soulager?
» Adieu, adieu, pour jamais! hélas, pour jamais! ma chère
» et infortunée Julie! Ces deux titres m'intéressent bien
» plus, que vos fautes à mon égard ne peuvent m'offenser;
» jouissez enfin, et pour mon malheur, jouissez sans moi,
» de ce repos que mon amour et mes soins n'ont pu vous
» procurer pendant votre vie. Hélas! pourquoi n'avez-vous
» pu ni aimer, ni être aimée en paix? Vous m'avez dit tant
» de fois, et vous m'avez encore avoué en soupirant, quel-
» ques mois avant de mourir, que de tous les sentiments
» que vous avez inspirés, le mien pour vous et le vôtre
» pour moi étaient les seuls qui ne vous eussent pas rendue
» malheureuse? Pourquoi ce sentiment ne vous a-t-il pas
» suffi? pourquoi a-t-il fallu que l'amour, fait pour adou-
» cir aux autres les maux de la vie, fût le tourment et le
» désespoir de la vôtre? pourquoi, lorsque je vous donnai

» mon portrait, il y a un an, avec ces vers si pleins de
» tendresse :

> Et dites quelquefois, en voyant cette image :
> De tous ceux que j'aimai, qui m'aima comme lui !

» pourquoi n'y avez-vous pas vu tout ce que j'étais encore
» pour vous, tout ce que je voulais être ? pourquoi n'avez-
» vous trouvé dans ces vers que de la *bonté*, et ne les avez-
» vous loués que par ce mot cruel ? mais surtout, pourquoi
» n'avez-vous cru trouver que dans la mort le bonheur et
» la tranquillité ? Hélas ! s'il reste encore quelque chose de
» vous, puissiez-vous jouir de ce bonheur que votre vie
» m'a fait goûter si peu, et que votre mort m'a fait perdre
» pour jamais ! Vous me faites éprouver, ma chère Julie,
» que le plus grand malheur n'est pas de pleurer ce qu'on
» aimait, mais de pleurer ce qui ne nous aimait plus, et ce
» que pourtant on ne peut plus retrouver. Hélas ! j'ai perdu
» avec vous seize ans de ma vie ; qui remplira et consolera
» le peu d'années qui me restent ? O vous, qui que vous
» soyez, qui pourriez sécher mes larmes, dans quel endroit
» de la terre êtes-vous ? j'irais vous chercher au bout du
» monde. Ah ! quelque part que vous existiez, si je suis
» assez heureux pour que vous existiez quelque part, en-
» tendez mes soupirs, voyez mon cœur, et venez à moi ou
» m'appelez à vous. Délivrez-moi de la situation accablante
» où je suis, de l'affreux abandon qui me fait dire à chaque
» moment que je rentre dans ma triste demeure : *Personne*
» *ne m'attend et ne m'attendra plus*. Tout ce qui s'offre à
» moi, ne sert qu'à me rendre ma solitude plus amère.
» Tout ce que je vois, tout ce que je rencontre, a un pre-

» mier objet; un attachement qui occupe et remplit sa vie;
» et moi je n'en ai plus, je n'ose plus même en espérer :
» il n'y a plus de place pour moi dans le cœur de personne.
» Ah! ma pauvre nourrice, vous qui avez eu tant de soin
» de mon enfance, qui m'avez mieux aimé que vos pro-
» pres enfants ; vous avec qui j'ai passé vingt-cinq années,
» les plus douces de ma vie; vous que j'ai quittée pour
» obéir à un sentiment plus tendre; vous que j'aurais dû
» ne quitter jamais; vous que j'ai perdue à quatre-vingt-
» douze ans; pourquoi n'existez-vous plus? J'irais demeu-
» rer avec vous, j'irais fermer vos yeux, ou mourir entre
» vos bras ; et j'aurais du moins encore, pendant quelques
» moments, la consolation de penser qu'il est quelqu'un au
» monde qui me préfère à tout le reste. Et vous, ma chère
» et cruelle amie, car je ne puis m'empêcher de revenir
» toujours à vous, et mon sentiment m'entraîne au moment
» même où je crois que le vôtre me repousse ; vous qui
» m'avez dédaigné après m'avoir aimé, qui avez cessé de
» sentir le prix de mon cœur, qui peut-être, hélas! ne l'a-
» vez senti jamais; où pouviez-vous trouver une âme plus
» faite pour la vôtre? Tout, jusqu'à notre sort commun,
» semblait fait pour nous réunir. Tous deux sans parents,
» sans famille, ayant éprouvé, dès le moment de notre nais-
» sance, l'abandon, le malheur et l'injustice; la nature
» semblait nous avoir mis au monde pour nous chercher,
» pour nous tenir l'un à l'autre lieu de tout; pour nous
» servir d'appui mutuel, comme deux roseaux qui,
» battus par la tempête, se soutiennent en s'attachant l'un
» à l'autre. Pourquoi avez-vous cherché d'autres appuis?
» Bientôt, pour votre malheur, ces appuis vous ont man-
» qué ; vous avez expiré en vous croyant seule au monde,
» lorsque vous n'aviez qu'à étendre la main pour retrouver

» ce qui était si près de vous, et que vous ne vouliez pas
» voir. Ah ! si votre vie eût été prolongée, peut-être la na-
» ture, qui nous avait poussés l'un vers l'autre, nous au-
» 'rait rapprochés encore pour ne nous séparer jamais.
» Peut-être eussiez-vous senti, car votre âme, quoique trop
» ardente, était honnête, combien je vous étais nécessaire,
» par le besoin même que j'avais de vous. Peut-être eus-
» siez-vous enfin cessé de vous faire le reproche que vous
» vous faisiez quelquefois dans des moments de calme et de
» justice, d'être aimée comme vous l'étiez par moi, et de
» n'être point heureuse. Mais vous n'êtes plus ; me voilà
» seul dans l'univers ! il ne me reste que la funeste conso-
» lation de ceux qui n'en ont point, cette mélancolie qui
» aime à s'abreuver de larmes, et à les répandre sans cher-
» cher personne qui les partage. Dans le triste état où je
» suis, une maladie serait un bien pour moi ; elle adouci-
» rait mes peines morales en aggravant mes maux physi-
» ques, et peut-être me conduirait-elle bientôt à la fin dé-
» sirée des unes et des autres. Un pressentiment secret,
» qui pénètre et adoucit mon âme, m'avertit que cette fin
» n'est pas éloignée. Mais, hélas ! quand je fermerai mes
» yeux pour la dernière fois, ils ne retrouveront plus les
» vôtres ; ils n'en verront pas même qui donnent des pleurs
» à mes derniers moments ! Adieu, adieu, ma chère Julie,
» car ces yeux que je voudrais fermer pour toujours, se
» remplissent de larmes en traçant ces dernières lignes, et
» je ne vois plus le papier sur lequel je vous écris.

Savez-vous rien de plus touchant que cette oraison funèbre, écrite avec tant de négligence et d'abandon que la

douleur se fait même sentir dans des citations inattendues ? Ces pages qu'on ne lit guère, parce qu'elles sont jetées au hasard, dans cette polémique ardente dont notre philosophe était le médiateur, font le plus grand honneur à d'Alembert, et il les faut lire avec respect. Quel rôle il a joué dans cette liaison malheureuse, et comme il se relève par le pardon qu'il jette à ce tombeau ! De tous les hommes de ce siècle, fameux par leurs amours, trouvez un amant comparable à d'Alembert, je n'excepte pas même ce gentilhomme d'une antique maison (1), qui dans une fureur d'amour pour une comédienne (2) se frappe d'un coup de couteau et, tout blessé, s'en vient de Grenoble, à cheval, pour expirer aux pieds de cette fille.

Mais cette première oraison funèbre ne suffit pas à d'Alembert, un an se passe, et pendant cette année terrible le malheureux homme a entendu, autour de lui, que l'on riait de sa misère ; il a vu le triomphe de l'impitoyable madame du Deffant ; il sait que la mémoire de la triste Julie est devenue un sujet d'ironie et de risée, il sait aussi toute la profondeur de cette misère ; il l'a étudiée, il l'a interrogée, il s'est dit à lui-même, tout ce que mademoiselle de Lespinasse a dû souffrir, il a appris à mieux connaître M. de Guibert ; il a vu son amie telle qu'elle était, dans ses derniers jours, si calme au dehors, si malheureuse au fond de l'âme ! Il a découvert que l'homme, pour qui elle est morte, l'accablait de ses dédains, de ses injures. Ici il faisait un crime à la pauvre femme de frémir à la musique du vieux Gluck, de pleurer aux mélodies du jeune Grétry, de se plaire aux vers de l'abbé Delille, à la prose de Chamfort, à l'amitié de

---

(1) M. de Sennectere, colonel du régiment de Haynault.
(2) Mademoiselle Adeline, de la comédie italienne.

M. de Malesherbes, à l'esprit de Voltaire, bien plus cet ingrat faisait un crime, à cette femme qui l'adorait, des échecs de sa propre muse, sa muse stérile, et il lui écrivait des injures, parce que l'Académie l'avait *flétri* d'un accessit ! — Le soir même où mourut mademoiselle de Lespinasse, M. de Guibert était à l'Opéra !

D'Alembert, touché de pitié, prend la plume une seconde fois, et il épanche ses douleurs devant ce tombeau oublié de tous.... déjà !

Écoutez ces dernières douleurs :

« Je reviens encore à vous, et j'y reviens pour la der-
» nière fois, et pour ne vous plus quitter, ô ma chère et
» malheureuse Julie ! vous qui ne m'aimiez plus, il est vrai,
» quand vous avez été délivrée du fardeau de la vie ; mais
» vous qui m'avez aimé, par qui du moins j'ai cru l'être ;
» vous à qui je dois quelques instants de bonheur ou d'il-
» lusion ; vous enfin qui par les anciennes expressions de
» votre tendresse, dont la mémoire m'est si douce encore,
» méritez plus la reconnaissance de mon cœur que tout ce
» qui respire autour de moi ; car vous m'avez du moins ai-
» mé quelques instants, et personne ne m'aime ni ne m'ai-
» mera plus. Hélas ! pourquoi faut-il que vous ne soyez
» plus que poussière et que cendre ! laissez-moi croire du
» moins que cette cendre, toute froide qu'elle est, est
» moins insensible à mes larmes que tous les cœurs glacés
» qui m'environnent. Ah ! que ne pouvez-vous m'enten-
» dre encore, et voir, comme vous l'avez vu tant de fois,
» votre sein baigné de mes pleurs ! Vous saviez si bien ai-
» aimer, votre cœur en avait tant besoin ! le mien partage
» ce besoin, hélas ! plus vivement que jamais, avec tant de
» force et de tendresse, que les accents de ma douleur pé-
» nétreraient votre âme et la ramèneraient à la mienne !

» Mais vous ne m'entendez plus, et tout ce qui vit est
» encore plus sourd que vous à ma voix plaintive et mou-
» rante. Je pleure, je me consume, j'appelle en vain à moi
» tout ce qui dans l'univers sait aimer : hélas ! personne
» ne me répond ; et mon âme, resserrée et comme anéantie
» au centre d'un vide immense et affreux, voit s'éloigner
» d'elle tout ce qui sent et qui respire. Il me semble que
» toutes les femmes à qui je pourrais ouvrir cette âme, of-
» frir ce cœur et demander quelque retour, me répon-
» draient comme on fait aux mendiants importuns, ou me
» diraient tout au plus avec une pitié cruelle : Vous venez
» trop tard. Deux ou trois, il est vrai, ont donné des
» larmes à mon malheur, et par quelques moments d'intérêt
» que je leur ai fait éprouver, intérêt à la vérité bien sté-
» rile pour moi, mais toujours doux pour un cœur op-
» pressé, m'auraient fait croire un instant qu'elles auraient
» pu me tenir lieu de vous, s'il était sur la terre un être
» qui pût vous remplacer pour moi. Mais, hélas ! elles ne
» veulent ou ne peuvent m'offrir qu'un sentiment froid et
» vulgaire, une amitié qui suffirait peut-être au bonheur
» d'un autre, mais qui ne ferait que tourmenter et affamer
» mon âme active et dévorante ! Ignoraient-elles, pour leur
» bonheur ou pour leur malheur, que l'*amour*, comme le
» dit l'Écriture, *est fort comme la mort* ; que ce sentiment
» doux et terrible repousse tout ce qui n'est pas lui, et
» plus encore tout ce qui voudrait en tenir la place ; que
« dans un cœur qui en est aussi pénétré que le mien, même
» lorsqu'il n'a plus d'objet, la simple amitié est une affection
» bien languissante, et que celle qu'on lui offre est presque
» un outrage. Ah ! le véritable amour est sans doute bien
» caractérisé par ce vers charmant du Tasse :

Brama assai, poco spera, e nulla chiede,
Désire, a peu d'espoir, et ne demande rien. (1).

» Mais moins il espère, moins il demande; plus il s'of-
» fense et s'afflige quand on lui offre autre chose que ce
» qu'il désire et qu'il n'a plus. Que dis-je, et de quoi puis-je
» me plaindre? Ces créatures douces, honnêtes et sensibles
» à qui je raconte mes peines, et qui veulent bien les en-
» tendre et les sentir, me donnent tout ce qu'elles peuvent
» me donner, et plus encore que je n'ai mérité d'elles? Si
» j'étais assez heureux pour qu'elles éprouvassent à mon
» égard ce sentiment qui ferait mon bonheur, pour-
» quoi se refuseraient-elles au plaisir si doux de me le
» montrer, à celui de prononcer ces mots célestes : Je vous
» aime, les seuls qu'aujourd'hui je désire d'entendre dans
» la nature devenue sourde et muette pour moi! Quelle
» différence de ce plaisir divin au petit manége de la co-
» quetterie, et aux froids ménagements de la réserve, si
» indignes d'un cœur fait pour aimer. Ah! ciel, quelle
» douceur une âme aimante eût répandue sur des jours
» qui ne vont plus être remplis que d'amertume! avec
» quelle tendresse, quel abandon, quel respect, quelle dé-
» licatesse, elle aurait été aimée! Mais où m'égare une
» vaine illusion? Ah! si aucune créature ne prononce pour
» moi ces mots : Je vous aime, c'est qu'aucune ne les sent
» pour moi. Eh! malheureux que je suis! pourquoi les
» sentirait-elle! de quel droit, à quel titre oserais-je l'exi-

(1) Voltaire a traduit ces deux vers dans son poème :

C'était un jeune homme de bien
Qui désirait beaucoup et ne demandait rien.

» ger ou l'espérer ? Je ne saurais trop me redire ces mots
» de la romance d'Aspasie, que je relis tous les jours :

Si réclamez sa douce fantaisie,
Elle dira : Que ne l'inspirez-vous !

» Et ce qui rendra mon malheur éternel, je n'espère plus
» retrouver dans aucun autre cœur ce que j'avais obtenu
» quelques moments du vôtre. La cruelle destinée qui me
» poursuit dès ma naissance, cette destinée affreuse qui
» m'a ôté jusqu'à l'amour de ma mère, qui m'a envié cette
» douceur dès mes premières années, me ravit encore la
» consolation des dernières. O nature ! ô destinée ! je me
» soumets à ce fatal arrêt de mon sort, comme une inno-
» cente et malheureuse victime ; je vois, avec Horace, la
» fatalité enfoncer ses *clous de fer* sur ma tête infortunée ;
» je me plonge, tête baissée, dans le malheur qui m'envi-
» ronne de toutes parts, et qui semble prêt à m'engloutir.
» Non-seulement je n'espère plus le bonheur, je ne songe
» pas même à le chercher ; je m'en ferais un reproche et
» presque un crime.

» Non, non, non, ma chère Julie, je ne veux, après vous,
» être aimé de personne ; je me mépriserais d'en aimer
» une autre que vous : je n'ai plus besoin d'aucun être vi-
» vant ; mon affliction profonde suffit à mon âme pour la
» pénétrer et la remplir ; et dans mon malheur, je rends
» encore quelques grâces à la nature, qui, en nous con-
» damnant à vivre, nous a laissé deux précieuses ressour-
» ces, la mort pour finir les maux qui nous déchirent, et
» la mélancolie pour nous faire supporter la vie dans les
» maux qui nous flétrissent.

» Douce et chère mélancolie, vous serez donc aujourd'hui

» mon seul bien, ma seule consolation, ma seule compagne !
» vous me ferez sentir bien douloureusement, mais bien vi-
» vement, ma cruelle existence ; vous me ferez presque ché-
» rir mon malheur ! Ah ! celui-qui a dit que le malheur
» était le *grand maître de l'homme*, a dit bien plus vrai qu'il
» n'a cru : il n'a vu dans le malheur qu'un maître de sagesse
» et de conduite ; il n'y a pas vu tout ce qu'il est, un plus
» grand maître de réflexions et de pensées. Oh ! combien
» une douleur profonde et pénétrante étend et 'agrandit
» l'âme ! combien elle fait naître d'idées et d'impressions
» qu'on n'aurait jamais eues sans elle, mais dont, à la vé-
» rité, on se serait bien passé pour son bonheur ! combien
» elle embellit les objets du sentiment, et anéantit tous
» les autres ! Toute la nature va se couvrir pour moi d'un
» crêpe funèbre ; mais elle ne me manquera pas, elle ne
» sera plus rien pour moi. En rentrant tous les jours dans
» ma triste et sombre retraite, si propre à l'état de mon
» cœur, je croirai voir écrites sur la porte les terribles pa-
» roles que le Dante a mises sur la porte de son enfer :
» *Malheureux qui entrez ici*, renoncez à l'espérance ! Je
» serai tout entier au sentiment de mon malheur, au sou-
» venir de ce que la mort m'a fait perdre ; ma dernière pensée
» sera pour vous, ma chère Julie, et tous les sentiments
» de ma vie vous auront pour objet. Que ne puis-je en ce
» moment, expirer sur ce tombeau que j'arrose de mes
» larmes, et dire comme Jonathas : *J'ai goûté un peu de*
» *miel et je meurs*.

» O ma chère et tendre amie ! ô vous qui habitez à pré-
» sent ce séjour de la mort, où mes désirs et mes pleurs
» vous suivent, pardonnez-moi de troubler encore de
» mes vains regrets votre éternelle et paisible demeure,
» et songez que si en ce moment je verse des larmes,

» c'est au moins sur votre tombe que je les répands.
» Hélas! personne n'en versera sur la mienne, et j'y
» descendrai bientôt après vous, en m'écriant avec Bru-
» tus, au moment où il se donne la mort : O vertu, nom
» stérile et divin, à quoi m'as-tu servi durant les soixante
» années que j'ai traînées sur la terre, puisque tu n'as pu
» me faire aimer que pendant quelques instants de cette
» longue durée, dont la triste fin va me paraître si langui s-
» sante et si vide! heureusement elle sera courte. Je verrai
» bientôt disparaître devant moi l'espèce humaine, sans me
» plaindre d'elle, il est vrai, car elle a donné quelquefois
» à mon amour-propre des satisfactions qui l'auraient
» flatté si je n'avais pas eu un cœur; mais aussi sans la
» regretter, puisqu'en fermant les yeux je n'aurai pas même
» la triste douceur de pouvoir dire à personne : Je ne vous
» verrai plus ; souvenez-vous quelquefois de moi.

» Je pourrai du moins, dans le peu de jours qui me res-
» tent à vivre, au centre de la plus accablante solitude,
» répéter à chaque instant ces vers d'Oreste, qui parais-
» sent faits pour moi comme pour lui.

> Grâce au ciel, mon malheur passe mon espérance.
> Oui, je te loue, ô ciel, de ta persévérance...
> Tu m'as fait du malheur un modèle accompli;
> Eh bien! je meurs content, et mon sort est rempli.

» En vain je ferai des efforts pour m'étourdir et me dis-
» traire, en vain j'essaierai différents genres de travaux,
» d'études et de lectures; ma tête fatiguée et presque
» épuisée par quarante ans de méditations profondes, est
» aujourd'hui privée de cette ressource qui a si souvent
» adouci mes peines ; elle me laisse tout entier à ma tris-
» tesse ; et la nature, anéantie pour moi, ne m'offre plus ni

» un objet d'intérêt, ni même un objet d'occupation. En
» vain je rassemble ou je vais chercher quelques amis ; en
» vain je prends le plus d'intérêt que je puis à leur conver-
» sation ; en vain je cherche à me persuader que tout ce
» qui se passe autour de moi me touche ou du moins
» m'occupe ; en vain je cherche de le faire croire par la
» part apparente que j'y prends ; ces amis, qui ne voient
» que la superficie de mon âme, me croient quelquefois
» soulagé, et peut-être consolé. Mais quand je ne les ai
» plus autour de moi ; quand, après les avoir quittés, je
» me trouve seul dans l'univers, privé pour jamais d'un
» premier objet d'attachement et de préférence ; alors cette
» âme affaissée retombe douloureusement sur elle-même,
» et ne voit plus que le désert qui l'environne, et le dessé-
» chement qui la flétrit !

» Je suis comme les aveugles, profondément tristes
» quand ils sont seuls avec eux-mêmes, mais que la so-
» ciété croit gais, parce que le moment où ils se trouvent
» avec les autres hommes, est le seul moment supportable
» dont ils jouissent. J'ai beau lire les philosophes, et
» chercher à me soulager par cette froide et muette
» conversation, j'éprouve, comme me l'écrit un grand
» roi, que les maladies de l'âme n'ont point d'autres
» remèdes que des palliatifs, et je finis par me répéter tris-
» tement ce que disent ces philosophes, que le vrai soula-
» gement à nos peines, c'est l'espoir de n'avoir plus qu'un
» moment à vivre et à souffrir. Cette pensée n'est pas con-
» solante ; mais c'est un moyen que la nature nous donne,
» comme le dit encore si bien ce même roi, pour nous dé-
» tacher de cette vie que nous sommes obligés de quitter.

» La philosophie, ma chère Julie, par les ressources même
» qu'elle nous offre, nous fait souvenir cruellement de ce

» qui nous manque ; et par l'effort même qu'elle fait pour
» nous consoler, nous avertit combien nous sommes mal-
» heureux. Elle s'est donné bien de la peine pour faire des
» traités de la *vieillesse* et de *l'amitié*, parce que la nature
» fait toute seule les traités de la *jeunesse* et de *l'amour*.
» Les maximes des sages, leurs consolations et leurs livres,
» me rappellent à tout moment le mot du solitaire, qui di-
» sait aux personnes dont il recevait quelquefois la visite :
» *Vous voyez un homme presque aussi heureux que s'il*
» *était mort*. Je suis comme cette femme qui voulait,
» en dépit d'elle-même, devenir dévote, ne pouvant plus
» être autre chose, et qui tâchait en vain d'y parvenir : *Ils*
» *me font lire*, disait-elle, *des livres de dévotion ; je m'en*
» *excède, je m'en bourre, et tout me reste sur l'estomac.*
» Voilà où j'en suis réduit, ma chère Julie ; les lettres que
» je reçois d'un grand roi, le baume qu'il veut bien es-
» sayer de mettre sur mes plaies, sa philosophie pleine de
» bonté, de sentiment et d'intérêt, tout cela, comme il
» l'avoue lui-même, est bien faible pour me guérir. Je me
» dis sans cesse en lisant ces lettres, et après les avoir lues :
» ce grand prince a raison, et je continue à m'affliger. Ma
» vanité n'est plus flattée, comme elle l'a été tant de fois,
» de l'amitié du plus grand monarque du siècle ; cette ami-
» tié ne me touchait, ma chère Julie, que par l'intérêt
» que vous y preniez ; l'espèce d'éclat qu'elle répandait
» sur moi, m'était cher par le sentiment qui vous la faisait
» partager ; et j'éprouve, en gémissant, que ce vers tant
» répété n'est pas toujours vrai :

Avant l'amour, l'amour-propre était né.

« Et vous, ma chère madame Geoffrin, digne et respectable

» amie, qui êtes à présent étendue sur ce lit de mort dont
» peut-être vous ne sortirez jamais ; vous que toutes les
» âmes honnêtes pleureront, et que tous les malheureux
» regretteront, vous qui me manquerez encore plus qu'à
» eux ; combien de fois ai-je désiré, depuis huit jours,
» dans l'état d'affaiblissement où je vous voyais, d'être dans
» ce lit au lieu de vous, moi qui, en mourant, ne peux
» plus manquer à personne, moi qui serai oublié au mo-
» ment où j'aurai disparu ! Mais en souhaitant d'être à vo-
» tre place, je sentais que je vous aimais trop, pour vous
» souhaiter d'être à la mienne. Hélas ! il faut donc que je
» vous perde encore ! je n'aurai plus ni vos consolations,
» ni vos bontés, ni vos conseils. Une fille aussi cruelle pour
» vous que pour moi, et qui sacrifie à sa dévotion politi-
» que la douceur que vous auriez pu goûter dans vos der-
» niers moments, m'éloigne de ce lit de douleur où vous
» m'auriez vu tous les jours mêler mes larmes avec les vô-
» tres ! Tout ce qui fait le bonheur de la vie va me man-
» quer à la fois, l'amour, l'amitié, la confiance, et il ne me
» restera que la vie pour me désoler ! Puisse-t-elle être
» terminée bientôt, et la mort me rejoindre à tout ce que
» j'ai perdu ! »

Pauvre d'Alembert ! si sa douleur est vraie, car il faut avouer qu'il aurait pu y mettre plus de simplicité et moins de citations ! Cependant nous l'avons déjà dit, il est impossible de ne pas être touché de cette douleur, tant on est sûr qu'elle est sincère. Et puis on s'intéresse à d'Alembert, si malheureux dans sa gloire, parce qu'en effet l'histoire de cet homme est l'histoire de tout son siècle. Ce siècle commence dans les joies d'un affranchissement inespéré : une régence qui fait, de l'esprit, un moyen de gouvernement ;

un financier (Law) homme d'expérience et de génie, d'un génie si puissant que même l'argent lui obéit! A la voix de cet homme, soudain l'argent sort des profondeurs obstinées où il était enseveli et jette à pleines mains, de grandes fortunes à qui les veut ramasser! Beaux jours de siècle naissant! la paix partout, excepté dans les âmes; un jeune roi qui se fait adorer de tous, et que son peuple appelle : *Le Bien-aimé!* sans se douter de quelle ingratitude ce roi Louis XV paiera l'amour de son peuple! Partout la poésie, l'éloquence, l'esprit, la comédie, le roman, le drame! Des guerres brillantes, des batailles de gentilshommes, des amours, des plaisirs, des triomphes...... Soudain s'arrête ce grand bonheur, la vieillesse précoce tombe sur ces âmes turbulentes; ces génies audacieux se découragent, ces femmes, si heureuses, se demandent ce qu'on a fait de leur triomphe! Demandez-le, mesdames les duchesses, à feu la comtesse de Tessé qui écrivait du fond des *Champs-Élysées* cette lettre toute empreinte de la tristesse dont je parle, cette tristesse qui est partout — même au Petit-Trianon où la reine de France, dans ses habits de laitière, veut en vain échapper à ses grandeurs!

26 Septembre 1783.

Lettre de feue madame la comtesse de Tessé à madame la comtesse de M... qui porte le nom de Louise.

« Mon enfant gâté de l'autre monde, mon ombre vous souhaite une bonne fête; comme je n'ai perdu que la vie et que la mémoire m'est restée, je me souviens que c'est la vôtre, et je vous envoie pour bouquet deux caisses de fleurs qui ne feront pas mal dans le coin de votre salon bleu. Sans y être jamais entrée, je sais qu'il ressemble à un ciel, et cela me paraît naturel : telle propriétaire, tel logis.

» J'accompagne mon bouquet d'une lettre, par les raisons que je vais vous déduire ; car j'étais diseuse là-bas pour parler à ceux que j'aimais : je le suis ici pour qu'ils y pensent.

» Je veux que vous me regrettiez, mais je veux que ce soit sans me plaindre, parce que je suis aux Champs-Élysées, ma chère enfant. L'on est bien là ; je me complais à vous en apprendre les nouvelles ; on ne m'appelle plus comtesse ; on m'appelle Tessé tout court ; je trouve cela neuf, mais juste, parce qu'ici l'on n'est rien, et tout. Comment cela ? on est heureuse.

» Savez-vous qui est-ce qui m'a reçue ? *Lucrèce* et *Ninon*. J'en ai demandé la raison ; on m'a répondu : Elle est simple ; c'est que vous avez tenu un milieu entre ces deux fameuses beautés, et vous aviez raison toutes trois. *Lucrèce* était folle d'être si sage ; *Ninon* était sage d'être si folle ; vous n'étiez trop l'une, ni trop l'autre ; mais vous étiez bonnes toutes trois : et qui reçoit-on ? Les bons.

» Et ce vilain *Tarquin*, me direz-vous ? Eh ! mon enfant, il n'y est pas. En fait d'hommes, on n'en reçoit que d'une sorte, de ceux qui méritent le bonheur, et non pas de ceux qui l'arrachent ; on ne trouve ici que des gens qui croient le plaisir une sagesse, et aiment la sagesse comme plaisir. Ah ! comtesse, quelle société ! point d'ingrats et points de roués ! On est aimable, parce qu'on l'est, et non pas parce qu'on cherche à l'être ; on ne quitte jamais, on possède toujours. Il est vrai qu'on a tout le monde ; mais tout ce monde là n'est qu'un, parce qu'il n'y a qu'un cœur pour tout le monde.

» On me plaisante sur mon théatin ; c'est *Ninon*, comme

vous entendez ; mais elle me plaisante pour rire, et je la désarme en riant, je réponds par la vérité, et cela prend, parce qu'on l'aime ici. Qu'est-ce que le monde, lui ai-je dit? Un théâtre de marionnettes, où il faut que chacun joue son rôle. Qui est-ce qui le fixe? L'état et l'âge; quand on est jeune, fraîche et belle, son directeur; c'est son ami, quand on n'est plus ce qu'on était; son ami, c'est son directeur ; c'est pour soi qu'on a le premier : on a le second pour les autres ; mais que préféreriez-vous, Louise? Pourquoi cela ; c'est qu'elle est bonne et qu'elle a de quoi devenir meilleure. A propos, petite libertine, vous allez donc à Saint-Omer pour faire tourner toutes les têtes... et la vôtre? Ah! il est aimable... je crains pour vous.

» Écoutez-moi, ma chère enfant : dites bien des choses de ma part à madame de *Boulinvilliers*. Un des grands torts de notre bas-monde, c'est d'oublier trop vite les morts; elle ne l'a pas, je lui en sais gré ; je l'aimais là-bas, je l'aimerai ici.

» Vous avez aussi une madame la comtesse de *Beauharnais*, voisine dont on raffole dans ce pays-ci ; elle n'y est pas encore, tant mieux ; nous aimons que les bons vous restent, parce que vous n'en avez guère. Nous avons aussi *Dorat*, célibataire qui la chante du matin au soir, et elle le mérite, je le sais, car elle a de l'esprit comme un ange, et une âme comme dans ce monde-ci. Dites-lui, pour lui faire plaisir, que son ami est très-heureux. Il a ici deux acolytes qu'on lui a donnés pour raison, c'est *Anacréon* et *Fontenelle* ; il marche de pair avec l'un, et rend déjà l'autre sensible; c'est un miracle, mais il l'opère.

» Et ces prudes, comme j'en ris; ces femmes qui venaient souper chez moi, pour qu'on dît d'elles : *Elles vont là;* mais je ne ris pas de tout le monde au moins.

» Quoiqu'on ne fasse pas d'enfants ici on s'intéresse beaucoup aux mères qui s'amusent à faire des amours ; vous en connaissez une, n'est-ce pas ? Elle rime en *an*, elle a raison, par le ton de son air, on dit *charmant*, son esprit *charmant*, encore son cœur *intéressant* y rime juste : la voilà, c'est *Lusan*. Envoyez-la-moi dans un siècle, je la placerai auprès de *Rousseau*, et son écuyer sera *Chaulieu* ; elle brûlera l'un et fixera l'autre.

» Et le cher baron *de Tott*, qu'en faites-vous ? mille excuses, quand vous le verrez ; je l'ai maltraité sur ma fin ; mais je me mourais, c'est le cas de radoter.

» Que direz-vous, ma chère enfant, de ce vilain abbé *de Modène*, qui est venu frapper ici ? Un débauché ! fi donc ! l'horreur ! *Voisenon* l'a chassé comme profane ; mais nous guettons l'abbé de Bernis.

» Adieu, ma chère enfant ; ménagez-vous : je ne vous attends que dans soixante ans, parce qu'il faut être assez là-bas pour mieux goûter le bien d'ici.

» Plus qu'un petit conseil, et je vous laisse : soyez jeune sans crainte de vieillir ; vieillissez sans crainte d'être jeune ; restez bonne comme vous êtes aimable ; soyez aimante pour être aimée. Le bonheur dans le monde, le voici : sentir, et bien placer ce que l'on sent.

» Je vous écrirai au jour de l'an.

» TESSÉ, rajeunie et heureuse. »

D'Alembert mourut (1) sept ans après mademoiselle de

---

(1) « M. d'Alembert s'éteint insensiblement ; une preuve qu'il est
» très-mal, c'est que M. le curé de Saint-Germain-l'Auxerrois sa pa-
» roisse, s'est déjà transporté six fois chez lui, sans succès. Il y a tou-
» jours quelqu'un auprès du malade qui reçoit très-bien le pasteur,

Lespinasse, le 29 octobre 1783 : il venait d'avoir 66 ans. Quant à M. de Guibert, il ne profita pas longtemps de la grande position qu'il avait acquise ; sa fortune devait s'arrêter avec la fortune de la monarchie. Il avait salué avec transport, l'aurore naissante de 1789, il l'avait saluée non pas en patriote, mais en ambitieux, et il ne doutait pas qu'il ne fût envoyé aux États-Généraux. Mais cette fois son ambition fut trompée ; il n'avait plus, pour le soutenir et pour lui ouvrir toutes les portes, cette femme active, intelligente, dévouée, mademoiselle de Lespinasse! Mais au fait, mademoiselle de Lespinasse elle-même, aurait été sans puissance et sans crédit en 1789. Ce peuple nouveau qui sent venir la liberté et qui ne se doute pas de quel prix il la faudra payer, n'eût pas compris la langue des salons, salons écroulés un instant avant le trône, qui était miné de toutes parts. Le règne des salons était fini ; celui de la place publique allait commencer ; déjà Mirabeau à la voix tonnante, couvrait Voltaire, Diderot, d'Alembert, tout

» mais détourne la conversation lorsqu'il veut entrer en matière. Du
» reste on est convenu de dire, qu'il n'y a pas de danger pour le mo-
» ment. Les philosophes espèrent qu'ainsi leur confrère échappera,
» sans trop de scandale à la vigilance des prêtres, et qu'on ne pourra
» pas lui refuser la sépulture chrétienne comme à Voltaire — *28 octobre.* »

— Et à la date du 6 *novembre* « — M. d'Alembert n'a été enterré
» que forcément ; les prêtres étaient décidés à faire jeter son cadavre à
» la voirie, il a fallu un ordre du roi (bon roi Louis XVI, qui n'a pas
» eu un cercueil !) — M. d'Alembert a conservé sa tête jusqu'au der-
» nier instant. A l'heure de sa mort, et comme on faisait silence à
» son chevet. — Eh bien ! dit-il, puisque vous ne voulez pas parler,
» lisez-moi quelque chose du *Mercure*. — Il a deviné la charade et
» le logogriphe. M. Panckouke est tout fier que son journal soit le
» dernier ouvrage qui ait occupé le philosophe mourant. »

le siècle, des éclairs de sa tempête ! — Tout était dit pour le passé, l'avenir allait parler maintenant !

Quand il vit que cette liberté nouvelle ne donnait que la liberté, qu'elle ne donnait ni l'autorité, ni le crédit, ni la fortune, M. de Guibert renonça vite à cette mêlée des révolutions, à cette mêlée de génies, comme un homme qui ne se sent ni de taille, ni de force à supporter le fardeau et le travail des journées qui vont venir. Pour se tirer d'affaires en homme d'esprit, il mourut une année avant les grands périls, le 6 mai 1790, à l'âge de 47 ans.

Peu de gens firent l'éloge de son cœur; quelques-uns vantèrent son esprit; les militaires l'accusaient d'avoir voulu imposer à l'armée française, les punitions corporelles, comme s'il doutait de l'honneur du soldat — la frêle mémoire de ce soldat de l'esprit et de cet ambitieux de boudoir disparut, comme une fumée, dans les commotions violentes qui surgissaient de toutes parts.

Il est bien heureux cependant pour ce dédaigneux, M. de Guibert, d'avoir été aimé de mademoiselle de Lespinasse ; à l'heure où nous sommes, il n'est guère connu que par les lettres qu'elle lui écrivait, qu'elle tremblait de voir publiées, et dont la publication a soulevé en effet mille déclamations aujourd'hui appaisées. Oh! le moyen de se fâcher pendant plus d'un demi-siècle, contre l'amour d'une pauvre femme qui disait en parlant d'elle-même :

Je ne vivais que pour l'amour !

JULES JANIN.

« M. d'Alembert, dans son testament, a nommé M. le comte de
» Condorcet, son légataire universel. »

MÉMOIRES SECRETS, *tome* 23.

LETTRES
DE MADEMOISELLE
DE LESPINASSE.

LETTRE Ire.

Paris, samedi au soir, 15 mai 1773.

Vous partez mardi ; et comme j'ignore l'impression que fera sur moi votre départ ; comme je ne sais point si j'aurai la liberté ou la volonté de vous écrire, je veux au moins vous parler encore une fois, et m'assurer de vos nouvelles de Strasbourg. Vous me direz si vous y êtes arrivé en bonne santé, si le mouvement du voyage n'aura pas déjà calmé votre âme : ce n'est pas elle qui est malade ; elle ne souffre que des maux qu'elle cause ; et la dissipation, le changement d'objets suffiront de reste pour la détourner de ce mouvement de sensibilité qui peut vous être douloureux, parce que vous êtes bon et honnête. Oui, vous êtes bien aimable ; je viens de relire votre lettre de ce matin ; elle a la douceur de Gessner, jointe à l'énergie de Jean-Jacques. Eh, mon Dieu ! pourquoi réunir tout ce qui peut plaire et toucher, et surtout pourquoi m'offrir un bien dont je ne suis pas digne, que je n'ai point mérité ? Eh ! non, non, je ne veux point de votre amitié : elle me consolerait, elle m'exaspérerait, et j'ai besoin de me reposer, de vous oublier pendant quelque temps : je veux être de bonne foi avec vous, avec moi ; et en vérité, dans le trouble où je suis, je crains de m'abuser ; peut-être mes remords sont-ils au-dessus de mon tort ; peut-être l'alarme que je sens, est ce qui offenserait le plus ce que j'aime. Je viens de recevoir dans l'instant une lettre si pleine de confiance en mon sentiment ; il me parle de moi, de ce que je pense, de mon âme, avec ce dégré de connaissance et de certitude qu'on a lorsqu'on exprime ce que l'on sent vivement et fortement. Ah, mon Dieu ! par quel charme ou par quelle fatalité êtes-vous venu me distraire ? Que ne suis-je morte dans le mois de septembre ! je serais morte alors sans regret, et sans avoir de reproche à me faire. Hélas ! je le sens, je mourrais encore aujourd'hui pour lui ; il n'y a point d'intérêt dont je ne lui fisse le sacrifice ; mais il y a deux mois que je n'avais point de sacrifice à lui faire ; je n'aimais pas davantage, mais j'aimais mieux. Oh ! il me pardonnera ! j'avais tant souffert ! mon corps, mon âme étaient si épuisés par la durée de la douleur ! Les nouvelles que j'en recevais, me jetaient quelquefois dans l'égarement ; c'est alors que je vous ai vu ; c'est alors que vous avez ranimé mon âme ; vous y avez fait pénétrer le plaisir : je ne sais lequel m'était le plus doux, ou de vous le devoir, ou de le sentir. Mais dites-moi, est-ce là le ton de l'amitié ? est-ce celui de la confiance ? qu'est-ce qui m'entraîne ? faites-moi connaître à moi-même ; aidez-moi à me remettre en mesure ; mon âme est bouleversée ; est-ce vous, serait-ce votre départ, qu'est-ce donc qui me persécute ? je n'en puis plus. Dans ce moment, j'ai de la confiance en vous jusqu'à l'abandon, et peut-être ne vous parlerai-je de ma vie. Adieu ; je vous verrai demain, et peut-être aurai-je de l'embarras de ce que je vous écris aujourd'hui. Plût au ciel que vous fussiez mon ami, ou que je ne vous eusse jamais connu ! Croyez-vous ? Serez-vous mon ami ? Pensez à cela, une fois seulement ; est-ce trop ?

LETTRE II.

Dimanche, 23 mai 1773.

Si j'étais jeune, jolie et bien aimable, je ne manquerais pas de trouver beaucoup d'art dans votre conduite avec moi ; mais comme je ne suis rien de tout cela, comme je suis le contraire de tout cela, j'y trouve une bonté et une honnêteté qui vous ont acquis à jamais des droits sur mon âme ; vous l'avez pénétrée de reconnaissance, d'*estime*, de sensibilité et de tous les sentiments qui mettent de l'intimité et de la confiance dans une liaison. Je ne dirai pas si bien que *Montaigne* sur l'amitié ; mais croyez-moi, nous la sentirons mieux. Si ce qu'il nous avait dit avait été dans son cœur, croyez-vous qu'il eût consenti à vivre après la perte d'un tel ami ! Mais ce n'est pas là ce dont il s'agit ; c'est de vous, c'est de la grâce, c'est de la délicatesse, c'est de l'à-propos de votre citation. Vous venez à mon secours : vous voulez que je n'aie pas tort avec moi-même ; vous voulez que votre souvenir ne soit pas un reproche douloureux pour mon cœur, et peut-être offensant pour mon amour-propre ; en un mot vous voulez que je jouisse en paix de l'amitié que vous m'offrez, et que vous me prouvez avec autant de douceur que d'agrément ; oui, je l'accepte : j'en fais mon bien ; elle me consolera ; et si jamais je jouis de votre société, elle sera le plaisir que je désirerai et que je sentirai le mieux.

J'espère bien que vous m'avez pardonné le tort que je n'ai pas eu. Vous sentez bien qu'il me serait impossible de vous soupçonner un mouvement qui serait contre la bonté et l'honnêteté. Je vous ai accusé pourtant; cela ne signifiait pas autre chose, sinon que j'étais faible et coupable, et surtout que j'étais troublée au point de ne plus conserver de présence et de liberté d'esprit; vous voyez trop bien et trop vite pour que j'aie à craindre que vous vous soyez mépris; je suis bien assurée que votre âme ne croit pas avoir à se plaindre des mouvements de la mienne.

Je sais que vous n'êtes parti que jeudi à cinq heures et demie. J'étais à votre porte deux minutes après votre départ; j'avais envoyé le matin savoir à quelle heure vous étiez parti mercredi; et, à mon grand étonnement, j'appris que vous étiez encore à Paris, et qu'on ne savait pas même si vous partiez le jeudi. J'allai moi-même savoir si vous n'étiez pas malade; et ce qui vous paraîtra affreux, c'est qu'il me semble que je le désirais. Cependant, et par une inconséquence que je ne vous expliquerai pas, je me sentis soulagée en apprenant que vous étiez parti. Oui, votre absence m'a rendu le calme; mais aussi je me sens plus triste. Il faut que vous me le pardonniez, et que vous vous en contentiez. Je ne sais si je vous regrette; mais vous me manquez comme mon plaisir, et je crois que les âmes actives et sensibles y tiennent trop fortement; ce n'est point l'idée de la longueur de votre absence qui m'afflige : car ma pensée n'en voit pas le terme; c'est simplement le présent qui pèse sur mon âme, qui l'abat, qui l'attriste, et qui à peine lui laisse assez d'énergie pour désirer une meilleure disposition. Mais voyez quelle horrible personnalité! voilà trois pages pleines de moi, et cependant je crois que c'est de vous que je suis occupée; au moins je sens que j'ai besoin de savoir comment vous êtes, comment vous vous portez. Quand vous lirez ceci, mon Dieu! à quelle distance vous serez! Votre personne ne sera qu'à trois cents lieues; mais voyez quel chemin votre pensée a fait; que d'objets nouveaux! que d'idées! que de réflexions nouvelles! Il me semble que je ne parle plus qu'à votre ombre; tout ce que j'ai connu de vous, a disparu; à peine trouverez-vous dans votre mémoire les traces des affections qui vous animaient et vous agitaient les derniers jours que vous avez passés à Paris, et c'est tant mieux. Vous savez bien que nous sommes convenus que la sensibilité était le partage de la médiocrité; et votre caractère vous commande d'être grand : vos talents vous condamnent à la célébrité. Abandonnez-vous donc à votre destinée, et dites-vous bien que vous n'êtes point fait pour cette vie douce et intérieure qu'exigent la tendresse et le sentiment. Il n'y a que du plaisir et point de gloire à vivre pour un seul objet. Quand on ne peut que régner dans un cœur, on ne règne point dans l'opinion. Il y a des noms faits pour l'histoire : le vôtre excitera l'admiration. Quand je me pénètre de cette pensée, cela modère un peu l'intérêt que vous m'avez inspiré. Adieu.

LETTRE III.

Lundi, 24 mai 1773.

Que dites-vous de cette folie? A peine puis-je me flatter que vous m'écoutiez, et je vous accable! Mais vous disiez l'autre jour, qu'on écrivait longuement à ses amis, aux gens qui plaisaient, à ceux avec qui on voudrait causer. Si vous disiez vrai, vous êtes donc obligé, non pas à me lire avec intérêt, mais avec indulgence. Je viens de relire cette longue lettre ; mon Dieu ! que je la trouve ennuyeuse ! mais je recommencerais, que cela ne vaudrait pas mieux. Je me sens en fonds pour ennuyer de plus d'une manière : je suis triste et morte ; voyez ce que l'on peut faire de cela ; mais j'ai des questions à vous faire ; répondez-y, et vous serez bien aimable. Avez-vous eu cette lettre de Diderot ? Il prétend qu'il part le 6 de juin ; ainsi vous le verrez en Russie. Pourquoi n'êtes-vous pas parti mercredi ? Est-ce à quelqu'un ou à vous que vous avez accordé ces vingt-quatre heures ? Avez-vous emporté le livre de M. *Thomas?* je le voudrais : cette lecture aurait été presque au ton de votre âme. Il est noble, fort et vertueux ; il y a sans doute quelques défauts ; mais il s'est corrigé de ce qu'il avait d'enflé et d'exagéré dans son style ; il y a trop d'analyse et d'énumération : cela fatigue un peu, surtout lorsqu'il en coûte beaucoup pour se séparer d'un objet qui occupe avec intérêt. J'ai été obligée d'abandonner cette lecture pour quelques jours. C'est le facteur de la poste qui décide deux fois la semaine de toutes les actions de ma vie ; celui d'hier m'a rendu la lecture impossible ; je ne chercherais que la lettre qui m'a manqué, et ce n'est pas la peine de la chercher dans M. Thomas : je ne l'y trouverais point. Vous m'avez promis de vos nouvelles de Strasbourg ; n'êtes-vous pas étonné à présent d'avoir pris l'engagement de m'écrire souvent, n'avez-vous pas du regret de la facilité avec laquelle vous cédez à l'intérêt et à l'empressement qu'on vous montre ? Il est pénible, à trois cents lieues, d'agir pour les autres ; il n'y a de plaisir qu'à aller d'après l'impulsion de son mouvement et de son sentiment. Voyez si je suis généreuse : je m'engage à vous rendre votre parole si vous avez à vous reprocher quelque méprise. Avouez-le-moi, et je vous réponds de n'en pas être blessée. Croyez qu'il n'y a que la vanité qui rende difficile, et je n'en ai point : je ne suis qu'une bonne créature, bien bête, bien naturelle, qui aime mieux le bonheur et le plaisir de ce que j'aime, que tout ce qui n'est que moi et pour moi. D'après cette connaissance, mettez-vous bien à votre aise, et écrivez-moi un peu, beaucoup ou point du tout ; mais ne croyez pas que cela me contente également : car j'ai encore moins d'indifférence que de vanité ; mais j'ai une force ou une faculté qui rend propre à tout : c'est de savoir souffrir et beaucoup souffrir sans me plaindre. Adieu ; avez-vous pu arriver jusque-là ? cela n'est-il pas assommant ?

LETTRE IV.

Ce Dimanche, 30 mai 1773.

J'ai reçu hier votre lettre de Strasbourg. Il me semblait qu'il y avait bien longtemps depuis mercredi 19 : c'est le jour où j'avais reçu votre dernière marque de souvenir : celle qui m'est venue hier m'a consolée, a fait du bien à mon âme : elle avait besoin d'être distraite par l'occupation d'un sentiment doux, auquel elle pût s'abandonner sans trouble et sans remords ; oui, je peux me l'avouer, je peux vous le dire à vous-même : je vous aime tendrement ; votre absence me cause un regret sensible ; mais je n'ai plus à combattre ce que vous m'inspiriez : j'ai vu clair dans mon âme. Ah ! l'excès de mon malheur me justifie de reste ; je ne suis point coupable, et cependant, avant qu'il soit peu, je serai victime. Je pensai mourir vendredi en recevant une lettre par un courrier extraordinaire. Je ne doutais pas qu'il ne m'apportât la plus funeste nouvelle ; le trouble où il me jeta, m'ôtait jusqu'au pouvoir de décacheter ma lettre ; je fus plus d'un quart-d'heure sans mouvement : mon âme avait glacé mes sens ; enfin, je lus et je ne trouvai qu'une partie de ce que j'avais craint. Je n'ai point à trembler pour les jours de ce que j'aime ; mais à l'abri du plus grand des malheurs, mon Dieu ! qu'il me reste encore à souffrir ! que je me sens accablée du fardeau de la vie ! la durée des maux est au-dessus des forces humaines ; je ne me sens plus qu'un courage, et très-souvent je n'ai qu'un besoin. Voyez si je dois vous aimer, si je dois chérir votre présence : vous avez eu le pouvoir de faire diversion à un mal aussi aigu et aussi profond ; j'attends, je désire vos lettres. Oui, croyez-moi, il n'y a que les malheureux qui soient dignes d'avoir des amis ; si votre âme n'avait point souffert, jamais vous n'auriez été jusqu'à la mienne. J'aurais admiré, j'aurais loué vos talents ; et je me serais éloignée, parce que j'ai une sorte de répugnance pour tout ce qui ne peut occuper que mon esprit : il faut être calme pour penser ; dans l'agitation, on ne sait que sentir et souffrir. Vous me dites que vous êtes agité de regrets, de remords même ; que votre sensibilité n'est que de la douleur ; je vous crois, et cela m'afflige : mais cependant je ne sais pourquoi l'impression que j'ai reçue de votre lettre est si contraire à votre disposition. Il me paraît qu'il y a du calme, du repos et de la force dans toutes vos expressions ; il me semble que vous parlez de ce que vous avez senti, et non de ce que vous sentez ; enfin, si j'avais des droits, si j'étais délicate, si l'amitié n'était pas facile, je vous dirais que Strasbourg est bien loin, mais bien loin de la rue Taranne. Le président de Montesquieu prétend que le climat a une grande influence sur le moral ; Strasbourg serait-il donc beaucoup plus au nord que Paris ? Jugez ce qu'il y aurait à craindre de Pétersbourg ! Non je ne crains point ; je crois en vous, je crois en votre amitié. Expliquez-moi pourquoi j'ai cette confiance ; et gardez-vous de croire que l'amour-propre y soit pour rien. Mon sentiment pour vous est purgé de ce vilain alliage qui corrompt et affaiblit toutes les affections. Vous auriez été bien aimable de me dire si ma lettre était seule à Strasbourg. Voyez si je suis généreuse : j'aurais voulu qu'elle pût être changée en celle que vous auriez désiré d'y trouver. Réglons nos rangs, donnez-moi ma place : mais comme je n'aime pas à en changer, donnez-la-moi un peu bonne. Je ne voudrais point celle de cette malheureuse personne : elle est mécontente de vous ; et je ne voudrais point non plus celle de cette autre personne : vous en êtes mécontent. Je ne sais pas où vous me placerez ; mais faites, s'il est possible, que nous soyons tous les deux contents ; ne chicanez point ; accordez-moi beaucoup ; vous verrez que je n'abuse point. Oh ! vous verrez comme je sais bien aimer ! je ne fais qu'aimer, je ne sais qu'aimer. Avec des moyens médiocres, vous savez qu'on peut beaucoup quand on les réunit tous à un seul objet. Eh bien ! je n'ai qu'une pensée, et cette pensée remplit mon âme et toute ma vie. Vous croyez que la dissipation et l'instruction ne feront que vous distraire de vos amis. Connaissez-vous mieux, et cédez de bonne foi et de bonne grâce au pouvoir que votre caractère a sur votre volonté, sur votre sentiment et sur toutes vos actions. Les gens qui sont gouvernés par le besoin d'aimer ne vont jamais à Pétersbourg ; ils vont cependant quelquefois bien loin ; mais ils y sont condamnés, et ils ne disent point qu'ils rentreront dans leur âme pour y trouver ce qu'ils aiment ; ils croient ne l'avoir pas quitté, quoiqu'ils en soient à mille lieues ; mais il y a plus d'une manière d'être bon et excellent ; la vôtre vous fera faire bien du chemin dans toutes les acceptions de ces mots. Je plaindrais une femme sensible dont vous seriez le premier objet ; sa vie se consumerait en craintes et en regrets ; mais je féliciterais une femme vaine, une femme fière ; elle passerait sa vie à s'applaudir et à se parer de son goût ; ces femmes-là aiment la gloire, elles aiment l'opinion, l'éclat. Tout cela est bien beau, bien noble, mais cela est bien froid, et bien loin de la passion qui fait dire :

« La mort et les enfers paraissant devant moi,
» Ramire, avec plaisir j'y descendrais pour toi. »

Mais je suis folle, et pis que cela, je suis curieuse ; je n'ai qu'un ton, qu'une couleur, qu'une manière, et quand elle n'intéresse pas, elle glace d'ennui. Vous me direz lequel des deux effets elle aura produit ; mais ce que vous me direz aussi, s'il vous plaît, c'est comment vous vous portez ; et moi je vous dirai la seule nouvelle qui m'intéresse, *l'École militaire n'est pas encore donnée.*

LETTRE V.

Ce 6 juin 1773.

Mon Dieu! que ce qui fait plaisir est rare, et vient lentement! il me semble qu'il y a un temps infini depuis le 24, et je ne sais combien il faudra attendre encore une lettre de Dresde ; mais au moins me promettez-vous, êtes-vous dans la disposition de m'écrire autant que vous le pourrez? n'aurais-je contre mon plaisir, contre mon intérêt que ce qui ne dépendra pas de vous, c'est-à-dire, l'éloignement et la lenteur des courriers? Mais je m'afflige de ce que votre curiosité, de ce que votre activité, en un mot, de ce que vos qualités et vos vertus me sont également contraires. Cet amour de la gloire, par exemple, fera que votre amitié, ou plutôt la mienne ne sera qu'un malheur de plus dans ma vie; cependant vous pouvez déjà me dire comme l'hermite à Zadig : J'ai quelquefois répandu des sentiments de consolation dans l'âme des malheureux ; oui, je vous dois ce qui fait le charme et la douceur de l'amitié, je sens que ce lien est déjà trop fort, qu'il a pris trop d'ascendant sur mon âme ; quand elle souffre, elle est tentée de se tourner vers vous pour y chercher de la consolation ; et si elle était calme, elle serait entraînée par un mouvement plus actif, même pour le goût du plaisir. Voyez si je suis tout cela pour vous, et si en effet je ne suis pas mieux fondée à vous aimer et à vous regretter ; tout au plus, mon sentiment vous a été agréable, et moi, avant que de vous avoir jugé, vous m'étiez devenu nécessaire ; mais que pensez-vous d'une âme qui se donne avant de savoir si elle sera acceptée ; avant d'avoir pu juger si elle sera reçue avec plaisir, ou seulement avec reconnaissance ? mon Dieu ! si vous n'étiez pas sensible, que de chagrin vous me causeriez ! car il ne me suffit pas que vous soyez honnête : j'ai des amis, vertueux, j'ai mieux que cela encore, et cependant je suis occupée de ce que vous êtes pour moi ; mais, de bonne foi, n'y a-t-il pas de la folie, et peut-être même du ridicule à vous croire mon ami ? répondez-moi, non pas froidement, mais avec vérité. Quoique votre âme soit agitée, elle n'est pas si malade que la mienne, qui passe sans cesse de l'état de convulsion à celui de l'abattement ; je ne puis juger de rien : je m'y méprendrais sans cesse, je prendrais du poison pour du calmant ; voyez si je puis me conduire, éclairez-moi, fortifiez-moi ; je vous croirai, vous serez mon appui, vous me secourrez comme la réflexion ; elle n'est plus à mon usage, je ne sais rien prévoir ; je ne distingue rien ; concevez mon malheur ; je ne me repose que dans l'idée de la mort ; il y a des jours où elle est mon seul espoir ; mais aussi j'éprouve des mouvements bien contraires ; je me sens quelquefois garrottée à la vie ; la pensée d'affliger ce que j'aime, m'ôte jusqu'au désir d'être soulagée, si c'était aux dépens de son repos. Enfin que vous dirai-je ? l'excès de mon inconséquence égare mon esprit ; et le poids de la vie écrase mon âme. Que dois-je faire, que deviendrai-je ? sera-ce Charenton, ou ma paroisse qui me délivrera de moi-même ? je vous rends victime, et j'en suis affligée, si vous vous intéressez assez à moi pour prendre part à ce que je souffre, et j'en mourrai de confusion, si je ne vous ai causé que de l'ennui. Ne croyez pas pouvoir me le cacher, quelqu'esprit que vous y mettiez, vous ne sauriez tromper mon intérêt ; mais contentez-le en me disant comment vous êtes : avez-vous autant ou moins de plaisir que vous n'en espériez ? votre santé est-elle meilleure que dans le dernier temps que vous avez passé ici ? vous êtes bien modeste : vous ne m'avez pas dit combien vous aviez été célébré à Strasbourg : on a fait des vers à votre gloire ; ils étaient bien mauvais : mais l'intention était si bonne ! ne vous mettez pas en colère ; mais répondez-moi : avez-vous lu le *Connétable* sur votre route ? non pas en courant la poste, mais dans la bonne société. — A propos du *Connétable*, si vous aviez une certaine délicatesse, si vous étiez *seulement* comme *Montaigne* et que vous me regardassiez comme *La Boétie*, que je vous plaindrais de vous être refusé au plaisir de me donner une marque de confiance, d'amitié et d'estime ! je ne me vante point, mais je vous assure que je serais déchirée de remords, si j'avais eu cette conduite envers vous ; qu'est-ce que cela prouve, dites-moi ? Adieu, je connais toute la *différence* de vos affections. Apprenez-m'en la *ressemblance* ; ce jeu-là n'aura jamais été joué avec autant d'intérêt.

LETTRE VI.

Dimanche, 20 juin 1773.

Mais, mon Dieu ! êtes-vous mort, ou auriez-vous déjà oublié que votre souvenir est vif et douloureux dans l'âme de ceux que vous avez quittés ? pas un mot de vous, depuis le 24 mai! il est bien difficile de croire que ce ne soit pas un peu votre faute. Si cela est, vous ne méritez ni le regret que mon cœur sent, ni le reproche qu'il vous fait. J'ai su que M. d'Aguesseau n'avait pas eu de vos nouvelles. Je m'intéresse à vous d'une manière si vraie et si sensible, que j'aurais été ravie, si j'avais pu apprendre que vous lui eussiez donné la préférence sur moi : il la mérite sans doute à tous égards ; mais ce n'est pas la justice qui règle le sentiment; croyez-vous que si cette vertu me gouvernait, je dusse être inquiète de votre silence, et avoir besoin des témoignages de votre amitié ? Hélas ! non, je ne saurais même m'expliquer pourquoi je m'occupe de vous dans ce moment-ci. J'ai appris hier une nouvelle qui a abîmé mon âme de douleur ; j'ai passé la nuit dans les larmes, et quand ma tête et toute ma machine ont été épuisées, quand j'ai pu avoir un mouvement qui ne fût pas une douleur, j'ai pensé à vous ; et il me semblait que, si vous aviez été ici, je vous aurais mandé que je souffrais, et peut-être que vous n'auriez pas refusé de venir ; dites-moi si je me trompe ? quand mon âme souffre, ai-je tort de chercher de la consolation dans la vôtre ? au milieu de tant de mouvements, de tant d'intérêts si différents de celui qui touche et attendrit, entendez-vous encore une langue qui est si étrangère à la plupart des gens entraînés par la dissipation, ou enivrés par la vanité ? elle n'est guère mieux connue par ceux qui, comme vous, sont occupés du désir de savoir, et de l'amour et de la gloire. Vous êtes si persuadé que la sensibilité est le partage de la médiocrité, que je meurs de crainte que votre âme ne se ferme tout-à-fait à ce mouvement bien plus déchirant, qu'il n'est consolant. Il y a quinze jours que je ne vous ai écrit, et je croyais hier que je ne vous écrirais que lorsque j'aurais reçu de vos nouvelles. La souffrance a amolli mon âme et je lui cède. J'ai pris à cinq heures du matin deux grains d'opium ; j'en ai obtenu du calme qui vaut mieux que le sommeil ; ma douleur est moins déchirante : je me sens accablée avec moins de ressort. On vient à bout de modérer la violence de l'âme ; je puis vous parler, je puis me plaindre ; hier je n'avais point d'expression. Je n'aurais pas pu prononcer que je craignais pour la vie de ce que j'aime ; il m'aurait été plus facile de mourir que de proférer des mots qui glacent mon cœur. Vous avez aimé : concevez donc ce que font de pareilles alarmes ; et jusqu'à mercredi je serai dans une incertitude qui fait horreur, et qui cependant me commande de vivre jusque là ! oui, il n'est pas possible de mourir quand on est aimé, et cependant il est affreux de vivre ; la mort est le besoin le plus pressant de mon âme, et je me sens garrottée à la vie. Plaignez-moi ; pardonnez-moi d'abuser de la bonté que vous m'avez montrée. Est-ce dans vous ou dans moi que je trouve la confiance qui m'entraîne ? On dit que vous n'aurez pas trouvé le roi à Berlin ; aurez-vous été le rejoindre à *Stettin*, où il devait être jusqu'au 20 ? mais je suis inquiète : il me semble qu'on pourrait avoir de vos nouvelles de Berlin. Que vous seriez coupable si vous aviez la moindre négligence ! et vous savez bien que vous m'avez donné votre parole d'honneur de me faire écrire, si vous étiez malade. N'allez pas vous servir de ce prétexte, qui contente les amitiés ordinaires, qu'on ne veut pas inquiéter : cela est détestable ; je ne veux pas être ménagée ; je veux souffrir par mes amis, pour mes amis ; et je chéris mille fois plus les maux qui me viennent par eux, que tout le bonheur qui est sur la terre, et qui ne tient pas à eux. Bonjour ; j'ai encore l'opium dans la tête : il rend ma vue incertaine : peut-être me rend-il encore plus bête que de coutume ; mais qu'importe ? ce n'est pas mon esprit, ce sont mes maux qui vous ont intéressé.

LETTRE VII.

Lundi au soir, 21 juin 1773.

Je vous ai écrit hier, et je vous écris ce soir. Si j'attendais trois jours, c'est-à-dire, jusqu'à mercredi, peut-être ne répondrais-je jamais à votre lettre du 10, que M. le chevalier d'Aguesseau m'a apportée aujourd'hui. D'abord (car il y a encore peut-être un avenir pour moi), il faut que je vous dise de m'adresser directement vos lettres ; me les faire passer par l'entremise de M. d'Aguesseau, c'est mettre un hasard de plus contre moi : le chevalier d'Aguesseau peut aller à la campagne, voyager, etc.; enfin c'est bien assez d'être à mille lieues, n'y ajoutez rien. Oh ! je m'en vais vous paraître folle : je vais vous parler avec la franchise et l'abandon qu'on aurait, si l'on croyait mourir le lendemain ; écoutez-moi donc avec cette indulgence et cet intérêt qu'on a pour les mourants. Votre lettre m'a fait du bien : je l'attendais toujours ; mais j'avais cessé de la désirer, parce que mon âme ne pouvait plus avoir un mouvement qui ressemble au plaisir. Eh bien ! vous le dirai-je ? vous avez fait diversion pendant quelques moments à l'effroi qui absorbe toute mon existence. Ah, mon Dieu ! je crains pour sa vie, la mienne y est attachée, et j'ai besoin de vous parler. Concevez-vous ce qui peut m'animer et ce qui m'entraîne vers vous? cependant je ne suis pas contente de votre amitié : je trouve qu'il y a de la froideur, et de la légèreté à ne me pas dire pourquoi vous ne m'avez pas écrit de Dresde, comme vous me l'aviez promis; et puis, vous me faites sentir d'une manière trop prononcée, que le regret de n'avoir pas trouvé à Berlin ce que vous espériez, a détruit l'espèce de douceur et de plaisir que vous auriez pu éprouver par le témoignage et l'expression de mon amitié; et puis, vous le dirai-je? je suis blessée de ce que vous me remerciez de l'intérêt que je prends à vous. Pensez-vous que ce soit y répondre? vous me trouvez bien injuste, bien difficile; non, ce n'est rien de tout cela : je suis bien vraie, bien malade et bien malheureuse, oh! oui bien malheureuse. Si je ne vous disais pas ce que je sens, ce que je pense, je ne vous parlerais pas. Croyez-vous que, dans le trouble où je suis, on ait le pouvoir de se contraindre? par exemple, dois-je être touchée de cette manière de me dire sur le premier intérêt de ma vie : répondez-moi sur tout cela, ce que vous pourrez, ce que vous voudrez. Oh! oui, ce que je voudrai; vous me laissez en effet une grande liberté, mais vous voyez à quoi je l'emploie : ce n'est pas à vous critiquer, mais à vous prouver ce que vous savez encore bien mieux que moi : c'est qu'on a le ton et l'expression de ce que l'on sent, et si je ne suis pas contente, ce n'est pas votre faute, et je le sais bien. Aussi, je ne prétends à rien, sinon à cette espèce de consolation qu'on s'accorde si rarement, de prononcer toute sa pensée. On est toujours retenu par la crainte du lendemain; je me sens libre comme s'il ne devait plus y en avoir pour moi; et si par hasard, je devais vivre encore, je crois pressentir que je me pardonnerais de vous avoir dit la vérité, au risque même de vous avoir déplu ; n'est-il pas vrai ? il faut que notre amitié soit grande, forte et entière ; que notre liaison soit tendre, solide et intime, ou il faut qu'elle ne soit rien du tout. Ainsi, je ne puis donc jamais me repentir de vous laisser voir toute mon âme. Si ce n'est pas cela que vous vouliez, s'il y a de la méprise, eh bien ! soyons de bonne foi : ne soyons ni honteux ni embarrassés : revenons d'où nous sommes partis ; nous croirons avoir rêvé. Nous ajouterons cet article au chapitre de *l'expérience*, et nous nous conduirons comme les personnes bien élevées qui savent qu'il n'est pas *poli* de parler de ses rêves. Nous nous tairons : le silence est si doux, lorsqu'il peut consoler l'amour-propre ! vous ne voulez pas me dire quel *rang* vous m'accordez : êtes-vous retenu par la crainte de faire trop ou trop peu ? cela peut être selon la justice ; mais cela n'est pas noble. Cependant la jeunesse est si magnifique, elle aime à donner jusqu'à la prodigalité, et vous voilà avare comme si vous étiez vieux ou riche. Mais en vérité, vous me demandez l'impossible : vous voulez que je vous plaigne de ce que vous faites votre volonté ; il vous faut livrer des combats pour vous rendre à votre caractère. Eh, mon Dieu ! encore un peu de temps, et je vous réponds qu'il vous gouvernera en despote : l'habitude de vaincre le fortifiera, et il en a si peu besoin ! vous vous êtes dit (j'en suis sûre et il y a déjà longtemps), qu'il n'importait que vous fussiez heureux, pourvu que vous fussiez grand. Laissez faire : je vous réponds que vous serez très-conséquent ; il n'y a de vague et de flottant en vous que votre sentiment : vos pensées, vos projets sont arrêtés d'une manière absolue. Je suis bien trompée, ou vous seriez propre à faire le bonheur d'une âme vaine, et le désespoir d'une âme sensible. Avouez-le-moi, ce que je vous dis là ne vous déplaît point : vous me pardonnerez de vous aimer moins lorsque je vous prouverai qu'on vous admirera davantage. Vraiment vous me faites une singulière question : a-t-il de meilleures raisons que moi pour cette absence ? Ah ! oui, il en a de meilleures : il en a une absolue, et telle, que s'il vient à la vaincre, le sacrifice de ma vie ne pourrait pas m'acquitter. Toutes les circonstances, tous les événements, toutes les raisons morales et physiques sont contre moi ; mais il en est un si fort pour moi, qu'il ne me permet pas d'avoir doute sur son retour. Cependant je frémis de ce que je peux apprendre mercredi : il a craché le sang ; il a été saigné deux fois ; au moment du départ du courrier, il était bien : mais l'hémorragie a pu recommencer ; le moyen de se calmer avec cette pensée ? lui-même en craignait la suite ; quoiqu'il ait pensé à me rassurer, j'ai vu sa crainte. A présent dites-moi si vous ne savez pas de qui je vous parle, et dites-moi mieux encore, c'est que vous l'avez su lorsque je vous ai écrit pour vous demander le *Connétable ?* est-ce de la délicatesse ou de la finesse qui fait que vous avez paru ignorer un nom que je vous taisais ? Mais je ne vous parle pas de votre voyage : c'est que précisément je n'ai rien à vous en dire, puisque vous-même, vous n'êtes pas encore décidé. Si je pouvais croire que je vivrai, et que vous n'irez jamais en Russie, je désirerais vivement que vous fussiez retenu à Berlin ; mais, comme je crois que vous aurez toujours le besoin de faire des choses difficiles, je voudrais que, puisque vous voilà en train, vous fissiez le tour du monde, pour que cela fût fait ; et puis, peut-on se reposer un moment dans l'avenir ? à peine serez-vous de retour que vous partirez pour Montauban, et après, ce seront d'autres projets : car vous ne souffrez le repos que lorsque vous formez le dessein de faire mille lieues. Oui, en honneur, je pense que c'est un malheur dans ma vie que cette journée que j'ai passée, il y a un an, au Moulin-Joli. J'étais bien éloignée d'avoir besoin de former une nouvelle liaison; ma vie et mon âme étaient tellement remplies, que j'étais bien loin aussi de désirer un nouvel intérêt; et vous, vous n'aviez que faire de cette preuve de plus, de tout ce que vous pouvez inspirer à une personne honnête et sensible; mais cela est pitoyable! est-ce que nous sommes libres? est-ce que tout ce qui est, peut être autrement? vous n'avez donc pas été libre de me dire si vous m'écririez souvent. Pour moi, je n'ai pas la liberté de ne le pas désirer vivement. Après vous avoir bien grondé, je dois pourtant vous dire que vous êtes bien aimable de m'avoir écrit en arrivant; je le méritais, oui, en vérité.

LETTRE VIII.

Jeudi, 24 juin 1773.

Trois fois dans une semaine! c'est trop, beaucoup trop, n'est-ce pas? Mais c'est que je vous aime assez, pour croire vous avoir inquiété. Vous devez avoir un peu d'impatience de savoir si j'existe encore. Eh bien! oui, je suis condamnée à vivre : il ne m'est plus libre de mourir; je ferais mal à quelqu'un qui aime à vivre pour moi. J'ai eu de ses nouvelles du 10 : elles ne me rassurent pas tout-à-fait; mais j'espère que cet accident n'aura pas de suite funeste; j'espère même qu'il hâtera son retour : mais les chaleurs lui sont mortelles : il faut donc attendre. Ah ! mon Dieu, toujours voir éloigner, différer le plaisir, et être accablé, abîmé par le malheur ! Si vous saviez combien j'aurais besoin de me reposer ! depuis un an, je suis sur la roue. Vous seul, peut-être, avez eu le pouvoir de suspendre quelques instants ma douleur, et ce bien d'un moment m'a attachée à vous pour jamais. Mais dites-moi, ma dernière lettre ne vous a-t-elle point déplu ? Ne suis-je point mal avec vous ? j'en serais bien affligée ; mais je suis comme madame Duchâtelet : je ne connais guère le repentir. Répondez-moi avec la même franchise que j'ai employée avec vous ; estimez-moi assez pour ne pas me dire la vérité à demi ; dites-moi tout le mal que vous pensez de moi ; et ce n'est pas, comme dit M. de La Rochefoucauld, pour le plaisir d'en entendre parler que je vous demande de m'en dire ; mais c'est pour juger si vous êtes mon ami, si vous le serez ; en un mot, j'attache assez d'intérêt à notre liaison, pour être pressée de savoir ce qu'il y a eu de surprise et de méprise dans ce qui nous a rapprochés l'un de l'autre. L'on dit qu'il n'y a rien de plus fort et de mieux fondé que les sentiments dont on ne peut pas se rendre raison. Si cela est vrai, je dois compter sur votre amitié ; mais vous ne voulez pas que j'y regarde ; pourquoi cela ? Est-ce que je ne serais pas contente ? Ne voyez-vous pas que le mouvement le plus naturel, lorsqu'on acquiert un nouveau bien, c'est de l'examiner, c'est de l'observer de tous les côtés : cette occupation est peut-être la jouissance la plus vive que donne la possession ; mais vous, vous ne connaissez pas tous les détails et tous les plaisirs de la sensibilité. Tout ce qui est élevé, tout ce qui est noble, tout ce qui est grand, voilà ce qui est de votre ressort. Les héros de Corneille fixent votre attention : à peine avez-vous jeté les yeux sur les petits pâtres de Gessner. Vous aimez à admirer, et moi je n'ai qu'un besoin, qu'une volonté, c'est d'aimer; mais qu'importe? nous n'aurons pas la même langue; il y a une sorte d'instinct qui supplée à tout; mais rien ne supplée à mille lieues de distance. J'étais si troublée la dernière fois, que je ne vous ai pas dit que Diderot est en Hollande; il y est si bien, il y a déjà tant d'amis qu'il n'avait jamais vus, qu'il est fort possible qu'il ne revienne jamais à Paris, et qu'il oublie qu'il était en chemin pour aller en Russie. C'est un homme extraordinaire : il n'est pas à sa place dans la société : il devait être chef de secte, un philosophe grec, instruisant, enseignant la jeunesse. Il me plaît fort; mais rien de toute sa manière ne vient à mon âme; sa sensibilité est à fleur de peau : il ne va pas plus loin que l'émotion. Je n'aime rien de ce qui est à demi, de ce qui est indécis, de ce qui n'est qu'un peu. Je n'entends pas la langue des gens du monde : ils s'amusent et ils bâillent; ils ont des amis, et ils n'aiment rien. Tout cela me paraît déplorable. Oui, j'aime mieux le tourment qui consume ma vie, que le plaisir qui engourdit la leur; mais avec cette manière d'être, on n'est point aimable; eh bien! on s'en passe; non, on n'est point aimable, mais on est aimé, et cela vaut mille fois mieux que de plaire.

Que je voudrais savoir si vous irez en Russie! J'espère que non, et c'est, comme vous dites, parce que je le désire. Il me semble que, de nulle part au monde, les lettres ne viennent si lentement que de la Russie. J'ai relu deux fois, trois fois votre lettre, d'abord parce qu'elle était difficile, et puis parce que j'y étais difficile. Ah! si vous saviez combien de fautes d'omissions j'y ai trouvées! Mais pourquoi n'en feriez-vous pas? M. d'Alembert attend votre lettre avec grande impatience. M. de Crillon vous a prévenu. Votre ami, M. d'Aguesseau, me parut, au moins le jour qu'il m'a apporté votre lettre, bien extraordinaire : il a l'air de quelqu'un qui est troublé ; ses mouvements ont quelque chose de convulsif. Il dit qu'il est malade, et je le crois ; il a formé le projet d'aller à Spa. Je ne sais, mais je suis bien aise qu'il ne soit pas avec vous. Adieu. Je vous ai accablé de questions ; vous ne répondez point. Je ne vous demande pas s'il vous serait agréable de savoir les nouvelles, parce qu'il serait au-dessus de mon pouvoir de m'en occuper. Je sais ce qu'on ne sait point encore dans le public, que c'est M. d'Aranda qui est nommé ambassadeur d'Espagne à la place de M. de Fuentes ; que celui-ci a la première place de sa cour. Tout cela ne vous fait rien ; et ce qui vous étonnera, c'est que cela me fait beaucoup. Ne faut-il pas être folle pour aller s'intéresser à ce qui se passe à Madrid ? Adieu, encore une fois. Mon genre de folie est digne de votre pitié. De vos nouvelles souvent, longuement ; partagez, si vous pouvez, le plaisir que vous me ferez. Combien y a-t-il de lettres que vous seriez plus pressé d'ouvrir que la mienne ? trois, dix ? —

LETTRE IX.

Jeudi, 1er juillet 1773.

Oh ! si vous saviez combien je suis injuste ! combien je vous ai accusé ! combien je me suis dit que je ne devais rien attendre, ni désirer de votre amitié ! et la cause de tout cela, c'est que je ne recevais point de vos nouvelles. Dites-moi donc pourquoi on attend, pourquoi on exige de quelqu'un sur qui on ne compte pas. Mais vraiment, je le crois, vous me pardonnez mes inconséquences ; mais moi, je ne dois pas être si indulgente ; elles me touchent de plus près que vous. Je ne sais plus ce que je vous dois ; je ne sais plus ce que je vous donne ; je sais que votre absence me pèse, et je ne saurais me répondre que votre présence me fît du bien. Mais, mon Dieu ! quelle situation horrible que celle où le plaisir, où la consolation, où l'amitié, où tout enfin devient poison ! Que faire, dites-moi ? où retrouver le calme ? Je ne sais où je prends la force de résister à des impressions aussi profondes et aussi diverses. Oh ! combien de fois l'on meurt avant que de mourir ! Tout m'afflige et me nuit ; et l'on m'ôte la liberté de me délivrer du fardeau qui m'accable ! Au comble du malheur, on veut que je vive ; on me déchire également et par le désespoir et par l'attendrissement qu'on me cause. Eh, mon Dieu ! aimer, être aimé, n'est-ce donc pas un bien ! je souffre tous les maux, et j'ai encore à me reprocher de troubler le repos, de faire le malheur de ce que j'aime ! Mon âme est épuisée par la douleur : ma machine est détruite, et cependant je vis, et il faut que je vive ; pourquoi le voulez-vous aussi ? que vous importe ma vie ? quel prix pouvez-vous y mettre ? que suis-je pour vous ? Votre âme est si occupée, votre vie si remplie et si agitée ! comment vous reste-t-il le temps de plaindre mes maux, et comment avez-vous donc assez de sensibilité pour répondre à mon amitié ? Oui, vous êtes trop aimable, vous avez le ton de l'intérêt, et il me semble que je ne devais point vous en inspirer. Mes lettres vous sont nécessaires, cela peut-il être vrai ? oui, puisque vous le dites ; mais pourquoi avez-vous donc été si longtemps à m'écrire? pourquoi ne pas m'adresser directement vos lettres? Strasbourg les a retardées de deux ou trois jours. Ce n'est rien pour quelqu'un qui emploie huit mois pour satisfaire sa curiosité ; mais c'est beaucoup trop pour quelqu'un qui ne connaît plus qu'un genre d'intérêt dans la vie. Je suis ravie (et c'est par-là que je voulais commencer) que vous ayez été content du roi de Prusse. Ce que vous me dites sur cette vapeur magique qui l'environnait, est si charmant, si noble, si juste, que je n'ai jamais pu m'en taire : je l'ai lu à tous ceux qui méritaient de l'entendre. Madame Geoffrin a voulu que je lui en donnasse une copie. Je l'ai envoyé plus loin, et cela sera bien senti. Vous n'allez donc pas en Russie ; cela me fait un plaisir sensible. Oui, laissez-moi encore vous dire combien je trouve aimable votre amitié. Vous répondez à tout, vous causez, vous êtes encore près, lorsque vous êtes à mille lieues. Mais d'où vient donc que cette femme ne vous aime pas à la folie, comme vous voudriez l'être, comme vous méritez de l'être? A quoi donc peut-elle employer son âme et sa vie? Ah! oui, elle n'a ni goût, ni sensibilité, j'en suis sûre. Elle devrait vous aimer, ne fût-ce que par vanité ; mais de quoi vais-je me mêler ? vous êtes content, ou si vous ne l'êtes pas, vous aimez le mal qu'elle vous fait : pourquoi donc vous plaindrais-je? Mais cette autre malheureuse *personne!* c'est elle qui m'intéresse ; lui avez-vous écrit? son malheur est-il toujours aussi profond? Je dois vous dire que l'autre jour, chez la comtesse de Boufflers, on parla beaucoup de vous et du *Connétable;* la jeune de Boufflers me dit qu'elle vous croyait fort amoureux ; que cela lui avait fait regarder avec attention madame de ***. Il y avait là un homme qui assura que vous ne l'étiez plus, que vous l'aviez aimée, que cela était usé ; et qu'il croyait que vous ne seriez jamais longtemps heureux ou malheureux par la même femme ; que l'activité de votre âme ne lui permettait pas de se fixer longtemps au même objet ; et de là une dissertation *spirituelle* sur des choses sensibles et sur la passion. La comtesse de Boufflers finit par dire qu'elle ne savait pas de qui vous étiez amoureux, mais que ce n'était plus de madame de *** ; et qu'elle jugeait, par les billets qu'elle avait reçus de vous à votre départ, que vous étiez fortement attaché, et que votre éloignement déchirait votre âme ; et puis cette réflexion si naturelle : *et cependant pourquoi aller en Russie ?* Mais peut-être c'est pour se guérir, peut-être est-ce pour étouffer le sentiment de la personne qu'il aime. Enfin, après bien des conjectures sans intérêt, on vint à me demander si je vous aimais, si je vous connaissais beaucoup : car je n'avais pas dit un mot. Oui, je l'aime beaucoup, et quand on le connaît un peu, il n'y a que cette manière de l'aimer ? — Eh bien, vous savez donc ses liaisons ? quel est l'objet de sa passion ? — Eh ! non, en vérité, je n'en sais rien du tout. Je sais qu'il est à Berlin, qu'il se porte bien, que le roi l'a reçu parfaitement, qu'il verra ses troupes, qu'il ira en Silésie. Voilà ce que je sais : voilà ce qui m'intéresse. Et l'on parla de de l'Opéra, de madame la dauphine, et de mille *choses intéressantes*. Je vous conte tout cela pour vous dire que je n'aime pas que tout le monde connaisse vos affections, vos dégoûts, vos inconstances. Je ne voudrais entendre parler que de votre mérite, de vos talents et de vos vertus ; ai-je tort ? Vous vouliez plusieurs lettres à Vienne, et il est possible que vous n'en ayez point, ou que vous en soyez accablé. Je vous ai écrit trois fois à Berlin depuis le 6 juin. Sans doute, on vous renverra vos lettres ; si elles y attendaient votre retour, elles seraient de vieille date lorsque vous les recevriez ; mais je m'en rapporte au besoin que vous avez de recevoir de ces lettres dont la privation vous *tourne la tête.* En grâce, ne me traitez pas si bien ; ne m'écrivez pas la première, parce qu'alors, sans vous en apercevoir, vous ne m'écrivez que pour m'avoir écrit. Ne venez à moi que lorsque vous n'avez plus rien à lui dire : cela est dans l'ordre, l'amitié ne doit arriver *qu'après;* quelquefois elle est à une grande distance ; quelquefois aussi elle est bien près, trop près peut-être ; les malheureux aiment, ils aiment tant ce qui les console ! il est si doux d'aimer ce qui plaît ! Je ne sais pourquoi j'ai quelque chose qui m'avertit que je pourrais dire de votre amitié ce que le comte d'Argenson dit en voyant, pour la première fois, la jolie mademoiselle de Berville, qui était sa nièce : *Ah ! elle est bien jolie ! il faut espérer qu'elle nous donnera bien du chagrin.* Qu'en pensez-vous ? Mais vous êtes si fort, si modéré, et surtout si occupé, que cela vous met à l'abri des grands malheurs et des petits chagrins. Voilà comme il faut avoir de l'esprit, comme il faut avoir des talents : cela rend supérieur à tous les événements. Quand on est, avec cela, aussi honnête et surtout aussi sensible que vous, on est sans doute affecté douloureusement, on l'est assez pour contenter l'amitié ordinaire ; mais on est bientôt détourné des mouvements de l'âme, lorsque la tête est vivement et profondément occupée. Oui, je vous le prédis, et j'en suis bien aise : vous n'éprouverez plus de ces malheurs qui bouleversent l'âme ; vous êtes assez jeune pour recevoir encore de légères secousses ; mais je vous réponds que vous vous remettrez bientôt en mesure ; ah ! je vous en réponds : vous ferez une grande fortune, vous aurez une grande célébrité. Je vais vous faire horreur, je vais vous montrer une âme bien petite, bien commune ; mais je ne saurais qu'y faire. Toutes les fois que je viens à vous regarder dans l'avenir, je me sens glacée ; et ce n'est point parce que ce qui est grand attire l'admiration et m'écrase : mais c'est que ce qui est grand mérite bien rarement d'être aimé. Convenez que je suis presque aussi bête que je suis folle : je suis bien pis que cela. J'ai ce certain genre, le seul mauvais, à ce que dit Voltaire ; je l'ose nommer, je vous en ai si bien pénétré que je n'ai pas besoin de vous dire que c'est le genre ennuyeux. *La différence* de nos affections, la voici : c'est que vous êtes au bout du monde, c'est que vous êtes assez calme pour jouir de tout ; et moi je suis à Paris ; je souffre et je ne jouis de rien, voilà tout, comme dit Marivaux. J'ai reçu beaucoup de détails : ils ont calmé mon désespoir ; j'ai vu qu'il n'y avait rien à craindre de ce dernier accident ; mais concevez s'il est possible d'avoir un moment de repos, en tremblant sans cesse pour la vie de quelqu'un à qui l'on sacrifierait la sienne à tous les instants. Ah ! si vous saviez combien il est aimable, combien il est digne d'être aimé ! Son âme est douce, tendre et forte ; je suis assuré que c'est l'homme du monde qui vous plairait et vous conviendrait le plus. . . . . .

. . . .

. . . .

C'est vous qui me donnez mes défauts : vous en avez le privilége exclusif. Je suis, avec tous mes autres amis, la meilleure et la plus facile de toutes les créatures : il me semble qu'ils me font toujours grâce, et qu'ils me préviennent sur tout ; je passe ma vie à les remercier, à les louer, et je me plains de vous, mais ce n'est qu'à vous ; je vous critique, je vous désapprouve, pourquoi cette différence ? Mais croyez-vous qu'il n'y ait qu'un an que nous

nous connaissons? cela me paraît impossible. La raison que vous me donnez pour le refus du *Connétable* n'est pas bien bonne : vous savez que j'avais un copiste sûr. . .

LETTRE X.

Mercredi au soir, 14 juillet 1773.

Mon Dieu ! que vous êtes aimable, et que vous m'étonnez, en revenant à moi d'aussi loin, étant aussi occupé, aussi dissipé ! Comment se fait-il que vous pensiez même à quelqu'un qui ne peut avoir de mérite auprès de vous que celui de vous avoir paru capable d'aimer et de souffrir ? de quel usage vous seront jamais ces tristes facultés ? vous n'avez pas besoin d'être aimé, et vous seriez fâché de me faire souffrir : quel prix pouvez-vous donc mettre à une liaison où tout l'avantage est de mon côté? Vous me faites des questions auxquelles je ne suis pas en état de répondre. Hélas ! il faudrait être calme pour répondre à l'indifférence qui interroge : le malheur, la durée des souffrances m'ont mise dans une espèce de stupidité qui m'ôte le pouvoir de penser : il ne me reste tout juste de raison que ce qu'il en faut pour me juger, pour condamner tous mes mouvements, pour m'affliger de tous mes sentiments. Mon âme a la fièvre continue avec des redoublements qui me conduisent souvent jusqu'au délire. Oh ! s'il était vrai que de l'excès du mal on voit naître quelquefois le bien, je devrais espérer quelque soulagement. Non, je ne puis plus suffire aux diverses agitations qui déchirent mon cœur, et je me reproche la faiblesse qui m'entraîne à vous montrer ce que je souffre. Il me semble que je ne peux point exciter votre intérêt : je n'ai aucun droit à votre sensibilité ; et si j'en avais, ce n'est pas de ma douleur que je voudrais la nourrir. Non, vous ne me devez rien, et je vais vous le prouver : je déteste, j'abhorre la fatalité qui m'a forcée à vous écrire *ce premier billet*, et dans ce moment peut-être, elle m'entraîne avec autant de puissance. Je ne voulais pas vous parler de moi ; je voulais simplement vous remercier de m'avoir écrit avant que d'arriver à Vienne : je voulais vous répondre, et non pas vous parler ; je n'accepte aucune de vos louanges, et je vais vous étonner : c'est qu'elles ne me louent point. Que m'importe que vous jugiez que je ne suis pas bête ? il est singulier, mais il est pourtant vrai, que vous êtes l'homme du monde à qui je me soucie le moins de plaire. Expliquez-moi cette bizarrerie ; expliquez-moi aussi pourquoi je vous juge avec une sévérité insupportable ; pourquoi je me trouve injuste à tout moment avec vous ; pourquoi, ne croyant pas à votre amitié, j'en chicane toutes les expressions ; pourquoi, enfin, ayant à me louer de vous, je serais tentée de m'en plaindre. Oui, ma raison me dit que je devrais vous demander pardon : car ma pensée vous offense sans cesse, et mon âme se révolte au seul sentiment que vous pourriez me faire grâce. Eh ! non, je n'en veux point : jugez-moi sévèrement ; voyez toute mon injustice, voyez toute mon inconséquence, et laissez-vous aller au mouvement que cela doit vous inspirer. Oh ! je vous l'ai dit, nous ne ferons point de tout ceci l'amitié de Montaigne et de la Boétie. Ces gens-là étaient calmes : ils n'avaient qu'à se livrer aux impressions douces et mutuelles qu'ils recevaient ; et nous, nous sommes malades, mais avec cette différence, que vous êtes un malade plein de force et de raison, qui se conduira de manière à jouir incessamment de la plus excellente santé ; tandis que moi, je suis atteinte d'une maladie mortelle dans laquelle tous les soulagements que j'ai voulu apporter, se sont convertis en poison et n'ont servi qu'à rendre mes maux plus aigus. Ils sont d'une nature étrange ; ils ont dépravé ma raison, et égaré mon jugement : car je ne voudrais point guérir ; je ne me sens que le besoin de mourir. Ah ! mon Dieu ! que je serais fâchée de voyager ! que je serais fâchée de dévorer cent volumes en deux mois de temps ! que je serais fâchée de valoir autant que vous, et d'être destinée à autant de succès et à autant de gloire ! si vous saviez combien mon âme est petite : elle ne voit qu'une seule chose dans la nature qui vaille la peine de l'occuper. César, Voltaire, le roi de Prusse lui paraissent quelquefois dignes d'admiration, mais jamais dignes d'envie. Je vous ferais trop d'horreur, si je vous disais le sort que je préférerais à tout ce qui respire ; oui, je suis comme Félix : *j'entre entre des sensiments qui ne sont pas croyables.*

J'en ai de violents. J'en ai de pitoyables. J'en ai même de — Mais vous n'entendriez pas cette langue, et je vous ferais rougir d'avoir pu penser que mon âme avait quelques rapports avec la vôtre ; vous me faites trop d'honneur en m'élevant jusqu'à vous ; mais aussi gardez-vous bien de me mettre à côté des femmes que vous estimez le plus : vous les affligeriez et vous me feriez mal. Vous ne savez pas tout ce que *je vaux :* songez donc que je sais souffrir et mourir ; et voyez après cela, si je ressemble à toutes ces femmes qui savent plaire et s'amuser. Hélas ! l'un me répugne autant que l'autre me serait impossible. Je sais mauvais gré à tout ce qui vient me distraire et me détourner.

Il y a des objets que rien ne peut me faire perdre de vue. Ce que j'entends nommer dissipation et plaisir, ne fait que m'étourdir et me fatiguer ; et si quelqu'un avait eu la puissance de me séparer un moment de mes malheurs, je crois que, loin de lui porter de la reconnaissance, je devrais l'en haïr. Qu'en pensez-vous ? vous qui me parlez de mon *bonheur* et qui me faites espérer que, s'il dépend de votre amitié, vous me l'accorderez. Non, monsieur, votre amitié ne fera point mon *bonheur*, parce que cela est impossible; elle me consolera, elle me fera souffrir peut-être, et je ne sais si j'aurai à me louer, ou à me plaindre de ce que je vous devrai.

Pourquoi donc avez-vous l'air de vous justifier d'avoir lu le *Connétable* ? il serait désobligeant de vous refuser au plaisir que vous pouvez faire et recevoir. Le roi de Prusse a écrit à monsieur d'Alembert une lettre charmante, elle est pleine d'éloges de vous, et il se promet bien d'entendre le *Connétable*. Je suis sûre qu'il en sera ravi, cette tragédie est au ton de son âme, à beaucoup d'égards. Adieu ; donnez-moi souvent de vos nouvelles, et ne formez point le projet de m'écrire quatre mots. Gardez ce projet pour vos connaissances, il y a même des amis qui en seraient contents, mais moi, je suis si difficile à contenter ! Vous me direz si vous avez reçu mes lettres.

LETTRE XI.

De Paris, le 25 juillet 1773.

Eh ! non, ne vous y trompez pas : les plus grandes distances ne sont pas celles que la nature a marquées par les lieux ; les Indes ne sont pas si loin de Paris, que la date du 27 juin n'est éloignée de celle du 15 juillet ; voilà le véritable éloignement, voilà les séparations effroyables, c'est l'oubli de l'âme ; cela ressemble à la mort, et cela est pis, puisque cela est senti longtemps. Mais n'allez pas croire que je vous fasse des reproches : eh ! mon Dieu, je n'en ai pas le droit, vous ne me devez rien, et moi je dois vous rendre grâce des marques de votre souvenir. Vous aurez été accablé de mes lettres à votre retour de Hongrie : voilà la troisième adressée à Vienne ; on a dû vous en envoyer deux ou trois de Berlin. Dans l'éloignement où vous êtes, il faut, s'il vous plaît, employer cette formule triviale : *j'ai reçu telle lettre*, etc. Je savais, il y a longtemps, par le baron de Cock, officier général au service de l'impératrice, que les camps n'auraient pas lieu. On croit ici que l'empereur et le roi de Prusse se sont donné rendez-vous dans quelques villes de leurs nouvelles possessions ; mais vous aurez rempli le temps d'une manière utile : ainsi vous regretterez peu les camps. Quoi ! de bonne foi, vous voulez que je vous réduise à ma taille ? C'est donc parce qu'il vous est plus facile de vous plier, qu'à moi de m'élever, et qu'à quelque mesure que je vous voie, vous resterez à la vôtre qui est telle que peu de gens peuvent y atteindre ; mais en vérité, permettez-moi de ne pas regarder comme un effet de confiance ni d'amitié, ce que vous me dites de votre caractère. Hélas ! savez-vous ce que vous me confiez, en me découvrant les inconséquences qui vous agitent ? c'est que je suis une bête qui ne voit rien, qui n'observe rien : car sans doute, si vous n'êtes ni dissimulé, ni faux, j'aurais dû démêler ce que vous croyez m'apprendre de vous-même ; et voulez-vous que moi je vous apprenne une chose d'une science profonde ? C'est que, ni vous, ni moi ne nous connaissons parfaitement : vous, parce que vous êtes trop près, et que vous vous observez trop ; et moi, parce que je vous ai toujours vu avec crainte et embarras. Oh ! si jamais je vous revois, je vous regarderai mieux : il me semble que ma vue s'est raffinée. Ce que vous me dites sur la cause de vos courses continuelles est charmant : cela est plein d'esprit et de grâce, et en voilà bien assez pour que cela puisse se passer de vérité. *Je remplis ma jeunesse pour que ma vieillesse ne puisse pas me reprocher de ne l'avoir pas employée.* Vous voyez bien que c'est l'avare, qui, en laissant mourir de faim ses enfants, se justifie à lui-même sa dureté, en disant qu'il leur amasse du bien pour qu'ils en jouissent après lui. Soyons plus simples : ne cherchons point de prétexte pour justifier nos goûts et nos passions ; vous allez au bout du monde, parce que votre âme est plus avide que sensible. Eh bien, quel mal y a-t-il à cela ? Vous êtes jeune, vous avez connu l'amour, vous avez souffert, et vous en avez conclu que vous étiez sensible ; et cela n'est pas vrai. Vous êtes ardent, vous êtes passionné, vous seriez capable de tout ce qui est fort, de tout ce qui est grand : mais vous ne ferez jamais que des choses de mouvement, c'est-à-dire, des actions, des actes détachés ; et ce n'est pas comme cela que procèdent la sensibilité et la tendresse. Elles attachent, elles lient, elles remplissent toute la vie, elles ne laissent place qu'aux vertus douces et paisibles, elles fuient l'éclat : tout ce qui les sépare et les éloigne de leur objet leur paraît malheur ou tyrannie. Voyez après cela et comparez. Je vous l'ai déjà dit : la nature ne nous a point faits pour être heureux, elle vous a condamné à être grand : soumettez-vous donc sans murmure. Je crois du reste tout ce que vous me dites de l'avantage de ce pays-ci sur tous les autres. Je ne sais si vous rapporterez de votre voyage le dégoût de voyager ; mais je suis bien sûre que vous n'en rapporterez pas la possibilité de pouvoir vous fixer quelque part. Vous aurez jugé avec justice et justesse ce qui est bon, ce qui est meilleur ; mais vous ferez comme les italiens font de la musique, ils préfèrent la nouvelle à la bonne. Je vous demande pardon, je contrarie vos paroles ; mais convenez que je suis bien au ton de votre âme. Vous voulez que je vous parle de la mienne, voici son état. N'avez-vous jamais vu de ces malades attaqués de maux lents et incurables ? Quand on demande de leurs nouvelles aux gens qui les soignent, ils répondent : *cela va aussi bien que son état le comporte;* c'est-à-dire, il mourra, mais il a quelques moments de répit ; voilà tout juste l'espèce de santé de mon âme. Au plus violent orage a succédé le calme. — Sa disposition morale est telle que je la ferais selon mon souhait et selon mon cœur ; mais que sa santé est alarmante ! cependant je suis sûre qu'il ne fait pas une faute de régime : il aime la vie parce qu'il se plaît à aimer et à être aimé ; il n'y tient que par là. Oh ! si vous saviez combien il est aimable ! oui, vous m'aimeriez un peu ; mais vous ne feriez pas grand cas de moi, d'avoir été capable d'une distraction. Oh ! qu'êtes-vous donc, pour m'avoir détournée un instant de la plus charmante et de la plus parfaite de toutes les créatures ? Oui, si vous le connaissiez, ou quand vous le connaîtrez, vous verrez que, dans le jugement que j'en porte, il n'y a ni illusion, ni prévention. Eh bien, est-ce assez vous montrer mon âme ? Mon amitié est-elle passive, active ou indiscrète ? — Le chevalier d'Aguesseau vous aura mandé que j'avais perdu patience. Je lui avais envoyé demander de vos nouvelles ; dans ce moment-là, il n'en avait pas eu : mais dès qu'il reçut une lettre du 8, il me manda

que vous vous portiez bien ; et alors, je fus tentée de vous écrire, pour vous remercier de ce que vous aviez un ami qui avait pu me tirer d'inquiétude ; et puis, je trouvai qu'il valait mieux vous attendre. Oui, en effet, je veux vous attendre, et toujours. Pourquoi irais-je plus vite que vous ? je me fatiguerais et je gênerais vos pas. Je ne veux plus qu'aucune affection agite mon âme douloureusement, c'est trop. Je ne sais pas comment je puis suffire à la dépense que je fais. Il est vrai que j'ai réuni toutes mes forces en un seul point. Toute la nature est morte pour moi, excepté quelques objets qui animent et remplissent tous les moments de ma vie. Je n'existe pour rien : les choses, les plaisirs, la dissipation, la vanité, l'opinion, tout cela n'est plus à mon usage ; et j'ai regret au temps que j'y ai donné, quoiqu'il ait été bien court : car j'ai connu la douleur de bonne heure, et elle a cela de bon qu'elle écarte bien des sottises. J'ai été formée par ce grand maître de l'homme, *le malheur*. Voilà la langue qui vous a plu : elle vous a rapproché de l'endroit sensible de votre âme, dont la dissipation et le ton aimable des femmes de ce pays-ci vous éloignaient sans cesse. Vous m'avez su gré de vous ramener à ce que vous aviez aimé, à ce que vous aviez souffert : oui, il y a une espèce de douleur qui a un tel charme, qui porte une telle douceur dans l'âme, qu'on est tout prêt à préférer ce mal à ce qu'on appelle *plaisir*. Je goûte ce bonheur ou ce poison deux fois la semaine ; et cette sorte de nourriture m'est bien plus nécessaire que l'air que je respire.
— La comtessse de Boufflers m'a beaucoup parlé de vous, et de ce qu'elle vous mandait ; elle vous aime, parce que vous avez fait le *Connétable*, et il y a assurément de quoi fonder son goût. Et moi je vous aimerais bien mieux, si vous n'étiez pas *le connétable*. Oh ! combien j'ai l'âme pe-

tite et bornée! je hais également les patagons et les liliputiens; mais que vous importe mon goût? Vous êtes bien aimable d'avoir pensé à grossir votre écriture; mais j'ai envie cependant de m'en plaindre : cela m'a ravi quelques lignes. Au nom de Dieu, restez comme vous êtes; écrivez des pieds de mouches, faites le tour du monde, mais commencez par Paris; en un mot ne changez pas un cheveu à votre manière d'être. Je ne sais pas si c'est la meilleure; mais elle m'est la plus agréable possible. Cette louange n'est-elle pas *fade ?* Ne vous moquez pas de moi; je suis bien bête, mais je vous assure que je suis une bonne créature, n'est-ce pas?

LETTRE XII.

Dimanche au soir, 1er août 1773.

Vous êtes trop aimable; vous me surprenez en bien : il est ravissant d'avoir un plaisir sur lequel on ne comptait point, et je suis charmée de vous devoir un mouvement qui fait du bien à mon âme. J'avais reçu hier une lettre de vous, du 18 : j'étais bien contente de voir que les dates se rapprochaient, que vous n'y mettiez plus quinze jours d'intervalle, et que je ne devais pas ce changement au regret que je vous avais marqué : c'était à vous, c'était à votre amitié; j'aime bien mieux ce qu'elle me donne que ce que j'en obtiendrais. Je voulais vous remercier, vous dire faiblement ce que je sens bien vivement, et j'ai été plus heureuse encore : j'ai reçu une autre lettre de vous aujourd'hui, du 18. Mon premier mouvement (je ne sais pourquoi) a été la crainte, l'habitude du malheur gâte tout ; mais j'ai été bientôt rassurée. Je vous ai trouvé bon, sensible, près de mon âme. Il me semblait que je devais m'applaudir d'avoir souffert, puisque ma douleur vous avait intéressé. Oh ! de combien de regrets vous remplissez ma vie ! je jouirais de votre amitié ; elle ferait ma consolation, elle ferait mon plaisir, et vous êtes à mille lieues ? je ne saurais me défendre de la crainte que tant d'objets nouveaux, qu'une vie aussi occupée et aussi dissipée que celle que vous êtes forcé de mener, ne détruisent ou du moins n'affaiblissent une liaison et un intérêt auxquels il a manqué peut-être le degré de chaleur qui en fait un besoin du cœur, ou le temps qui en fait une habitude. J'avoue que je mets bien peu de prix à ce dernier lien : c'est le sentiment de ceux qui n'en ont point ; mais voyez la funeste disposition de mon âme : je m'occupe de crainte, de regret, lorsque je devrais jouir des témoignages et des preuves de votre amitié. Elle est bien douce, elle est bien indulgente cette amitié : vous me pardonnez toute mon injustice ; je vous ai accusé mille fois ; mais en même temps je ne me suis jamais repentie de m'être livrée à vous par la confiance la plus intime. Il est impossible avec vous d'avoir à se reprocher une méprise ; et par là on est à l'abri des grands malheurs : car remarquez que toutes les tragédies sont fondées sur une méprise, et que presque tous les malheurs ont la même cause ; mais ne me punissez donc pas d'avoir été injuste, en ne me parlant plus de ce qui m'intéresse. Dites-moi tout ce que vous éprouvez, et je vous promets de le partager et de vous dire encore l'impression que j'en recevrai. Je vous aime trop pour pouvoir m'imposer la moindre contrainte ; je préfère avoir à vous demander pardon, que de ne point faire de fautes. Je n'ai plus d'amour-propre avec vous, et je n'entends point toutes ces règles de conduite qui font qu'on est toujours content de soi et qu'on est si froid avec ce que l'on aime. Je hais la prudence : je hais même (souffrez que je vous le dise) ces devoirs de l'amitié qui font substituer la discrétion à l'intérêt, et la délicatesse à la sensibilité. Que vous dirai-je ? j'aime l'abandon ; je n'agis que de premier mouvement, et j'aime à la folie qu'on soit de même avec moi. Ah, mon Dieu ! que je suis loin de vous valoir ! je n'ai point vos vertus, je ne connais point de devoirs avec mon ami ; je me rapproche de l'état de nature : les sauvages n'aiment pas avec plus de simplicité et de bonne foi. Le monde, le malheur, rien n'a pu corrompre mon cœur. Je ne serai jamais en garde contre vous ; je ne vous soupçonnerai jamais. Vous dites que vous avez de l'amitié pour moi ; vous êtes vertueux : que puis-je avoir à craindre ? Je vous laisserai voir le trouble et l'agitation de mon âme, et je ne rougirai point de vous paraître faible et inconséquente. Je vous l'ai déjà dit, je ne prétends point à vous plaire ; je ne peux point usurper votre estime : j'aime mieux mériter votre indulgence ; enfin, je veux vous aimer de tout mon cœur, et avoir pour vous une confiance sans réserve. — Non, je ne vous crois pas *fin*, et je pense, comme vous, que la finesse est toujours une preuve de disette d'esprit ; mais je vous crois bien *bête*, lorsque vous n'entendez pas ce qu'on vous désigne clairement ; qu'importe le nom ? il suffit qu'il ne puisse pas gâter ce que je vous ai dit de la personne ; ce qui m'étonne, c'est que je vous l'ai nommée vingt fois ; cela me prouve ce que je ne croyais pas, que je prononce son nom comme celui d'un autre : mais ce qui m'étonnerait bien plus encore, ce serait si vous veniez à ne pas le distinguer des autres : cependant je vous assure qu'il n'est pas fait pour rester dans la foule ; vous verrez.

J'ai vu aujourd'hui le chevalier d'Aguesseau. J'étais fière de pouvoir lui donner de vos nouvelles. Avec les autres personnes qui sont en droit d'en attendre, j'aurais eu un sentiment tout contraire : j'aurais craint de leur paraître plus heureuse qu'elles, et de vous faire accuser : car la plupart des femmes n'ont pas besoin d'être aimées ; elles veulent seulement être préférées. Le chevalier d'Aguesseau m'a dit qu'il allait vous écrire et vous mander des nouvelles ; pour moi je ne m'intéresse qu'à une seule, et je voudrais bien pouvoir vous la mander.....

Je serai bien aise de revoir le chevalier de *Chatelux* ; mais cependant si j'avais pu ajouter à son voyage ce que je voudrais retrancher du vôtre, je ne le verrais pas sitôt. Voyez, je vous en prie, combien je renverse l'ordre de la chronologie : il y a huit ans que j'aime le chevalier. Je suis bien aise que vous mettiez de l'intérêt dans votre voyage ; je désire même que vous y trouviez du plaisir : mais ce que je veux par-dessus tout, c'est que vous regrettiez les gens qui vous aiment. Je voudrais que la Turquie, la Hongrie et l'univers ne vous fissent pas oublier que vous manquez à leur bonheur ; et je voudrais encore que vous revinssiez dans la résolution de ne point les quitter au moment où ils commenceront à jouir du charme de votre amitié et de votre société. Adieu. Je ne vous ai pas dit que je suis malade comme une bête : mais mon âme est moins souffrante ; ainsi je ne dois pas me plaindre. Faites que j'aie à me louer de votre caractère, et vous serez bien aimable.

LETTRE XIII.

Dimanche, 8 août 1773.

Voyez quelle folie d'aller vous chercher, d'aller vous attendre à Breslau! vous y serez occupé du roi, des troupes, de vos succès, etc., etc., et rien ne vous portera à jeter vos regards vers Paris. J'ai tort; Paris est bien grand, mais vous m'y laisseriez dans la foule. Cependant, croyez-moi, il y a peu, mais très-peu, et si je ne craignais de vous affliger, je vous dirais : il n'y a personne qui vous regrette plus sincèrement que moi. Tout le monde est occupé ou dissipé; moi seule, je crois, ne saurais perdre de vue ce qui m'afflige, ou ce que je désire. Je ne sais pas comment on fait pour s'accoutumer aux privations : celles qui touchent l'âme sont si sensibles! elles n'ont point de dédommagement. Je ne conçois point qu'il n'y ait pas encore trois mois que vous êtes parti, et je conçois bien moins encore comment il faudra vous attendre jusqu'à la fin de novembre. Votre présence ne pourrait que me consoler, et je la regrette comme mon plaisir. Ah! l'amitié, ce bienfait de la nature, est donc un nouveau malheur pour moi! tout ce qui affecte mon âme en devient le poison. Vous étiez pour moi une connaissance si aimable : votre ton, vos manières, votre esprit, tout me plaisait; un degré d'intérêt a tout gâté; je me suis livrée au bien que vous me faisiez. Ah! pourquoi avez-vous pénétré dans mon âme? pourquoi me montriez-vous la vôtre? pourquoi établir un commerce intime entre deux personnes que tout sépare? est-ce vous, ou est-ce moi qui suis coupable de l'espèce de douleur dont je souffre? quelquefois je suis arrêtée sur le désir que j'ai de votre retour, parce que je crains que vous n'affligiez mon amitié : cependant elle sera bien peu exigeante ; vous serez tellement occupé, dissipé et entraîné, qu'à Paris même, vous serez peut-être plus loin de moi qu'à Breslau. Songez donc à tout ce que vous aurez acquis auprès des gens qui aiment par air et par désœuvrement. Vous viendrez de si loin, on s'intéressera tant à ce que vous aurez vu, on sera si charmé de vous voir, de vous entendre, qu'il n'y aura pas moyen de vous dérober à tant d'empressement. Eh bien! soit ; je ne vous verrai guère et je vous attendrai souvent : c'est quelque chose. D'ailleurs, quand on est honnête et sensible, on revient souvent où l'on est toujours attendu. Je voudrais en être là ; mais au moins n'êtes-vous pas dans l'intention d'abréger, plutôt que de prolonger votre voyage? Que verrez-vous de mieux, de plus intéressant que ce que vous voyez en Silésie? et puis, si vous n'avez pas le soin d'écrire de Suède, si vous attendez d'avoir reçu des lettres, vous voyez bien qu'on sera trois mois sans entendre parler de vous, et ce n'est plus là être absent, c'est être mort. Quand vous seriez condamné aux mêmes privations, vous en souffririez moins ; d'ailleurs c'est votre faute : vous vous y êtes soumis en partant, et vos amis n'y ont pas donné leur consentement. En un mot, soit justice, soit générosité, je veux avoir de vos nouvelles, et il n'y a ni raison, ni prétexte qui puisse vous autoriser à être jamais aussi longtemps sans m'écrire que vous l'avez été de Prague à Vienne. Songez que vous *devez* beaucoup à ma situation : je suis malheureuse, je suis malade ; voyez si cela ne sollicite pas votre vertu. Ce qu'elle m'accordera, sera payé d'une reconnaissance infinie. Mon Dieu! le pauvre motif et le pitoyable sentiment! ne trouvez-vous pas? — J'ai lu ces jours passés l'extrait d'un éloge de Colbert, qui concourt à l'Académie française. Cet extrait m'a paru d'un ton si ferme, si noble, si élevé, si original, que tout-à-coup j'ai désiré qu'il fût de vous. Je ne sais si le reste de cet ouvrage en serait digne ; mais vous ne désavoueriez pas le peu que j'en ai vu. — J'ai eu la fièvre tous ces jours passés ; la dernière fois que je vous ai écrit, j'ai fini ma lettre en tremblant le frisson. Il y a un certain courrier qui, depuis un an, donne la fièvre à mon âme ; mais elle avait gagné ma mauvaise machine. Je me sens détruite ; et j'ai toujours été si malheureuse, que j'ai quelque chose qui me dit que je mourrai au moment où mon malheur pourrait finir. Revenez, et du moins je serai sûre d'avoir goûté, avant de mourir, une consolation bien douce pour mon âme. Je me reproche d'avoir été injuste avec vous. Mon Dieu! si vous avez souffert, vous m'aurez pardonné : il y a des situations qui demandent tant d'indulgence! — J'ai lu le livre si attendu de M. Helvétius. Je suis effrayée de sa grosseur, deux volumes de six cents pages chacun! votre *voracité* en viendrait à bout dans deux jours ; mais moi, je ne saurais lire avec intérêt : mes affections retiennent toute mon attention ; je lis toujours ce que je sens, et non pas ce que je vois. Ah, mon Dieu! que l'esprit *s'amoindrit* en aimant! il est vrai que l'âme n'y perd rien ; mais que fait-on d'une âme? — J'oubliais de vous répondre sur l'affaire du comte de C*** : elle est un peu plus reculée que lorsqu'il en a eu la première pensée ; vous ne pouvez croire quel pauvre homme est celui dont dépend cette affaire : il n'est pas bête, mais c'est le plus sot de tous les hommes. Sa femme vaut mieux : mais l'occupation où elle est d'elle-même, absorbe toutes ses facultés. En tout, ce sont des gens dont le vrai mérite est d'avoir un excellent cuisinier. Que de gens dont on dit du bien, qui n'ont pas d'autre valeur! Non, l'espèce humaine n'est pas méchante : elle n'est que sotte, et à Paris elle est aussi vaine et aussi frivole que sotte : mais qu'importe, pourvu que ce qu'on aime soit bon, aimable et excellent?

Ah! si vous saviez ce qui amuse, ce qui attache le public! une tragédie de M. Dorat (elle est dénuée d'esprit, d'intérêt et de talent), et puis encore une comédie de M. Dorat. C'est le chef-d'œuvre du mauvais goût et du mauvais ton ; c'est un jargon inintelligible. Enfin les applaudissements qu'on donne à cela, m'avaient réellement attristée l'autre jour. Cela est fait pour décourager le talent.

LETTRE XIV.

Dimanche, 15 août 1773.

Mon Dieu! écoutez-moi ; et une fois pour toutes, croyez que je ne puis pas avoir de tort avec vous, et vous savez bien pourquoi je ne puis pas avoir de tort. Je n'ai donc point eu de négligence, puisque, depuis le 3 juillet, voilà ma cinquième lettre, le 15, le 26, le 1er août, le 6 ou le 7, et aujourd'hui. Je n'entends pas pourquoi le 3 vous n'aviez pas ma lettre du 15. Je ne puis pas me faire aux irrégularités de la poste : elles font le tourment de ma vie ;

mais vous m'étonnez, vous, d'y mettre autant d'importance. Comment donc votre âme peut-elle suffire à tout? je ne fais qu'une seule chose, et j'en meurs de fatigue et de douleur : cette citation des regrets de ce père, à propos de mes lettres, est bien charmante. Est-ce avec de l'esprit qu'on pénètre si avant dans une âme sensible? non, votre esprit me plairait, mais il ne me toucherait pas. Comment avez-vous pu penser que j'aie formé le projet de vous inquiéter? Eh, bon Dieu! où aurais-je trouvé cette sotte confiance? Vous punir? et de quoi? En supposant, ce qui n'est assurément pas, que je fusse mécontente de votre amitié, est-ce que je serais en droit de me plaindre? et ne serait-ce pas le comble de l'impertinence d'aller imaginer que mes lettres seront une privation sensible pour vous? Si je vous dis que je ne suis pas si sottement vaine que la plupart des femmes, vous ne serez pas obligé de m'en croire : mais connaissez-moi mieux, et vous verrez que je reçois à titre de grâce tout ce qu'on veut bien m'accorder; que j'en jouis avec sensibilité; que j'y réponds avec toute la tendresse et la sincérité de mon âme; mais jamais je ne me sens animée de cette sorte de confiance qu'on ne trouve point dans son cœur, mais bien dans l'amour-propre qui fait exiger de ce qu'on aime, et qui ose quelquefois le mettre à l'épreuve. L'usage du monde n'a point altéré la simplicité et la vérité de mes sentiments. Remarquez que je ne me loue pas : je me défends. Je suis fâchée et inquiète de votre mal à la jambe : vous ne la ménagerez pas, quoique vous en disiez, et voilà de quoi je suis inquiète plus que de votre mal. Mon Dieu! que vous avez bien raison! il n'y a rien de si froid et de si plat que de ménager ses amis. Hélas! le grand malheur de l'absence, c'est de trop ignorer tous les détails qui les touchent. En disant beaucoup, on laisse encore tant à désirer! il me semble que mon ami omet toujours ce que j'ai besoin de savoir. Mais pourquoi donc vous excéder de fatigue! le manque de sommeil épuise la tête, et, quelque forte que puisse être la vôtre, je suis assurée que, lorsque vous avez passé la nuit, vous tirez un moins bon parti des choses et des objets que vous voulez observer, sans compter que vous risquez d'affaiblir votre santé. Pour arriver au but que vous vous proposez, il faut non-seulement vivre, mais se bien porter ; pour s'exalter l'âme au point de tout sacrifier à l'amour de la gloire, je crois qu'il est bon de conserver son estomac. Ah! si vous saviez combien les souffrances physiques rapetissent l'âme ! je vous réponds que vous ne prodigueriez pas, comme vous le faites, votre sommeil et vos forces. Je vous parle là une langue bien triviale, mais c'est celle de l'amitié. Remarquez que les personnes qui aiment à plaire ne disent pas un mot de tout cela. Le ton de l'intérêt est sans grâce, il est pesant, il se répète ; mais il n'ennuie pas lorsqu'on le sent pour quelqu'un qui le mérite si bien. En effet, il ne tiendrait qu'à moi de croire que l'inquiétude où vous étiez lorsque vous m'avez écrit, troublait un peu votre jugement : vous me pressez de vous écrire, sans me dire où il faut adresser ma lettre. Je sais que vous n'êtes plus à Vienne depuis le 12 au plus tard, et cependant je vous y écris : cela n'a pas le sens commun. Ce qui, je crois, ne l'a pas davantage, c'est de vous avoir écrit à Breslau : mais pourquoi donc, lorsqu'on fait le tour du monde, conserver le besoin d'entendre parler de ses amis? Ah! oui, vous êtes bien inconséquent! en vérité, il y a des moments où je me sens si lasse, que je suis toute prête à vous laisser en chemin. Je suis si malade, je suis si triste, qu'il me semble que ce serait vous servir que de me laisser tout-à-fait oublier. Plus vous avez de bonté, plus vous êtes sensible, et plus j'ose vous répondre que vous vous repentirez souvent de vous être livré trop vite à une liaison, dont tout l'avantage devait être pour moi. — Il y a un article dans votre lettre, sur lequel mes yeux ne pouvaient s'arrêter, et mon âme semblait s'y attacher. Mon Dieu! quel mot vous me prononcez! mon sang se glace; non, non, mon âme ne chercherait plus la vôtre. Ah! cette pensée me fait mourir! Soyez ma consolation; calmez, s'il est possible, le trouble de mon âme : mais gardez-vous de penser que je pusse survivre un instant à un malheur dont la seule crainte remplit ma vie d'un effroi qui a détruit ma santé, et qui trouble sans cesse ma raison. Adieu ; je ne saurais continuer : je me sens le cœur serré ; si je puis me distraire, je reprendrai : car j'ai à me justifier et à vous demander pardon, quoique je ne sois pas coupable.

Toujours Dimanche.

J'ai été tentée de vous avertir que j'avais dit cette phrase sur le roi de Prusse, qui était charmante, et que je crus pouvoir répéter sans inconvénient. Elle fut trouvée comme elle est, et elle fut répétée tant et tant, qu'elle alla jusqu'à madame Du Deffand, qui la trouva très-mauvaise, qui la retourna, qui la commenta, et qui éprouva sur son avis mille contradictions. Enfin, elle finit par dire, que quand vous auriez fait *Athalie* avec le *Connétable*, cela ne l'empêcherait pas de trouver le fond et la forme de cette pensée détestables. A quelques jours de là, elle en parla à l'ambassadeur de Naples sur le même ton; cela l'impatienta, et il lui dit que lorsqu'on voulait critiquer, il fallait au moins citer de bonne foi, et qu'en changeant les termes de cette phrase, il trouvait encore sa critique aussi sévère qu'injuste. Madame de Luxembourg, madame de Beauveau, devant qui cela se passait, et qui étaient contre madame Du Deffand, demandèrent à l'ambassadeur s'il pourrait avoir une copie de cette phrase : il la leur promit; il vint me conter toute cette sotte dispute, et j'avoue que le plaisir de confondre madame Du Deffand me fit céder à la prière de l'ambassadeur : je lui fis copier ces trois lignes, et il s'en alla triomphant. Alors madame Du Deffand fut confondue, ou du moins elle n'osa plus dénigrer ce que tout le monde trouvait charmant. Jusque là il n'avait pas été question de savoir à qui vous l'aviez écrite. Elle s'avisa de le demander : l'ambassadeur s'y refusa, elle n'en eut que plus de curiosité; il lui dit que c'était à moi; et il ajouta : C'est à coup sûr par pressentiment que vous avez dénigré quelque chose qui est plein d'esprit et de grâces. Voilà un long récit : je vous l'aurais conté dans le temps; mais c'est que cela me parut pitoyable, transporté à quatre cents lieues. Il faut ajouter que l'ambassadeur me rapporta cette copie qui fut brûlée. Et puis, voyez quelles sottises occupent les gens du monde ! quel vide cela prouve ! Oui, le malheur est bon à quelque chose : il corrige de toutes ces petites passions qui agitent les gens oisifs et corrompus. Ah ! s'ils pouvaient aimer, ils deviendraient bons. Vous voyez après cela si je suis coupable d'indiscrétion; et si vous me le dites, je le croirai : mais ne me dites point qu'on croira *que nous nous écrivons pour faire de l'esprit*, etc. Eh ! que nous importe ce que les sots ou les méchants croiront : ils ne sont forts que parce qu'on les craint; je les hais, je les fuis, mais je ne les crains plus. Depuis quelques années j'ai tellement apprécié ceux qui jugent, que je n'oserais pas vous dire le mépris que j'ai pour l'opinion. Je ne voudrais pas la braver, mais voilà tout. Il y a une passion qui ferme l'âme à toutes les misères qui tourmentent les gens du monde, j'en fais la triste expérience. Un grand chagrin tue tout le reste. Il n'y a qu'un intérêt, qu'un plaisir, qu'un malheur et qu'un seul juge pour moi dans toute la nature. Oh! non, je n'ai point de petitesse. Songez que je ne tiens à la vie que par un point : s'il venait à m'échapper, je mourrais. D'après cette disposition intime, profonde et permanente, vous croirez sans peine que tout est anéanti pour moi. Je ne sais par quelle fatalité ou par quel bonheur j'ai été susceptible d'une affection nouvelle : en me recherchant, je n'en saurais trouver, ni expliquer la cause; mais quelle qu'elle soit, ses effets mettent de la douceur dans la vie. Il me paraît inouï que mon malheur ait pu vous intéresser : cela me prouve la bonté, la sensibilité de votre cœur. Je me reproche à présent les remords que j'ai eus en me livrant à mon penchant pour vous : le malheur rend sévère envers soi-même; je me croyais coupable du bien que vous me faisiez; est-ce à présent, était-ce alors que je me faisais illusion? en honneur, je n'en sais rien : mais vous, dont le malheur ne bouleverse pas l'âme, vous me jugerez; et quand je vous verrai, vous me direz si je dois m'applaudir ou m'affliger du sentiment que vous m'inspirez.—J'ai reçu hier des nouvelles qui m'alarment : sa santé ne saurait se raffermir; il est toujours menacé d'un accident funeste, et dont il a été deux fois à l'agonie depuis un an : voyez s'il est possible de vivre. Adieu; donnez-moi de vos nouvelles.

LETTRE XV.

Lundi, 16 août 1773.

Je rouvre ma lettre, pour vous dire combien je suis pénétrée de la bonté que vous avez d'être aussi inquiet de n'avoir pas reçu de mes nouvelles. Je n'en conçois pas la raison : car ce sont mes amis qui ont été chargés de remettre mes lettres à la grande poste. M. d'Alembert a reçu hier votre lettre du 6. Je me suis chargée de vous répondre, et je ne vous dirai jamais à quel point je suis fâchée et bien *aise* de vous avoir donné de l'inquiétude ; si j'avais tort, je serais désolée. Mais pourquoi donc avez-vous renoncé à aller dans le nord? Je ne puis pas croire que ce soit uniquement pour abréger le temps de votre voyage : à qui donc faites-vous le sacrifice de la Suède! Si on l'a exigé, vous êtes content : le mouvement de cette personne vous a déjà payé. Enfin, si votre retour est avancé, j'aime la personne ou la chose qui en est cause : mais l'année prochaine, il faudra encore aller en Russie ; et puis ne faudra-t-il pas tout-à-l'heure aller à Montauban ; et puis les campagnes, et puis celle où vous trouverez le plaisir et où vous chercherez le bonheur, et puis, et puis : mais n'importe ; tout cela vaut mieux que la Suède ; et je ne sais, quelque chose me dit que je ne dois pas m'inquiéter de ce qui arrivera l'année prochaine ;

comme vous le disiez, on a le temps de mourir cent fois. Mais pourquoi n'est-ce pas à moi que vous avez dit que vous abrégiez votre voyage ? je l'aurais su un jour plus tôt. Vous m'avez fait un reproche : j'ai envie de vous le rendre. Est-ce vous qui êtes coupable de ce que me mande le chevalier de Chatelux ? Il prétend que je vous aime beaucoup. Comment le sait-il ? je n'ai mis que vous et celui à qui je dis tout, dans mon secret ; lui auriez-vous écrit ? Si cela était, j'aurais à vous remercier et à me plaindre.

M. d'Alembert est dans ce moment-ci chez madame Geoffrin. Je ne doute pas qu'elle ne se fasse un plaisir d'écrire au Roi de Pologne. Savez-vous bien qu'on pourrait mettre sa vanité à vous louer et à vous aimer ? mais surtout n'allez pas croire que ce soit ce mouvement qui m'ait portée vers vous : eh ! que cela serait *frêle !* J'espère qu'avant de partir pour Vienne, vous aurez été accablé de mes lettres jusqu'au dégoût. N'oubliez pas que vous avez à m'accuser la réception de cinq, en comptant celle-ci. Vous seriez bien aimable, si vous répondiez à toutes mes questions ; mais vous manquez de temps et peut-être de confiance ; quant à moi, qui ne manque ni de facilité ni *d'indulgence*, je vous pardonnerai. Il me semble que dans cette longue lettre que je vous écris, j'ai omis un article assez curieux ; c'est ma santé : elle est détestable : je tousse à mourir, et avec assez d'effort pour cracher le sang. Je passe une partie de ma vie sans pouvoir parler ; ma voix est éteinte, et c'est de toutes les incommodités celle qui convient le mieux à la disposition de mon âme : j'aime le silence, le recueillement, la retraite. Je ne dors point ou presque point, et je ne m'ennuie jamais. N'allez-vous pas croire que je suis heureuse ? Si j'ajoutais que je ne changerais pas ma situation pour celle de qui que ce soit dans le monde, vous me croiriez en paradis ; vous auriez tort : pour y aller, il faut être morte, et voilà ce que je voudrais être ; mais venez, et écrivez-moi beaucoup, beaucoup.

LETTRE XVI.

Ce 22 août 1773.

J'ai reçu hier votre lettre du 10, elle m'a fait du bien. Si vous saviez tout ce que j'ai souffert depuis huit jours ! combien mon cœur a été navré de douleur ! dans quel trouble, dans quelles alarmes je consume ma vie ! je n'ai plus la liberté de m'en délivrer, cela m'est affreux, et il n'est pas au pouvoir de ce que j'aime de faire cesser mes maux: il les sent, il en souffre ; il est encore plus malheureux que moi, parce que son âme est plus forte, a plus d'énergie et de sensibilité que la mienne. Depuis un an, tous les moments de sa vie ont été marqués par le malheur : il en mourra et il veut que je vive. Oh, mon Dieu ! mon âme ne peut pas suffire à ce qu'elle sent et à ce qu'elle souffre ; voyez ma faiblesse ; voyez combien le malheur rend indiscret et personnel : je vous occupe de moi, je vous attriste peut-être. Ah ! pardonnez-le-moi : cet excès de confiance vient de mon amitié, de ma tendre amitié pour vous. Vous m'avez déjà marqué tant de bonté et d'indulgence, qu'il me semble que je n'en peux plus abuser. Hélas ! si vous souffriez, qui est-ce qui le sentirait et qui le partagerait mieux que moi ? vous voyez dans mon âme, vous voyez ce qu'elle est pour vous. Eh ! je le sens, au comble du malheur, en invoquant la mort à chaque instant, vous me coûteriez un regret ; vous me consolez, et cependant je succombe sous le poids de mes maux. Eh ! non, c'est que ce ne sont pas les miens qui me déchirent : ce sont ceux de mon ami, pour lequel je n'ai ni remède, ni consolation : voilà le supplice d'une âme sensible et dévouée ; vous avez aimé, vous m'entendrez et vous me plaindrez. Mais voyez combien l'on saisit avidement ce qui fait espérer quelque soulagement. — D'après ce que vous aviez mandé à M. d'Alembert, je comptais vous voir à la fin de septembre, et vous ne serez ici qu'à la fin d'octobre ; mais au moins y serez-vous? Hélas ! je ne sais si je puis me permettre d'espérer jusque-là. Je vous parle peut-être pour la dernière fois. Concevez-vous la situation où je suis? je n'ose me permettre, ni projet, ni espérance. Ah ! j'avais beaucoup souffert de l'injustice et de la méchanceté des hommes, j'en avais été réduite au désespoir; mais il le faut avouer, il n'y a point de malheur comparable à celui d'une passion profonde et malheureuse : elle a effacé dix ans de supplice. Il me semble que je ne vis que depuis que j'aime ; tout ce qui m'affectait, tout ce qui m'avait rendue malheureuse jusque-là, s'est anéanti; et cependant aux yeux des gens calmes et raisonnables, je n'aurais de malheurs que ceux que je ne sens plus ; ils appellent les passions des malheurs factices. Hélas ! c'est qu'ils n'aiment rien ; c'est qu'ils ne vivent que de vanité et d'ambition, et moi je ne vis plus que pour aimer. Je ne suis plus au ton ni aux sentiments de la société : il y a bien plus, je serais incapable de remplir aucun devoir ; mais heureusement je suis libre, je suis indépendante, et en me livrant toute entière à ma disposition, je n'ai point de remords, parce que je ne manque à personne. Mais voyez le peu de cas que vous devez faire de moi; je me reproche souvent la bonté et l'estime qu'on me montre; j'usurpe beaucoup dans la société; on me juge trop favorablement, parce qu'on ne me connaît point. Il est vrai aussi que j'ai tellement été victime de la calomnie et de la méchanceté de mes ennemis, que c'est une sorte de dédommagement que j'éprouve à présent.

J'ai été interrompue par l'arrivée du chevalier de Chatelux, qui est entré dans ma chambre sans se faire annoncer, et je le croyais à Ferney. Je lui ai dit que j'étais bien aise de son retour; mais mon cœur n'en sentait rien. Il n'a pas un instant suspendu ma douleur; je sentais seulement qu'il me privait de vous écrire, c'est cependant ce qu'on appelle un ami. En effet, je m'intéresse à lui, mais il ne peut rien pour mon bonheur. Mon Dieu! peut-être que mon âme est fermée à jamais à ce sentiment : si cela était, que faire de la vie? Je m'en remets à vous pour faire cette épreuve; venez, mais cela me fait peur. Ah! si mon âme venait à rester à froid, je serais désolée; et vous, y seriez-vous sensible? auriez-vous assez de bonté pour regretter mon plaisir; mais sans doute, au moment où je vous verrai, vous serez encore tout occupé de celui que vous aurez senti en revoyant ce que vous aimez. Convenez que ce jour-là vous serez plus éloigné de moi que vous ne l'êtes de Breslau. Mon Dieu! cela est juste; pourvu que lorsque vous serez calme, vous reveniez à moi, je serai trop heureuse. Je suis non-seulement contente, mais encore pénétrée de ce que vous m'accordez; je ne sais même si j'y réponds, qu'en pensez-vous? lequel de nous est en reste? en jugeant par ses situations, il me semble que l'avantage serait pour moi. Le malheur dispose bien plus à l'amitié et à la tendresse, que la vie que vous menez. D'ailleurs, toutes choses égales, n'êtes-vous pas mille fois plus aimable et plus digne d'être aimé? mais venez : il y a des jours, il y a des moments où mon âme est tellement absorbée, que je crains de ne pas vous aimer assez. Souffrez que je vous fasse un reproche; votre confiance manque à mon amitié, vous ne me dites plus rien de vous, pourquoi cela ? j'ai été injuste une fois, je le sais, m'en puniriez-vous? Comment, si vous aimez, n'avez-vous rien à me dire? Vous souffrez, vous espérez, vous jouissez, pourquoi ne m'en dites-vous rien? Vous me parlez si peu de vous, que vos lettres pourraient presque aller à toutes les femmes que vous connaissez. Il n'en est pas de même des miennes : elles ne peuvent avoir qu'une adresse. Voyez si j'ai tort; est-ce trop exiger que l'égalité dans la confiance?— Voici la quatrième lettre dont vous avez encore à m'accuser la réception : ne l'oubliez pas. Je crois que c'est une folie de vous avoir écrit à Breslau ; vous n'aurez pas pensé à la poste et ma lettre y sera restée. Mais au moins brûlez-vous les miennes? je vois d'ici qu'elles tombent des paquets énormes que vous tirez de vos poches : le désordre de vos papiers trouble ma confiance, vous voyez qu'il ne l'arrête pas. Adieu. J'ai mal à la poitrine. Votre jambe est-elle guérie? de vos nouvelles.

LETTRE XVII.

Lundi, 6 septembre 1773.

Votre silence me fait mal. Je ne vous accuse point; mais je souffre, et j'ai peine à me persuader qu'avec un intérêt égal à celui qui m'anime, je fusse un mois sans entendre parler de vous; mais, mon Dieu! dites-moi, quel prix mettez-vous donc à l'amitié, si le mouvement vous en sépare tout-à-fait? Ah! que vous êtes heureux! Un roi, un empereur, des troupes, des camps, vous font oublier ce qui vous aime, et (ce qui est peut-être plus près encore d'une âme sensible) les personnes que votre amitié soutient et console. Non, je ne vous cherche point de tort, et je voudrais même que votre oubli ne m'en parût pas un; je voudrais trouver en moi la disposition qui fait tout approuver ou tout souffrir sans se plaindre. Voilà ma cinquième lettre sans réponse; je vous demande combien il y a de personnes avec qui vous feriez de pareilles avances. Je ne sais pourquoi je m'étais persuadée que je recevrais de vos nouvelles de Breslau, soit que vous reçussiez la lettre que je vous y ai adressée, soit qu'elle fût perdue; mais mon espérance a été trompée. Oh! je vous hais de me faire connaître l'espérance, la crainte, la peine, le plaisir : je n'avais pas besoin de tous ces mouvements, que ne me laissiez-vous en repos? mon âme n'avait pas besoin d'aimer; elle était remplie d'un sentiment tendre, profond, partagé, répondu, mais douloureux cependant; et c'est ce mouvement qui m'a approchée de vous : vous ne deviez que me plaire, et vous m'avez touchée ; en me consolant, vous m'avez attachée à vous, et, ce qu'il y a de bien singulier, c'est que le bien que vous m'avez fait, que j'ai reçu sans y donner mon consentement, loin de me rendre facile et souple, comme le sont les gens qui reçoivent grâce, semble, au contraire, m'avoir acquis le droit d'être exigeante sur votre amitié. Vous qui voyez de haut et qui voyez profondément, dites-moi si c'est là le mouvement d'une âme ingrate, ou peut-être trop sensible : ce que vous me direz, je le croirai. Si je voulais, ou plutôt si je n'étais pas inquiète et mécontente de votre silence, je vous ferais une querelle, que vous entendriez à merveille, à laquelle vous répondriez avec plaisir, et votre justification serait sans doute un nouveau crime ; mais vous êtes si loin, vous êtes si pressé, si occupé, et pire que cela, si enivré ! ce mot me venge ; mais il ne me contente pas. Revenez donc : je vois le temps s'écouler avec un plaisir que je ne puis exprimer. On dit que le passé n'est rien ; pour moi, j'en suis accablée, c'est justement parce que j'ai beaucoup souffert, qu'il m'est affreux de souffrir encore. Mais, mon Dieu ! il y a de la folie à me promettre quelque douceur, quelque consolation de votre amitié : vous avez acquis tant d'idées nouvelles ; votre âme a été agitée de tant de sentiments divers, qu'il ne restera pas trace de l'impression que vous aviez reçue par mon malheur et ma confiance. Eh bien ! venez toujours ; j'en jugerai et je verrai clair : car l'illusion n'est point à l'usage des malheureux : d'ailleurs vous avez autant de franchise que j'ai de vérité ; nous ne nous tromperons pas un moment ; venez donc, et ne rapportez pas de votre voyage l'impression de tristesse que le chevalier a rapportée d'Italie. Il parle de tout ce qu'il a vu sans plaisir, et tout ce qu'il voit ne lui en fait pas davantage ; en un mot, je ne changerais pas ma disposition contre la sienne, et cependant je passe ma vie dans les convulsions de la crainte et de la douleur ; mais aussi, ce que j'attends, ce que je désire, ce que j'obtiens, ce qu'on me donne, a un tel prix pour mon âme ! Je vis, j'existe si fort, qu'il y a des moments, où je me surprends à aimer à la folie jusqu'à mon malheur. Voyez si, en effet, je n'y dois pas tenir, s'il ne doit pas m'être cher : il est cause que je vous connais, que je vous aime, que peut-être j'en aurai un ami de plus ; car vous me le dites : si j'avais été calme, raisonnable, froide, rien de tout cela ne serait arrivé. Je végéterais avec toutes les femmes qui jouent de l'éventail, en causant du jugement de M. de Morangiez, et de l'entrée de madame la comtesse de Provence à Paris. Oui, je le répète : je préfère mon malheur à tout ce que les gens du monde appellent bonheur ou plaisir ; j'en mourrai peut-être, mais cela vaut mieux que de n'avoir jamais vécu. M'entendez-vous ? êtes-vous à mon ton ? auriez-vous oublié que vous avez été aussi malade et plus heureux que moi ? Adieu ; je ne sais comment cela se fait : je ne voulais vous écrire que quatre lignes, et mon plaisir m'a entraînée. Combien y a-t-il de personnes que vous aurez plus de plaisir à revoir que moi ? Je m'en vais vous en donner la liste. — Madame de ***, le chevalier d'Aguesseau, le comte de Broglie, le prince de Beauveau, M. de Rochambeau, etc., etc., etc. ; mesdames de Beauveau, de Boufflers, de Rochambeau, de Martinville, etc., etc., et puis le chevalier de Chatelux, et puis moi enfin, et à la fin. Eh bien ! voyez la différence ; je n'en nommerai qu'un contre vous dix, mais le cœur ne se conduit pas d'après la justice : il est despote et absolu. Je vous le pardonne ; **mais revenez.**

LETTRE XVIII.

Ce jeudi, septembre 1773.

Après avoir attendu plus d'un mois de vos nouvelles, vous m'apprenez que vous avez été bien malade ; et vous croyez rassurer mon amitié, en me disant qu'il n'y a point d'inquiétude à avoir, parce que la fièvre vous avait quitté la veille. De bonne foi, croyez-vous que, sur cette assurance, l'âme puisse se calmer ? Hélas ! je le vois trop, vous me traitez comme les gens du monde qui se disent amis, et qui ne sentent rien : ils ne sont agités et occupés que de leur propre intérêt ou de leur sotte vanité ; mais, mon Dieu ! je ne les critique point, je m'afflige de ce que vous souffrez et de ce que je crains. Si vous saviez combien vous m'occupez douloureusement depuis un mois ! mais ce n'est pas de cela que je veux vous parler : c'est de votre santé et de votre retour. Au nom de l'amitié, ne faites point de folies : dormez, reposez-vous, et pour arriver plus tôt, ne risquez pas de n'arriver jamais. Du moins aurez-vous eu le soin de me donner de vos nouvelles avant que de quitter Breslau ? Vous serez accablé de mes lettres en arrivant à Vienne : n'oubliez pas de m'en accuser la réception, et pour cause ; celle-ci est la cinquième dont vous avez à me parler. Ce n'était pas ma lettre que vous envoyiez chercher à la poste de Breslau ; voyez si je suis bonne et généreuse : j'aurais voulu qu'elle pût se métamorphoser en celle que vous attendiez, et dont votre âme avait besoin. Je ne sais à quoi cela tient, mais vous êtes l'homme du monde à qui j'ai le moins d'envie de plaire, avec qui je veuille le moins faire valoir ce que vous appelez *mes attentions*. C'est que je ne veux point de votre reconnaissance ; c'est un sentiment que j'abhorre. Je voudrais bien me tromper ; mais au ton de votre lettre, je vois que vous étiez bien faible, bien pâle et bien abattu. Je meurs de crainte que, dans cette disposition, vous n'ayez pas songé à m'écrire : si cela est vrai, vous serez bien coupable. Sachez-moi gré de ne point vous faire de reproches aujourd'hui : je pourrais pourtant avec justice vous en accabler. Je suis ravie que vous ayez été content de votre voyage. M. d'Alembert n'a pas eu de nouvelles du Roi depuis son retour de Silésie. Adieu : il faut couper court ; si je vous parlais de vous, j'aurais trop de choses à vous dire ; et si je vous parlais de moi, cela serait trop triste pour un convalescent.

M. d'Alembert vous attend avec impatience. Le chevalier de Chatelux est absorbé par les comédies de la Chevrette ; mais son accent est froid et triste. Adieu ; vous croyez donc que je vous reverrai dans un mois ? Il y a trop loin pour en sentir du plaisir.

LETTRE XIX.

1773.

Me voilà : le courage m'a manqué. Quand je n'ai pas ce que j'aime, je préfère être seule : je cause alors avec mes amis, avec plus d'intimité et d'abandon. Je viens d'écrire trois heures, et j'en suis aveugle, mais non pas ennuyée. Madame de Boufflers m'a permis de vous demander une copie de sa lettre; apportez-la-moi demain, je vous en prie; apportez-moi la suite de votre voyage qui me fait un plaisir infini. Est-ce le matin, est-ce le soir que je dois vous voir? J'aimerais le matin, parce que c'est plus tôt, et le soir, parce que c'est plus longtemps; enfin j'aimerai ce que vous voudrez bien m'accorder. Bonsoir; je ne me suis pas endormie la nuit dernière.

LETTRE XX.

Huit heures et demie, 1773.

Mon ami, je ne vous verrai pas, et vous me direz que ce n'est pas votre faute! mais si vous aviez eu la millième partie du désir que j'ai de vous voir, vous seriez là; je serais heureuse. Non, j'ai tort, je souffrirais; mais je n'envierais pas les plaisirs du ciel. Mon ami, je vous aime comme il faut aimer, avec excès, avec folie, transport et désespoir. Tous ces jours passés, vous avez mis mon âme à la torture. Je vous ai vu ce matin, j'ai tout oublié, et il me semblait que je ne faisais pas assez pour vous, en vous aimant de toute mon âme, en étant dans la disposition de vivre et de mourir pour vous. Vous valez mieux que tout cela; oui, si je ne savais que vous aimer, ce ne serait rien en effet; car y a-t-il rien de plus doux et de plus naturel que d'aimer à la folie ce qui est parfaitement aimable?

Mais, mon ami, je fais mieux qu'aimer : je sais souffrir ; je saurai renoncer à mon plaisir pour votre bonheur. Mais voilà quelqu'un qui vient troubler la satisfaction que j'ai à vous prouver que je vous aime.

Savez-vous pourquoi je vous écris? c'est parce que cela me plaît : vous ne vous en seriez jamais douté, si je ne vous l'avais dit. Mais, mon Dieu! où êtes-vous? Si vous avez du bonheur, je ne dois plus me plaindre de ce que vous m'enlevez le mien.

LETTRE XXI.

1774.

Bonjour, mon ami. Avez-vous dormi? comment êtes-vous? vous verrai-je? ah! ne m'ôtez rien : le temps est si court, et je mets tant de prix à celui que j'emploie à vous voir! Mon ami, je n'ai plus d'opium dans la tête, ni dans le sang : j'y ai pire que cela, j'y ai ce qui ferait bénir le ciel, chérir la vie, si ce qu'on aime était animé du même mouvement; mais, mon Dieu! ce qu'on aime est justement fait pour faire le tourment et le désespoir d'une âme sensible. Bonjour; je veux vous voir. Vous auriez dû venir dîner avec moi chez madame Geoffrin. Je n'osai pas vous le dire hier au soir. Oui, vous devriez m'aimer à la folie; je n'exige rien ; je pardonne tout, et je n'ai jamais un mouvement d'humeur, mon ami; je suis parfaite, car je vous aime en perfection.

LETTRE XXII.

Quatre heures, 1774.

Vous n'êtes pas parti ; du moins je l'espère ; voici ce que vous aurez dit : Il fait un temps affreux, j'irai demain à la campagne ; j'y serai mené ; *je la verrai* après-dîner. J'irai passer la soirée chez madame de V... Mon ami, si vous avez raisonné ainsi, M. d'Alembert vous permettra de raisonner à l'avenir, et vous n'en serez pas réduit à faire et à ne faire que des *Connétables*. Racine n'aurait pas voulu qu'on l'empêchât de faire des Lettres sur les Visionnaires, ni même son histoire de Port-Royal. Voilà les deux volumes ; si vous les perdez, je vous préviens que vous serez perdu dans l'opinion de M. d'Alembert. Voilà aussi Plutarque ; il est à moi : mais si cela vous est égal, j'aimerais autant qu'il ne fût ni déchiré ni perdu... J'ai vu à la messe madame de M... ; j'ai voulu lui parler ; sa figure, sa taille justifieraient le goût le plus difficile et le plus délicat ; mais son ton, sa manière, ah ! qu'ils sont repoussants ! Ai-je tort ? mais son ami ne lui ressemble point ; oh ! je le crois, et même je le désire ; ce mouvement est-il généreux ! dites. Non, vous ne saurez jamais tout ce que me mande l'ambassadeur ; mais écoutez seulement ceci : Il dit qu'à en juger sur les apparences, M. de G..... a obtenu ce que M. de M..... et lui désireraient obtenir ; et puis il ajoute : Je ne crains pas que ces yeux si perçants voyent ces mots ; je consens que ceux de M..... lisent cette lettre, comme il lit dans votre âme, etc. ; et puis il ajoute encore cent plaisanteries qui sont pleines de finesse et de gaîté ; il est assurément bien aimable, mais il mérite bien peu d'être aimé. Mon ami, vous me conseilliez hier de ne vous point aimer : est-ce moi ou vous que vous voudriez délivrer de ce malheur ? dites. J'ai un remède infaillible : combien il me sera doux, si je puis penser que je fais quelque chose pour vous !

Mon ami, cette âme qui ressemble au thermomètre qui est d'abord à la glace, et puis au tempéré, et peu de temps après au climat brûlant de l'équateur, cette âme, ainsi entraînée par une force irrésistible, a bien de la peine à se modérer et à se calmer : elle vous désire, elle vous craint, elle vous aime, elle s'égare, et toujours elle est à vous et à ses regrets.

LETTRE XXIII.

1774.

Mon ami, en rentrant hier au soir à minuit, j'ai trouvé votre lettre. Je ne m'attendais pas à cette bonne fortune ; mais ce qui m'afflige, c'est le nombre de jours qui se passent sans que je vous voie. Mon Dieu ! si vous saviez ce que sont les jours, ce qu'est la vie dénuée de l'intérêt et du plaisir de vous voir ! Mon ami, la dissipation, l'occupation, le mouvement vous suffisent, et pour moi, mon bonheur c'est vous, ce n'est que vous : je ne voudrais pas vivre, si je ne devais vous voir, et vous aimer tous les moments de ma vie. Donnez-moi de vos nouvelles, et venez dîner demain chez le comte de C***. Il m'a demandé de changer le dimanche en samedi : j'ai dit oui ; mais venez-y, je vous en prie. Je devais dîner chez l'ambassadeur d'Espagne aujourd'hui : je me suis fait excuser ; si vous aviez dû y être, je n'y aurais pas manqué. Bonjour. J'attends la lettre que vous m'avez promise ; je suis bien pressée.

LETTRE XXIV.

1774.

Je cède au besoin de mon cœur, mon ami : je vous aime ; je sens autant de plaisir et de déchirement que si c'était la première et la dernière fois de ma vie que je prononcerais ces mots. Ah! pourquoi m'y avez-vous condamnée ? pourquoi y suis-je réduite ? vous saurez un jour — hélas! vous m'entendrez. Il m'est affreux de n'être plus libre de souffrir pour vous et par vous. Est-ce assez vous aimer ? Adieu, mon ami.

LETTRE XXV.

De tous les instants de ma vie, 1774.

Mon ami, je souffre, je vous aime, et je vous attends.

LETTRE XXVI.

1774.

Mon ami, vous me faites éprouver qu'on aime mieux donner, que payer ses dettes. J'ai là plusieurs lettres à répondre; et pour venir à elles, il faut que je commence à causer avec vous. Mon ami, m'avez-vous accordé, depuis hier au soir, une minute, deux minutes? avez-vous dit, elle souffre, elle m'aime, et j'ai à me reprocher une partie de ses maux? ce n'est pas pour vous affliger, ni pour avoir des remords qu'il faut vous dire cela; mais c'est pour être bon. pour être indulgent, pour n'être pas furieux lorsqu'il échappe quelques cris à la douleur. Pour moi, j'ai pensé à vous, et même beaucoup; j'en ai été occupée. Bon Dieu! y eut-il jamais tant d'orgueil, tant de dédains, tant de mépris, tant d'injustice, en un mot, l'assemblage et l'assortiment de tout ce qui peuple l'enfer et les petites maisons depuis mille siècles? tout cela était hier au soir dans ma chambre, et les murs et les planchers n'en sont pas écroulés! cela tient du prodige. Au milieu de tous les *grimauds* et de tous les *cuistres*, des *sots*, des *pédants*, avec lesquels j'ai passé ma journée, je n'ai pensé qu'à vous et à vos folies, je vous ai regretté; je vous ai désiré avec autant de passion que si vous étiez la créature la plus aimable et la plus raisonnable qui existât. Je ne peux pas m'expliquer le charme qui me lie à vous. Vous n'êtes pas mon ami, vous ne pouvez pas le devenir : je n'ai aucune sorte de confiance en vous; vous m'avez fait le mal le plus profond et le plus aigu qui puisse affliger et déchirer une âme honnête : vous me privez, peut-être pour jamais, dans ce moment-ci, de la seule consolation que le ciel accordait aux jours qui me restent à vivre ; enfin, que vous dirai-je ! vous avez tout rempli : le passé, le présent, et l'avenir ne me présentent que douleurs, regrets et remords ; eh bien ! mon ami, je pense, je juge tout cela, et je suis entraînée vers vous par un attrait, par un sentiment que j'abhorre, mais qui a le pouvoir de la malédiction et de la fatalité. Vous faites bien de ne m'en pas tenir compte : je n'ai pas le droit de rien exiger de vous : car mon souhait le plus ardent est que vous ne fussiez rien pour moi. Que diriez-vous de la disposition d'une malheureuse créature qui se montrerait à vous pour la première fois, agitée, bouleversée par des sentiments si divers et si contraires ? vous la plaindriez ; votre bon cœur s'animerait ; vous voudriez secourir, soulager cette infortunée. Eh bien ! mon ami, c'est moi ; et ce malheur, c'est vous qui le causez, et cette âme de feu et de douleur est de votre création. Ah ! je vous crois encore comme Dieu : vous devez bien vous repentir de votre ouvrage. En vérité, lorsque j'ai pris la plume, je ne savais pas un mot de ce que je vous dirais : je voulais seulement vous dire de venir dîner demain mercredi, chez madame Geoffrin. Je voulais vous faire observer que vous seul de tous mes amis, aviez la constance de me refuser et de me faire attendre ce que je désire vivement, le *Connétable ;* il est à moi, je pouvais vous le refuser, et c'est moi qui vous persécute pour me le rendre. Oh ! mon Dieu ! ni soins, ni intérêt, ni attention, ni envie de plaire, quelquefois de la bonté qui ressemble à la pitié, et avec tout cela, et sans tout cela, je vous aime à la folie. Plaignez-moi et ne me le dites pas. Rapportez-moi mes lettres ; oui.

LETTRE XXVII.

Trois heures, 1774.

Je ne vous ai pas répondu moi-même. Si vous m'aimez, cela vous aura inquiété, et je serais désolée de vous causer une peine que je pouvais éviter. J'étais dans un état d'angoisse qui ressemblait à l'agonie, et qu'avait précédé un accès de larmes qui avait duré quatre heures. Non, jamais, jamais mon âme n'a senti un pareil désespoir. J'ai une espèce d'effroi qui égare ma raison. J'attends mercredi, et il me semble que la mort même n'est pas le remède suffisant à la perte que je crains; je ne le sens que trop : il ne faut point de courage pour mourir, mais il est affreux de vivre. Il est au-dessus de mes forces de penser que peut-être ce que j'aime, ce qui m'aimait, ne m'entendra plus, ne viendra plus à mon secours. Il aura vu la mort avec horreur, parce que mon idée y était jointe ; il me disait le 10 : J'ai en moi de quoi vous faire oublier tout ce que je vous ai fait souffrir, et ce jour-là même ce funeste accident l'est venu frapper !

Ah ! mon Dieu ! vous qui avez connu la passion, le désespoir, concevez-vous tout mon malheur ? plaignez-moi tant que je vivrai ; mais gardez-vous de regretter jamais la créature la plus malheureuse, et qui aura existé huit jours dans un état de douleur où la pensée ne peut atteindre. Adieu. S'il faut que je vive, si ma sentence n'était pas prononcée, je trouverai encore de la douceur, du charme et de la consolation dans votre amitié; me la conserverez-vous ?

LETTRE XXVIII.

1774.

Moi, *défiante*, et à votre égard! songez donc avec quel abandon je me suis livrée à vous : non-seulement je n'ai mis, ni défiance, ni prudence dans ma conduite; mais je n'aurais pas même connu les regrets ni les remords, si je n'avais compromis que mon bonheur. Oh! mon ami, je ne sais si j'ai mieux aimé; mais celui qui a pu me rendre infidèle et coupable, celui pour qui je vis après avoir perdu l'objet et l'intérêt de tous mes moments, à coup sûr, c'est celui qui a eu le plus d'empire sur mon âme : c'est celui qui m'a ôté la liberté de vivre pour un autre, et de mourir lorsqu'il ne me restait ni espérance, ni désir. Sans doute, j'ai été retenue par le même charme qui m'avait entraînée vers vous, par ce charme tout-puissant attaché à votre présence, qui enivre mon âme, qui l'égare à un tel excès, qu'il en efface jusqu'au souvenir de mes maux. Mon ami! avec trois mots vous me créez une âme nouvelle, vous la remplissez d'un intérêt si vif, d'un sentiment si tendre et si profond, que j'en perds la faculté de me rappeler le passé, et de me rappeler l'avenir. Oui, mon ami, je vis tout en vous; j'existe, parce que je vous aime, et cela est si vrai, qu'il me paraît impossible de ne pas mourir quand j'aurai perdu l'espoir de vous voir. Le bonheur de vous revoir, m'aide et me soutient contre ma douleur. Hélas! que devenir, lorsqu'au lieu de l'espérance, je n'aurai que le regret si douloureux de ne pas vous voir! mon ami, avec vous je n'ai pas pu mourir, sans vous je ne peux, ni ne veux vivre. Ah! si vous saviez ce que je souffre, quel déchirement affreux mon cœur éprouve lorsque je suis abandonnée à moi-même; lorsque votre présence, ou votre pensée ne me soutient plus! Ah! c'est alors que le souvenir de M. de M*** (1) devient un sentiment si actif, si pénétrant, que ma vie et mon sentiment me font horreur. J'abhorre l'égarement et la passion qui m'ont rendue si coupable, qui m'ont fait répandre du trouble et de la crainte dans cette âme sensible et qui était tout à moi. Mon ami, concevez-vous à quel point je vous aime? Vous faites diversion aux regrets et aux remords qui déchirent mon cœur : Hélas! ils suffisaient pour me délivrer d'une vie que je déteste ; vous seul et ma douleur êtes tout ce qui me reste dans la nature entière; je n'y ai plus d'intérêt, plus de liens, plus d'amis, je n'en ai pas besoin : vous aimer, vous voir, ou cesser d'exister, voilà le dernier et l'unique vœu de mon âme. La vôtre ne me répond pas, je le sais, et je ne m'en plains point. Par une bizarrerie que je sens, mais que je ne saurais vous expliquer, je suis loin de désirer de retrouver en vous tout ce que j'ai perdu : c'en serait trop ; quelle créature a jamais mieux senti que moi le prix de la vie? N'est-ce pas assez que d'avoir béni et chéri la nature une fois? combien de milliers d'hommes ont passé sur la terre sans avoir à lui rendre grâce! Oh! combien j'ai été aimée! une âme de feu, pleine d'énergie qui avait tout jugé, tout apprécié et qui, revenue et dégoûtée de tout, s'était abandonnée au besoin et au plaisir d'aimer : mon ami, voilà comme j'étais aimée. Plusieurs années s'étaient écoulées, remplies du charme et de la douleur insépara-

(1) M. de Mora.

bles d'une passion aussi forte que profonde, lorsque vous êtes venu verser du poison dans mon cœur, ravager mon âme par le trouble et le remords. Mon Dieu ! que ne m'avez-vous point fait souffrir ! Vous m'arrachiez à mon sentiment, et je voyais que vous n'étiez pas à moi : comprenez-vous toute l'horreur de cette situation ? comment trouve-t-on encore de la douceur à dire : mon ami, je vous aime, mais avec tant de vérité et de tendresse qu'il n'est pas possible que votre âme soit froide en m'écoutant ? Adieu.

Vendredi, après la poste.

Vous êtes mécontent; voyez si vous devez l'être : quelle âme avez-vous jamais animée d'un sentiment plus tendre et plus fort ? Mon ami, dans quel sens que vous regardiez et que vous jugiez mon âme, je vous défie d'y rien trouver qui puisse vous mécontenter; oh ! j'en suis sûre : jamais vous n'avez été autant aimé. Mais, mon Dieu ! ne me faites pas prononcer pourquoi je ne peux pas vous écrire où vous êtes; je n'ose m'en avouer à moi-même la raison : c'est une pensée, un mouvement auxquels je ne veux pas m'arrêter : c'est un genre de supplice qui me fait horreur, qui m'humilie, et que je n'avais jamais connu. Vous me demandez comment je me trouvais de vous voir tous les jours; oh ! non, ce n'était point une habitude : ce n'en pouvait jamais devenir une. Que ces couleurs sont froides, qu'elles sont monotones ! comment les comparer au mouvement rapide et violent que nous font éprouver le nom et la présence de ce qu'on aime ? Non, non, je n'ai point été assez heureuse pour me surprendre dans l'illusion d'espérer que vous viendriez me voir, et de vous attendre ; aussi n'ai-je point entendu ouvrir, ni fermer ma porte. En effet, sans intérêt, sans désir, qu'importe ce qu'on voit, ce qu'on entend ? toute entière à mes regrets, je ne sens plus qu'un besoin, et je n'implore plus que vous et la mort. Vous soulagez mon cœur : vous le pénétrez d'un sentiment si tendre, qu'il m'est doux de vivre tout le temps que je vous vois ; mais il n'y a que la mort qui puisse me délivrer du malheur de votre absence.

LETTRE XXIX.

Minuit, 1774.

Vous avez donc oublié, vous avez laissé là cette furie si folle, et si méchante tout ensemble ; encore si vous l'aviez laissée en enfer ! elle ne se plaindrait pas : la chaleur et l'activité de ce séjour la font vivre ; mais la malheureuse a passé sa journée dans les limbes : elle attendait un ange consolateur qui n'est point venu. Il faisait sans doute le bonheur et le plaisir de quelque créature céleste : luimême était enivré des plaisirs du ciel ; et dans cette disposition, rien ne pouvait me rappeler à lui ; et si, en effet, il est aussi heureux, je souhaite du fond de mon âme, que rien ne le ramène à moi ; car je suis assez injuste pour détester son bonheur, et pour désirer que le repentir et les remords le poursuivent sans cesse. Je lui souhaite pire encore : c'est qu'il n'aime plus, et qu'il n'inspire désormais que de l'indifférence. Voilà les vœux, voilà le souhait de l'âme qui a le mieux aimé, et qui a le plus de besoin de s'éteindre pour jamais. Bonsoir.

LETTRE XXX.

Minuit et demi, 1774.

Je ne suis seule que dans ce moment ; et je veux bien vite vous dire que je ne compte point sur vous pour aller chez madame la duchesse d'Enville. Vous me serez toujours agréable, mais rarement utile, et je voudrais bien pouvoir ajouter, peu nécessaire. En voulant rassurer ma confiance, vous me prouvez à quel point ma défiance est justement fondée ; car il me manque encore trois lettres, et une nommément où je vous parlais de *Gonzalve*. Vous verrez que ces trois lettres sont encore dans un des côtés de votre portefeuille ; peut-être aussi sont-elles avec ce quatrième tome que je devais recevoir aujourd'hui. Je remarque que vous mettez votre plaisir à avoir des soins pour madame de *** : vous lui donnez, vous lui prêtez tout ce qui vous a fait plaisir ; et avec moi, c'est l'autre excès ; l'oubli, la négligence, les refus. Il y a trois mois que vous m'aviez promis un livre qui est à vous, et que j'ai emprunté d'un autre. Sans doute qu'il vaut bien mieux que cette manière si désobligeante tombe sur moi : cela n'est que juste ; mais aussi je ne me plains que de l'excès. Bonsoir. Si votre travail vous coûte votre nuit, vous devez avoir bien du regret aux visites inutiles qui ont rempli votre temps. Parmi les lettres que vous m'avez renvoyées, il y en a une qui n'est pas de moi ; mais je jure de ne vous la rendre jamais.

LETTRE XXXI.

1774.

Renvoyez-moi deux lettres anciennes : ce ne sont pas celles de Cicéron ni de Pline que je vous demande. — Je voudrais bien ne pas vous voir, ne plus vous voir. Un regret ne vaut-il donc pas mieux qu'un remords?

Dans le moment où vous lisez ceci, je gage que vous avez déjà reçu un billet où l'on vous dit. . . . . . que sais-je?

Eh, mon Dieu! croyez-la : rendez-lui le repos ; et s'il est possible, soyez heureux : c'est le souhait, c'est le vœu, c'est le désir de la malheureuse créature qui a toujours sous les yeux cette inscription affreuse de la porte de l'enfer : « *En entrant ici, on laisse toute espérance.* » Non, je n'en ai plus ; je n'en veux plus. Je devais m'anéantir le jour que je suis restée seule. Hélas! vous m'égarez, et vous ne sauriez me consoler.

LETTRE XXXII.

1774.

Vous ne me connaissez pas encore : il est presque impossible de blesser mon amour-propre ; et le cœur est si indulgent ! En effet, la soirée d'hier au soir ressemblait assez à ces insipides romans qui font bâiller tout ensemble l'auteur et les lecteurs. Mais il faut dire comme le roi de Prusse dans une occasion un peu plus mémorable : « *Nous ferons mieux une autre fois.* » Ce qui fait époque, plaît ou fâche : voilà que vous n'oublierez jamais que le jour de la mort de Louis XV, vous avez passé la soirée dans un profond sommeil. Croyez-moi, il y a des souvenirs plus douloureux que celui-là. Bonjour.

LETTRE XXXIII.

Onze heures du soir, 1774.

Je parie que vous n'êtes pas aussi endormi aujourd'hui que vous l'étiez hier à cette heure-ci, et cela est bien simple ; on vous amuse, on vous intéresse et vous avez envie de plaire. Mon ami, vous n'êtes pas fait pour l'intimité : vous avez besoin de vous répandre ; le mouvement, le brouhaha de la société vous sont nécessaires : ce n'est pas le besoin de votre vanité, mais c'est celui de votre activité.

La confiance, la tendresse, cet oubli de soi et de tout amour-propre, tous ces biens sentis et appréciés par une âme tendre et passionnée, éteignent et engourdissent la vôtre. Oui, je le répète : vous n'avez pas besoin d'être aimé. Quelle étrange méprise ! mon Dieu ! et j'ose accuser certaines gens de manquer de discernement ; j'ose dire qu'ils n'observent rien, qu'ils ne connaissent pas les hommes. Ah ! comment ai-je été égarée, trompée à un tel excès ? comment mon esprit n'a-t-il pas arrêté mon âme ? et comment se fait-il qu'en vous jugeant sans cesse, je sois toujours entraînée ? Vous ne connaissez pas la moitié de l'ascendant que vous avez sur moi : vous ne savez pas ce que vous avez à vaincre chaque fois que je vous vois ; vous ne vous doutez pas de tous les sacrifices que je vous fais : vous ne savez pas à quel point je renonce à moi pour être à vous. Je vous dirai comme Phèdre : « *Il fallait bien souvent me priver de mes larmes.* » Oui, mon ami, je me prive avec vous de tout ce qui m'est le plus cher. Je ne vous parle ni de mes regrets, ni de mes souvenirs ; et ce qui m'est plus cruel encore, je ne vous laisse voir qu'une partie de la sensibilité dont vous remplissez mon cœur. Je retiens la passion que vous excitez dans mon âme ; je me dis sans cesse : il n'y répondrait pas, il ne m'entendrait pas et je mourrais de douleur. Concevez-vous, mon ami, l'espèce de tourment auquel je suis livrée ? j'ai des remords de ce que je vous donne, et des regrets de ce que je suis forcée de retenir. Je m'abandonne à vous, et je ne me livre pas à mon penchant ; en vous cédant, je me combats encore. Ah ! m'entendrez-vous ? et saurez-vous du moins par la pensée ce que je sens et ce que vous me faites souffrir ? Oui, vous aurez un retour vers moi, parce que vous avez cette sensibilité qui fait qu'on s'intéresse aux malheureux et qu'on les plaint. Mais je ne sais pourquoi je me permets ce moment d'épanchement; je sais du reste que je ne trouverai point de consolation dans votre cœur. Mon ami, il est vide de tendresse et de sentiment. Vous n'avez qu'un moyen de m'enlever à mes maux, c'est en m'enivrant, et ce remède même est le plus grand de mes malheurs. Bonsoir, mon ami; donnez-moi de vos nouvelles : mon laquais a ordre de retourner chercher votre réponse. — Dites-moi ce que vous comptez faire demain vendredi; dites-moi si je vous verrai. Je voudrais que ce ne fût pas le matin, parce que je dois avoir une visite longue et ennuyeuse; je voudrais vous voir pourtant. Songez que samedi et dimanche je serai privée de ce bonheur. Adieu encore, je suis fatiguée. J'ai vu, je crois, quarante personnes aujourd'hui, et je n'en désirais qu'une, une dont sûrement la pensée ne s'est pas tournée une fois vers moi. Mon ami, si vous étiez heureux, j'approuverais votre manière d'être : mais ce vague, ce vide, cette agitation, ce mouvement perpétuel, cette manière de n'être ni occupé par le travail, ni animé par le sentiment, cette dépense continuelle qui appauvrit sans qu'il en résulte ni plaisir, ni intérêt, ni réputation, ni gloire! ah, mon Dieu! vous ne méritiez pas que la nature vous traitât aussi bien : elle a été prodigue envers vous, et vous n'êtes que dissipateur; mais moi, je me ruine avec vous, et c'est vous accabler et non vous enrichir. Je vous ennuie, vous avez du dégoût pour mes lettres, et en cela j'admire la justesse et la délicatesse de votre tact : mais si j'estime votre bon goût, je m'afflige de ce que vous n'avez presque pas d'indulgence ni de bonté. — Vous avez dîné av c trente personnes. — M. de Vaines a passé la soirée avec moi; croirez-vous que je ne vous ai pas nommé?

LETTRE XXXIV.

Quatre heures après-midi, 1774.

A coup sûr, mon ami, je n'observe pas la loi du talion dans ce moment-ci : car ce n'est pas de moi que vous êtes occupé. Eh, mon Dieu! comment penseriez-vous à moi, au milieu de tant et de si charmants objets de distraction, tandis que je ne puis fixer votre pensée lorsque nous sommes tête-à-tête? Savez-vous pourquoi j'aime mieux vous voir le soir que dans le reste de la journée? C'est qu'alors l'heure arrête votre activité : il n'y a plus moyen d'aller chez madame une telle, chez Gluck, etc. et de faire cent inutilités, auxquelles il semble que vous n'attachiez de l'intérêt que pour me quitter plus tôt : mais n'allez pas croire que ce soient là des reproches ; ce sont, et ce ne sont que des remarques, que je ne peux m'empêcher de faire avec le degré d'intérêt qui m'anime : mais je suis si éloignée de vouloir rien exiger, que je me dis cent fois par jour que c'est sur moi que je dois prendre de l'empire ; que je dois redire mon sentiment à cette mesure, où n'ayant pas assez de force pour faire le tourment de l'âme, on ne prétend à rien, et où l'on sait gré de tout : c'est-à-dire, que si, par hasard, c'était de la passion que j'eusse dans l'âme, il faudrait venir à bout de la vaincre, plutôt que de chercher à vous la faire partager. Et savez-vous, mon ami, ce qui peut me faire trouver cette force? c'est la persuasion intime où je suis, qu'il n'est pas en vous de faire le bonheur d'une âme active et passionnée. Je ne vous dirai point ce qu'il serait si naturel de penser : c'est que je ne suis pas faite pour inspirer un sentiment profond ; c'est que je ne dois pas prétendre à plaire, à fixer. Tout cela est vrai sans doute ; mais ce n'est pas cela qui fait que je vous dis qu'il n'est pas en vous de faire le bonheur d'une âme forte et sensible. Je fais à cette âme-là le visage de madame de Forcalquier à vingt ans ; je lui donne la noblesse de madame de Brionne, les grâces d'Aglaé, et l'esprit de madame de ***, orné ou enté de celui de madame de B....; et quand j'ai composé cet être parfait, je vous répète encore qu'il n'est pas en vous d'en faire le bonheur. Pourquoi cela ? Et pourquoi ? le voici : c'est que, pour vous, *aimer* n'est qu'un accident de votre âge qui ne tient point à votre âme, quoiqu'elle en soit agitée quelquefois ; c'est que votre âme est par-dessus tout, élevée, noble, grande active ; mais qu'elle n'est, ni tendre, ni passionnée. Ah ! croyez que je suis au désespoir d'avoir vu si profondément; j'ai tant de besoin d'aimer, tant de plaisir à aimer ce que je trouve aimable ! Il m'est si impossible d'aimer modérément, que le plus grand malheur qui pouvait m'arriver, était de découvrir en vous ce qui seul pouvait arrêter et peut-être éteindre mon sentiment : car je vous l'avouerai naturellement, je ne trouve pas en moi de quoi aimer seule. Avec la persuasion contraire, j'ai la force du martyr : je ne crains aucun genre de malheur. En souffrant et en souffrant beaucoup, je pourrais encore chérir la vie, adorer et bénir celui qui me ferait souffrir ; mais c'est à condition que j'en serais aimée, mais aimée par attrait et non par reconnaissance; par procédé, par vertu, tout cela est détestable, et n'est bon qu'à flétrir et abattre une âme sensible. Eh ! ne faisons point du plus grand bien que la nature nous ait accordé, une œuvre de commisération.

Mon ami, il y a des moments où je me sens égale à vous : j'ai de la force, de l'élévation, et un mépris souverain pour tout ce qui est vil et malhonnête; en un mot, j'ai le mépris de la mort si avant dans l'âme, que, sous quelque aspect qu'elle se présente, elle ne saurait m'effrayer un instant, et que presque toujours elle est un besoin actif pour moi. D'après cette connaissance que j'ai de moi, et de vous, je vous répète encore : aimons-nous, ou rompons à jamais ; mettons de la vérité et de la générosité dans notre conduite, et estimons-nous assez pour croire que tout nous est possible, hors de nous tromper et de vivre dans cet état de trouble et de crainte, que donne nécessairement l'incertitude d'être aimé. Dans cet état, mon ami, on n'a de confiance ni en soi, ni en ce qu'on aime; on ne jouit de rien. Par exemple, dans ce moment-ci je désire passionnément que vous reveniez ce soir d'Auteuil, et puis dans un autre instant, il me semble que je voudrais que vous y restassiez. Concevez-vous ce que fait souffrir ce combat entre le désir de l'âme, et cette volonté qui ne vient que de la réflexion? *Conclusion*, c'est que je vous aime à la folie, et que quelque chose me dit que ce n'est pas ainsi que vous devez être aimé. Ce quelque chose fait tant de bruit autour de mon âme, que je suis toute prête à faire taire tout le reste, pour me livrer toute entière à cette affreuse vérité. Mon ami, je vous renvoie vos ouvrages, pour que vous ayez la bonté d'en être vous-même le censeur : mettez-y la dernière main, et soyez sûr que personne au monde n'attache autant de prix que moi à tout ce que vous faites, et à tout ce que vous êtes capable de faire. Sans être vaine, il me semble qu'on pourrait mettre sa vanité, son orgueil, sa vertu, son plaisir et enfin toute son existence, à vous aimer ; mais je ne disais pas cela tout-à-l'heure. Non, mais je disais ce que je pensais, ce que je savais; et dans ce moment-ci je suis entraînée à vous dire ce que je sens. Mon âme est si forte pour aimer, et mon esprit si petit, si faible, si borné, que je devais donc m'interdire tout mouvement et toute expression qui ne viennent pas de mon cœur; c'est lui qui vous parle quand je vous dis : *je vous attends, je vous aime, je voudrais être toute à vous et mourir après.* Adieu; voilà du monde. Je suis si occupée de vous, je le suis si profondément de mes regrets, que la société n'est plus rien pour moi que de l'importunité et de la contrainte. Il n'y a que deux manières d'être qui me soient bonnes, vous voir et être seule, mais seule, sans livres, sans lumière et sans bruit. Je suis loin de me plaindre de mes insomnies, c'est le bon temps sur les vingt-quatre heures. Admirez, je vous en prie, combien il m'en coûte pour vous quitter, tandis que vous n'avez pas eu un retour vers moi, pas une pensée. Mon Dieu! en êtes-vous plus heureux? Oui.

LETTRE XXXV.

1774.

Que vous êtes aimable de me rendre compte de ce que vous faites, de ce que vous pensez, de ce qui vous occupe! Que j'aime l'ardeur, l'activité de votre âme et de votre esprit! Mon ami, vous avez tant de manières d'arriver à la gloire, que vous auriez tort de désirer la guerre. Livrez-vous à votre talent, à votre génie : écrivez, et en éclairant et en intéressant les hommes, vous acquerrez la gloire la plus flatteuse pour une âme sensible et vertueuse : en faisant le bien, vous jouirez de la célébrité la mieux méritée, et en vérité, la seule désirable dans ce siècle, où il n'y a qu'à opter entre la bassesse et la frivolité. Mon Dieu ! qu'il me serait affreux de recommencer à vivre comme j'ai fait pendant dix ans ! J'ai vu de si près le vice en action, j'ai été si souvent la victime des petites et viles passions des gens du monde, qu'il m'en est resté un dégoût invincible et un effroi qui me feraient préférer une solitude entière à leur horrible société. Mais où vais-je m'égarer ? Mon âme en proie au sentiment le plus cruel et le plus déchirant, n'a pas besoin de retourner sur le passé pour se sentir accablée sous le poids de ma destinée.

Je meurs d'envie de voir le plan de votre pièce, c'est vous qui créerez le sujet : car il ne me paraît comporter d'intérêt et d'action que pour quelques scènes. Vous n'en aurez que plus de mérite en attachant et en intéressant pendant cinq actes. Racine a eu cette magie dans *Bérénice*. Votre sujet est plus grand et plus noble, et il est bien au ton de votre âme. Vous n'aurez pas besoin de vous élever : sans effort, vous êtes toujours de niveau à ce qui paraît exalté aux âmes vulgaires et communes. — Oui, mon ami, mes journées sont uniformes ; mais bientôt je serai seule : tous mes amis partent, et c'est pour la première fois de ma vie que leur départ ne me coûtera pas un regret ; et si je ne vous paraissais pas trop ingrate, je vous dirais que je verrais partir avec une sorte de plaisir M. d'Alembert. Sa présence pèse sur mon âme, il me met mal avec moi-même, je me sens trop indigne de son amitié et de ses vertus. Enfin, jugez de ma disposition : ce qui devrait être une consolation pour moi, est un surcroît à mon malheur; mais c'est que je ne veux point me consoler : mes regrets, mes souvenirs me sont plus chers que tous les soins et les secours de l'amité. Mon ami, il faut que mon âme soit tout-à-fait enlevée à sa douleur, et il n'y a que vous qui ayez ce pouvoir, où il faut qu'elle en fasse son unique nourriture. Si vous saviez combien les livres me semblent vides et froids, combien il me paraît inutile de parler ou de répondre ! Mon premier mouvement surtout est de me dire : à quoi bon ? et je n'ai pas encore trouvé de réponse à cette question, ce qui fait que je suis quelquefois deux heures sans prononcer une parole, et que, depuis un mois, je n'ai touché une plume que pour vous écrire. Je sais bien qu'avec cette manière, il n'y a point d'amitié qu'on ne rebute ; mais j'y consens, mon âme est aguerrie, elle ne craint plus les petits maux. Ah ! combien le malheur concentre ! qu'on a besoin de peu chose lorsqu'on a tout perdu ! que de biens je vous dois, mon ami ! que de grâces je devrais vous rendre ! Vous remettez de la vie dans mon âme ; vous me faites sentir de l'intérêt à attendre le lendemain ; vous me promettez de vos nouvelles : cette espérance fixe ma pensée. Vous m'aviez promis encore mieux, je devais vous voir ; mais je vous dirai comme Andromaque : *à de moindres faveurs les malheureux prétendent.* Adieu ; j'abuse de votre temps, de votre bonté, mais il est si doux, si naturel de s'oublier avec ce que l'on aime ! Ma plaie est si vive, mon âme est si malade, ma machine est si souffrante, que ne fussiez-vous susceptible que du sentiment de la pitié, je suis sûre que vous seriez près de moi, et que vous désireriez de faire pénétrer jusqu'à mon cœur le baume de la sensibilité et de la consolation. A demain, mon ami : car votre lettre me touchera et j'aurai besoin d'y répondre.

Jeudi, après la poste.

Eh bien ! je n'ai point eu de lettre, et cela me surprend bien moins que cela ne m'afflige : il est si simple, quand on jouit, d'oublier ce qui souffre, que je me garderai bien de vous faire un reproche de ce qui n'est qu'une suite bien naturelle de la disposition de votre âme dans le lieu où vous êtes. Vous avez vu le chevalier : il vous aura dit de mes nouvelles. Je n'étais pas bien le jour qu'il est venu, j'avais eu une attaque de convulsion pareille à celle dont vous avez été témoin, et j'avais pleuré une partie de la nuit. Je ne me suis pas endormie celle-ci ; je souffrais trop. Je suis mieux : je ne me sens que de la faiblesse et de l'abattement ; j'ai eu hier une secousse violente. — J'ai eu une conversation, j'ai su des détails, j'ai revu une écriture, j'ai lu des mots auxquels je ne devais pas survivre. Ah ! mon sang, ma vie ne seraient qu'un faible prix pour un tel sentiment ; voyez ce que je dois juger du vôtre. — L'abbé Morellet disait ces jours passés, et dans l'innocence de son âme, que vous étiez fort amoureux de la petite comtesse de B... ; que vous étiez très-occupé d'elle ; que vous aviez le plus grand désir de lui plaire, etc., etc. Si cela n'est pas tout-à-fait vrai, cela est si vraisemblable, qu'il me semble que je n'aurais à me plaindre que de ce que vous ne m'avez pas mise dans la confidence. Je ne vous demande, pour vous acquitter avec moi, qu'une seule chose : c'est de me dire la vérité. Croyez qu'il n'y en a point, non qu'il n'y en a point que je ne puisse entendre. Je puis vous paraître faible, et assez pour vous faire croire qu'il faut me ménager, cela n'est pas vrai. Jamais, au contraire, je ne me suis senti plus de force. J'ai celle de souffrir, et je ne crains plus rien dans le monde, pas même ce que vous croyez devoir me faire le plus de mal : Adieu donc.

LETTRE XXXVI.

Onze heures du soir, 1774.

Mon Dieu ! que je vous ai peu vu, que je vous ai mal vu aujourd'hui, et qu'il m'est pénible de ne pas savoir où vous êtes dans ce moment ! J'espère que c'est à Ris, et que vous reviendrez demain au soir. On dit qu'on attend M. le comte de Broglie demain matin. Il est singulier que je sois amenée à m'occuper de son retour, à désirer qu'il soit plus prompt que ses amis même ne peuvent le désirer. Mon Dieu ! comme un sentiment change et bouleverse tout ! Ce *moi*, dont parle Fénélon, est encore une chimère : je sens positivement que je ne suis point *moi*. Je suis *vous*; et pour être vous, je n'ai aucun sacrifice à faire. Votre intérêt, vos affections, votre bonheur, vos plaisirs, ce sont là, mon ami, le *moi* qui m'est cher et qui m'est intime ; tout le reste m'est étranger : vous seul dans l'univers pouvez m'occuper et m'attacher. Ma pensée, mon âme ne peuvent désormais être remplies que par vous et par des regrets déchirants. Oh ! non, ce n'est point quand je vous compare à moi que je crains, que je m'afflige de n'être pas aimée. Hélas ! c'est quand je pense comment je l'étais, et par qui je l'étais ; mais c'était un bonheur inouï auquel je n'avais pas dû prétendre, et que vous voyez bien que je ne méritais pas. Oh! que mon âme souffre, que ces souvenirs sont douloureux ! Mon ami, que deviendrai-je lorsque je ne vous verrai plus, que je ne vous attendrai point ! croyez-vous que je puisse vivre ? Cette pensée me tue : dans dix jours !.... Mais dites-moi pourquoi il ne me faudrait aucun courage pour mourir, et pourquoi je n'ai pas la force de me dire qu'il y aura un jour, un moment où vous me direz un mot qui me fait frissonner. Mon ami, ne le prononcez jamais : il m'a porté malheur ; ce mot affreux devait être mon arrêt : si je l'entends jamais, je meurs. — Comment pouvez-vous me louer de vous aimer ? Ah! le mérite, la vertu eussent été de résister à ce penchant, à cet attrait qui m'a portée vers vous longtemps avant que je pusse me défier de moi. Comment craindre, comment prévoir, lorsqu'on est garanti par un sentiment, par le malheur, et par le bien inestimable d'être aimé par une créature parfaite ? Mon ami, voilà ce qui entourait mon âme, ce qui la défendait lorsque vous y avez fait descendre le trouble du remords et la chaleur de la passion ; et puis vous me louez de vous aimer ! Ah! c'est un crime, et l'excès même ne me justifie pas. Mais je vais vous faire horreur : car je suis comme Pyrrhus, je m'abandonne au crime en criminelle. Oui, vour aimer ou cesser de vivre, je ne connais que cette vertu et cette loi dans la nature ; et ce sentiment est si vrai, si involontaire et si fort, qu'en vérité vous ne me devez rien. Ah ! que je suis loin d'exiger, de prétendre ! Mon ami, soyez heureux, ayez du plaisir à être aimé, et vous voilà quitte. Je suis folle, je ne puis vous parler que de ce que je sens, et je voudrais vous dire ce que j'ai vu : c'est le chevalier, il m'a demandé de vos nouvelles, il m'a demandé si j'étais contente de vous ; voyez quelle bonté ! il voudrait que tous mes amis m'aimassent autant que lui; le pourrez-vous jamais? Il est arrivé hier, et retourné ce soir. Nous irons donc jeudi à Auteuil : soyez exact au rendez-vous chez moi à midi et demi. Venez, mon ami, venez.

Songez que j'aurais pu dîner avec vous demain, que j'aurais pu vous voir ce soir. Soyez bon, soyez généreux ; donnez-moi tous les moments qui ne seront pas employés à votre plaisir et à vos affaires. Je veux, je dois venir après ; si c'est trop demander, souffrez du moins que je le désire. Vous avez deviné à merveille ce matin : je voulais votre réponse, et point mon livre. Plût à Dieu qu'en renonçant à tous ceux qui ont été faits et qui le seront, je pusse m'assurer une lettre de vous tous les jours ! C'est là ce que je voudrais lire ; c'est vous que je voudrais voir et entendre sans cesse. Mon ami, je vous aime.

LETTRE XXXVII.

1774.

J'ai quatre lettres à répondre : j'ai essayé d'écrire, cela m'est impossible. Je suis occupée de vous ; je ne sais pas si je vous aime, mais je sens, et je sens trop que vous troublez, que vous agitez mon âme, et d'une manière pénible et douloureuse, lorsque je ne vous vois pas ou que je ne suis pas soutenue par le plaisir et l'activité de vous attendre. Je vous ai dit, j'ai voulu vous dire le charme qu'avait pour moi votre présence; mais, mon ami, que les expressions sont faibles pour rendre ce que l'on sent fortement ! l'esprit trouve des mots, l'âme aurait besoin de créer une langue nouvelle. Oui, certainement, j'ai plus de sensation qu'il n'y a de mots pour les rendre : comment, en effet, pourrai-je vous dire tout le bien et tout le mal que vous me faites ? votre présence a un tel empire, une telle force qu'elle me donne une existence nouvelle, et ne me laisse pas même le souvenir de celle que j'avais avant que de vous voir. Je suis si animée, si pénétrée de l'impression que je reçois, que je ne puis plus être heureuse ou malheureuse que par vous. J'aime, je jouis, je crains, je souffre, sans qu'il entre jamais dans ces diverses dispositions ni souvenir du passé, ni prévoyance de l'avenir. Mon ami, dans le temps où l'on croyait au sortilége, j'aurais expliqué tout ce que vous me faites éprouver en disant que vous aviez le pouvoir de jeter sur moi un sort qui me l'enlève à moi-même; mais si cela était, si vous aviez cette puissance, que je vous trouverais cruel de ne pas prolonger l'illusion qui me fait sentir, au moins quelques moments, que la vie peut être un bien ! Oui, je vous dois de connaître, de goûter ce plaisir qui enivre l'âme, au point d'ôter tout sentiment de peine et de douleur. Mais voyez si je dois vous en rendre grâce : le charme cesse au moment où vous me quittez, et en rentrant dans mon âme, je me trouve accablée de regret et de remords : la perte que j'ai faite, me déchire. J'étais aimée, et aimée à un degré où l'imagination ne peut pas atteindre. Tout ce que j'ai lu était faible et froid en comparaison du sentiment de M. de M.... ; il remplissait toute sa vie ; jugez s'il a dû occuper la mienne. Ce regret suffirait bien pour faire le malheur et le désespoir d'une âme sensible. Eh bien! je souffre plus cruellement encore par le remords qui pèse sur mon âme : je me vois coupable, je me trouve indigne du bonheur dont j'ai joui : j'ai manqué à l'homme le plus vertueux et le plus sensible ; en un mot, j'ai manqué à moi-même, et j'ai perdu ma propre estime : jugez si j'ai le droit de prétendre à la vôtre ; et si vous ne m'estimez pas, y a-t-il moyen de m'aveugler au point de croire que vous puissiez m'aimer? D'après cette connaissance de moi-même, et les réflexions qu'elle entraîne, croyez-vous qu'il puisse y avoir une créature plus malheureuse? Ah ! mon ami, cette mobilité d'âme que vous me reprochez, et dont je conviens, ne me sert que lorsque je vous vois. C'est elle qui fait que toute ma vie n'est plus que dans un point : je vis en vous et par vous ; mais d'ailleurs savez-vous à quoi sert cette mobilité ? à me faire éprouver dans une heure tous les genres de tourments qui peuvent déchirer et abattre l'âme. Oui, cela est vrai : je sens quelquefois les angoisses, le découragement de la mort, et dans le même instant, les convulsions du désespoir. Cette mobilité est un secret de la nature pour faire vivre avec plus de force en un jour, que le commun des hommes n'a vécu en mourant à cent ans. Il est vrai que cette même mobilité, qui n'est qu'une malédiction de plus dans le malheur, est quelquefois la source de beaucoup de plaisirs dans une disposition calme : c'est peut-être même un moyen d'être aimable, parce que c'est une manière de faire jouir la vanité, et de flatter l'amour-propre. Cent fois j'ai senti que je plaisais par l'impression que je recevais des agréments et de l'esprit des personnes avec qui j'étais : et en général, je ne suis aimée que parce qu'on croit et qu'on voit qu'on me fait effet ; ce n'est jamais par celui que l'on reçoit.

Cela prouve tout à la fois, et l'insuffisance de mon esprit et l'activité de mon âme, et il n'y a dans cette remarque ni vanité, ni modestie, c'est la vérité. Mon ami, je veux vous dire le secret de mon cœur, sur le peu d'impression que vous prétendiez que me faisait l'idée d'une séparation de quatre mois ; voici ce que je m'en promettais : d'être rendue toute entière à ma douleur, et au dégoût invincible que je me sens pour la vie. Je croyais que, lorsque mon âme ne flotterait plus entre l'espérance et le plaisir de vous voir, de vous avoir vu, elle aurait plus de force qu'il n'en faut pour me délivrer d'une vie qui ne me présenterait plus que des regrets et des remords. Voilà, je vous le jure, la pensée qui m'occupe depuis près de deux mois ; et ce besoin actif et profond d'être délivrée de mes maux m'a soutenue et me défend encore contre le chagrin que me ferait éprouver votre absence. Ne concluez point delà que je veuille vous prouver que je vous aime avec beaucoup de passion : non, mon ami ; cela prouve seulement que je tiens vivement à mon plaisir, et qu'il me donne la force de souffrir. Je vous l'ai déjà dit, ces mots sont gravés dans mon cœur, et ils prononcent mon arrêt : vous aimer, vous voir, ou cesser d'exister. Après cela, dites tout le mal que vous voudrez de ma sensibilité : jamais je n'ai cherché à combattre la mauvaise opinion que vous aviez de moi ; je ne vous trouve ni sévère, ni injuste. Vous seul, dans la nature, êtes en droit de me mésestimer, et de douter de la force et de la vérité de la passion qui m'a animée pendant cinq ans.

LETTRE XXXVIII.

Quatre heures, 1774.

Je vous quittai hier au soir, parce que je craignais vous fatiguer en vous parlant aussi longtemps de moi. Vous m'étiez tellement présent que je souffrais de ce que vous ne m'interrompiez pas ; mais écoutez-moi aujourd'hui : c'est de vous que j'ai à vous parler ; mais avant tout, croyez, je vous prie, que ce ne sont point des reproches que je veux vous faire : je ne crois pas en avoir le droit, et je serais désolée de vous déplaire. L'intérêt que je vous porte me fait souffrir de mille choses qui ne sont d'aucun prix pour vous : il faut aimer pour être averti du mal qu'on fait à ce qui nous aime : l'esprit ne donne point la délicatesse dont il faut user avec une âme malade et malheureuse ; mais les exordes sont ennuyeux, venons au fait. Mon ami, vous vouliez me faire un secret de votre voyage ; si c'est un bon motif qui en est l'objet, pourquoi craignez-vous de me le dire ? et si ce voyage doit offenser mon cœur, pourquoi le faites-vous ? Si vous ne me devez pas de m'aimer, vous vous devez à vous-même d'être délicat et de ne pas me tromper. Jamais vous n'avez avec moi l'abandon de la confiance ; il semble que ce que vous me dites vous échappe, et qu'à peine vous y consentez. Vous êtes parti hier, et je n'ai pas pu savoir où vous alliez ; je ne sais pas où vous êtes : je suis dans l'ignorance de vous, de vos actions. Mon ami, est-ce là le procédé de l'amitié la plus commune ? et croyez-vous que je puisse penser sans douleur que, de votre plein gré, vous serez douze jours sans entendre parler de moi ? Et croyez-vous aussi que je n'aie pas été sensiblement afligée de ce qu'en pensant me quitter, vous n'ayez pas voulu me donner la dernière soirée que vous deviez passer à Paris? Si vous m'aimiez, vous auriez vu le mal que vous me fîtes lorsque vous dîtes samedi au soir que le lendemain vous iriez chez madame d'Arcambal. Je ne trouvai pas un mot à répliquer, mais je souffris.

LETTRE XXXIX.

Onze heures du soir, 1774.

Je n'ai point eu de vos nouvelles; je n'en espérais guère, et cependant j'en attendais. Ah! mon Dieu! comment pouvez-vous dire que la douleur n'est plus dans mon âme? J'en mourais hier; j'ai eu un accès de désespoir qui m'a donné des convulsions qui ont duré quatre heures. Mon ami, s'il faut vous dire ce que je crois, ce qui est vrai, c'est que, lorsque je vous vois, je vous aime à la folie, et au point de croire que je n'ai jamais mieux aimé ; mais j'ai besoin de vous pour vous aimer, tout le reste de ma vie est employé à me souvenir, à regretter et à pleurer. Oui, partez, dites-moi que vous en aimez une autre; je le désire, je le veux, j'en ai un mal si profond, si déchirant que je n'espère plus de soulagement que de la mort. Celui que vous m'apportez a l'effet de l'opium; il suspend mes maux, mais il ne les guérit point, au contraire, j'en suis plus faible et plus sensible. Vous avez raison, je ne suis plus capable d'aimer, je ne sais plus que souffrir. J'avais espéré en vous, je m'y étais abandonnée, je croyais que le plaisir de vous aimer calmerait mon malheur. Hélas! vainement je le fuis; il me rappelle sans cesse, il m'entraîne et il ne me présente plus qu'une ressource. Ah! ne me parlez pas de celle que je trouve dans la société : elle n'est plus pour moi qu'une contrainte insupportable ; et si je pouvais déterminer monsieur d'Alembert à ne pas être avec moi, ma porte serait fermée. Comment pouvez-vous croire que les productions de l'esprit auront plus d'empire sur moi que le charme, que les consolations de l'amitié? J'ai les plus dignes amis, les plus sensibles, les plus vertueux. Chacun, à sa manière et selon son accent, voudrait arriver jusqu'à mon âme; je suis pénétrée de tant de bontés, mais je reste malheureuse; vous seul, mon ami, pouvez me faire connaître le bonheur. Hélas! il me retient à la vie en invoquant la mort! Mais pourquoi avez-vous mis quelque prix à être aimé de moi? Vous n'en aviez pas besoin ; vous saviez bien que vous ne pouviez pas me répondre. Vous seriez-vous fait un jeu de mon désespoir? Remplissez donc mon âme, ou ne la tourmentez plus : faites que je vous aime toujours, ou que je ne vous aie jamais aimé; enfin, faites l'impossible, calmez-moi ou je meurs.

Dans ce moment-ci que faites-vous? Vous portez le trouble dans une âme que le temps avait calmée, vous m'abandonnez à ma douleur. Ah! si vous étiez sensible, vous seriez à plaindre, mon ami; vous connaîtriez le remords, mais au moins si votre cœur ne peut pas se fixer, livrez-vous à votre talent, occupez-vous, travaillez de suite, car si vous continuez cette vie dissipée, agitée, j'ai peur que vous ne soyez réduit à dire un jour : *le besoin de la gloire a fatigué mon âme.*

Samedi au soir.

Ce n'est que ce matin que j'ai eu de vos nouvelles, et je ne sais par où ni comment elles sont venues : ce n'est pas par la poste. Jugez-moi folle si vous voulez, croyez-moi injuste, enfin tout ce qu'il vous plaira : mais cela ne m'empêchera pas de vous dire que je ne crois pas avoir, de ma vie, reçu une impression plus sensible, plus flétrissante que celle que m'a faite votre lettre. Et, avec la même vérité, je vous dirai que l'espèce de mal que vous m'avez fait, ne mérite guère d'intérêt, parce que je crois que c'est mon amour-propre qui a souffert, mais d'une manière qui m'est tout-à-fait nouvelle. Je me suis sentie si accablée d'avoir pu donner à quelqu'un le droit de me dire ce que je lisais, et de me le dire avec tant de naturel, que j'en devais conclure qu'il n'avait fait que verser son âme en me parlant, et sans même se douter qu'il m'offensait. Oh! que vous avez bien vengé M. de M...! que vous me punissez cruellement du délire, de l'égarement qui m'ont entraînée vers vous! que je les déteste! Je n'entrerai dans aucun détail; vous n'avez ni assez de bonté, ni assez de sensibilité pour que mon âme puisse se soumettre à la plainte : mon cœur, mon amour-propre, tout ce qui m'anime, tout ce qui me fait sentir, penser, respirer, en un mot, tout ce qui est en moi est révolté, blessé et offensé pour jamais. Vous m'avez rendu assez de force, non pour supporter mon malheur (il me paraît plus grand et plus accablant que jamais), mais pour m'assurer de ne pouvoir plus être tourmentée ni malheureuse par vous. Jugez, et de l'excès de mon crime, et de la grandeur de ma perte ; je sens, et ma douleur ne me trompe point, que si monsieur de M... vivait, et qu'il eût pu lire votre lettre, il m'aurait pardonné, il m'aurait consolée, et il vous en aurait haï. Ah ! mon Dieu ! laissez-moi mes regrets ; ils me sont mille fois plus chers que ce que vous appelez votre sentiment ; il m'est affreux, son expression est du mépris, et mon âme le repousse avec tant d'horreur, que cela seul me répond qu'elle est encore digne de la vertu. Dussiez-vous croire que vous ne m'avez fait que justice, j'aime mieux vous laisser cette opinion, que d'entrer en explication. C'en est donc fait ; soyez avec moi comme vous pourrez, comme vous voudrez, pour moi, à l'avenir (s'il y a un avenir pour moi), je serai avec vous comme j'aurais dû toujours être ; et si vous ne laissiez point de remords dans mon âme, j'espérerais bien vous oublier. Je le sens, les plaies de l'amour-propre refroidissent l'âme. Je ne sais pourquoi je vous ai laissé lire tout ce que je vous avais écrit avant que de recevoir votre lettre : vous y verrez toute ma faiblesse, mais vous n'y aurez pas vu tout mon malheur ; je n'espérais rien de vous, je ne voulais pas être consolée. Pourquoi donc me plaindre ? Ah ! pourquoi ? parce qu'un malade qui est condamné attend encore son médecin, parce que ses yeux se lèvent encore sur les siens pour y chercher de l'espérance, parce que le dernier mouvement de la douleur est la plainte, parce que le dernier accent de l'âme est un cri. Voilà l'explication de mon inconséquence, de ma folie, de ma faiblesse.... Oh ! que j'en suis punie !..

LETTRE XL.

Onze heures, 1774.

Ayez assez de délicatesse pour cesser de me persécuter. Je n'ai qu'une volonté, je n'ai qu'un besoin, c'est de ne plus vous voir en particulier. Je ne puis rien pour votre bonheur, je ne sais rien pour votre consolation : laissez-moi donc, et ne vous plaisez plus à faire le tourment de ma vie. Je ne vous fais point de reproches ; vous souffrez, je vous plains, et je ne vous parlerai plus de mes maux. Mais, au nom de ce qui a encore quelqu'empire sur votre âme, au nom de l'honneur, au nom de la vertu, laissez-moi, ne comptez plus sur moi. Si je puis me calmer, je vivrai ; mais si vous continuez, vous aurez bientôt à vous reprocher de m'avoir rendu la force du désespoir. Épargnez-moi le chagrin et l'embarras de vous faire exclure à ma porte dans les heures où je suis seule. Je vous demande, et c'est pour la dernière fois, de ne venir chez moi que depuis cinq heures jusqu'à neuf. Si madame de... pouvait lire dans mon âme, je vous assure qu'elle ne me haïrait pas : tout au plus, j'aurais mis quelques regrets dans la sienne ; mais elle et vous m'avez fait éprouver les tourments des damnés, le repentir, la haine, la jalousie, le remords, le mépris de moi, et quelquefois aussi de vous-même ; enfin, que vous dirai-je ? tout le malheur de la passion et jamais ce qui peut faire le bonheur d'une âme honnête et sensible, voilà ce que je vous dois, mais je vous pardonne. Si je tenais à la vie, je sens que je ne serais pas si généreuse :

je vous vouerais une haine implacable; mais bientôt, je ne tiendrai pas plus à vous qu'à la vie, et je veux employer ma sensibilité, mon âme et tout ce qui me reste de vie à aimer, à adorer la seule créature qui ait rempli mon âme, et à qui j'ai dû plus de bonheur et de plaisir que presque tout ce qui a paru sur la terre n'en a senti, ni pu imaginer; et c'est vous qui m'avez rendue coupable envers cet homme! Cette pensée soulève mon âme, je m'en détourne. Je voudrais me calmer, et, si je le puis, mourir. Je vous le répète encore, et c'est le dernier cri de mon âme vers vous: par pitié, laissez-moi, sinon vous connaîtrez le remords.

LETTRE XLI.

1774.

Cela serait bien doux, bien aimable, si cela disait que je vais vous voir; mais ce doute détruit l'impression sensible que j'aimerais tant à recevoir de ce que vous me dites. Mon Dieu! que vous troublez ma vie! vous me faites éprouver dans l'espace d'un jour les dispositions les plus contraires : je suis à la fois entraînée par le mouvement le plus passionné, et puis glacée par l'idée que vous ne me répondez pas. Alors cette réflexion me donne de l'humeur contre moi, et pour retrouver un peu de calme, je m'abandonne au souvenir déchirant de ce que j'ai perdu. Bientôt après, mon âme se pénètre d'un sentiment plus doux, et je suis en état de m'occuper des moments de bonheur que j'ai goûtés en vous aimant. Toutes ces pensées qui devraient m'éloigner de vous, m'en rapprochent bien vite. Je sens que je vous aime, et assez pour ne pouvoir espérer de repos que dans la mort. C'est mon seul appui, le seul secours que j'attends, et dont je sens le besoin dans presque tous les instants de ma vie. Mon ami, vous avez mis du baume sur la petite plaie que je me suis faite hier soir, puisque vous en avez remarqué le moment : cela prouverait la vérité de ce que disait M. d'Alembert, qu'il y a telle circonstance où la douleur n'est point douleur. — Oui, vous aurez avant minuit l'éloge ; je vais renvoyer chez l'archevêque de Toulouse. Bonjour. Encore une fois, mon ami, c'est vous qui faites ma tristesse, mon silence, mon malheur ; en un mot, c'est vous qui animez mon âme, et c'est elle qui m'entraîne. Je n'ose point vous dire à quel point je vous aime.

LETTRE XLII.

Dix heures, 1774.

Vous ne vous souciez pas de me trouver encore aujourd'hui ; mais je vous suis assez indifférente pour ne pas craindre de troubler les intérêts qui vous agitent. Écoutez-moi donc, et faisons l'un avec l'autre ce que proposa madame de Montespan à madame de Maintenon. Étant forcée de faire un voyage assez long avec elle tête-à-tête : Madame, lui dit-elle, oublions nos haines, nos querelles, et soyons l'une et l'autre de bonne compagnie, etc., etc. Eh bien ! je vous dis : « Oublions nos mécontentements mutuels, et soyez assez facile pour m'apporter ce que je vous ai demandé. » Oui, c'est moi qui vous parle, et je ne suis pas folle : au moins, à cet égard, ma folie est d'un genre moins sec et moins malheureux. Bonsoir. Vous étiez presque triste tantôt, j'en étais fâchée sans me le reprocher : car, comme vous savez, *il faut se croire aimé pour se croire infidèle.* Le chevalier m'a expliqué votre tristesse, et je vous ai plaint du fond de mon cœur. Ne me refusez pas ce que je vous demande ; je vous promets en *récompense* ce mauvais synonyme de *pleurs* et de *larmes* : il est mauvais, mais il est d'une sensibilité qui fera couler les larmes de ce que j'aime ; et il ferait pleurer d'ennui un homme d'esprit et de goût : mais aussi ce ne sont pas ces gens-là à qui j'ouvre mon âme. Bonsoir. Où êtes-vous ? à coup sûr vous êtes bien : vous êtes gai, animé, intéressé, et tout entier à ce que vous voyez : voilà ce que nous appelons être aimable par excellence. — *Tancrède !*..... oh ! cela est bien beau ! il y a des vers qui retentissent jusqu'au fond de l'âme ; mais rien n'est au ton d'une âme active, souffrante et agitée : elle doit vivre sur elle-même. Adieu donc.

LETTRE XLIII.

Onze heures du soir, 1774.

Je viens de m'occuper de vous, de vos *intérêts* avec M. d'Alembert, et il me passe par la tête de vous faire une proposition folle ; et c'est précisément à cause de cela que je ne désespère pas que vous l'acceptiez. Venez demain passer la journée à la campagne, vous comblerez de plaisir madame L..., et ce n'est pas là une manière de parler. Si vous êtes engagé le soir, nous reviendrons d'assez bonne heure pour que vous ne manquiez ni à votre plaisir, ni à celui de ceux qui vous attendaient. Enfin, voyez si vous pouvez vous arracher à vos affaires, à vos soins, à votre dissipation, à vos rendez-vous, à l'opéra, aux visites, au vague, au vide, en un mot, à cette multitude de choses importantes auxquelles vous consacrez votre vie. Surtout (et sans doute cette recommandation est inutile et présomptueuse) ne me faites point de sacrifice : c'est moi, au contraire, qui suis prête à vous les faire tous. Si vous me refusez, je vous réponds de n'en être ni étonnée, ni fâchée : il est tout simple qu'à la veille d'un départ, tous vos moments soient engagés. Mais au moins ne perdez donc pas tous ceux que vous vouliez bien me destiner : employez-les ; je vous rends votre soirée de demain : je me coucherai en arrivant. Mercredi j'ai promis de passer la soirée au Ménil-Montant, et si je ne suis pas trop souffrante, j'irai. J'ai envoyé m'excuser cet après-dîner, parce que je souffrais beaucoup : car vous croyez bien que je ne pouvais pas avoir l'espérance de vous voir. Il est bien honnête à vous de m'avoir donné quelques moments ; je n'en étais pas flattée : je vous en rends mille grâces, et c'est du fond de mon cœur, je vous l'assure. Si vous me sacrifiez votre journée de demain, il faut être chez moi avant midi ; si, au contraire, c'est moi qui vous la donne, ne venez point du tout : je me lève tard, je serai pressée de m'habiller, et vous ne me feriez sentir que le regret de ne pouvoir causer avec vous. Mais mercredi je serai plus heureuse, puisque vous ne partez pas. Réponse, je vous en prie.

LETTRE XLIV.

1774.

Je suis désolée : ce n'est pas de ce que vous êtes enrhumé, mais de ce que vous ferez si bien, que ce rhume deviendra une maladie. Vous devriez garder votre lit tout le jour, et vous vous proposez déjà de sortir ! En grâce, mon ami, buvez, soyez tout-à-fait dans votre lit, sans y lire, ni écrire. Je me reproche le mot que vous m'avez écrit, et avant que vous ayez écrit, répondu et répliqué à toutes ces *Dames*, vous ne serez pas un moment en repos. Je vous attendais depuis neuf heures : il y avait de l'eau d'orge, de guimauve, de l'orgeat, pour vous faire prendre par force *une bavaroise ;* voilà comme cela s'appelle, et non pas de la soupe. Mon Dieu ! que je voudrais être à côté de votre lit ! je vous soignerais : jamais garde n'aurait eu tant de zèle et d'affection. — Mon ami, ne sortez pas, laissez croire que vous êtes parti, et peut-être qu'avec ce ménagement, vous serez assez bien pour partir demain matin. Assurément vous ne voyagerez pas la nuit, ce serait de la folie : en allant coucher à Orléans, vous ne serez pas fatigué. Vous ne me dites pas si vous avez de la fièvre dans ce moment-ci. J'enverrai savoir de vos nouvelles à une heure ; en grâce, mon ami, ne sortez point : je saurai de vos nouvelles plusieurs fois dans la journée ; et pour cela, je vais dîner chez moi, je ne sortirai qu'à neuf heures du soir. Mon ami : j'exige de vous que vous passiez la soirée dans votre lit ; je vous assure que si vous n'y prenez garde, vous ferez de ceci une fluxion de poitrine. Mais sans doute vous avez écrit à monsieur votre père : s'il vous connaît bien, il sera moins inquiet, parce qu'il ne comptera pas sur votre exactitude. Voyez combien je suis dure et quel moment je prends pour vous accabler ! Oui, en vérité, vous avez tort d'être malade. Eh bien ! si vous étiez parti hier, mon inquiétude aurait-elle été fondée ? Mon ami, buvez, mais quoi ? je crains que ces eaux n'aient trop d'activité : de la guimauve, ou de l'eau d'orge. Si vous venez chez moi, vous en trouverez de toute prête, mais ne venez pas, non, ne venez pas. Ménagez-vous pour ce qui vous aime avec tant de tendresse.

LETTRE XLV.

Huit heures et demie, 1774.

Mon ami, je vous aime : je le sens dans ce moment d'une manière douloureuse. Votre rhume, votre poitrine font mal à mon âme ; je crains, et cet affreux sentiment a été si souvent justifié que je ne saurais me calmer : si vous partez ce soir, vous ne dormirez point, cela vous échauffera. Ah ! mon Dieu ! que ne puis-je souffrir tout ce que je crains que vous souffriez ! Mon ami, en changeant de chevaux à Orléans, dites-moi comment vous êtes, dites-moi si votre poitrine est déchirée. Ma tendresse, mon intérêt ne vous laissent pas libre de négliger votre santé. Je meurs de regret en pensant que je ne vous verrai pas, que je n'ai plus de moyens de me rassurer. Je ne vous verrai pas, je ne saurai rien de vous. Ah ! qu'il était doux de vous aimer hier, et qu'il est cruel de vous aimer aujourd'hui, demain et toujours ! Mon ami, pardonnez-moi ma faiblesse ; voyez si ma superstition ne peut pas s'excuser : c'est le vendredi 7 août 1772 que M. de Mora est parti de Paris, c'est le vendredi 6 mai de cette année qu'il est parti de Madrid, et c'est le vendredi 27 mai que je l'ai perdu pour jamais. Voyez si cet horrible mot ne doit pas porter l'effroi dans mon âme quand il se joint à l'idée de ce que j'aime plus que la vie, plus que le bonheur, plus enfin que je n'ai de mots pour l'exprimer. Mon ami, si par quelque hasard, vous ne partiez que samedi, je veux vous voir demain. Quel horrible projet j'avais conçu, de ne pas vous voir ! cela serait impossible, vous le savez bien. Vous savez bien que, quand je vous hais, c'est que je vous aime à un degré de passion qui égare ma raison. Adieu, adieu, mon ami : jamais vous ne fûtes aimé, ni chéri avec autant de tendresse. Conservez-vous ; pensez que c'est me sauver la vie, que de ménager votre poitrine. *Demain!* cette pensée m'est affreuse. Oui, je vous aime, mille fois plus que je ne sais le dire.

LETTRE XLVI.

Jeudi au soir, 25 août 1774.

Oui, mon ami, ce qui a le plus de force et de pouvoir dans la nature, c'est assurément la passion ; elle vient de m'imposer une privation, et elle me la fait supporter avec mille fois plus de courage que ne pouvaient jamais inspirer la raison et la vertu : mais cette passion est un tyran absolu, elle ne fait aussi que des esclaves qui, tour-à-tour, haïssent et chérissent leur chaîne, et qui n'ont jamais la force de la briser. Elle me commande aujourd'hui une conduite absolument contraire à celle que je me suis prescrite depuis quinze jours. Je reconnais mon inconséquence, j'en suis confuse, mais je cède au besoin de mon cœur. Je trouve de la douceur à être faible, et dussiez-vous en abuser, mon ami, je vous aimerai. et je vous le dirai quelquefois avec plaisir, plus souvent avec douleur, lorsque je croirai que vous ne me répondez pas. Écoutez tout ce que j'ai souffert depuis que vous m'avez quittée. Une heure après votre départ, j'appris que vous m'aviez caché que madame de *** était partie la veille. Alors je crus que vous n'aviez retardé le vôtre que pour elle. Vous ne m'aviez pas vue la veille, et je crus que c'est parce que vous aviez été trop affligé de vos adieux, pour me voir le moment d'après ; enfin, que vous dirai-je ? Je vous jugeai avec une passion dont le vrai caractère est de ne jamais voir les objets tels qu'ils sont. Je vis donc, et je crus tout ce qui pouvait m'affliger davantage ; j'étais trompée, vous étiez coupable, vous veniez dans le moment même d'abuser de ma tendresse : cette pensée soulevait mon âme, irritait mon amour-propre ; je me sentais au comble du malheur, je ne pouvais plus vous aimer ; j'abhorrais les moments de consolation et de plaisir que je vous devais. Vous m'aviez enlevée à la mort, la seule ressource, le seul appui que je m'étais promis, lorsque j'avais tremblé pour les jours de M. de Mora. Vous m'aviez fait survivre à un malheur affreux, vous remplissiez mon âme de remords, vous me faisiez éprouver un plus grand mal encore, celui de vous haïr ;

oui, mon ami, vous haïr. J'ai été plus de huit jours animée par cet horrible sentiment; cependant je reçus votre lettre de Chartres. Le besoin de savoir comment vous vous portiez, me fit manquer à la résolution que j'avais prise de ne plus ouvrir vos lettres. Vous me disiez que vous vous portiez bien; vous m'appreniez que vous aviez, malgré ma volonté, quelques-unes de mes lettres, et vous citez un vers de *Zaïre*, qui semblait braver mon malheur; et puis, ce qu'il y avait de sensible, les regrets exprimés dans cette lettre me parurent vagues, et plus faits pour épancher votre âme que pour toucher la mienne; en un mot, je fis du poison de tout ce que vous me disiez, et je formai plus que jamais le projet de ne vous pas aimer, et de ne plus ouvrir vos lettres. Je l'ai tenue cette résolution qui a déchiré mon cœur, qui m'a rendue malade. Depuis votre départ, je suis changée et abattue comme si j'avais eu une grande maladie. Eh! en effet, cette fièvre de l'âme qui va jusqu'au délire, est une cruelle maladie : il n'y a point de corps assez robuste pour résister à une telle souffrance. Mon ami, plaignez-moi, vous m'avez fait mal. Je ne reçus votre lettre de Rochambeau que samedi ; je ne l'ouvris pas et en la mettant dans mon portefeuille j'eus un violent battement de cœur, mais je me commandai d'être forte, et je le fus. Ah! combien il m'en a coûté pour garder cette lettre! combien de fois j'ai lu l'adresse! combien de temps je l'ai eue dans mes mains! la nuit même j'avais besoin de la toucher : dans l'excès de ma faiblesse, je me disais que j'étais forte, et je résistais au plus grand bien, au plus grand plaisir, et voyez quel genre de folie! Je vous aimais avec plus de force que jamais; rien, pendant six jours, n'a pu me distraire de cette lettre cachetée : si je l'avais ouverte au moment où je l'avais reçue, l'impression n'aurait été ni si vive, ni si profonde. Enfin, enfin hier, abîmée de tristesse, ne voyant point arriver de lettres de Chanteloup, d'où vous m'aviez promis de m'écrire, je fus frappée de l'idée que vous étiez peut-être malade à Rochambeau ; et sans savoir ce que je faisais, ni à quoi je cédais, votre lettre était lue, relue, mouillée de mes larmes, avant que j'eusse pensé que je ne devais pas la lire. Ah ! mon ami, combien j'aurais perdu ! j'adore votre sensibilité. Ce que vous dites de Bordeaux, fait saigner une plaie qui n'était pas fermée, qui ne le sera jamais. Non, ma vie ne sera pas assez longue pour regretter et pour chérir l'homme le plus sensible et le plus vertueux qui exista jamais. Quelle affreuse pensée ! J'ai troublé ses derniers jours ; en craignant d'avoir à se plaindre de moi, il exposait sa vie pour moi, et son dernier mouvement a été une action de tendresse et de passion. Je ne sais si je retrouverai jamais la force de relire ses derniers mots ; si je ne vous avais aimé, mon ami, ils auraient suffi pour me tuer. J'en frémis encore ; je les vois, et c'est vous qui m'avez rendue coupable : c'est vous qui faites que je vis ; c'est vous qui portez le trouble dans mon âme, c'est vous enfin que j'aime, que je hais, et qui déchirez et charmez tour-à-tour un cœur qui est tout à vous. Mon Dieu ! ne craignez pas d'être triste avec moi : c'est mon ton ; c'est mon existence que la tristesse ; vous seul, oui, vous seul, avez le pouvoir de changer ma disposition ; votre présence ne me laisse ni souvenir, ni douleur ; j'ai éprouvé que vous faisiez diversion aux maux physiques. Je vous aime, et toutes mes facultés sont employées et charmées, lorsque je vous vois.

Vendredi matin.

Mon ami, je fus interrompue hier. Il y a tant de nouvelles, tant de mouvements, tant de joie, qu'on ne sait lequel entendre ; je voudrais être bien aise, et cela m'est impossible. Il y a quelques mois que j'aurais été transportée et du bien qu'il y a à espérer, et du mal dont on est délivré : actuellement je ne suis, que par la pensée et par réflexion, au ton de tout ce que je vois et de tout ce que j'entends. Vous savez que M. Turgot est contrôleur-général, il est entré dans le conseil ; M. Dangevillers a les bâtiments ; M. de Miromesnil est garde-des-sceaux ; M. le chancelier est exilé en Normandie ; M. de Sartine a la marine, et l'on dit que ce n'est qu'en attendant le département de M. de la Vrillière ; M. Lenoir est lieutenant de police ; M. de Fitzjames ne va pas en Bretagne : c'est M. le duc de Penthièvre qui va tenir les États avec M. de Fourqueux. Mais en vérité, me voilà aussi piquante que M. Marin, à qui l'on ôte la gazette pour la donner à un abbé Aubert, qui a fait de mauvaises fables. Pour n'y plus revenir, il faut ajouter que le baron de Breteuil va à Vienne, et M. de la Vauguyon à Naples. — A présent passons aux nouvelles de société. M. d'Alembert a eu hier le plus grand succès à l'Académie. Je n'en ai pas été témoin, j'étais trop souffrante ; je n'ai tout juste de force que ce qu'il en faut pour être sur mon fauteuil. Il a lu l'Éloge de Despréaux, et des anecdotes sur Fénélon, qu'on dit ravissantes. Je n'ai pas voulu les entendre ces jours passés ; je n'avais dans la tête que la lettre que je ne lisais pas ; il faut du calme pour écouter, aussi j'écoute bien peu. Mon ami, on imprime une vie de Catinat, l'auteur est un M. Turpin, qui a fait la vie du grand Condé. M. d'Alembert a lu cette vie, et selon ce qu'il dit, cela n'ôtera, ni le piquant, ni le mérite de votre éloge ; cependant, dès qu'elle paraîtra, je vous l'enverrai. J'ai vu, j'ai beaucoup vu madame de Boufflers depuis votre départ, et je vais bien humilier ou bien exalter votre vanité, en vous disant qu'elle ne vous a pas nommé. Si cela est naturel, cela est bien froid ; s'il y a du projet, cela est bien vif. Nous avons passé une soirée avec elle ; nous avons été à la foire ensemble, elle est venue chez moi ; nous devons aller au catafalque. Mais ce qui n'est que pour moi, ce sont des ananas excellents, et une lettre de quatre pages sur les affaires présentes, sur la gloire dont s'est couvert M. le prince de Conti, sur sa belle fille ; et puis, des louanges très-flatteuses pour moi. Enfin, je vous ferai mourir de jalousie quelques jours, en vous lisant tout cela ; mais jusqu'alors, vous allez tant faire de coquetteries, tant plaire, tant séduire, que tous mes succès ne seront plus rien, et qu'il faudra redevenir *gros Jean comme devant*. Mais, mon ami, pourquoi ne m'avez-vous pas écrit de Chanteloup ? est-ce que déjà vous n'aviez plus rien à me dire ? La poste part tous les jours, et puis qu'importe ? la lettre reste à la poste, et l'on n'est pas un siècle privé du plaisir de parler à ce qui nous aime ; car remarquez que je n'ose pas dire *à ce qu'on aime*. Si vous êtes arrivé mardi après le courrier de Bordeaux, il faudra attendre jusqu'à mercredi ; et c'est me mettre dans les limbes, après m'avoir mise quinze jours en enfer.

Si vous recevez cette lettre à Bordeaux, comme je n'en doute pas, je me rétracte, et je vous demande d'aller voir ce consul ; je saurai peut-être de nouveaux détails. Il vous parlera de la plus aimable, de la plus intéressante créature, que j'aurais dû aimer uniquement, et que je n'aurais jamais offensée, si, par une fatalité que je déteste, je pouvais échapper à quelque genre de malheur; il n'y en a point que je n'aie éprouvé. Quelque jour, mon ami, je vous conterai des choses qu'on ne trouve point dans les romans de Prévost, ni ceux de Richardson. Mon histoire est un composé de circonstances si funestes, que cela m'a prouvé que le vrai n'est souvent pas vraisemblable. Les héroïnes de roman ont peu de chose à dire de leur éducation, la mienne mériterait d'être écrite par sa singularité. Quelque soirée, cet hiver, quand nous serons bien tristes, bien tournés à la réflexion, je vous donnerai le passe-temps d'entendre un écrit qui vous intéresserait, si vous le trouviez dans un livre; mais qui vous fera concevoir une grande horreur pour l'espèce humaine. Ah! combien les hommes sont cruels! les tigres sont encore bons auprès d'eux. Je devais naturellement me dévouer à haïr, j'ai mal rempli ma destinée : j'ai beaucoup aimé et bien peu haï. Mon Dieu! mon ami, j'ai cent ans; cette vie qui paraît si uniforme, si monotone, a été en proie à tous les malheurs et en butte à toutes les vilaines passions qui animent les malhonnêtes gens. Mais où vais-je m'égarer?..... toute entière à vous que j'aime, qui soutenez, qui défendez ma vie, pourquoi vais-je jeter les yeux sur tous les objets qui me l'ont fait détester? — Je ne fermerai ma lettre qu'après l'arrivée du facteur : que je serai comblée de plaisir s'il m'apporte une lettre de vous! Mais vous serez arrivé trop tard, vous ne faites rien à temps; ce que vous ne voyez pas, existe à peine pour vous. Enfin, vous êtes justement comme il faut être pour faire le tourment d'une âme sensible; et moi, je suis justement tout ce qu'il faut pour prouver que la folie n'exclut pas l'imbécilité. Figurez-vous que je vous parle comme si j'étais à samedi. J'attends le facteur qui n'arrivera que demain, et ce n'est pas votre faute, mon ami, ce n'est pas la mienne non plus, si ma tête est troublée, si le besoin que j'ai d'être consolée, me fait perdre l'ordre et la mesure du temps. Hélas! je ne sais s'il n'aurait pas mieux valu ne pas nous connaître, ne pas vous aimer; il y a trois mois que je serais comme j'étais il y a cent ans; je ne souffrais point, je n'avais besoin, ni de vous, ni de vos lettres; mais n'êtes-vous pas assommé par la longueur de celle-ci? Mon ami, accoutumez-vous à cette importunité.

LETTRE XLVII.

Samedi au soir, 27 août 1774.

Mon ami, je n'ai point eu de vos nouvelles. Je m'étais dit cent fois: il sera arrivé trop tard; il n'aura pas songé au prix d'une heure pour moi. Cela fait la différence de quatre jours; me voilà donc renvoyée à mercredi. Eh bien! le soin que j'ai eu de ne pas appuyer mon âme sur cette espérance, ne m'a servi à rien: le courrier est arrivé; j'ai eu trois lettres, que je ne pouvais pas lire, parce que la vôtre me manquait. Mon Dieu! vous n'êtes ni assez heureux, ni assez malheureux pour éprouver un pareil sentiment. Mon ami, si je n'ai pas de vos nouvelles mercredi, je ne vous écris plus. Vous avez déjà un tort, vous en aurez mille; mais je vous déclare que je ne vous en pardonnerai point, et que je ne vous en aimerai pas moins. Vous voyez bien que je vous dis-là l'impossible : la logique du cœur est absurde. Au nom de Dieu! faites que je ne raisonne jamais plus juste. Que vous manquez bien dans ce moment-ci! l'ivresse est générale, mon ami. Il y a cette différence entre ma disposition et celle de tout ce que je vois, qu'ils espèrent, et que moi je ne fais que respirer du malheur dont nous sommes délivrés. Mon Dieu! mon âme n'atteint pas à la joie : elle est remplie par des regrets et par des souvenirs déchirants; elle est animée par un sentiment qui la trouble, qui lui donne souvent des mouvements violents, et qui ne lui promet que bien rarement du plaisir. Dans cet état, la joie publique ne se fait sentir que par la pensée et la réflexion, et les plaisirs raisonnables sont si modérés! mes amis sont mécontents de ce qu'ils ne peuvent pas m'entraîner. J'en suis bien fâchée, leur dis-je; mais je n'ai plus la force d'être bien aise. Cependant je suis bien contente de ce que M. Turgot a déjà renvoyé un fripon, l'homme de l'affaire des blés. Mon ami, je veux vous dire le compliment des poissardes au roi, le jour de la Saint-Louis. « Sire, je venons faire compliment à Votre » Majesté de la *chasse* qu'elle a faite hier; jamais votre » grand-père n'en a fait une si bonne. » — Le comte de C... qui est à Montigny, m'a écrit trois pages remplies d'enthousiasme et de transport, c'est beaucoup. Qu'ils sont heureux! l'espérance les conserve jeunes. Hélas! qu'on est vieux quand on l'a perdue, ou qu'il n'en reste tout juste que pour échapper au désespoir! — Dites-moi donc si vous avez fait bien des vers; si vous vous accoutumez à vous *hâter lentement*, si vous vous résoudrez à faire comme Racine, qui faisait difficilement des vers. Mon ami, je vous impose le plaisir de lire, de relire tous les matins une scène de cette musique divine, et puis vous vous promenerez, vous ferez des vers ; et avec le talent que la nature vous a donné, de penser et de sentir fortement, je vous réponds que vous en ferez de très-beaux. Mais de quoi m'avisé-je ? de conseiller, qui ? Un homme qui a un grand mépris pour mon goût, qui me croit assez bête, qui ne m'a jamais vue en mesure sur rien, et qui, en me jugeant ainsi, pourrait bien n'être qu'en mesure, et marquer autant de justesse que de justice. Adieu, mon ami. Si vous m'aimiez, je ne serais pas si modeste ; je croirais n'avoir rien à envier dans la nature.

Je vous ai écrit hier un volume à *Bordeaux*. Ce mot m'est effroyable ; il touche la corde sensible et douloureuse de mon âme. Adieu, adieu.

LETTRE XLVIII.

Ce lundi, 29 août 1774.

Vous savez que M. Turgot est contrôleur-général ; mais ce que vous ne savez pas, c'est la conversation qu'il a eue à ce sujet avec le roi. Il avait eu quelque peine à accepter le contrôle, quand M. de Maurepas le lui proposa de la part du roi. Lorsqu'il alla remercier le roi, le roi lui dit :

— Vous ne vouliez donc pas être contrôleur-général ?

— Sire, lui dit M. Turgot, j'avoue à Votre Majesté, que j'aurais préféré le ministère de la marine, parce que c'est une place plus sûre, et où j'étais plus certain de faire le bien ; mais dans ce moment-ci, ce n'est pas au roi que je me donne, c'est à l'honnête homme.

Le roi lui prit les deux mains, et lui dit :

— Vous ne serez point trompé.

M. Turgot ajouta :

— Sire, je dois représenter à Votre Majesté la nécessité de l'économie dont elle doit la première donner l'exemple ; M. l'abbé Terrai l'a sans doute déjà dit à Votre Majesté.

— Oui, répondit le roi, il me l'a dit ; mais il ne l'a pas dit comme vous.

Tout cela est comme si vous l'aviez entendu, parce que M. Turgot n'ajoute pas un mot à la vérité. Ce mouvement de l'âme de la part du roi fait toute l'espérance de M. Turgot ; et je crois que vous en prendriez comme lui. M. de Vaines est nommé à la place de M. Leclerc ; mais il n'en aura pas le faste : point de jeu, point de valet-de-chambre, point d'audience, en un mot, la plus grande simplicité, c'est-à-dire, au ton de M. Turgot. Oui, je vous le répète, vous manquez bien ici ; vous auriez partagé les transports de la joie universelle. On commence à avoir besoin de se taire pour se recueillir, et pour penser à tout le bien qu'on attend. Reste actuellement l'intérêt personnel qu'il faut bien compter pour quelque chose. — Le chevalier d'Aguesseau vient de contenter le mien, et de le choquer tout à la fois : Il sait que vous avez été vingt-quatre heures à Chanteloup, que vous vous portiez bien, et que vous êtes arrivé à Bordeaux le 22. D'après cela, il est tout simple que vos amis aient eu de vos nouvelles le 27. Je ne me plains point de la préférence que vous leur avez donnée ; mais, mon ami, il me serait doux d'avoir à me louer de vous, et d'avoir à vous remercier d'un soin que j'aurais si bien senti, et dont mon âme avait besoin ! Adieu. Voilà trois lettres en bien peu de temps. Si je n'en ai pas de vous mercredi, je crois que je pourrai me taire. Tous mes amis m'ont demandé de vos nouvelles avec intérêt, M. d'Alembert surtout.

Je ne crois pas vous avoir dit le succès que le chevalier de Chatelux a eu dans un voyage de quatre jours qu'il vient de faire à Villers-Cotterets : il y a fait six lectures ; il n'avait que quatre pièces, mais il a répété la lecture de deux. Il croit que les *prétentions* n'ont pas été senties, j'en ai grondé l'archevêque de Toulouse, qui était un de ses auditeurs. Si vous saviez comme il s'est justifié ! c'est à faire mourir de rire. Le chevalier m'a raconté avec naïveté ses succès. J'en ai joui ; mais je suis fâchée du mauvais visage qu'il a ; je crois sa santé bien menacée. — M. Wattelet est assez malade de la poitrine ; il est au lait d'ânesse. Je suis fort souffrante ces jours-ci ; mais c'est presque mon état habituel : la durée des maux ôte jusqu'à la consolation de s'en plaindre. Adieu, encore une fois. Est-ce que je ne vous aurais pas dit que j'ai entendu chanter *Milico* ? c'est un Italien. Jamais, non jamais, on n'a réuni la perfection du chant avec tant de sensibilité et d'expression. Quelles larmes il fait verser ! quel trouble il porte dans l'âme ! J'étais bouleversée : jamais rien ne m'a laissé une impression plus profonde, plus sensible, plus déchirante même ; mais j'aurais voulu l'entendre jusqu'à en mourir. Oh ! que cette mort eût été préférable à la vie !

LETTRE XLIX.

Jeudi, 15 Septembre 1774.

Peut-être ne lirez-vous jamais ce que je vais écrire; peut-être aussi le recevrez-vous incessamment : c'est, je crois, la réponse que j'attends samedi, qui me déterminera, soit à brûler, soit à vous envoyer cette lettre. Écoutez-moi : il me semble que toutes les passions de mon âme se sont calmées : la voilà revenue, la voilà rendue à son premier et à son unique objet. Oui, mon ami, je ne m'abuse point : mes souvenirs, mes regrets même me sont plus chers, plus intimes et plus sacrés que le sentiment violent que j'ai eu pour vous, et que le désir que j'avais de vous le voir partager. Je me suis recueillie; je me suis rentrée dans moi-même; je me suis jugée, et vous aussi : mais je n'ai prononcé que contre moi; j'ai vu que je prétendais à l'impossible, à être aimée de vous. Par un bonheur inouï, et qui ne devait jamais arriver, la créature la plus tendre, la plus parfaite et la plus charmante qui ait existé, m'avait donné, abandonné son âme, sa pensée et toute son existence. Quelque indigne que je fusse du choix et du don qu'il m'avait fait, j'en jouissais avec étonnement et transport. Quand je lui parlais de la distance immense que la nature avait mise entre nous, j'affligeais son cœur; et bientôt il me persuadait que tout était égal entre nous, puisque je l'aimais. Non, jamais, la beauté, l'agrément, la jeunesse, la vertu, le mérite n'ont pu être flattés et exaltés au degré où M. de Mora aurait pu faire jouir mon amour-propre ; mais il voyait mon âme : la passion qui la remplissait, rejetait bien loin les jouissances de l'amour-propre. Je vous dis tout cela, mon ami, non par une faiblesse qui serait trop bête et trop indigne des regrets qui déchirent mon cœur, mais c'est pour me justifier auprès de vous, oui, me justifier. Je vous ai aimé avec transport ; mais cela n'a pas dû excuser auprès de vous le souhait que j'ai osé former de vous voir partager mon sentiment : cette prétention a dû vous paraître folle. Moi, fixer un homme de votre âge, qui joint à toutes les qualités aimables, les talents et l'esprit qui doivent le rendre l'objet des préférences de toutes les femmes qui ont le plus de droit à plaire, à séduire et à attacher ! Mon ami, je suis remplie de confusion, en pensant jusqu'à quel point vous avez dû croire mon amour-propre aveuglé et ma raison égarée. Oui, je m'en accuse avec douleur : le goût que vous m'inspiriez, le remords qui me tourmentait, la passion qui animait M. de Mora, tout cela ensemble m'a conduite dans une erreur que j'abhorre : car, il faut vous l'avouer, j'ai pensé plus que cela encore ; j'ai été persuadée que vous pouviez m'aimer ; et cette persuasion si folle, si vaine, m'a entraînée dans l'abîme. Sans doute il est bien tard, trop tard de m'aviser de mon égarement. Je le déteste, et en me méprisant, je voudrais vous haïr ; en effet, vous aviez excité en moi cet horrible mouvement : je vous ai même écrit dans cette disposition ; c'était le dernier effet et le dernier effort de la passion qui m'agitait. Je suis loin de me faire un mérite du calme où je suis revenue : c'est encore un bienfait de l'homme que j'adorais. Je ne vous expliquerai point tout ce qui s'est passé en moi depuis quinze jours, mais il suffit de vous dire que je ne me reconnais plus : ce n'est plus votre pensée qui m'occupe ; et si le remords n'était pas à côté de ma douleur, je crois que vous seriez bien loin de moi ; non que je cesse jamais d'avoir de l'amitié pour vous, et de l'intérêt pour votre bonheur : mais ce sera en moi un sentiment modéré qui pourra, si vous y répondez, me faire goûter quelques moments de douceur, sans jamais troubler ni tourmenter mon âme. Oh! de quelles horreurs elle a été remplie! il me paraît miraculeux de n'avoir pas succombé au désespoir où j'ai été réduite; mais cette secousse, en affaissant ma machine, a remonté à mon âme : elle est restée sensible; mais elle est sans passion. Je ne connais plus ni la haine, ni la vengeance, ni... Ah, mon Dieu! quel mot j'allais prononcer! il n'est plus lié dans ma pensée qu'au souvenir de M. de Mora. Hélas! je lui devrai encore ce que mon cœur sentira de plus consolant et de plus doux, des regrets et des pleurs. Tous les détails que vous m'avez mandés ont été inondés de larmes, je vous en remercie : je vous devais une sensation que je préfère au plaisir qui ne viendrait pas de la pensée de M. de Mora. — J'ai lu, j'ai relu vos lettres, celle de Bordeaux et celle du 8, de Montauban. Je vous plains sincèrement d'être agité et tourmenté sans en avoir une raison absolue; mais en même temps, les douleurs vagues ne sont que passagères; du moins je l'espère : car je désire de toute mon âme votre repos et votre bonheur. Je ne pouvais troubler ni l'un, ni l'autre ; mais votre délicatesse vous faisait peut-être souffrir du mal que vous m'aviez fait. Je vous le pardonne du fond de mon cœur : perdez-en le souvenir; ne m'en parlez jamais, et laissez-moi croire que vous m'avez trouvée encore plus malheureuse que coupable. Ah! vous n'êtes pas obligé de me croire, et j'ai perdu le droit de vous persuader, mais j'oserais presque dire comme Jean-Jacques : mon âme ne fut jamais faite pour l'avilissement. La passion la plus forte, la plus pure, l'a animée trop longtemps; celui qui en était l'objet était trop vertueux : il avait l'âme trop grande, trop élevée pour qu'il eût voulu régner sur la mienne, si elle avait été abjecte et méprisable. Sa prévention, sa passion pour moi m'élevaient jusqu'à lui. Mon Dieu ! combien je suis tombée, combien je suis déchue ! mais il l'a ignoré. Mon malheur est affreux; il l'aurait partagé. Il est mort pour moi. Je l'aurais fait vivre de douleur... « O mon ami ! si » dans le séjour des morts vous pouvez m'entendre, soyez » sensible à ma douleur, à mon repentir. J'ai été coupa- » ble, je vous ai offensé; mais mon désespoir n'a-t-il pas » expié mon crime? Je vous ai perdu; je vis, oui, je vis; » n'est-ce donc pas être assez punie. »? Pardonnez-moi le mouvement qui m'a entraînée vers l'objet que je voudrais suivre. Adieu. Si je reçois de vos nouvelles samedi, j'ajouterai un mot; mais je vous pardonne d'avance tout ce que vous pouvez m'avoir dit d'offensant; et je rétracte avec tout ce qui me reste de force et de raison, tout ce que je vous ai écrit dans les convulsions du désespoir. C'est aujourd'hui que je dépose dans vos mains ma profession de foi : je vous promets, je m'engage à ne plus rien exiger ni prétendre de vous. Si vous me conservez de l'amitié, j'en jouirai avec paix et reconnaissance; et si vous veniez à ne m'en pas trouver digne, je m'en affligerais sans vous trouver injuste. Adieu, mon ami : c'est l'amitié qui prononce ce nom; il n'en est que plus cher à mon cœur, depuis qu'il ne peut plus le troubler.

Samedi, onze heures du soir.

Voilà votre réponse : elle est telle que j'aurais pu la souhaiter, froide et modérée. Mon ami, nous allons nous entendre : mon âme est au ton de la vôtre ; cette lettre ne vous a point offensé ; vous en avez sûrement jugé à merveille ; vous avez eu sur moi l'avantage d'un homme raisonnable sur une créature passionnée ; vous étiez de sang-froid, et j'avais le délire : mais c'était la dernière crise d'une maladie effroyable, dont il vaudrait mieux mourir que guérir, parce que la violence des accès de cette fièvre flétrit et abat les forces du malheureux malade, au point de ne pouvoir plus se promettre du plaisir de l'état de convalescence ; mais en voilà assez, trop sans doute, sur ce que vous appelez mes injustices, et votre délicatesse. Mon ami, savez-vous ce qui est délicat ? c'est de n'avoir pas supprimé les six ou sept pages que vous m'aviez écrites avant que de recevoir ma lettre. Quelle supériorité la raison a sur la passion ! comme elle règle la conduite ! elle porte et répand la paix sur tout ; en un mot, elle a tellement de la mesure, que je dois vous rendre grâce aujourd'hui et de ce que vous me dites, et de ce que vous ne me dites point. Mon ami, votre lettre du vendredi est aimable : elle est douce, obligeante, raisonnable ; elle a le ton et le charme de la confiance ; mais elle est triste, et je suis fâchée que ce soit la disposition de votre âme. Je n'ai pas en moi de quoi vous distraire ; je n'ai pas même la force de vous parler ce soir : je suis trop souffrante ; si je puis, je reprendrai votre lettre pour le courrier de mardi. Adieu. Vous n'attendez plus de mes nouvelles ?

LETTRE L.

Lundi au soir, 19 septembre 1774.

Je veux vous écrire. Je voudrais vous répondre ; si je manque le courrier de demain, il faudra attendre à samedi, et cependant mon âme est morte. Je viens de relire votre lettre ; j'ai cru qu'elle me ranimerait, et point du tout : je me sens d'une stérilité effroyable ; et si je me laissais aller, voici ce que je vous répondrais : toutes les réflexions que vous faites sur votre situation présente, sont fort raisonnables ; mais si vous vous occupez de l'avenir, vous êtes encore plus fondé à trouver des sujets d'espérance, que des motifs de crainte. Il me semble que jamais les hommes de mérite n'ont eu si beau jeu ; et avec de la vertu, des lumières et du talent, ils doivent prétendre à tout. Ce n'est donc pas le moment de se décourager, mais bien plutôt de venir avec confiance, non pas demander des grâces, mais se faire connaître et se faire rendre justice. — A l'égard de ce bouleversement dans les domaines, j'ai bien de la peine à croire que M. Turgot puisse, en rien, suivre ou exécuter les projets de M. l'abbé Terrai. Si cependant, par impossible, il venait à vouloir agir d'après ce plan, M. de Vaines serait à portée de vous rendre service. Il ferait l'impossible pour vous obliger : il a un attrait particulier pour vous ; il ne me voit jamais sans me demander de vos nouvelles ; le jour de votre départ, j'en reçus un billet, où étaient ces mots : « Je vous supplie de
» me faire dire de vos nouvelles et de celles de M. de G...

» qui intéresse beaucoup ceux qui aiment une âme ardente, et qui, de tous côtés s'élance vers la gloire. » Je voulais vous envoyer ces mots, et puis j'en fus détournée par un intérêt qui ne permet pas de causer. Vous devriez écrire à M. de Vaines, non pas sur sa fortune : car c'est justement le contraire ; il a sacrifié son intérêt à son amitié pour M. Turgot, et à son amour pour le bien public : en un mot, il a été entraîné par le désir de concourir au bien ; il a eu l'activité de la vertu : mais un peu plus calme, il a vu qu'il s'était chargé d'une triste besogne. — Je ne combats point vos projets pour l'avenir : il n'existe pas pour moi ; d'après cela, vous croyez bien que je ne peux guère m'échafauder pour prévoir ou craindre pour les autres. En général, je crois que vous ferez bien de ne pas vous marier en province. Cependant ce serait une manière de fixer toutes vos incertitudes ; mais aussi ce serait un malheur qui vous priverait du plus grand bien, qui est l'espérance. Mon ami, je ne conçois pas comment vous n'avez pas assez de force pour supporter la mauvaise fortune. Paris est le lieu du monde, où l'on peut être pauvre avec le moins de privations : il n'y a que les ennuyeux et les sots qui ont besoin d'être riches. — Vous voyez bien que c'est de la folie que de croire, qu'il faut que vous fassiez le tour du monde pour faire un bon ouvrage. Commencez-le toujours, et avant qu'il soit fini, vous serez peut-être assez riche pour voyager. Enfin, je voudrais que vous ne regardassiez le défaut de fortune que comme une contradiction, et non comme un malheur. Mon ami, si je voyais de la lune, je préférerais votre talent aux richesses de M. Beaujon : j'aimerais mieux le goût de l'étude que la charge de grand écuyer de France. En un mot, étant condamnée à vivre, et n'ayant pu choisir le sort d'un bon fermier de Normandie, je demanderais d'avoir l'esprit et le talent de M. de G..... ; mais à la vérité, je voudrais qu'on me permît d'en faire plus d'usage. — Ce que vous dites des enfants de madame votre sœur, est plein d'intérêt et de délicatesse ; mais, mon ami, vous voilà encore à vous tourmenter de l'avenir. Ils sont bien à présent, ces enfants, vous voyez ce qu'ils ont perdu, et cela vous tourmente. Le sort du petit garçon est moins embarrassant : vous savez mieux que moi que l'éducation d'un collége de province est tout aussi bonne, ou tout aussi mauvaise que celle d'un collége de Paris ; et puis, mon ami, pour entrer à seize ans dans un régiment, en vérité, il est tout-à-fait égal d'avoir été élevé à Bordeaux ou à Paris. Que nos idées sont fausses sur le premier intérêt de la vie, sur le bonheur ! Oh, bon Dieu ! est-ce en aiguisant l'esprit, est-ce en étendant les lumières, qu'on fait le bonheur d'un individu ? car je crois bien que cela peut être utile en général ; mais pourquoi faut-il que votre neveu soit heureux à votre manière ? Je sens que je réponds bien sèchement, bien bêtement à tous les détails où votre amitié et votre confiance vous ont fait entrer ; mais que voulez-vous faire ? Il ne me vient rien : mon âme est un désert, ma tête est vide comme une lanterne. Tout ce que je dis, tout ce que j'entends, m'est plus qu'indifférent ; et je dirai aujourd'hui comme cet homme à qui on reprochait de ne pas se tuer, puisqu'il était si détaché de la vie : je ne me tue pas, parce qu'il m'est égal de vivre ou de mourir. Cela n'est pourtant pas tout-à-fait vrai : car je souffre, et la mort serait un soulagement ; mais je n'ai point d'activité.

LETTRE LI.

Mardi, 20 septembre 1774, six heures du matin.

Pour réparer la platitude et la sécheresse de ma lettre d'hier au soir, j'imagine de vous envoyer deux petites feuilles de Voltaire, et l'*éloge de La Fontaine*, que j'ai lu avec autant de plaisir que j'en avais eu à l'entendre. Remarquez bien que je n'exagère pas les louanges; ainsi vous serez libre encore d'être de votre avis et de trouver détestable ce que j'ai cru bon. — Il paraîtra, d'ici à peu de jours, un édit sur le commerce intérieur des grains; il sera motivé : cette forme est nouvelle, et il me semble qu'elle doit convenir à la multitude; car les fripons et les gens de parti trouveront bien encore à critiquer. — On disait hier qu'on donnait l'archevêché de Cambrai à M. le cardinal de Bernis, et que M. le duc de La Rochefoucault irait à Rome. Peut-être M. l'abbé de Veri y serait nommé avant, mais seulement pour être cardinal; et préparer la besogne à M. le duc de La Rochefoucault : voilà la conversation d'hier au soir au coin de mon feu; et si je vous nommais les personnes qui y étaient, vous trouveriez que, si cette nouvelle ne devient pas vraie, du moins elle n'est pas absurde. — Le chevalier de Châtelux que je vois souvent, mais toujours en courant, n'a pas eu le temps de me demander de vos nouvelles; il est plus dissipé, plus affairé et plus à la suite de tous les princes que jamais. Il est aujourd'hui à la campagne, c'est là où il saura de vos nouvelles : avec du tact et de l'usage du monde, on est au ton et à la pensée de ceux avec qui l'on est. — M. d'Alembert et tous vos amis me parlent souvent de vous ; ils s'adressaient à moi pour savoir de vos nouvelles, et ce sera moi qui aurai recours à eux à l'avenir : car vous ne m'écrivez plus, n'est-ce pas ? Mais, mon Dieu ! que les passions sont folles ! qu'elles sont bêtes ! Depuis quinze jours, je me sens pour elles une grande horreur ; mais aussi il faut être juste et convenir qu'en adorant le calme et la raison, j'existe à peine, je n'ai la force tout juste que de sentir mon anéantissement : ma machine, mon âme, ma tête, tout *moi* est dans l'épuisement ; et cet état ne m'est pas trop pénible, quoiqu'il me soit nouveau. Bonsoir, mon ami, car quoiqu'il soit bon matin, je n'ai pas encore dormi. Jamais personne ne s'est avisé d'écrire sur le sommeil, et de traiter de son influence sur l'esprit et sur les passions. Ceux qui ont étudié la nature, ne doivent pas négliger cette partie intéressante de la vie des malheureux. Hélas ! si l'on savait ce que la privation du sommeil peut ajouter aux mots ! en abordant quelqu'un de souffrant et de malheureux, la première question serait toujours celle-ci : *dormez-vous ?* la seconde : *quel âge avez-vous ?*

LETTRE LII.

Commencée jeudi, 22 septembre 1774.

« Donnez-moi tous les noms destinés aux parjures ;
» Je crains votre silence, et non pas vos injures. »

Mon ami, si j'avais de la passion, votre silence me ferait mourir ; et si je n'avais que de l'amour-propre, il me blesserait, et je vous en haïrais de toutes mes forces : eh bien! je vis, et je ne vous hais plus. Mais je ne vous cacherai pas que j'ai vu avec chagrin, quoique sans étonnement, que c'était uniquement mon mouvement qui vous entraînait : vous aviez à me répondre. Vous ne savez plus me parler, et lorsque vous croyez que mon sentiment a cessé, vous ne sentez aucun regret, et vous ne trouvez rien en vous qui vous donne le droit de réclamer ce que vous avez perdu. Eh bien! mon ami, je suis assez calme pour être juste : j'approuve votre conduite, quoiqu'elle m'afflige ; je vous estime de ne rien mettre à la place de la vérité. Et en effet, de quoi vous plaindriez-vous? je vous ai soulagé; il est affreux d'être l'objet d'un sentiment qu'on ne peut pas partager, l'on souffre et l'on rend malheureux : aimer et être aimé c'est le bonheur du ciel; quand on l'a connu et qu'on l'a perdu, il ne reste qu'à mourir.

Il y a deux choses dans la nature qui ne souffrent pas la médiocrité, les vers et... Mais je ne m'abuse point, le sentiment que j'avais pour vous n'était point parfait. D'abord j'avais à me le reprocher, il me coûtait des remords; et puis, je ne sais si c'était le trouble de ma conscience qui renversait mon âme, et qui avait absolument changé ma manière d'être et d'aimer ; mais j'étais sans cesse agitée de sentiments que je condamnais; je connaissais la jalousie, l'inquiétude, la défiance; je vous accusais sans cesse, je m'imposais la loi de ne pas me plaindre : mais cette contrainte m'était affreuse; enfin, cette manière d'aimer était si étrangère à mon âme, qu'elle en faisait le tourment. Mon ami, je vous aimais trop et pas assez, ainsi nous avons gagné tous les deux au changement qui est arrivé en moi : et ce n'est ni votre ouvrage ni le mien. J'ai vu clair un moment, et dans moins d'une demi-heure, j'ai senti le dernier terme de la douleur, je me suis éteinte, et j'ai ressuscité ; et ce qui est incontestable, c'est qu'en revenant à moi je n'ai plus retrouvé que M. de Mora, l'affaissement qui était arrivé à mon cerveau en avait effacé toute autre trace. Vous, mon ami, qui, un quart-d'heure avant, remplissiez toute ma pensée, j'ai passé plus de vingt-quatre heures sans que vous vous y soyez présenté une seule fois ; et puis j'ai vu que mon sentiment n'était plus qu'un souvenir. J'ai resté plusieurs jours sans retrouver la force de souffrir, ni d'aimer ; et puis j'ai enfin repris ce degré de raison qui fait apprécier tout à peu près à sa juste valeur, et qui me fait sentir que, si je n'ai plus de plaisir à espérer, il me reste bien peu de malheur à craindre. J'ai retrouvé le calme, mais je ne m'y trompe point, c'est le calme de la mort ; et dans quelque temps, si je vis, je pourrai dire comme cet homme qui vivait seul depuis trente ans, et qui n'avait lu que Plutarque, on lui demandait comment il se trouvait : *mais presque aussi heureux que si j'étais mort*. Mon ami, voilà ma disposition : rien de ce que je vois, de ce que j'entends, ni de ce que je fais, ni de ce que j'ai à faire ne peut animer mon âme d'un mouvement d'intérêt ; cette manière d'exister m'était tout-à-fait inconnue, il n'y a qu'une chose dans le monde qui me fasse du bien, c'est la musique, mais c'est un bien qu'on appellerait douleur. Je voudrais entendre dix fois par jour cet air qui me déchire, et qui me fait jouir de tout ce que je regrette : *J'ai perdu mon Euridice*, etc. Je vais sans cesse à *Orphée*, et j'y suis seule. Mardi encore, j'ai dit à mes amis que j'allais faire des visites, et j'ai été m'enfermer dans une loge. En rentrant chez moi le soir, j'ai trouvé un billet du comte de C..., qui me disait qu'il avait eu une lettre de vous la veille. Je l'attendis le lendemain, et je le trouvai heureusement chez madame Geoffrin. Il me lut votre lettre, vous y parlez de moi et vous y revenez trois fois, cela est bien honnête, mais beaucoup plus froid que si vous ne m'aviez pas nommée. Cependant, mon ami, je suis contente, c'est justement comme je vous veux. Mon Dieu! comment serais-je difficile, moi qui ne sais plus, qui ne peux plus aimer qu'avec une raison et une modération que je n'avais jamais connues?—J'ai vu M. Turgot, je lui ai parlé de ce que vous craignez sur les domaines. Il m'a dit qu'il n'y avait point encore de parti pris sur cet article, que M. de Beaumont, intendant des finances, s'en occupait, et qu'en attendant, les compagnies que M. l'abbé Terrai avait crées pour cette besogne avaient défense d'agir. M. Turgot m'a ajouté que, dès qu'il serait instruit par M. de Beaumont, il me dirait s'il y avait quelque chose de projeté ou d'arrêté sur les domaines, mais qu'en général il aurait un grand respect pour les propriétés. Je ne m'en tins pas là, je dis votre affaire à M. de Vaines, et il me répondit nettement : qu'il soit bien tranquille, le projet de l'abbé Terrai ne sera jamais exécuté par M. Turgot, j'en réponds. Voilà, mon ami, la réponse de deux hommes qui doivent vous rassurer; et quoiqu'elles ne soient pas conformes, cependant cela veut dire, ce me semble, la même chose. Je vous envoie l'arrêt dont je vous ai déjà parlé ; je crains que votre intendant ne soit pas fort pressé de le répandre, et je joins à cet arrêt une lettre de M. de Condorcet, que je trouve si bien que je l'ai fait copier. Mon ami, ne me remerciez point du soin que j'ai de vous envoyer ce qui me fait plaisir ; ce n'est pas pour vous, c'est pour vous en entendre parler, car il me reste beaucoup de goût pour votre esprit: il est excellent et bien naturel. Adieu.

LETTRE LIII.

Vendredi, 23 septembre 1774.

Mon ami, je vous fais victime : je vous écris jusqu'à vous accabler. C'est la seule occupation qui me fasse croire que je suis encore en vie ; et quoique je pense que d'être tout-à-fait morte soit le meilleur état, cependant, en souffrant, je trouve de la douceur à me tourner encore vers vous. Si vous ne m'entendez pas, vous m'écouterez du moins, vous me répondrez : car il est bien triste de n'avoir point de lettre de vous. Voilà deux courriers de perdus, lundi et mercredi, et c'est moi qui me suis fait ce mal-là : car, sans m'aimer, vous auriez continué à m'écrire exactement. Eh ! bon Dieu ! à quel excès j'ai été portée ! Je vous ai aimé et haï avec fureur : c'était sans doute le dernier élan d'une âme qui allait s'évanouir pour jamais ; car, en honneur, je n'en ai plus entendu parler, je ne sais ce qu'elle est devenue depuis. — Je croyais que vous auriez écrit mercredi à M. d'Alembert : en rentrant, mon premier mot fut de lui demander s'il n'avait point eu de lettre, et s'il n'en savait rien ; car il a pour bonne habitude de n'ouvrir ses lettres que le lendemain matin. Je sus bientôt qu'il n'en avait pas reçu de vous, et mon état de souffrance s'en augmenta d'une manière si sensible, que je fus obligée de prendre un calmant ; et puis, à force de raison et de raisonnements j'en vins, non pas à ne point m'en soucier, mais à ne pas m'en faire un tourment. Pourquoi donc dites-vous que vous ne recevez qu'une fois la semaine des lettres, tandis qu'elles arrivent trois fois la semaine à Paris? Mais à quoi cela m'est-il bon si vous ne m'écrivez point, si samedi je suis encore comme mercredi et lundi ? Mais il n'y a que l'indifférence qui soit muette ; si vous étiez mécontent, si même vous me haïssiez, vous devriez avoir du plaisir à me le dire. Enfin, mon ami, il faut que vous m'ayez condamnée, si vous n'avez pas besoin de me confondre.

Vous savez que M. de Muy se marie ces jours-ci avec madame de Saint-Blancard, une chanoinesse d'Allemagne que vous avez peut-être connue pendant la guerre dernière. On dit qu'elle est aimable, qu'elle a été jolie et qu'elle aime M. de Muy. Ce mariage me donne bien bonne opinion de l'honnêteté de M. de Muy : voilà un excellent emploi de sa fortune. — M. le comte de Broglie est à Ruffec, est-ce bien loin de Montauban? Je serais fâchée que vous y allassiez ; il agiterait votre tête, et ne vous donnerait aucun moyen de mener à bien les projets de fortune qu'il vous ferait concevoir. Mon ami, il faut arrêter votre pensée, il faut voir beaucoup M. de Muy. Il faut qu'il vous connaisse, et s'il a de l'esprit, il voudra s'aider de vos lumières et de vos talents. Surtout ramenez M. votre père, sa présence vous sera utile ; et d'ailleurs, si sa fortune est susceptible d'amélioration, il faut bien qu'il se montre : on ne va point chercher le mérite qui se cache. J'applaudis fort à l'horreur que vous avez pour le séjour de la province : mais la campagne n'est pas la province : j'aimerais mieux le séjour d'un village, la compagnie des paysans, que la ville de Montauban et la bonne compagnie qui la compose. Mais, mon Dieu ! au milieu de Paris, il y a tant de villes de province ; il y a tant de sots, tant de faux importants ; en tout, partout, le bon est si rare, que je ne sais si ce n'est point un grand malheur que de l'avoir connu, et d'en avoir fait son pain quotidien. On pourrait dire de l'habitude de vivre avec des gens d'esprit et de mérite, ce que M. de La Rochefoucauld disait de la cour : ils ne rendent point heureux, et ils empêchent de se trouver bien ailleurs; voilà précisément ce que j'éprouve toutes les fois que je me trouve dans une autre société. — Mon ami, devinez si vous pouvez, mais il faut que je vous dise que ce n'est point un bonheur, que ce n'est point un plaisir que ce n'est pas même une consolation que d'être aimé, mais fort aimé par quelqu'un qui a peu, mais très-peu d'esprit. Ah ! que je me hais de ne pouvoir aimer que ce qui est excellent ! que je suis devenue difficile ! Mais voyez si c'est ma faute ; voyez quelle éducation j'ai reçue. Madame Du Deffand (car pour l'esprit elle doit être citée), le président Hénault, l'abbé Bon, l'archevêque de Toulouse, l'archevêque d'Aix, M. Turgot, M. d'Alembert, l'abbé de Boismont, M. de Mora, voilà les hommes qui m'ont appris à parler, à penser, et qui ont daigné me compter pour quelque chose ; le moyen après cela que la tête tourne d'être aimé par... ! Mais, mon ami, croyez-vous qu'on puisse aimer, quand on n'a point, ou qu'on n'a que peu d'esprit ? Je vois bien que vous me croyez folle ou imbécille, mais il n'importe. J'avais sur le cœur tout ce que je viens de vous dire. Bonsoir ; je garde une petite place pour vous dire demain que je n'ai point eu de vos nouvelles. Mon ami, pardonnez-le-moi, cela me paraît impossible.

Samedi, après la poste.

Vous êtes malade, vous avez la fièvre. Ah ! mon ami, ce

n'est pas mon intérêt que cela réveille : c'est de l'effroi que cela me cause; je crois que je porte malheur à ce que j'aime. Oh! mon Dieu! s'il me fallait craindre, s'il me fallait sentir encore les alarmes et le désespoir qui ont consumé deux ans de ma vie, pourquoi m'avez-vous empêchée de mourir! vous ne m'aimiez pas, et vous m'avez enchaînée! Si lundi je n'avais pas de vos nouvelles!..

LETTRE LIV.

Lundi, 26 septembre 1774.

Mon ami, j'ai désiré hier toute la journée de vous écrire : mais la force m'a manqué. J'ai été dans un état de souffrance qui m'a ôté le pouvoir de parler et d'agir. Je ne puis plus manger : les mots de nourriture et de douleur sont devenus synonymes pour moi. Mais c'est de vous que je veux parler; c'est de vous que je suis occupée, que je suis inquiète. Hélas! je l'avais voulu croire! — c'est encore une méprise, quoique je ne sois plus susceptible de plaisir et de bonheur, mon âme semble toute neuve pour la douleur, elle s'accroît de ce que vous souffrez. Je vous vois malade : j'ai à me reprocher de vous avoir causé quelques moments de tristesse; sans me flatter que vous attachiez un grand intérêt ni à mon sentiment, ni à moi, cependant j'ai pu troubler votre repos, et j'en suis désolée. Mon ami, c'est vous qui m'avez appris à affliger, à tourmenter ce que j'aimais. Ah! que j'en ai été cruellement punie! si le ciel me réservait!... Mais mon sang se glace,

je mourrai avant. Cette pensée est mille fois plus affreuse que ne pourra jamais être la mort la plus violente. Vous voudriez ne pas vous réveiller, et c'est vous, et c'est à moi que vous confiez ce dégoût de la vie. Que les mots qu'on m'écrivait en mourant sont différents ! « J'allais vous re-
» voir, il faut mourir, quelle affreuse destinée ! mais vous
» m'avez aimé, et vous me faites encore éprouver un sen-
» timent doux. Je meurs pour vous, etc., etc. » Mon ami, je ne saurais tracer ces mots, sans fondre en larmes : le sentiment qui les a dictés, était le plus tendre et le plus passionné qui fût jamais ; le malheur, l'absence, la maladie, rien n'avait pu ébranler, ni refroidir cette âme de feu. Ah ! j'ai pensé mourir hier, en lisant une lettre de M. de Fuentes. Il me mande que sa douleur ne lui a pas encore permis de rien voir de ce qui fut cher à son fils, qu'il conservera pour moi la plus tendre, la plus vive reconnaissance des preuves d'amitié que j'ai données dans tous les temps à M. de Mora ; que je le soutenais dans son malheur, et que tout ce que son fils me devait, il voudrait l'acquitter au prix de sa vie. Il ose, en son nom, au nom de ce fils qu'il pleure, me demander une grâce : c'est d'engager M. d'Alembert, qui fut son ami, à lui écrire une espèce d'éloge funèbre qui honorera la mémoire de son fils, qui fera sa consolation le peu de jours qui lui reste à vivre, qu'il lira à sa famille comme un monument honorable pour elle, et qui servira d'encouragement à la vertu pour ses autres enfants. Et cette prière si touchante finit par des larmes. Oh ! combien elle m'en a fait répandre ! et je ne crains point de vous ennuyer, en vous faisant un récit qui ne serait pas froid dans un roman. Mon Dieu ! j'adore M. de Fuentes : il était digne d'avoir un tel fils. Quelle perte, en effet, et pour lui et pour tout ce qui l'a aimé ! et

cependant nous vivons tous! Son père, sa sœur et moi nous aurions été trop fortunés de mourir au même instant qu'il nous a été enlevé. Ah! mon ami, plaignez-moi! ayez pitié de moi! vous seul dans la nature, pouvez faire pénétrer quelques moments de douceur et de consolation dans une âme mortellement blessée. Je le sens, votre présence aurait soulagé le poids dont je suis accablée : depuis que je ne vous vois plus, je suis égarée; mon âme ne connaît plus que les excès, et vous en avez jugé par la violence que j'ai mise dans ma conduite avec vous. Mon ami, remettez-moi dans la bonne route. Soyez mon guide, si vous voulez que je vive. Ne m'abandonnez pas. Je n'ose plus dire : je vous aime; je n'en sais plus rien. Jugez-moi dans le trouble où je vis. Vous me connaissez mieux, que je ne me connais moi-même. Je ne sais si c'est vous, ou la mort que j'implore : j'ai besoin d'être secourue, d'être délivrée du malheur qui me tue. — Mon ami, si je n'ai pas de vos nouvelles aujourd'hui, si je n'en sais pas au moins, je ne vois pas comment je pourrai attendre à mercredi! Quelle affreuse conformité les mercredis et les samedis! Je ne vivais que pour arriver à ces deux jours-là. Me voilà encore agitée, et dans la même attente. Mon Dieu! concevez-vous, pouvez-vous atteindre à tout ce que je sens, à tout ce que je souffre? Croirait-on jamais que j'aie pu connaître le calme! Eh bien! mon ami, il est vrai que j'ai vécu vingt-quatre heures séparée de votre pensée; et puis j'ai été bien des jours dans une apathie totale; je vivais, mais il me semblait que j'étais à côté de moi. Je me souvenais d'avoir eu une âme qui vous aimait : je la voyais de loin, mais elle ne m'aimait plus. Hélas! si vous êtes malade, ou si vous êtes comme ce malheureux qui n'aime rien, vous ne m'entendrez pas; si ce langage ne va pas à l'âme, il est mortellement froid : ce sera à moi de vous plaindre de la fatigue et de l'ennui que je vous aurai causés. Bonjour. Je ne fermerai ma lettre qu'après l'arrivée du facteur. Au nom de Dieu ! faites que je n'aie pas besoin d'avoir recours à mon ami de la poste pour avoir mes lettres de meilleure heure. — Mon ami, ne prenez pas trop du quinquina : il fait mal à la poitrine, et quand il guérit trop vite la fièvre, on a presque toujours des obstructions ; enfin, songez qu'il ne vous est pas libre de négliger votre santé : mon repos, ma vie en dépendent. Mon ami, dites-moi si je vous aime, vous devez vous y connaître ; moi, je ne me connais plus à rien : par exemple, dans ce moment-ci, je sens que je désire avec passion de vos nouvelles ; et je sens aussi, mais d'une manière active, que j'ai besoin de mourir. Je souffre de la tête aux pieds. Mon âme est exaltée et mon corps affaissé. De ce manque d'accord résultent le malheur et presque la folie. Mais il faut m'arrêter. Adieu. Je voudrais bien aller au-devant du facteur.

Lundi, quatre heures.

Le facteur est arrivé. M. d'Alembert n'a point de lettres, et cependant le courrier de Montauban arrive lundi, mercredi et samedi. Mon ami, je suis bien malheureuse : ou vous êtes bien malade, ou vous êtes bien cruel de me laisser dans cette inquiétude. Vous savez si ma santé, si mon état peuvent supporter une augmentation de trouble et de douleur. Ah ! mon Dieu ! que faire, que devenir d'ici à mercredi ! Je vais envoyer chez le chevalier d'Aguesseau.

LETTRE LV.

Vendredi au soir, 30 septembre 1774.

Mon ami, vous m'avez empêchée de mourir, et vous me tuez, en me laissant dans une inquiétude qui bouleverse mon âme. Je n'ai point eu de vos nouvelles mercredi, le chevalier d'Aguesseau non plus; et il a été chez toutes les personnes qui auraient pu en avoir. Ah! mon Dieu! que je me connaissais peu! que je vous disais mal, lorsque je vous assurais que mon âme était fermée au bonheur, au plaisir; qu'elle ne connaîtrait plus de grand malheur, et que je n'avais plus rien à craindre! Hélas! je ne respire pas depuis mercredi. Je vous vois malade; j'ai une secrète terreur qui m'effraie. Quelle affreuse disposition vous me faites retrouver! ce mercredi, ce samedi, ces horribles jours qui ont fait l'espoir et le désespoir de ma vie deux ans de suite! Mais seriez-vous assez mal pour oublier que vous êtes aimé avec passion? et si vous vous en êtes souvenu, comment avez-vous manqué de me faire donner de vos nouvelles? ne saviez-vous pas que c'était livrer mon âme à une douleur mortelle, que de me faire craindre pour vous? Mon ami, si vous avez pu m'éviter ce que je souffre, vous êtes bien coupable; et il me semble qu'un pareil tort devrait bien me guérir; mais, mon Dieu! est-on libre? Puis-je me calmer, me refroidir, selon ma volonté et même d'après la vôtre? Ah! je ne puis que vous aimer et souffrir : voilà le mouvement, le sentiment de mon cœur; je ne puis l'arrêter ni l'exciter, mais je voudrais mourir. — J'ai des pensées qui sont un poison actif ; mais il n'est pas encore assez prompt. Si j'apprends demain que vous êtes bien malade, et si je n'apprenais rien, j'aurais trop vécu. Non, cela est impossible, vous aurez pensé à moi, j'attends donc, mais c'est en tremblant; c'est avec une impatience qui n'a jamais été sentie que par une âme aussi passionnée que malheureuse. Oh! Diderot a raison : il n'y a que les malheureux qui sachent aimer. Mais, mon ami, cela ne vous soulage pas si vous souffrez; et lorsque vous êtes calme, vous n'y attachez pas grand prix. Eh bien! je vous aime, et je n'ai pas besoin de votre sentiment, pour que mon cœur se donne, s'abandonne à vous.

Tout ce que l'abbé Terrai avait fait, ou projeté de faire sur les domaines, est comme non avenu : tout a été détruit, cassé, annulé; en un mot, vous devez être aussi tranquille sur la propriété de M. votre père, que vous l'étiez il y a dix ans. C'est M. Turgot qui me l'a assuré hier, qui m'a demandé de vos nouvelles, et qui s'est reproché de n'avoir pas encore eu une minute pour répondre aux personnes à qui il ne pouvait se résoudre d'écrire des lettres de bureau. M. de Vaines m'a chargée de le rappeler à votre souvenir; il est vraiment écrasé par son travail : ils ont tant à réparer, tant à prévoir, qu'ils n'ont pas le moment de respirer. L'abbé Terrai a eu ordre de reporter au Trésor royal les cent mille écus qu'il avait pris par anticipation sur le bail des fermes; et M. Turgot a déclaré qu'il ne voulait point des cinquante mille francs qui lui revenaient de droit chaque année sur cette partie : il se réduit sur tout; cela donne, après cela, le courage de faire des réformes sur les places qui dépendent de lui. C'est un homme excellent; et s'il peut rester en place, il deviendra l'idole de la nation : il est fanatique du bien public, et s'y emploie de toute sa force.

Samedi, après le facteur.

Je fus interrompue Je reçois votre lettre, mon ami ; vous vous portez bien : en voilà assez pour vivre. Au moins j'espère que vous ne serez pas sérieusement malade, et je respire. Hélas ! je ne sais plus vous répondre, les secousses que vous donnez à mon âme sont trop violentes pour trouver des mots. Mon ami, tout ce que je puis vous dire, c'est que votre lettre est charmante par le ton de douceur et de confiance qui y règne : elle est honnête et vraie comme votre âme ; et si elle ne répondait pas à la mienne sur tous les points, ce ne serait pas votre faute, et je n'ai pas à me plaindre. Hélas non ! je suis contente de vous ; mais je dirai comme Phèdre : « *J'ai pris la vie en haine et l'amour en horreur.* » Oh ! si vous saviez combien je me déteste, combien j'en ai sujet ! La vérité est dans mon cœur, et il arrive que j'ai encore à me reprocher d'usurper l'estime et les sentiments qu'on m'accorde. Tous ces temps-ci, je suis tombée dans un état qui a alarmé mes amis ; ils en font honneur au sentiment de la perte que j'ai faite, tandis que c'est l'alarme que vous m'avez causée, qui a fait diversion aux regrets qui me déchirent. Quoi ! en mourant de douleur, je suis indigne des sentiments que j'inspire ! concevez-vous toute l'horreur de ma situation ? Croyez-vous qu'il soit dans la nature de la supporter longtemps ? où trouver du courage contre une pareille douleur ; à qui la faire partager ? Qui est-ce qui pourrait compatir à tant d'horreur? Eh bien ! je me dis, je le sens, et je ne me trompe point : si M. de Mora pouvait revivre, il m'entendrait, il m'aimerait, et je n'aurais plus ni remords, ni malheur. Ah ! ce sentiment doit vous faire voir tout ce que j'ai perdu. Mon ami, pourquoi ne m'avez-vous pas écrit les deux derniers courriers? Pourquoi ne me dites-vous pas : *Je réponds à votre lettre de telle date?* Il faut s'entendre, et une tête troublée a besoin qu'on la ménage. Mon ami, regardez-moi comme atteinte d'une maladie mortelle; et ayez pour moi les soins, la faiblesse qu'on a pour les mourants : cela ne tirera pas à conséquence pour votre bonheur. Je m'engage par ce qu'il y a de plus sacré pour moi, par la mémoire de M. de Mora, de ne jamais vous troubler, de ne jamais rien exiger ; et, d'après votre lettre, qui est telle que mon cœur vous en remercie, vous ne pouvez plus me tromper ; je ne peux jamais me plaindre, et si je m'affligeais, vous seriez assez sensible pour m'entendre sans importunité. Adieu. Je ne vous réponds pas : dans la confusion de mes pensées, dans le trouble où je suis, je ne sens qu'une chose : je vis et j'ai perdu ce qui m'aimait ! Mon ami, si cela ne vous contraint pas, écrivez-moi tous les courriers : j'en ai besoin. Adieu.

LETTRE LVI.

Lundi, 3 octobre 1774.

Ah ! mon ami, que j'ai mal à l'âme ! je n'ai plus de mots, je n'ai que des cris. J'ai lu, j'ai relu, je lirai cent fois votre lettre. Ah ! mon ami, que de biens et de maux réunis! quel plaisir mêlé à la plus cruelle amertume! Cette lecture a augmenté et redoublé toutes les agitations de mon cœur : je ne puis plus me calmer. Vous avez ravi et déchiré mon âme tour-à-tour ; jamais je ne vous ai trouvé plus aimable, plus digne d'être aimé ; et jamais je n'ai été pénétrée d'une douleur plus profonde, plus aiguë, plus amère, par le souvenir de M. de Mora. Oui, j'en mourrais : mon cœur était opprimé, j'étais dans l'égarement de la nuit dernière ; un état aussi violent doit m'anéantir, ou me rendre folle. Hélas ! je ne crains ni l'un ni l'autre : si je vous aimais moins, si mes regrets m'étaient moins chers, avec quel délire, avec quel transport je me délivrerais de la vie qui m'accable ! Ah ! jamais, jamais aucune créature n'a vécu dans cette torture et ce désespoir. Mon ami, nous faisons du poison du seul bien qui soit dans la nature, du seul bien que les hommes n'ont pu gâter ni corrompre. Tout le monde est apprécié et payé par l'argent ; la considération, le bonheur, l'amitié, la vertu même, tout cela est acheté, payé, jugé, au poids de l'or : il n'y a qu'une seule chose qui soit au-dessus de l'opinion, qui soit restée sans tache comme le soleil, et qui en ait la chaleur, qui vivifie l'âme, qui l'éclaire, qui la soutient, qui la rend plus forte, plus grande. Ah ! mon ami, ai-je besoin de nommer ce présent de la nature ? mais quand il ne fait pas le bonheur de l'âme qu'il remplit, il faut mourir. Oh ! oui, il fallait mourir, j'en avais besoin, j'y cédais : que vous avez été cruel ? Eh ! que vouliez-vous faire des jours que vous sauviez ? les remplir de trouble et de larmes ! ajouter au malheur le plus affreux tourment du remords ! me faire détester tous les instants de ma vie ! et cependant m'y lier par un intérêt qui dévore mon cœur, qui, vingt fois par jour, se présente à ma pensée comme un crime ! Ah ! mon

Dieu ! je suis coupable, et le ciel m'est témoin que rien ne fut plus cher à mon cœur que la vertu ; et ce n'est pas vous qui m'avez égarée ! Quoi ! vous croyez que c'est moi *seule* qui me suis précipitée dans l'abîme ? je ne puis donc vous imputer ni mes fautes, ni mon malheur. Ah ! j'ai voulu les expier, j'ai vu le terme de mes maux ; en vous haïssant j'étais plus forte que la mort. Par quelle fatalité, pourquoi vous ai-je retrouvé ! pourquoi la crainte que j'ai eue que vous ne fussiez malade, a-t-elle amolli mon âme ? Enfin, pourquoi me déchirez-vous, et me consolez-vous tout à la fois ? pourquoi ce mélange funeste de plaisir et de douleur, de baume et de poison ? Tout cela agit avec trop de violence sur une âme que la passion et le malheur ont exaltée ; tout cela achève de détruire une machine épuisée par la maladie et le manque de sommeil. Hélas ! je vous le disais, dans l'excès de mes maux : je ne sais si c'est vous, ou la mort que j'implore ; c'est par vous, ou par elle que je dois être soulagée, ou guérie pour jamais : toute la nature ne peut plus rien pour moi. Hélas ! me reste-t-il un vœu, un désir, un regret, une pensée dont vous et M. de Mora ne soyez l'objet ? Mon ami, j'ai cru mon âme éteinte ; je vous le disais, et je trouvais de la douceur dans le repos. Mais, mon Dieu ! que cette disposition était fugitive ! elle ne tenait qu'à l'effet de l'opium prolongé. Eh bien, je retrouverai la raison, ou je la perdrai tout-à-fait : mais dites-moi, comment est-il possible que je ne vous aie pas dit que je crains le retour de la fièvre ; que j'espère avoir de vos nouvelles aujourd'hui, puisque la poste arrive ? Si je n'en ai pas, je ne vous accuserai point, mais je souffrirai jusqu'à mercredi. Adieu, mon ami. Votre bonté, votre douceur, votre vérité, ont pénétré mon cœur de tendresse et de sensibilité.

Lundi au soir.

J'ai eu un mot de vous; rien qu'un mot ; mais il me dit que vous êtes sans fièvre, et cela me tranquillise. Mais vous êtes inquiet de mademoiselle votre sœur; je le suis aussi : je suis si près de tout ce qui vous touche! Et moi aussi, j'ai la fièvre ; l'accès de douleur de cette nuit a altéré mon sang et mon pouls : mais ne soyez point inquiet, la mort n'arriva jamais si à propos ; les malheureux ne meurent point, et ils sont trop faibles, trop lâches quand ils aiment, pour achever de se tuer. Je vivrai, je souffrirai, j'attendrai, non pas le bonheur, non pas le plaisir, quoi donc ? Mon ami, c'est à vous que je parle : répondez-moi. — Voyez si vous n'êtes pas d'une *étourderie* qui peut être dangereuse : vous m'écrivez, et vous ne cachetez pas votre lettre ; et pour que vous n'en doutiez pas, je vous envoie votre enveloppe. — Le pape est mort, et d'une maladie qui donne d'affreux soupçons. Bonsoir, mon ami. J'ai la tête pesante, je souffre plus que de coutume ; mais j'ai de vos nouvelles, voilà l'important. Je suis dans une disposition bien bizarre : depuis douze heures, mes yeux me représentent toujours le même objet, soit que je les aie ouverts ou fermés : cet objet que je chéris, que j'ai adoré me pénètre d'effroi. Dans ce moment même, il est là ; ce que je touche, ce que j'écris, ne m'est pas plus sensible, plus présent ; mais pourquoi ai-je peur ? pourquoi ce trouble ? Ah ! si c'était !...

LETTRE LVII.

Mercredi, 5 octobre 1774.

Mon ami, je n'ai point de vos nouvelles; j'en attendais. Hélas! j'éprouve que l'âme qui espère le moins, est encore trompée, et que la tête la moins susceptible d'illusion, s'en forme encore beaucoup trop. Pardon, mon ami; le besoin que j'ai de vous, fait que j'y compte trop : il faudrait aussi me corriger de cette erreur. Je suis malade, et dans un état de souffrance inexprimable; toute espèce de nourriture me fait un mal égal. Mon médecin en conclut qu'il se forme un embarras au *pylore*; je ne connaissais pas cet étrange mot : mais on est à la torture quand cette porte veut se fermer. Je prends de *la ciguë* : si elle pouvait être préparée comme celle de Socrate, que je la prendrais avec plaisir! Elle me guérirait de cette maladie si lente et si cruelle, qu'on nomme la vie. Vous me faites mal, mon ami, vous me rendez la mort nécessaire, et vous me retenez à la vie. Que de faiblesse! que d'inconséquence! Oui, je me juge bien; mais je languis, je retarde; et je le sens, il arrivera un jour, un moment où j'aurai un repentir bien amer d'avoir tant différé. En effet, si je jette les yeux sur le passé, je vois que j'aurais été trop heureuse que le terme de ma vie fût venu le mercredi premier juin. Mon Dieu! que de douleur, que de maux j'aurais évités! Oui, je frémis, en pensant que je ne puis m'en prendre à vous de tout ce que j'ai souffert depuis ce jour funeste. Que vous fûtes mal inspiré! ma mort n'eût pas été un malheur pour vous ; dans le moment où je vous parle, vous n'en conserveriez aucun souvenir : et au lieu de cet oubli qui vous laisserait jouir du repos et du plaisir, je vous accable de mes maux : je fais peser le poids de ma vie sur votre âme. Ah ! je la connais bien cette âme sensible, forte et vertueuse : elle serait capable de faire un grand sacrifice pour soulager le malheur ; mais il est hors de votre caractère, de le soigner, de l'adoucir, de le calmer. Tout ce qui est de suite, vous est impossible ; votre cœur est passionné, mais il ne connaît pas la tendresse. La passion ne va que par soubresauts : elle a des actes, des mouvements ; la tendresse a des soins, elle aide, elle console ; elle aurait écrit tous les courriers, parce qu'elle se serait occupée des besoins d'une âme souffrante. Non, je ne vous fais point de reproches, ils sont inutiles ou affligeants. Eh ! combien je serais désolée de vous donner un moment de peine ! Mon ami, j'avais besoin de savoir si votre fièvre n'était point revenue ; et si celle de mademoiselle votre sœur s'était calmée. En vous écrivant la dernière fois, j'avais le délire, je crois : j'eus une fièvre ardente toute la nuit, elle m'a quittée, et en me quittant elle a effacé l'image qui me dérobait tout autre objet, mais je ne conçois pas pourquoi elle portait l'effroi dans mon âme. Ah ! si je pouvais cependant racheter sa vie pour une heure seulement ! il n'y a point de supplice que je n'eusse la force de braver ; et je dirais : *La mort et les enfers paraissent devant moi : Ramire, avec transport j'y descendrais pour toi.* Mais, mon ami, ce n'est point tout cela que je voulais vous dire : je suis troublée, je ne puis continuer. Adieu.

Samedi, à minuit.

Avant tout, je veux vous dire que votre encre est blanche comme le papier, et aujourd'hui cela m'a vraiment impatientée. Je m'étais fait apporter votre lettre chez M. Turgot, où je dînais avec vingt personnes; on me l'a remise à table, j'avais à côté de moi l'archevêque d'Aix, et de l'autre côté, le curieux abbé M.... J'ai ouvert ma lettre sous la table, et à peine pouvais-je voir qu'il y avait du noir sur du blanc, et l'abbé faisait la même remarque. Madame de Boufflers, qui était auprès de l'archevêque d'Aix, demandait ce qui m'occupait. « Souvenez-vous du lieu où » nous sommes, et vous serez au fait de ce que je lis. — Un » mémoire sans doute pour M. Turgot? — Et oui justement, » Madame, et je veux le lire avant que de le lui donner. » Et en effet, avant que de rentrer dans le cabinet, j'avais lu votre lettre, et j'y vais répondre; mais ce sera à la hâte, parce que je meurs de fatigue du tour de force que j'ai fait aujourd'hui. J'ai vu cent personnes : et comme votre lettre m'avait fait du bien à l'âme, j'ai parlé, j'ai oublié que j'étais morte, et je me suis vraiment éteinte. A la vérité, j'ai eu de *grands succès*, parce que j'ai bien fait valoir les agréments et l'esprit des personnes avec qui j'étais; et c'est à vous, mon ami, à qui ils ont dû ce passe-temps si doux pour leur amour-propre. Le mien ne s'enivre point de vos louanges : je vous répondrai comme Couci : *Aimez-moi, prince, au lieu de me louer.*

Mon ami, gardez-vous à jamais d'avoir la bonté de prendre le soin de faire valoir mon bien, de faire l'étalage de mes richesses : jamais je ne me suis trouvée si pauvre, si ruinée, si misérable ; en appréciant ce que j'ai, en me faisant voir mes ressources, vous me démontrez que tout est perdu. Il ne me reste plus qu'un moyen, et il y a longtemps que je le pressens, que je le crois même nécessaire : c'est de faire une banqueroute sèche ; mais je me conduis comme cela se pratique ; je diffère, je remets, je me berce d'espérances, de chimères ; je les juge telles, et cela cependant me soutient un peu : mais vous détruisez tout par l'horrible énumération que vous me faites. Ah ! quel déplorable inventaire ! si tout autre que vous s'était avisé de vouloir me consoler, et me rattacher à la vie par ces désespérantes consolations, j'aurais répondu comme Agnès : *Horace avec un mot me fera plus que vous ;* et c'est Horace qui me parle ! Oh ! mon ami, mon âme en reste abîmée. Que n'inventez-vous point pour me tourmenter ! Je serai, dites-vous, garantie, soutenue, défendue, etc., etc. Eh bien, je n'ai rien été de tout cela ; si vous mettiez votre estime à ce prix, je n'y prétends plus ; j'ai été inconséquente, faible, malheureuse, bien malheureuse. J'ai craint pour vous, et j'ai été égarée ; j'ai eu tort sans doute, et c'est un mal de plus que de le reconnaître. Je n'ai pas un mouvement, je ne vous dis pas un mot qui ne me causent un regret ou un repentir. Mon ami, je devrais vous haïr. Hélas ! qu'il y a longtemps que je ne sais plus ce que je dois, ce que je veux ! je me hais, je me condamne, et je vous aime.

LETTRE LVIII.

Ce dimanche au soir, 9 octobre 1774.

Mon ami, j'ai relu votre lettre deux fois ; et l'impression

totale que j'en reçois, c'est que vous êtes bien aimable, et qu'il est bien plus aisé de ne point vous aimer du tout, que de vous aimer modérément. Faites le commentaire de cela, non pas avec votre esprit ; ce n'est pas à lui que je parle. — Mon ami, si je voulais, je m'arrêterais à quelques mots de votre lettre, ils m'ont fait mal. *Ah! tout agite une âme aux maux accoutumée.* Du moins, si je pouvais dire comme Bayard : *Si mon ami m'afflige, il essuiera mes larmes!* Vous me parlez de mon courage, de mes ressources, de l'emploi de mon temps, de celui de mon âme, de manière à me faire mourir de honte et de regret de vous avoir laissé voir toute ma faiblesse : eh bien! elle était dans mon âme, et aucun de ses mouvements ne peut plus vous être caché. Quand elle a été animée par la haine, je vous l'ai bien fait voir ; est-ce donc que je ne pouvais me permettre que de haïr? Mon ami, en relisant la récapitulation que vous me faites de tout ce qu'il y a au monde qui puisse m'empêcher de me perdre, j'ai fini par en rire, parce que cela m'a rappelé un mot du président Hénault, qui est joli. Dans une certaine époque de sa vie, il crut que, pour ajouter à sa considération, il fallait qu'il devînt dévôt : il fit une confession générale, et il manda après à M. d'Argenson, son ami : *Jamais on ne se trouve si riche que lorsqu'on déménage.* Mon ami, vous m'avez fait éprouver le sentiment contraire, mon cœur en a tressailli, et j'aurais pu dire : *Ciel! je reste seule en l'univers entier.* Mon ami, je vous cite à vous-même : vous m'êtes plus présent que Racine, et il me semble que mon sentiment prend de la force en employant vos expressions ; mais j'ai mille riens à vous dire : il faut détourner ma pensée d'un intérêt aussi triste que profond. — Je dînerai demain chez la duchesse d'Anville. Mon ami, j'aime cette maison : c'en est une de plus où je pourrai vous voir : vous vivrez pour ce que vous aimez et pour le monde tous les soirs; mais ne dînerez-vous pas souvent avec moi? Cela vous fera vivre dans la société des gens qui sont le plus à votre ton. Les bêtes et les sots ne se mettent guère en mouvement que sur les cinq ou six heures; c'est alors que je reviens au coin de mon feu : j'y trouve presque toujours, sinon ce que j'aurais choisi, du moins ce que je n'éviterais pas. — Comment ne vous ai-je pas encore dit que je suis pressée, sollicitée d'aller rétablir ma santé chez milord Shelburne? C'est un homme d'esprit; c'est le chef du parti de l'opposition; c'était l'ami de Sterne : il adore ses ouvrages. Voyez s'il ne doit pas avoir le plus grand attrait pour moi, et si je ne dois pas être fort ébranlée par sa prière obligeante. Convenez que, si vous aviez su cette bonne fortune, vous ne l'auriez pas omise dans mon pompeux *inventaire*. — Oui, M. de Condorcet est chez madame sa mère : il travaille dix heures par jour. Il a vingt correspondances, dix amis intimes; et chacun d'eux, sans fatuité, pourrait se croire son premier objet; jamais, jamais on n'a eu tant d'existence, tant de moyens et tant de félicité. — Mais voilà que je me rappelle que vous ne m'avez pas dit un mot de M. le duc de Choiseul; est-ce que votre séjour à Chanteloup n'a pas même fait trace sur la route! Hé bien! voilà où il en est à Paris : le public lui échappe absolument; et il me semble que ce qui peut lui arriver de mieux à présent, c'est de rester dans cet oubli : car il ne gagnerait rien aux comparaisons, aux rapprochements. Nous aurions pu lui devoir, il y a dix ans, M. Turgot, et il avait choisi les Laverdy, les Maupeou, les Terrai, etc. — Votre lettre à M. d'Alembert est excellente; et comme nous sommes très-communicatifs, nous l'avons donnée ce soir même à M. de Vaines, qui en était charmé, et qui a voulu la faire voir à celui qui pouvait en jouir sans que cela pût alarmer sa modestie. — Ah, mon Dieu! vouloir vous faire une *malhonnêteté* à vous, à qui il n'a pas répondu, parce qu'il voulait avoir le plaisir de vous répondre de sa main! Mon ami, les gens vertueux ne peuvent pas être insolents, et ils chérissent le mérite et les talents. — Vous ne devineriez jamais ce qui m'occupe; ce que je désire, c'est de marier *un de mes amis*. Je voudrais qu'une idée qui m'est venue, pût réussir : l'archevêque de Toulouse pourrait servir beaucoup au succès de cette affaire. C'est une jeune personne de seize ans, qui n'a qu'une mère et point de père; on lui donnera, en la mariant, 15,000 liv. de rente; sa mère la logera, la gardera bien longtemps, parce que son fils est un enfant. Cette fille ne peut pas avoir moins de 600,000 francs, et elle pourrait être beaucoup plus riche : cela vous conviendrait-il, mon ami? Dites, et nous agirons, et nous n'aurions point de dégoûts, parce que l'archevêque de Toulouse a autant d'adresse que d'honnêteté. Nous causerons de tout cela; et si cela ne réussit pas, je connais un homme qui serait bien heureux de vous avoir pour gendre : mais sa fille n'a que onze ans; elle est unique, et elle sera bien riche. Mon ami, je voudrais par-dessus tout votre bonheur : et le moyen de vous le procurer deviendrait le premier intérêt de ma vie. Il fut un temps où mon âme n'aurait pas été si généreuse; mais elle répondait à quelqu'un qui aurait rejeté avec horreur l'empire du monde. Quel souvenir, mon Dieu! qu'il est doux et cruel! Bonsoir, mon ami. Si j'ai, comme je l'espère, de vos nouvelles demain, j'ajouterai encore à ce volume. Depuis deux jours j'ai moins souffert. Je suis à deux ailes de poulet par jour; et si ce régime ne me réussit pas plus que le reste, je me mettrai au lait pour toute nourriture.

Toujours dimanche, 9 octobre 1774.

Cet adieu était bien prompt, bien brusque ; et vous comprenez bien qu'il me reste mille choses à vous dire : car si je ne me trompe, c'est la dernière fois que je vous écris. Je saurai à quoi m'en tenir demain : j'aurai de vos nouvelles, mon ami : ce n'est pas à mon désir que je me fie, mais c'est à votre bonté. Vous me dites bien que vous allez à votre légion ; vous m'avez écrit deux fois le nom du lieu où elle est : mais, grâce à la beauté de l'écriture, je n'en sais rien, je lis *Livourne*, et à coup sûr ce n'est pas là où vous allez. Mon ami, écrivez-moi de partout : vous avez à me dédommager de la privation où je serai de vous écrire. Je ne me tiens pas pour assurée que vous soyez parti aujourd'hui. Comment pourriez-vous refuser madame votre mère, surtout si elle n'est pas en convalescence? et on est encore bien malade lorsqu'on a la fièvre. Enfin, j'espère que vous n'avez point de tort, et que je vous verrai dans quinze jours. Quinze jours ! c'est un terme bien long, j'en ai vu un plus près. Ah ! je frémis ! quel souvenir affreux ! il empoisonne jusqu'à l'espérance. Ah ! mon Dieu ! et c'est vous qui aviez troublé, renversé le bonheur de cette âme si tendre et si passionnée ! c'est vous qui nous aviez condamnés à un malheur affreux, et c'est vous que j'aime ! Oui, on hait le mal qu'on fait, et on est entraîné. Je serais morte de douleur, et je suis destinée à en vivre, à languir, à gémir, à vous craindre, à vous aimer, à maudire sans cesse la vie, et à en chérir quelques instants. — On m'a interrompue, on est venu me proposer d'aller chez *Duplessis*. C'est un peintre de portrait, qui sera à côté de Van-Dick ; je ne sais si vous avez vu l'abbé Arnaud peint par lui. Mais, mon ami, ce qu'il faudra voir, c'est *Gluck;* c'est à un degré de vérité et de perfection qui est mieux et plus que la nature. Il y avait là dix têtes toutes de caractères différents; je n'ai jamais rien vu de beau et de vrai à ce point-là. M. d'Argental y est venu : il nous a fait voir une lettre qu'il venait de recevoir de M. de Voltaire; je l'ai trouvée si bonne, le ton en est si doux, si naturel, on est si près de lui en le lisant, que, sans songer si cela était indiscret ou non, j'ai demandé cette lettre. J'ai demandé d'en prendre une copie, dans ce moment on la fait, et mon ami la lira; et cette pensée est au bout de tout ce que je sens. Mon ami, je me répéterais et je dirais comme Sterne à Lisette : *Votre plaisir est le premier besoin de mon cœur.* — Mon Dieu! oui il est difficile de commencer une lettre, quand c'est avec de l'esprit qu'on fait du sentiment. Mais cependant il faut écrire à madame de Boufflers. Elle ne m'a pas seulement dit votre nom; je n'en suis pas fâchée : mais comment ne saisit-on pas toutes les occasions de parler de ce qui plaît? Il y a un certain degré d'affection qui gêne : c'est celui-là qui m'a empêchée de lui parler de vous; mais elle n'a jamais senti cet embarras, j'en suis bien sûre : elle n'a que faire d'aimer, elle est si aimable! — Mon ami, je me connais si bien, que je serais tentée de croire que vous vous moquez de moi, lorsque vous me parlez de mes succès dans le monde. Oh, mon Dieu! il y a huit ans que j'en suis retirée du monde; du moment que j'ai aimé, j'aurais eu du dégoût pour les succès, A-t-on besoin de plaire, quand on est aimée? Reste-t-il un mouvement, un désir qui n'aient pour objet la personne qu'on aime, et pour qui on voudrait vivre exclusivement? Mon ami, vous n'en voulez pas tant, n'est-ce pas?

LETTRE LIX.

Lundi, après l'arrivée du facteur, 1774.

Point de lettre ! en vérité, si j'avais plus de confiance en votre amitié, je me vengerais en ne vous écrivant pas non plus. Mon Dieu ! comment peut-on avoir cette négligence, cet oubli pour ce qui nous aime ? Comment est-on assez occupé, ou dissipé pour ne pas mettre en première ligne le plaisir de soulager ce qui souffre ? Enfin, comment répare-t-on un mal sensible, profond, et dont rien ne peut distraire ? Je serai jusqu'à samedi avec cette pensée ; cette douleur pèsera sur mon âme, elle me donnera alternativement des regrets et des remords. Mais que vous importe tout cela ? ce ne sont pas mes lettres que vous attendez ; ce n'est pas mon repos qui vous occupe. Eh bien ! que ce soit ce qu'il vous plaira : ce n'est pas de vous que je suis mécontente ; c'est de moi, ce n'est que de moi. Oui, mon ami, je vous pardonne, je vous aime ; vous m'avez fait mal, mais vous me guérirez.

LETTRE LX.

Vendredi au soir, 14 octobre 1774.

Mon ami, je sors d'*Orphée* : il a amolli, il a calmé mon âme. J'ai répandu des larmes, mais elles étaient sans amertume : ma douleur était douce, mes regrets étaient mêlés de votre souvenir; ma pensée s'y arrêtait sans remords. Je pleurais ce que j'ai perdu, et je vous aimais; mon cœur suffisait à tout. Oh! quel art charmant! quel art divin! La musique a été inventée par un homme sensible, qui avait à consoler des malheureux : quel baume bienfaisant que ces sons enchanteurs! Mon ami, dans les maux incurables, il ne faut chercher que des calmants; et il n'y en a que de trois espèces pour mon cœur, dans la nature entière : vous, d'abord, mon ami, vous le plus efficace de tous, vous qui m'enlevez à ma douleur, qui faites pénétrer dans mon âme une sorte d'ivresse qui m'ôte la faculté de me souvenir et de prévoir. Après ce premier de tous les biens, ce que je chéris comme le soutien et la ressource du désespoir, c'est l'opium : il ne m'est pas cher d'une manière sensible, mais il m'est nécessaire. Enfin ce qui m'est agréable, ce qui charme mes maux, c'est la musique : elle répand dans mon sang, dans tout ce qui m'anime une douceur et une sensibilité si délicieuses, que je dirais presque qu'elle me fait jouir de mes regrets et de mon malheur; et cela est si vrai, que, dans les temps les plus heureux de ma vie, la musique n'avait pas pour moi un tel prix. Mon ami, avant votre départ, je n'avais point été à *Orphée;* je n'en avais pas eu besoin : je vous voyais, je vous avais vu, je vous attendais, cela remplissait tout; mais dans le vide où je suis tombée, dans les différents accès de désespoir qui ont agité et bouleversé mon âme, je me suis aidée de toutes mes ressources. Qu'elles sont faibles! qu'elles sont impuissantes contre le poison qui consume ma vie! Mais il faut vous détourner de moi, et vous parler de vous, je n'aurai pas changé d'objet. — M. Turgot vous a écrit : il a réparé : car il vous a prié de le servir, et je suis bien sûre que c'est ainsi que vous l'aurez senti. M. de Vaines me disait hier : « Faites donc revenir M. de G... ; il nous » éclairera ; il nous sera utile sur des choses que nous igno-» rons, et dont nous avons besoin. » Hélas ! jugez-moi, jugez de ma disposition : il est question du premier, du seul intérêt de ma vie ; je n'ose avoir un sentiment arrêté, *et mes plus doux souhaits sont pleins de repentir.* Oui, la vertu dirait : Venez, arrivez et je meurs. Mais, mon ami, une voix plus forte, plus profonde, plus intime me crie : En le voyant la vie sera un bien ; le malheur deviendra supportable ; et si cette pensée était encore une erreur, si je me faisais illusion, ce serait du moins la dernière. — Je vous écrivis un billet à la hâte, au moment où je venais d'apprendre que je n'avais pas de lettre de vous ; j'en étais aussi irritée qu'affligée, et je ne sais si je vous l'ai exprimé : car j'étais si pressée que je ne pouvais former mes lettres. Le duc de La Rochefoucauld m'attendait pour aller dîner chez lui ; j'y trouvai le comte de***, et, son premier mot fut : Vous avez fait ma commission, je viens de recevoir une lettre de M. de G...., en réponse à la vôtre. Je fus charmée, c'était savoir de vos nouvelles, mais ma lettre était à la poste : ainsi vous aurez vu tout mon ressentiment. Le comte de*** était ce soir à l'Opéra ; il vint me voir dans ma loge, il me parla beaucoup de ses affaires. Une grande fortune est une grande charge : il a des procès ; le voilà occupé sans relâche d'une foule d'objets dont il résulte pour lui plus de profit que de gloire. Eh ! non, le bonheur n'est point dans les grandes richesses ! où donc est-il ? chez quelques érudits bien lourds et bien solitaires ; chez de bons artisans, bien occupés d'un travail lucratif et peu pénible ; chez de bons fermiers qui ont de nombreuses familles bien agissantes, et qui vivent dans une aisance honnête. Tout le reste de la terre fourmille de sots, de stupides ou de fous ; dans cette dernière classe sont tous les malheureux, et je n'y comprends point ceux de Charenton : car le genre de folie qui fait qu'on se croit le Père Éternel, vaut peut-être mieux que la sagesse et le bonheur.

Je vous envoie l'extrait d'une lettre écrite à l'ambassadeur de Suède : vous verrez avec quelle élégance les étrangers parlent français ; croyez qu'il n'y a pas une virgule de changée. — Je lis un mauvais livre sur le théâtre, où il y a une quantité de bonnes choses ; je vous le garde. — Tout le monde est à Fontainebleau, et j'en suis bien aise : j'écrivais souvent sur ma porte comme ce savant : *Ceux qui viennent me voir me font honneur; ceux qui n'y viennent pas me font plaisir.* — M. Marmontel me proposa mercredi de me lire un nouvel opéra comique ; il vint, il y avait douze personnes. Les voilà en cercle, et moi dans le dessein d'écouter le *Vieux Garçon;* c'est le titre de l'ouvrage. Le commencement de la première scène me parut embrouillé, embarrassé. Savez-vous ce que je fis, sans que ma volonté y eût la moindre part ! c'est que je n'en entendis pas un mot : mais cela est si exact, que j'aurais été pendue, plutôt que de dire le nom d'un personnage, ni le sujet de la pièce, et je m'en tirai en disant la vérité : c'est que le temps m'avait paru bien court. Et en effet, je fus réellement étonnée quand j'entendis parler tout le monde. Eh bien ! depuis qu'il m'est impossible d'accorder de l'attention à rien, j'aime les lectures à la folie, cela me laisse libre ; au lieu que dans la conversation, malgré qu'on en ait, on est trop souvent rappelé par les autres. Ah ! ce sont surtout les gens qui donnent des préférences qui sont assommants. Il y a deux hommes qui ont la bonté de faire assez de cas de moi, pour me dire à l'oreille ce qui serait indifférent tout haut : il me faut vraiment de la vertu pour écouter et répondre. Mon ami, vous avez beau dire, je n'aime la conversation que lorsque c'est vous ou le *Chevalier de Chatelux* qui la faites. — A propos, il est bien content de moi : j'ai échauffé ses amis, et les choses sont si bien arrangées, qu'il ne nous faut que la mort d'un des quarante pour qu'il soit reçu à l'Académie. Cela est juste sans doute, mais cela n'était pas sans difficulté : l'intérêt, le plaisir, le désir qu'il mettait à ce triomphe, m'ont animée. Mon Dieu! Fontenelle a raison : il y a des hochets pour tout âge ; il n'y a que le malheur qui soit vieux, et il n'y a que la passion qui soit raisonnable. Mon ami, ce ne sont point là des paradoxes ; pensez-y bien, et vous verrez que cela peut se soutenir. Bonsoir, il est temps de vous laisser respirer : je vous ai écrit sans m'arrêter. Les jours d'Opéra sont mes jours de retraite : j'y suis seule, je rentre chez moi, et ma porte est fermée. — M. d'Alembert a été voir Arlequin : il aime mieux cela qu'Orphée, tout le monde a raison ; et je suis loin de critiquer les divers goûts, tout est bon. Mais, adieu donc ; à demain.

LETTRE LXI.

Samedi, trois heures, après le facteur.

J'ai dîné chez moi pour avoir de vos nouvelles, une heure plutôt ; cela répond à votre dernière question, *si vous n'avez rien perdu*. Mais, mon ami, vous m'affligez vraiment en ne me disant seulement pas un mot sur ce que vous ne m'avez pas écrit le dernier courrier : vous aviez pourtant à me répondre. Mais comme vous sentez bien que vous avez eu tort, vous voulez m'en détourner, en me promettant de mieux faire à l'avenir : vous serez bien aimable, mon ami, je vous en remercie d'avance. Je n'ose pas désirer votre retour ; mais je compte les jours de votre absence. Mon Dieu ! qu'ils sont lents ! qu'ils sont longs ! qu'ils pèsent sur mon âme ! qu'il est difficile, qu'il est même impossible de se distraire un moment du besoin de l'âme ! Les livres, la société, l'amitié, et enfin toutes les ressources imaginables ne servent qu'à faire mieux sentir le prix et le pouvoir de ce qui vous manque. Je ne réponds pas, mais je suis pénétrée jusqu'au fond du cœur de ce que vous me dites sur M. de Mora. M. d'Alembert a écrit à M. de Fuentes ; il a écrit de son seul mouvement, et en me lisant cette lettre il pleurait et me faisait fondre en larmes. Mon Dieu ! cette pensée me déchire ! — Mon ami, je veux m'occuper de vous, et vous justifier le mouvement qui m'a fait brûler vos lettres : je comptais ne pas survivre vingt-quatre heures à ce sacrifice ; et dans ce moment, mon sang, mon cœur étaient glacés par le désespoir : je n'ai senti la perte que j'avais faite que plus de six jours après. Ah ! vingt fois, cent fois j'ai regretté d'avoir brûlé ce que vous aviez écrit : rien ne peut réparer cette perte, et j'en suis désolée. — Oui, M. Turgot travaille aux corvées. Bonjour, mon ami ; n'êtes-vous pas las de lire ce griffonnage ?

LETTRE LXII.

Dimanche soir, 16 octobre 1774.

Mon ami, je n'ai point répondu hier à votre charmante lettre, et je ne répondrai jamais *à mon gré* à ce que vous me dites sur M. de Fuentes. Eh! mon Dieu! où trouver des expressions qui rendent un sentiment tout nouveau pour mon âme? Ah! vous m'avez pénétrée de la plus tendre, de la plus vive reconnaissance; oui, il me semble que jamais je n'en ai dû autant à personne : en effet, votre mouvement, votre sentiment sont nobles et élevés comme la vertu ; pourquoi donc ne mettrai-je pas mon bonheur à les adorer? Je ne sais de quelle nature est mon sentiment : mais c'est vous qui en êtes l'objet; et il y a des instants où je suis toute prête à m'écrier : *Énée est dans mon cœur, les remords n'y sont plus.* Hélas! je n'ose prononcer ces mots : je le sens, on ne saurait tromper sa conscience; quel trouble s'élève en moi! que je suis malheureuse! Mon ami, croyez-vous qu'il soit possible que la paix puisse rentrer dans mon âme en vous aimant ; ou bien, croyez-vous possible que je puisse vivre sans vous aimer? C'est à vous que je demande compte de moi : je ne me connais plus ; avec un mot, vous changez la disposition de mon âme. Je ne sais si cela vient de ce que je suis affaiblie par la douleur, ou bien si c'est que mon sentiment s'est fortifié par le soin que j'ai mis à le combattre et à le détruire. Si cela est, convenez que je dois avoir une grande opinion de moi. Ah! mon Dieu! que la passion m'est naturelle, et que la raison m'est étrangère ! Mon ami, jamais on ne s'est fait voir avec cet abandon; mais comment pourrais-je vous cacher mes plus secrètes pensées ? elles sont remplies de vous; et comment pourrais-je vivre si j'avais à me reprocher d'usurper votre estime ou votre opinion ? Non, mon ami ; voyez-moi telle que je suis, et accordez-moi, non pas ce que je mérite, mais ce qu'il faut pour m'empêcher de mourir de douleur, ou pour m'en donner le courage : car je ne sais encore ce que je préfèrerais de vous devoir, la mort ou la vie. L'une et l'autre tiennent à vous ; et de quelque manière que vous en décidiez, je vous rendrai grâce. — Mon ami, avez-vous bien senti la force de ces mots : *Et mon plus grand malheur serait de vous refroidir. Vous vouliez diminuer mon tourment*, etc. Ah ! ciel ! quel moyen vous employez ! Mais je ne reviens point sur le passé : j'espère que vous ne me tromperez plus ; si je ne suis pas ce que vous aimez le mieux, je verrai du moins dans votre âme la place que vous m'y laissez, et je m'engage à ne jamais prétendre qu'à celle que vous me donnerez. — J'ai encore été ce soir à *Orphée ;* mais j'y étais avec madame la duchesse de Chatillon : il est vrai que j'aurais bien mauvaise opinion de moi, si je ne l'aimais pas : elle exige si peu, et elle donne tant !

Lundi matin.

Comment mettez-vous en question si vous auriez dû me laisser ignorer que vous aviez la fièvre ? Oh, mon ami ! ce n'est pas moi qu'il faut ménager : je vous aime trop pour ne pas préférer à tout de souffrir avec vous et par vous. Toutes ces gens qui se ménagent ne s'aiment guère ; il y a bien loin entre les sentiments qu'on se commande et ceux qui nous commandent : les premiers sont parfaits et je les abhorre. Si un jour vous deveniez parfait comme madame de B***, comme le froid Grandisson, mon ami, je vous admirerais ; mais je serais radicalement guérie. — Je suis interrompue par madame de Ch...... — Elle me demande d'écrire à la suite de ceci ; je lui offre du papier et de l'encre. Mais ma lettre.... — Cela n'est pas possible ! Pardonnez-le-moi, mon ami.

Lundi, après le facteur.

Vous avez été alarmé, vous êtes encore triste. Mon Dieu ! que je souffre de tout ce qui vous a fait souffrir, et que je suis désolée d'avoir ajouté de l'inquiétude à votre disposition ! Oui, je suis coupable, je suis faible, je me condamne, je me hais ; mais ce n'est pas réparer le mal que je vous ai fait. Vous avez vu, le courrier d'après, que cette fièvre n'était que la suite de l'état violent où était mon âme : ma machine n'est plus assez forte pour en supporter les secousses. Mon ami, ne me plaignez jamais ; dites-vous : elle est folle, et cette pensée vous calmera, et si vous ne souffrez pas, je serai heureuse. Mais j'espère que vous me direz avec soin et avec détail des nouvelles de vos malades. Il est affreux de connaître la crainte pour ce qu'on aime ; cette espèce de tourment est au-dessus de ma raison et de mes forces. Mon Dieu ! oui, il faut rester avec vos parents : votre départ sera un grand mal pour eux, et il faut leur épargner tout le temps qu'ils auront à s'occuper de leur santé. Dans cet état, tout ce qui excite la sensibilité, devient douleur. Mais je n'ai rien à vous dire, vous voyez mieux que moi, et vous sentez mieux que moi, et vous sentez avec plus de délicatesse. Mon ami, je suis presque mécontente de ce que vous ne trouvez pas de la douceur à me faire partager votre disposition, surtout lorsqu'elle vous est pénible ; c'est alors que je voudrais que vous dissiez, dans un sens contraire, ce que disait Montaigne : *il me semble que je lui dérobe sa part.* Oui, mon ami, il ne devrait plus vous être libre de souffrir seul. Hélas ! je suis si fort au ton de tout ce qui souffre, c'est si fort me parler ma langue, qu'il me semble qu'il n'est pas même nécessaire de compter sur mon affection pour trouver de la douceur à se plaindre à moi. Adieu, mon ami. Je comptais vous dire mille riens, mais votre tristesse m'en ôte la force ; j'ai beau me dire : sa disposition ne sera plus la même ; mais celle où il était m'a gagnée, elle ne changera que lorsqu'il voudra. Ah ! quel ascendant ! quelle force ! quelle puissance ! cela agirait à mille lieues. Je vous le disais, ce sentiment que je n'ose nommer, est la seule chose que les hommes n'ont pu gâter. Mon ami, s'il était perdu sur la terre, dites-vous bien tant que je vivrai, que vous savez où il vit, où il règne avec plus d'énergie qu'il n'appartient à une Française d'en avoir.

LETTRE LXIII.

Vendredi au soir, 21 octobre 1774.

Mon ami, que le temps s'écoule lentement ! depuis lundi j'en suis assommée ; et il n'y a rien que je n'aie tenté pour tromper mon impatience. J'ai toujours été en mouvement : j'ai été partout, j'ai tout vu, et je n'ai eu qu'une pensée ; pour une âme malade la nature n'a qu'une couleur : tous les objets sont couverts de crêpe. Dites-moi : Comment fait-on pour se distraire, comment fait-on pour se consoler ? Ah ! c'est de vous seul que je puis apprendre à supporter la vie. Vous seul pouvez y répandre encore ce charme mêlé de douleur qui fait chérir et détester tour-à-tour l'existence. — Mon ami, j'aurai une lettre de vous demain ; il n'y a que cet espoir qui me donne la force de m'écrire ce soir. Vous me direz si vous êtes rassuré sur la santé de ce qui vous est cher ; vous me parlerez, peut-être, de votre retour : en un mot, vous me parlerez ; et si vous saviez combien je me sens dénuée, abandonnée, lorsque je ne sais rien de vous ! Ah ! que cette petite lettre était courte, qu'elle était triste, qu'elle était froide ! Il me semble qu'en me disant que vous aviez été inquiet et même alarmé, vous ne me disiez pas tout ! Qu'aviez-vous donc ? me cacheriez-vous votre cœur ? voudriez-vous encore déchirer le mien ? Ne m'avez-vous pas dit que vous me diriez tout : que vous auriez une confiance sans réserve, que j'étais votre amie ; que votre âme s'épancherait dans la mienne ; que vous me feriez vivre de tous vos mouvements ; que ce qui pourrait blesser mon cœur ne me serait pas inconnu ? Ah ! mon ami, connaissez-moi bien : voyez ce que je suis pour vous ; et d'après cette connaissance, je vous réponds qu'il vous sera impossible de concevoir le projet de me tromper, ni même de me cacher rien.

Samedi matin.

Je vous quittai hier par ménagement pour vous : j'étais si triste! je venais d'*Orphée*. Cette musique me rend folle : elle m'entraîne ; je ne puis plus manquer un jour : mon âme est avide de cette espèce de douleur. Ah ! mon Dieu ! que je suis peu au ton de tout ce qui m'entoure ! et cependant jamais on n'a dû chérir autant l'amitié : mes amis sont d'excellentes gens ; leurs soins, leur intérêt ne se lassent point, et je suis à comprendre ce qu'ils peuvent trouver en moi qui les attache. C'est mon malheur, c'est mon trouble, c'est ce que je dis, c'est ce que je ne dis point qui les anime, et les échauffe. Oui, je le vois : les âmes honnêtes et sensibles aiment les malheureux ; ils ont une sorte d'attrait qui occupe et exerce l'âme : on aime à se trouver sensible ; et les maux des autres ont cette juste mesure qui fait compatir sans souffrir. Eh bien ! je leur promets cette jouissance tout le temps qui me reste à vivre. — Mon ami, je voulais vous dire la dernière fois que vous devriez loger dans le même hôtel garni que le chevalier d'Aguesseau : cela vous épargnerait la peine de vous aller chercher réciproquement : cela vous serait commode, et je serais assurée que vous ne quitteriez pas mon quartier. Oui, c'est toujours l'intérêt personnel qui couvre tout, qui anime tout ; et les sots ou les esprits faux qui ont attaqué Helvétius, n'avaient sans doute jamais aimé, ni réfléchi. Ah ! bon Dieu ! que de gens qui vivent et meurent sans avoir senti l'un, ni connu l'autre ! C'est tant mieux pour eux, et tant pis pour nous ; oui, tant pis : car je ne puis pas vous exprimer le dégoût, le redoublement de dégoût que je me sens, je ne dis pas seulement pour les sots, mais pour ces gens qui sont si bien à ma mesure, que je prévois tout ce qu'ils vont dire lorsqu'ils ouvrent la bouche! Ah, je suis bien malade! je ne puis plus souffrir les gens qui me ressemblent : tout ce qui n'est qu'à côté de moi, me paraît trop petit; il me faut faire lever les yeux pour regarder, sans quoi je me fatigue et m'ennuie. Mon ami, la société ne me présente plus que deux intérêts : il faut que j'aime, ou qu'on m'éclaire. De l'esprit n'est point assez; il faut beaucoup d'esprit : c'est vous dire que je n'écoute plus que cinq ou six personnes, et que je ne lis plus que six ou sept livres. Cependant il y a plus de gens que cela qui ont des droits sur moi : mais c'est par le sentiment et la confiance; et cela ne change rien à la disposition où je suis pour le général. Voici le résultat : ce qui est moins que moi m'éteint et m'assomme; ce qui est à côté de moi m'ennuie et me fatigue. Il n'y a que ce qui est au-dessus de moi, qui me soutienne et m'arrache à moi-même, et je dirai toujours comme cet ancien : *Mes amis, sauvez-moi de moi-même.* Tout cela prouve que la vanité est bien éteinte en moi, mais qu'elle est remplacée par un dégoût universel et mortel. La comtesse de Boufflers n'en est pas là; aussi est-elle bien aimable. Je l'ai vue beaucoup cette semaine, elle vint dîner chez madame Geoffrin mercredi; elle fut charmante; elle ne dit pas un mot qui ne fût un paradoxe. Elle fut attaquée, et elle se défendit avec tant d'esprit, que ses erreurs valaient presqu'autant que la vérité. Par exemple, elle trouve que c'est un grand malheur que d'être ambassadeur, il n'importe de quel pays, ni chez quelle nation; cela ne lui paraît qu'un exil affreux, etc., etc. Et puis elle nous dit que dans le temps où elle aimait le mieux l'Angleterre, elle n'aurait consenti à s'y fixer, qu'à la condition qu'elle y aurait amené

avec elle vingt-quatre ou vingt-cinq de ses amis intimes, et soixante à quatre-vingts autres personnes qui lui étaient absolument nécessaires ; et c'était avec beaucoup de sérieux, et surtout beaucoup de sensibilité qu'elle nous apprenait le besoin de son âme. Ce que j'aurais voulu que vous vissiez, c'est l'étonnement qu'elle causait à milord Shelburne. Il est simple, naturel ; il a de l'âme, de la force : il n'a de goût et d'attrait que pour ce qui lui ressemble, au moins par le naturel. — Il a été voir M. de Malesherbes ; il est revenu enchanté. Il me disait : « J'ai vu pour la première fois de ma vie ce que je ne croyais pas qui pût exister. C'est un homme dont l'âme est absolument exempte de crainte et d'espérance, et qui cependant est pleine de vie et de chaleur. Rien dans la nature ne peut troubler sa paix ; rien ne lui est nécessaire, et il s'intéresse vivement à tout ce qui est bon ; » en un mot, a-t-il ajouté : « J'ai
» beaucoup voyagé, et je n'ai jamais rapporté un sentiment
» aussi profond. Si je fais quelque chose de bien dans tout
» le temps qui me reste à vivre, je suis sûr que le souvenir
» de M. de Malesherbes animera mon âme. » Mon ami, voilà un bel éloge ; et celui qui le fait est à coup sûr un homme intéressant. Je le trouve bien heureux d'être né anglais ; je l'ai beaucoup vu, je l'ai écouté celui-là : il a de l'esprit, de la chaleur, de l'élévation. Il me rappelait un peu les deux hommes du monde que j'ai aimés, et pour qui je voudrais vivre ou mourir. Il s'en va dans huit jours, et j'en suis bien aise : il est cause que par des arrangements de société, j'ai dîné tous les jours avec quinze personnes, et cela me fatigue encore plus qu'il ne m'intéresse. Il me faut du repos ; ma machine est détruite. Bonjour, mon ami, j'attends la poste ; voilà ce qui m'est nécessaire.

LETTRE LXIV.

Samedi, après le facteur, 22 octobre 1774.

Mon Dieu! que je suis troublée et affligée de ce que vous m'apprenez! je crois tout ce que je crains; jugez si je partage ce que vous souffrez. Ah! c'est à présent que l'éloignement m'est absolument insupportable. Mon ami, vos maux sont les miens; et il m'est affreux de ne pouvoir pas vous soulager. Si j'étais avec vous, il me semble que je m'emparerais si bien de toutes vos craintes, de tout ce qui vous fait trembler, qu'il ne vous resterait que ce qu'il me serait impossible de ne pas vous ôter. Ah! partager ne serait pas assez. Je souffrirais par vous, pour vous; et avec cette tendresse et cette passion, il n'y a point de douleur qui ne soit adoucie, et point d'alarme qui ne soit calmée. Mon Dieu, que je suis malheureuse! le seul moment de ma vie où mon affection eût pu vous faire du bien, je suis condamnée à vous être inutile. Tout ce qui vous aime, vous dira, comme moi, mieux que moi sans doute : je suis trop près de vous pour exprimer ce que je sens. Y a-t il donc des mots pour rendre tous les mouvements d'une âme souffrante, d'une âme frappée de terreur, à qui le malheur a interdit toute espérance? Mon ami, dans cet état qui est le mien, on ne peut s'expliquer et s'exprimer que par ces mots : *Je vous aime.* Ah! s'ils pouvaient passer dans votre âme comme je les sens! Oui, quel que soit votre malheur, vous éprouveriez le sentiment le plus doux. C'est à présent que j'ai un regret mortel à ce qui vous manque d'affection pour moi : mon ami, nous en ferions de la consolation ; le remède serait à côté du mal. Ah ! quand on est malheureux, c'est alors qu'il est affreux de n'aimer que faiblement ; car c'est en nous que nous trouvons la véritable force, et rien n'en donne autant que la passion : les sentiments d'un autre nous plaisent, nous touchent ; il n'y a que le nôtre qui nous soutienne. Mais cette ressource manque presqu'à tout le monde : presque tout ce qui existe, n'aime que parce qu'il est aimé. Ah ! mon Dieu ! la pauvre manière ! qu'elle laisse petit et faible ! mais cela ne tient ni à la volonté, ni à la pensée : ainsi il serait aussi insensé de chercher à exciter, que de travailler à étendre. Restons donc ce que nous sommes, jusqu'à ce que la nature, ou je ne sais pas quoi, en ordonne autrement. — Mais vous êtes trop bon, mille fois trop bon de vous occuper de mes maux : souffrir est devenu mon existence ; cependant je suis mieux depuis que je suis au poulet pour unique nourriture : je souffre moins. Adieu, mon ami ; je vous parle de moi, et je ne songe qu'à vous. D'ici à lundi, je serai dans un état violent. Vous m'écrirez, je le crois.

LETTRE LXV.

Dimanche au soir, 23 octobre 1774.

Mon ami, pour me calmer, pour me délivrer d'une pensée qui me fait mal, il faut que je vous parle : j'attends l'heure de la poste de demain avec une impatience que vous seul peut-être pouvez concevoir. Oui, vous m'entendez, si vous ne pouvez me répondre, et c'est quelque chose : il serait sans doute plus doux, plus consolant, d'être en dialogue; mais le monologue est supportable, lorsqu'on peut se dire : je parle seule, et cependant je suis entendue. — Mon ami, je suis dans une disposition physique détestable ; je l'attribue à cette *ciguë* : elle a conservé, je crois, quelque propriété du poison ; je me sens dans une défaillance, dans une angoisse qui m'a fait croire aujourd'hui vingt fois que j'allais perdre connaissance, et dans ce moment même, je suis dans un malaise inexprimable : je sens ce que disait Fontenelle peu de temps avant sa mort, *une grande difficulté d'être*. Mais ce qui anime mon âme, me donne la force de vous parler : car, en vérité, je n'ai pas eu un mouvement ni une parole de la journée. — Je ne sais si je vous ai dit que j'avais vu la femme du comte de...... : sa figure est commune; mais elle a le ton obligeant, et elle a grande envie de plaire : cependant telle qu'elle est, je ne la trouverais pas assez bien pour être la femme de l'homme que j'aime le plus. Mon ami, j'en suis plus sûre que jamais, tout homme qui a du talent, du génie, et qui est appelé à la gloire, ne doit pas se marier. Le mariage est un véritable éteignoir de tout ce qui est grand et qui peut avoir de l'éclat. Si on est assez honnête et assez sensible pour être un bon mari, on n'est plus que cela, et sans doute ce serait bien assez si le bonheur est là. Mais il y a tel homme que la nature a destiné à être grand, et non pas à être heureux. Diderot a dit que la nature en formant un homme de génie, lui secoue le flambeau sur la tête, en lui disant *sois grand homme, et sois malheureux* : voilà, je crois, ce qu'elle a prononcé le jour que vous êtes né. Bonsoir. Je n'en puis plus ; à demain.

Lundi, après le facteur.

Point de lettre ! cela me ferait trembler avec un autre que vous ; mais je me rassure un peu, en me disant qu'il n'est pas en vous d'avoir de la suite et de l'exactitude. J'espère donc que vous n'êtes pas plus malheureux ; je sais seulement que vous n'avez pas eu besoin de me rassurer. Cela est bien naturel ; mais cela est affligeant. Mon ami, je ne vous fais point de reproche : je vous plains seulement, quelle que soit votre situation, que le retour de votre âme ne soit pas pour moi. Adieu. Je suis abattue, et dans un état de faiblesse qui est extraordinaire : il me faut un effort pour tenir ma plume. Je n'attendrai plus de vos nouvelles ; mais j'en désirerai tant que je respirerai.

LETTRE LXVI.

Mardi au soir, 25 octobre 1774.

Ah ! j'ai été injuste ; ce serait un tort avec tout le monde : mais je me le reproche comme un crime avec vous. Pardonnez-moi, mon ami : je devais vous rendre grâce, et je vous ai accusé. Cette pensée me fait mal, comme si j'étais coupable ; cependant c'est la poste qui l'a été, et je le soupçonnais si peu, que, lorsqu'on m'a donné mes lettres aujourd'hui, je ne regardais seulement pas le dessus, tant il m'était égal par où je commencerais ou par où je finirais. Mon ami, à la seconde lettre que j'ai ouverte, j'ai fait un cri : c'était votre écriture ; j'en ai eu un battement de cœur. Si c'est un mal bien douloureux que d'attendre *sans voir venir*, c'est un plaisir bien vif et bien sensible que d'être ainsi surprise. Mon ami, je vous aime à la folie ; tout me l'apprend, tout me le prouve, et souvent bien plus que je ne voudrais. Je vous donne plus que vous ne voulez : vous n'avez pas besoin d'être autant aimé, et moi j'avais besoin de me reposer, c'est-à-dire de mourir. Mais je suis trop personnelle : je vous occupe de moi, tandis que je ne devrais vous parler que du plaisir que j'ai senti en lisant ces mots : *Cela va mieux, cela va bien, je suis tranquille*. Ah ! mon ami, j'ai respiré : il semble que cela m'ait redonné de la vie et de la force ; j'étais anéantie depuis trois jours : on dit que cela tenait aux nerfs, et moi qui en sais un peu plus que mon médecin, je crois que cela tenait à vous. Je suis comme *Lucas*, j'explique tout par mon métier de jardinier. Ah! mon Dieu ! comment puis-je suffire à ce que je sens, à ce que je souffre ? et cependant mon âme n'a que deux sentiments : l'un me consume de douleur, et quand je me livre à celui qui devrait me calmer, je suis poursuivie par le remords, et par un regret plus déchirant encore que les tortures du remords. Encore moi ! que je m'en veux d'y revenir sans cesse ! mais m'en éloignerai-je, en vous disant que j'adore votre sensibilité et votre vérité? Ah! ne me cachez jamais rien : vous gagnez trop à me faire voir tous les mouvements qui vous animent. Mon ami, dans une situation toute pareille à celle où vous venez d'être, mais qui eut des suites plus funestes, M. de Mora me mandait, et presque dans les mêmes expressions, ce que l'agonie de sa mère lui faisait éprouver. La douleur qui le déchirait le plus avait son père pour objet ; et cela était si vrai, qu'il m'attendrissait beaucoup plus sur l'état de M. de Fuentes, que sur la mort de sa femme, qui fut lente et douloureuse. Mon Dieu! je vous l'ai déjà dit : n'ayez jamais la pensée de me ménager, de m'épargner ; croyez que mon sentiment me mène plus loin que vous ne pourrez jamais me faire aller. Mon ami, c'est bien fait de voir la convalescence de madame votre mère si prochaine ; mais, quoi que vous en disiez, vous resterez plus longtemps que vous ne pensez. — Vous ferez sûrement *une étourderie ;* ce sera d'oublier de me dire de ne plus vous écrire, ou de vous écrire sur votre route. Et puis, quand les lettres n'arriveront pas, vous m'accuserez, ou peut-être aurez-vous assez de bonté pour être inquiet ; et cependant un peu de prévoyance aurait évité tout cela.

Le chevalier de Chatelux est actuellement à Chanteloup. Il suffit à tout, et il attache une grande opinion à cette manière de se multiplier à l'infini. Il est si riche et si généreux, qu'il dédaigne de recueillir : il lui suffit de semer ; il ne reçoit rien, il va donnant partout et à tout le monde. Il me disait encore l'autre jour que son plaisir était de faire effet. — M. de Chamfort est arrivé ; je l'ai vu, et nous lirons ces jours-ci son éloge de *La Fontaine*. Il revient des eaux en bonne santé, beaucoup plus riche de gloire et de richesse, et en fonds de quatre amies qui l'aiment, chacune d'elles, comme quatre : ce sont mesdames de Grammont, de Rancé, d'Amblimont, et le comtesse de Choiseul. Cet assortiment est presque aussi bigarré que l'habit d'Arlequin ; mais cela n'en est que plus piquant, plus agréable et plus charmant. Aussi je vous réponds que M. de Chamfort est un jeune homme bien content, et il fait bien de son mieux pour être modeste. — M. Grimm est de retour ; je l'ai accablé de questions. Il peint la czarine, non pas comme une souveraine, mais comme une femme aimable, pleine d'esprit, de saillies, et de tout ce qui peut séduire et charmer. Dans tout ce qu'il me disait je reconnaissais plutôt cet art charmant d'une courtisane grecque, que la dignité et l'éclat de l'impératrice d'un grand empire. Mais il nous revient une autre manière d'un plus grand peintre : c'est Diderot ; il m'a fait dire que je le verrais demain : j'en serai bien aise. Mais dans la disposition où je suis, c'est l'homme du monde que je voudrais le moins voir habituellement : il force l'attention, et c'est assurément ce que je ne puis, ni ne veux accorder de suite à personne au monde. Quand je dis *personne*, vous entendez bien que cela veut dire que je ne veux pas être distraite de celle qui remplit toute ma pensée. Ah ! que cette explication est lourde ! Mais c'est que vous êtes bête : il faut vous annoncer ce qu'on veut vous faire entendre. Mon ami, courage : car je crois, que pour cette fois-ci, vous aurez la rame de papier sans en rabattre une page. Vous remettrez cette lecture au temps où vous serez en voiture ; j'aurai rempli votre chemin, et vous m'y trouverez au bout. — Quoi ? vous croyez réellement que vous serez bien aise de me voir ? Que ce que vous me dites est aimable ! qu'il serait doux, en effet, d'être aimée de vous ! mais mon âme ne pourrait plus atteindre à ce degré de bonheur ; ce serait trop. Quelques instants, quelques éclairs de plaisir, c'est assez pour les malheureux : ils respirent et reprennent courage pour souffrir.

LETTRE LXVII.

Mercredi, octobre 1774.

Je viens de relire votre lettre : il y a un mot qui me ravit, il m'avait échappé : c'est lorsque vous dites : *Je reviens à nos peines.* Mon ami, si je me suis méprise, ne me redressez pas; mais je crains à présent pour vous tant de trouble, si peu de sommeil : ne serez-vous point malade? j'en meurs de crainte. Ah! dites-moi donc sur quelle pensée je pourrais m'arrêter pour respirer en repos : sur le moment de votre arrivée? Non, non, mon ami, il me fait tressaillir, et je n'ose pas même le désirer ; et s'il se retardait, je crois que j'en mourrais. Concevez-vous l'excès de cette inconséquence? Cet excès ne tient pas à un faux raisonnement; mais il vient d'une âme bouleversée par les mouvements les plus contraires, que vous entendrez peut-être, mais que vous ne pouvez pas partager. — Je suis interrompue, et toujours par madame de Ch.... Je commence à croire que la première de toutes les qualités pour se faire aimer, c'est d'être aimant. Non, vous n'imaginez pas tout ce qu'elle invente pour aller jusqu'à mon cœur. Mon ami, si vous m'aimiez comme elle! non, je ne le voudrais pas : me préserve le ciel de connaître deux fois un pareil bonheur!

———

Vendredi, 28 octobre 1774.

Que dites-vous de cette invocation? ne vous paraît-elle pas d'une tête perdue? Mon ami, elle tient à un sentiment honnête. J'ai offensé M. de Mora ; et cependant je trouve une sorte de douceur à penser que lui seul m'aura fait connaître le bonheur ; que ce n'est qu'à lui que je devrai d'avoir senti quelques moments tout le prix que peut avoir la vie. Enfin, quelquefois je me crois moins coupable, parce que je me sens punie ; et vous voyez bien que si j'étais aimée, tout cela serait effacé, renversé. Il faut du moins tenir à la vertu par le remords, et à ce qui m'a aimée, par le regret de l'avoir perdu. Ce regret est bien vif et bien déchirant : il y a peu de jours qu'il m'a causé les convulsions du désespoir. — On m'a forcée d'aller voir *Lekain* dans Tancrède ; je ne l'avais pas vu depuis sa perfection, et je ne m'en souciais point. Enfin j'y fus : les deux premiers actes m'ennuyèrent complètement ; le troisième a beaucoup d'intérêt, et il va toujours en croissant jusqu'à la fin : au cinquième acte il y eut des moments, il y eut des mots qui me firent transporter la scène *à Bordeaux*, et ce n'est pas une manière de parler. Je pensai mourir ! j'en perdis connaissance, et toute la nuit on fut obligé de me garder, parce que j'avais des défaillances continuelles. Je ne pus pas vous en parler les derniers jours : j'étais trop près de l'impression que j'avais reçue ; je me suis bien promis de ne plus aller chercher ces affreuses secousses. Il n'y a qu'*Orphée* que je puisse soutenir, et je vois à regret que vous ne le verrez plus. — Il y aura un opéra nouveau le 8 novembre : la musique est de *Floquet*. Le public l'aimera peut-être : après ce qui est bon, il applaudit ce qui est médiocre, et même ce qui est détestable. — Enfin, M. Dorat a des succès ; c'est pourtant le public qui fait les réputations : mais c'est le public à la longue, car celui du moment n'a jamais le goût, ni les lumières qui mettent le sceau à ce qui doit passer à la postérité. —

Mon ami, je vais envoyer contre-signer cette lettre; et pour que le paquet ait plus d'importance, j'y joins les feuilles du moment : ce n'est pas parce qu'elles sont bonnes, c'est parce qu'elles sont nouvelles, et que d'ailleurs vous lisez tout. Rapportez-moi la feuille de Linguet. — Tout le monde est à Fontainebleau : mais il nous reste le baron de Coke et celui de Gluchen; et je trouve qu'ils me restent trop tard le soir. Je ne sais si je me trompe, mais je crois que la solitude me serait bonne ; la société ne m'intéresse presque jamais, et elle me pèse presque toujours. Oh! que je suis un mauvais malade! j'ai beau me retourner, je me trouve toujours mal. Adieu, mon ami.

Je viens de voir le comte de C.... Je lui ai dit qu'il venait respirer un mauvais air, et que, dans l'ivresse de félicité où il vivait, il me semblait que c'était pour exercer les œuvres de miséricorde qu'il venait me voir; que je serais pour lui à peu près comme ces monuments que quelques philosophes conservaient pour les faire souvenir d'être bons et justes Vous viendrez me voir, lui disais-je, et en me quittant, vous vous direz : *Le malheur est donc sur la terre. Votre cœur sera touché, et le mien aura joui de votre bonheur.* — Les lettres de M. de Condorcet sont vraiment charmantes. Si je suivais mon premier mouvement, je vous enverrais tout ce que j'ai senti, et puis je m'arrête, en me disant : Il reviendra, je le lui ferai lire ; il se moquera de moi, il me trouvera exaltée. Eh bien! oui, j'aurai tort, mais il sera là. Ah! mon ami, à cette condition, je consentirais à ne pas avoir le sens commun tout le reste de ma vie ; mais je gage que vous seriez bien plus difficile que moi : vous m'abandonneriez ; alors je me retrouverais dans la foule, et la bêtise console de tout. — Je crois que, pendant tous ces temps-ci, les *Gracques* ont bien été ou-

bliés : vous y reviendrez avec plus de chaleur et d'intérêt.
— Mon ami, admirez ma transition ; la bêtise me mène au génie, et cette marche est assez naturelle : c'est M. Turgot après l'abbé Terrai. Il y a des cas où les gradations et les intermédiaires doivent disparaître. — Je ne sais que faire du temps d'ici à samedi : je veux le faire peser un peu sur vous, en vous forçant à m'écouter. — J'espère, je me promets une longue lettre samedi : si j'étais trompée ! si seulement elle n'était que de quatre pages ! en vérité, je me plaindrais. Mon ami, vous voyez, la bonne fortune me tourne la tête : je deviens presque impertinente parce que j'ai eu de vos nouvelles aujourd'hui. Ce qu'il y a de sûr, c'est que, si quelqu'un pouvait être de mon secret, on connaîtrait à ma santé, à toute ma manière d'être, si j'ai eu une lettre de vous. Oui, la circulation de mon sang en est sensiblement altérée, et alors il m'est impossible de prendre part à rien. Ce à quoi je ne m'accoutume point, c'est au redoublement d'intérêt que cela inspire à mes amis. Mon Dieu ! me plaindraient-ils, s'ils voyaient le fond de mon âme ? cette usurpation n'est-elle pas bien criminelle ? Mon ami, ne me faites pas une fausse confiance : dites-moi que je suis coupable ; plaignez-moi, consolez-moi : vous ne m'avez que trop égarée. — J'ai envie de vous envoyer une lettre que j'ai lue aujourd'hui avant la vôtre : si j'avais pu pressentir, cela n'aurait pas été l'ordre que j'aurais mis dans ma lecture ; vous verrez dans cette lettre si j'ai souffert de votre absence. Oui, j'en ai inquiété M. d'Alembert. L'homme qui m'écrit n'a jamais su un mot de ce qui m'occupait : il me croit victime de la vertu et du préjugé ; mais, depuis trois ans il me voit si malheureuse, qu'il est souvent tenté de me croire folle. Et en effet, il passe sa vie à faire des épigrammes contre moi ;

mais, à la vérité, le trait est toujours un mot de sentiment ou de ressentiment : lisez, reconnaissez ; à coup sûr, c'est un homme d'esprit.

LETTRE LXVIII.

Ce dimanche, 30 octobre 1774.

J'ai été avertie trop tard : il y a un paquet encore par le courrier d'aujourd'hui. Quand je reçus votre lettre, j'avais déjà envoyé chez M. Turgot pour faire contre-signer. Je comptais vous écrire un mot après l'arrivée du facteur, par la voie ordinaire ; mais il n'importe : j'espère que mon volume ne sera pas perdu ; il vous sera envoyé, et avec d'autant plus de soin, qu'on verra le nom de M. Turgot.
— Vraiment, je le crois, il est aisé de vous critiquer sans vous blesser ; mais il n'est pas si aisé de vous louer comme je sens, et comme vous mériteriez de l'être, sans courir le risque d'être trouvée bien exagérée, bien fade et bien monotone. Eh bien ! je m'y abandonne, et je vous dirai tout grossièrement que votre lettre à M. Turgot est excellente, parfaite : c'est le ton, c'est la mesure ; enfin c'est vous, et je ne sais rien de mieux, ni de plus dans la nature. Je vous disais, mon ami, que désormais je ne pourrais plus regarder que ce qui me faisait élever les yeux. Pour vous, vous êtes si haut que je ne pourrais y atteindre à la longue que par un trop grand effort. Mais, mon ami, que faites-vous donc, à quoi vous laissez-vous aller ? Savez-vous bien que vous me louez comme si vous aviez à me plaire ? O bon

Dieu ! oubliez-vous qu'en ce genre votre fortune est faite? et elle est de celles dont on ne connaît plus les bornes : ce sont les Beaujon, les Clives, etc. Ah ! que je voudrais que vous eussiez, en effet, une fortune, non pas comme celle des malheureux que je viens de nommer! ils meurent d'ennui sur leurs richesses ; mais je vous voudrais de l'aisance : je voudrais que vous ne fussiez pas forcé de casser bras et jambes à vos talents, de tordre le col à votre génie; enfin je voudrais que vous ne fussiez pas condamné à vous remettre dans la foule. Oui, en honneur, ce n'est que pour vous, ce n'est que pour l'intérêt de votre gloire que le mariage me fait peur, et à cet égard, je puis vous dire avec vérité : *Le jour n'est pas plus pur que le fond de mon cœur.* Tout cela dit, mon ami, que, s'il y avait un excellent parti, si vous aviez quelque vue, si moi, si mes amis, nous pouvions vous servir ; oh ! comptez sur le zèle, sur l'activité et sur la passion que nous mettrions pour réussir : oui, je connaîtrais encore une fois le bonheur et le plaisir, si je pouvais vous voir heureux.

Les jolis vers que ceux que j'ai lus dans votre lettre ! Ce besoin de *vivre fort* est, je crois, le besoin des damnés. Cela me rappelle un mot de passion qui me fit bien plaisir : *Si jamais,* me disait-on, *je pouvais redevenir calme, c'est alors que je me croirais sur la roue.* Cette langue n'est à l'usage que des gens qui sont doués de ce sixième sens, l'*âme.* Oui, mon ami, je suis assez fortunée ou assez malheureuse pour avoir le même dictionnaire que vous. J'entends, ou plutôt je sens vos distinctions, vos définitions, tandis que les trois quarts du temps je ne comprends pas le chevalier. Il est si content de ce qu'il a fait, il sait si bien tout ce qu'il fera, il aime tant la raison ; en un mot, il est si bien arrangé sur tout, qu'une fois j'ai pensé me méprendre en lui parlant et en lui écrivant, et j'allais prononcer ou écrire le *chevalier Grandisson* : mais c'était sans envier le sort de Clémentine, ni de miss G***. — Vous savez que le comte de Broglie commande à Metz, à la place de M. de Conflans. Mon ami, *un homme d'esprit le voilà*, mais je voudrais bien qu'il vous fût utile, à vous qui n'avez pas son esprit. — A propos d'esprit, je veux vous dire un mot de la czarine à Diderot. Ils disputaient souvent; un jour que la dispute s'anima plus fort, la czarine s'arrêta, en disant : « Nous voilà trop échauffés pour avoir raison ; vous avez la tête vive, moi je l'ai chaude, nous ne saurions plus ce que nous dirions. » — « Avec cette différence, dit Diderot, que vous pourriez dire tout ce qu'il vous plairait, sans inconvénient, et que moi je pourrais manquer. — Eh, fi donc ! reprit la czarine, est-ce qu'il y a quelque différence entre les hommes ? » Mon ami, voyez, lisez bien, et ne soyez pas aussi bête que M. d'Alembert, qui n'a vu à cela que la différence de sexe, tandis que cela n'est charmant qu'autant que c'est une souveraine qui parle à un philosophe. — Une autre fois elle lui disait : « Je vous vois quelquefois âgé de cent ans, et souvent aussi je vous vois un enfant de douze. » Mon ami, cela est doux, cela est joli, et cela peint Diderot. Si vous aimiez un peu plus les enfants, je vous dirais que je crois avoir observé que ce qui plaît à un certain point, a toujours quelque analogie avec eux : ils ont tant de grâces, tant de moelleux, tant de naturel ! Enfin, Arlequin est un composé du chat et de l'enfant, et jamais y eut-il plus de grâce ? — Savez-vous ce qui me fâche de ce paquet qui courut après vous ? c'est que vous recevrez trop tard le pardon que je vous demandais pour vous avoir accusé injustement ; c'était la poste qui était coupable, et malgré moi, j'ai été complice. Mais est-ce vous ou la poste qui avez tort cette fois-ci ? Vous me dites : *Je réponds à vos lettres du 9 et du 14.* — Pourquoi sautez-vous à pieds joints sur le 11, qui était un mardi ? J'ai écrit tous les courriers depuis cette époque où j'étais folle, et de la folie la plus funeste. — Mon ami, vous manquez un grand jour, celui de la rentrée du parlement. Oh ! les curieux se promettent de grands plaisirs ; les gens sages comme moi ne s'occupent pas de ce premier moment : ce sont les suites, ce sont les conséquences de cet événement qui sont d'un grand intérêt. Il s'agit de savoir si ce sont des juges ou des tyrans qu'on va remettre sur les fleurs de lys ! — Ah ! pourquoi ne parlé-je pas d'*Orphée* au chevalier ? Mon ami, par la raison qu'il serait barbare de parler de couleurs aux quinze-vingts. Adieu.

LETTRE LXIX.

Lundi, onze heures du soir, 7 novembre 1774.

Mon ami, il me semble que vous avez des droits sur tous les mouvements et sur tous les sentiments de mon âme. Je vous dois compte de toutes mes pensées ; je ne crois m'en assurer la propriété qu'en vous les communiquant : écoutez-moi donc, et jugez mon jugement, ou plutôt mon instinct ; car je n'ai que cela pour les choses d'esprit, de goût et d'art. Oui, mon ami, l'Académie de Marseille n'a fait que justice en couronnant M. de Chamfort. Ah ! mon Dieu ! à quelle distance me paraît l'éloge qui m'avait fait beaucoup de plaisir, et qui m'en fera encore! Que celui-ci est riche, qu'il est plein d'esprit, et de tous les genres d'esprit! de la finesse, de la force, de l'élévation, de la philosophie! que le style en est vif, animé et rapide! qu'il est rempli d'expressions heureuses! que le ton, que le tour en est original! En un mot, j'en suis vraiment charmée, et je le suis au point que, si je ne craignais de gâter votre plaisir, je vous en citerais dix traits plus piquants les uns que les autres. Mon ami, je vous recommande la page 44. Dites-moi, me trompé-je? n'est-elle pas remplie de la sensibilité la plus exquise? n'a-t-il pas ennobli les bienfaits et la reconnaissance? N'exprime-t-il pas tous les sentiments qu'une âme sensible, élevée et passionnée aimerait à éprouver et à inspirer? Enfin, mon ami, j'en si contente, que je voudrais que vous l'eussiez fait, et cependant je suis certaine que vous feriez mieux encore : vous iriez plus haut, et vous n'auriez pas ses défauts. Mais prononcez vite : ai-je trop d'enthousiasme? du moins il ne m'a pas été communiqué : je n'ai vu ni entendu personne. J'ai reçu cet éloge à neuf heures; je mourais d'impatience d'être seule : je l'ai lu, et je vous rends ma première impression, au risque que vous ne me trouviez pas le sens commun. — Mais, mon ami, que rien ne vous dégoûte de me lire ce que vous faites : que je sois la servante de Molière, je ne discuterai rien; mais je sentirai tout. — Oh! qu'il y a de goût et d'esprit à avoir resserré votre sujet! Dans la plus excellente tragédie, il y a des longueurs et de la langueur. Vous aurez évité ces deux défauts; tout sera plein de chaleur et d'intérêt : on sera toujours soutenu par le sujet et l'action de la pièce. L'esprit de l'auteur ne paraîtra jamais, et l'âme et le génie de M. de G...., rempliront et animeront tout. — Mon ami, pourquoi ce *serment* de ne pas me lire tout de suite et sur-le-champ ce que je voudrais déjà sentir et connaître ? Est-ce que les *Gracques* ne sont pas de vous ? est-ce que ce qui vous anime, n'est pas ce que je voudrais entendre et penser toute ma vie ? — Mon Dieu ! que vous m'aviez mal entendue d'abord, et que vous me répondez bien ensuite sur milord Shelburne ! Oui, c'est justement cela qui fait que je l'estime et que je l'aime, d'être chef du parti de l'opposition. Comment n'être pas désolé d'être né dans un gouvernement comme celui-ci ? Pour moi, faible et malheureuse créature que je suis, si j'avais à renaître, j'aimerais mieux être le dernier membre de la Chambre des Communes que d'être même le roi de Prusse : il n'y a que la gloire de Voltaire qui pourrait me consoler de ne pas être né Anglais. Encore un mot de milord Shelburne, et je ne vous en parlerai jamais : *car le secret d'ennuyer est celui de tout dire.* Savez-vous comment il repose sa tête et son âme, de l'agitation du gouvernement ? C'est en faisant des actes de bienfaisance dignes d'un souverain ; c'est en créant des établissements publics pour l'éducation de tous les habitants de ses terres ; c'est en entrant dans tous les détails de leur instruction et de leur bien-être. Voilà, mon ami, le repos d'un homme qui n'a que trente-quatre ans, et dont l'âme est aussi sensible qu'elle est grande et forte. Voilà l'Anglais qui aurait été digne d'être l'ami du prodige et du miracle de la nation espagnole (M. de Mora). Voilà l'homme que je voudrais que vous eussiez vu, mais vous l'auriez regretté, car, assurément, il n'est pas fait pour vivre dans ce pays-ci. Il partira le 13 : il a voulu voir la rentrée du Parlement ; en attendant, il se livre à la dissipation de Paris. De sa vie il n'avait connu cette espèce de délassement ; il y trouve de l'agrément et de la douceur : « C'est du plaisir, me disait-il, parce que cela ne durera guère; car toujours cette vie-là deviendrait l'ennui le plus accablant. » Qu'il y a loin de là à un Français, à un homme aimable de la cour ! Ah! le président de Montesquieu a raison : *le gouvernement fait les hommes.* Un homme doué d'énergie, d'élévation et de génie, est, dans ce pays-ci, comme un lion enchaîné dans une ménagerie ; et le sentiment qu'il a de sa force, le met à la torture : c'est un Patagon condamné à marcher sur ses genoux. Mon ami, il n'y a qu'une carrière ouverte pour la gloire, mais elle est belle ; c'est celle des Molière, des Racine, des Voltaire, des d'Alembert, etc., etc., etc. — Oui, mon ami, il faut vous borner à cela, parce que la nature l'a voulu ainsi. Bonsoir ; je ne sais pas si cette lettre partira : mais j'ai causé avec vous, et je me suis satisfaite.

Mardi matin.

Je vois que la poste pour Bordeaux part ce matin ; ainsi j'envoie ma lettre : si vous deviez, comme vous l'avez dit d'abord, arriver le 13, cela serait inutile. Dites-moi, de quelque part que vous m'écriviez, si vous avez été du 21 octobre au 1ᵉʳ novembre sans m'écrire. J'ai passé le courrier de lundi et de samedi de la semaine dernière, sans avoir de vos nouvelles ; je ne puis exprimer dans quel abattement cela me jette : mon âme est morte, et mon corps est dans un état de souffrance qui vous ferait pitié. — Ah ! mon ami, si vous en croyez M. Turgot, vous serez ici le 15.

LETTRE LXX.

Dimanche, dix heures du soir, 13 novembre 1774.

Ah ! mon ami, vous me faites mal, et c'est une grande malédiction pour vous et pour moi, que le sentiment qui m'anime. Vous aviez raison de me dire que vous n'aviez pas besoin d'être aimé comme je sais aimer : non, ce n'est pas là votre mesure ; vous êtes si parfaitement aimable, que vous devez être ou devenir le premier objet de toutes ces charmantes dames qui se mettent sur la tête tout ce qu'elles avaient dedans, et qui sont si aimables, qu'elles s'aiment de préférence à tout. Vous ferez le plaisir, vous comblerez la vanité de presque toutes les femmes ; par quelle fatalité m'avez-vous retenue à la vie, et me faites-vous mourir d'inquiétude et de douleur ? Mon ami, je ne me plains point : mais je m'afflige de ce que vous ne mettez aucun prix à mon repos ; cette pensée glace et déchire tour-à-tour mon cœur. Comment avoir un instant de tranquillité avec un homme dont la tête est aussi mauvaise que sa voiture ; qui compte pour rien les dangers ; qui ne prévoit jamais rien ; qui est incapable de soins, d'exactitude ; à qui il n'arrive jamais de faire ce qu'il a projeté ; en un mot, un homme qui vit au hasard, que tout entraîne, et que rien ne peut arrêter ni fixer ! O mon Dieu ! c'est dans votre colère, c'est dans l'excès de votre vengeance que vous m'avez condamnée à aimer, à adorer ce qui devait faire le tourment et le désespoir de mon âme. Oui, mon ami, ce que vous appelez vos défauts pourra peut-être me faire mourir, et je le souhaite ; mais rien ne me refroidira. Si ma volonté, si la raison, si la réflexion avaient pu quelque chose, vous aurais-je aimé? Hélas! dans quel temps ai-je été poussée, précipitée dans cet abîme de malheur! j'en frémis encore! le moyen de rappeler un sentiment doux dans mon âme, ce serait de penser que je vous verrai demain; mais le moyen aussi de compter sur ce bonheur! peut-être votre voiture est-elle brisée; peut-être vous est-il arrivé quelque accident; peut-être êtes-vous encore à Chanteloup; enfin, je crains tout, et rien ne me console. Mon ami, il ne vous suffit pas de m'inquiéter : vous m'accusez encore. Je devais vous écrire à Chanteloup; et dans votre dernière lettre de Bordeaux, vous me disiez que vous n'iriez peut-être pas à Chanteloup. Eh! bon Dieu! à quoi sert de vous confondre? vous corrigerez-vous, et vous en aimerai-je moins? Bonsoir. On n'a pas ouvert une fois ma porte aujourd'hui, que je n'aie eu un battement de cœur : il y a eu des instants où j'ai craint d'entendre votre nom, et puis j'ai été désolée de ne l'avoir pas entendu. Tant de contradictions, tant de mouvements contraires sont vrais, et s'expliquent par ces trois mots : *je vous aime.*

LETTRE LXXI.

1774.

Votre lettre de jeudi matin était dure et injuste; celle d'une heure avant était accablante par l'excès de vérité et d'abandon avec lesquels vous me disiez que vous ne m'aviez jamais aimée, et que désormais vous ne pouviez plus vivre pour personne, etc. etc. Mais savez-vous bien que cet aveu a fait de mes remords de la bonté? Je n'ai plus osé penser à moi sans horreur, et j'ai détourné ma pensée de vous : je ne voulais ni vous juger, ni vous haïr. Hier, vous êtes venu si tard, vous étiez si pressé de vous en aller, qu'en effet vous m'avez prouvé que vous n'aviez fait que céder à mon billet, et cela me paraît tout simple. Je ne vous en parle que pour vous dire que je sais bien que vous ne serez pas contrarié de ne me pas voir ce matin. —

J'attends M. l'archevêque d'Aix : il a à me parler. Ma porte sera fermée. Je vais cet après-dîner faire des visites, et je ne rentrerai qu'à huit heures. Demain, je dîne chez M. le comte de C........, et je ferai des visites jusqu'à huit heures. Je vous dis mes arrangements, non pas que je croie qu'ils doivent influer sur les vôtres, mais seulement pour vous épargner la peine de songer à me voir ou à m'éviter. La personne qui dispose de vous et de votre temps, ne vous laissera pas vous livrer au dégoût que vous avez du monde et de la société. Vous trouverez la dissipation, la paix, le plaisir, le bonheur avec elle et chez elle ; et vous n'éprouverez plus le dégoût mortel qui doit être attaché au malheur de tromper ce qu'on aime le plus. Ah! ce n'était pas la peine! Vous devez vous trouver bien coupable envers elle; du moins abandonnez-vous cette fois-ci sans retour au penchant invincible qui vous entraîne, et ne l'offensez plus, en mettant quelque parité entre le sentiment que vous lui devez et celui que d'autres peuvent vous inspirer. Mais, mon Dieu! je ne sais pourquoi je vous parle de ce qui vous occupe, c'est sans doute par l'habitude où je suis d'aimer à vous plaire.

Nous avons lu hier au soir un *Éloge de la Raison* qu'on a trouvé excellent; j'aurais voulu que vous l'eussiez entendu. La lecture n'a fini qu'à près de dix heures.

LETTRE LXXI.

Onze heures du soir, 1774.

Ah! mon Dieu! que vous avez bien fait de ne pas venir au spectacle! je n'ai point d'expressions pour rendre l'ennui que j'y ai éprouvé; j'en avais un malaise physique, qui était presque de la douleur; enfin il a été au-dessus de mes forces de passer la soirée avec madame de Chatillon, à qui je l'avais cependant promis.

Je sens qu'il y a un degré de malheur qui ôte la force de supporter l'ennui : il m'est affreux de me rendre passive pour entendre des trivialités, souvent révoltantes, et et presque toujours aussi bêtes que basses. Oh, la détestable pièce! que l'auteur est bourgeois, et qu'il a un esprit commun, et borné! que le public est bête! que la bonne compagnie est de mauvais goût! que je plains les malheureux auteurs qui auraient le projet d'acquérir de la réputation par le théâtre! Si vous saviez comment ce public a applaudi! Molière ne pourrait pas prétendre à un plus grand succès. Il n'y a de noble que les noms et les habits : l'auteur fait parler les gens de la cour et Henri IV, du ton des bourgeois de la rue Saint-Denis. Il est vrai qu'il donne le même ton aux paysans. En un mot, cet ouvrage est pour moi le chef-d'œuvre du mauvais goût et de la platitude; et les gens du monde qui en parlent avec éloge, me semblent des valets qui disent du bien de leurs maîtres. Mon ami, si vous êtes encore contre moi dans le jugement que vous porterez de cette comédie, j'en serai bien fâchée : mais je n'en rabattrai pas un mot, parce qu'il ne s'agit pas de savoir jusqu'à quel degré cela est bon ou mauvais ; cela m'est mortel à moi, et nous étions quatre dans la loge accablés du même ennui. En voilà bien assez, et vous trouverez que j'ai conservé l'ennnyeux de l'ennui : peut-être aussi n'aurai-je pas la cruauté de vous envoyer ma lettre ; mais, en vous rendant compte de ma journée, je m'en console. — Avez-vous eu des nouvelles de madame votre mère? est-elle mieux? et le retour de M. votre père est-il certain ? Il n'y a que cela qui puisse me consoler de ce que vous avez quitté le faubourg ? Et vous, mon ami, qu'avez-vous fait de votre journée? Pas un mot de ce que vous aviez dit, n'est-ce pas ? et demain vous ne travaillerez point : et ainsi toujours une activité qui fait cent projets, et une facilité qui fait céder au premier prétexte : des regrets, des désirs, de l'agitation et jamais du repos. Oh, mon ami ! il faut vous aimer avant que de vous connaître, comme j'ai fait : car, en vous jugeant, ce serait se dévouer à l'enfer que de lier son bonheur à vous. — Je vais vous dire toute ma journée de demain dimanche, pour que vous puissiez me donner les moments qui vous seront les moins incommodes. D'abord la messe, et puis une visite chez une malade jusqu'au dîner. Je dîne chez madame de Chatillon ; à cinq heures j'irai à l'hôtel de La Rochefoucauld, et je ne rentrerai qu'à six heures et demie pour ne plus sortir. Adieu, mon ami. Je vous aime ; mais je me sens trop triste et trop bête pour savoir vous le dire.

Mon ami, puis-je, sans vous offenser, vous prier de m'apporter un jour, la lettre de l'abbé de B*** ? car je n'ai garde d'oser réclamer des pages arrachées de mes lettres. J'ai tort de m'en être aperçue ; et en vous en parlant, je vous **cause de *l'indignation*. Ce mouvement est bien juste : aussi** je n'ose m'en plaindre. Ah! je suis trop difficile, trop exigeante, trop *acariâtre*. J'ai tous les défauts d'une malheureuse créature qui aime avec abandon, et qui n'a plus qu'un mouvement et une pensée. Adieu donc.

LETTRE LXXIII.

Onze heures du soir, 1774.

J'ai lu votre billet. Il est bien doux, il est bien honnête ; votre conversation avait été bien dure, bien cruelle même : j'en suis restée abîmée. Jamais, non jamais mon âme n'a été si abattue, et mon corps plus souffrant. Vous aviez formé le projet de ne me voir jamais. Eh bien! pourquoi changer ? Vous me donniez la force d'accomplir le mien, de satisfaire au besoin le plus actif de mon âme ; et tous deux nous aurions été soulagés et délivrés ; moi, d'un fardeau qui m'accable ; vous, du spectacle de la douleur qui vous gêne souvent et qui vous pèse toujours. Non, je ne vous rendrai point grâce : je préférerais votre premier mouvement à votre réflexion. En me faisant mal, vous me donniez de la force ; et en me consolant, en venant à mon secours, je vous l'ai dit mille fois, vous me retenez, mais vous ne m'attachez pas. Oh! c'est peut-être vous qui me faites sentir, d'une manière plus profonde et plus déchirante, la grandeur de la perte que j'ai faite. Rien ne m'aurait amenée à comparer, à rapprocher ; ce mouvement involontaire me jette souvent dans le désespoir : et dans cette disposition, je ne sais lequel m'est le plus affreux, de mes regrets, ou de mes remords. Mais que vous importe tout cela? L'opéra, la dissipation, le tourbillon de la société vous entraînent, et cela est trop juste; je ne me plains pas : je m'afflige. Je voudrais pourtant que que vous vinssiez demain avant d'aller souper : vous pourriez parler à M. d'Alembert, et peut-être à M. de Vaines. Vous avez vu qu'il m'a mandé qu'il viendrait probablement. — J'ai vu ce soir M. Turgot, il y avait plus de six mois que je n'avais été tête-à-tête avec lui, J'étais morte; ainsi je crois qu'il aura regret au temps qu'il m'a sacrifié. Bonsoir. J'ai une chaleur ardente : la fièvre me consume. Ah! c'est mourir trop lentement. Vous me hâtiez ce matin, pourquoi me retenez-vous ce soir?

LETTRE LXXIV.

A midi, 1774.

Vous ne me l'aviez pas dit, vous ne me l'aviez pas écrit, et je vous le prouverai. L'espérance de vous voir suffit pour arrêter et changer tous mes arrangements; jugez donc si, avec l'assurance de vous voir, j'irai m'engager : mais comme vous dépendez des arrangements de madame de***, vous ne pouvez jamais prévoir, ni dire avec certitude ce que vous ferez. Mon ami, il n'y a pas grand mal à tout cela : il en résulte quelque malentendu, mais vous resterez libre, et voilà l'important. — Je suis fâchée que vous ne vous soyez pas fait mener où vous saviez que madame de*** soupait; M. de Saint-Lambert allait à la place Vendôme.

Mais vous ne savez jamais ce que vous voulez, ni où vous allez. Enfin il n'importe : si vous vous êtes amusé, si vous êtes content et heureux au bout de la journée, vous avez bien fait, vous avez raison, et votre manière d'être est à coup sûr la bonne. N'y changez donc rien ; pour moi, je suis triste, abattue. Je voudrais, non pas changer de manière de sentir, mais je voudrais être anéantie, je voudrais l'avoir été le même jour et au même instant où j'ai cessé d'être aimée. Ah ! mon Dieu ! quelle perte ! mon âme ne peut pas s'accoutumer à cet affreux mot de *jamais* : il me donne encore des convulsions. Hier, pendant la lecture, j'ai craint d'être obligée de m'en aller. Je me suis souvenue que la dernière fois qu'on avait fait cette lecture, il en était l'objet : mon cœur était brisé, je n'ai plus entendu un mot, et je n'ai existé depuis cet instant que par ces cruels et doux souvenirs. Mon ami, pourquoi m'avez-vous arrachée à la mort ? C'est la seule pensée qui calme mon âme, et c'est son besoin et son désir le plus permanent. Bonjour. Je ne sais pas comment je ferai ; mais, à mon grand regret, je serai forcée de me contraindre. Le temps de ma vie où je suis le mieux, c'est la nuit : je suis toute entière à mes affections. — Vous me direz, si vous le savez, ce que vous comptez faire ces jours-ci ; mais en grâce, ne me faites point de sacrifice, je n'en suis pas digne, et puis je reste si malheureuse !

LETTRE LXXV.

1774.

Mon ami, vous ne savez jamais ce que vous voulez faire !

je vais donc vous l'apprendre : vous sortirez avant onze heures, vous ferez des visites dans le faubourg Saint-Honoré, et puis vous irez dîner chez madame de Boufflers. En revenant du Marais, vous vous ferez écrire chez madame de V...; et puis, à sept heures, vous viendrez à la Comédie-Française voir *Henri IV*, qui n'est que la seconde pièce; vous demanderez la loge de M. le duc d'Aumont, sur l'orchestre du côté de la reine; vous direz à votre laquais d'être à huit heures et un quart à la grande porte de la cour des Princes, et nous sortirons tous par là, sans attendre une minute; après cela, vous irez souper avec madame de***. Voilà toute votre journée arrangée à merveille, n'y changez rien. Et puis demain dimanche, vous travaillerez toute la matinée sans sortir; vous irez dîner chez madame de***; vous rentrerez à cinq heures pour travailler encore, et à huit heures vous viendrez chez moi. *Appliquez-vous*, et écoutez-moi. Lundi, dîner chez madame de V....., et souper chez madame de***. Mardi, dîner au contrôle général, et souper avec madame de***. Mercredi, dîner chez madame Geoffrin, et souper chez madame de*-*. Jeudi, dîner chez le comte de C....., et souper avec madame de***. Vendredi, dîner chez madame de Chatillon, et souper chez madame de***; Samedi, dîner chez madame de***, aller à Versailles après dîner, et revenir dimanche au soir passer la soirée avec moi. Mon ami, vous serez le plus aimable du monde, si vous faites tout ce qui vous est prescrit. Je vous défie de vous faire une meilleure part pour votre plaisir; je l'ai mis, comme de raison, en première ligne. Mon ami, vous m'avez dit que vous aviez voulu me faire souffrir; cela est impossible : vous êtes bon, vous êtes sensible, et vous savez...... quoi? que je donnerais ma vie, que je ferais bien plus, que je me dévouerais à la douleur, pour vous délivrer d'une peine d'un quart-d'heure? Et vous avez voulu me faire souffrir! Oh! cela n'est pas vrai.

Je vous ai induit en erreur; M. et madame de la Borde sont à Paris; vous irez ce matin, n'est-ce pas?

LETTRE LXXVI.

Cinq heures, 1774.

Mon ami, vous étiez fou ce matin; mais votre folie est bien aimable, puisqu'elle était selon mon cœur. Je ne sais comment j'ai pu oublier de vous dire la raison absolue qui me retenait chez moi. Ce qui m'étonne autant, c'est que je ne m'en suis souvenue que lorsque j'ai vu entrer dans ma chambre, à trois heures et demie, M. de Vaines. Il me l'avait dit hier au soir, il me l'avait mandé, et je n'ai pas su vous le dire. Mon ami, je vous ai contrarié une fois, et vous m'affligez cent fois. Par exemple, si je ne vous vois pas ce soir, vous serez cruel et injuste, et cependant je ne me plaindrai pas. — M. Turgot est un peu mieux; j'ai eu trois fois de ses nouvelles depuis que je ne vous ai vu, et j'en aurai autant avant minuit: cela me satisfait sans me tranquilliser... Mon Dieu! haïssez-moi, je vous aime, et je me sens triste jusqu'à la mort. Non, ne me voyez pas; allez à la Comédie, allez souper, allez au bal: tout est plein d'agrément et d'intérêt, et moi je vous ennuie ou vous attriste. Je vous mets trop près de vous-même; je m'en occupe avec le trouble de la passion, et elle est si monotone, elle est si bête pour un homme du monde entraîné par les agréments d'une femme aimable qui ne lui offre que des plaisirs et de la dissipation! Enfin, mon ami, tout cela prouve que vous avez autant de justesse que de justice, en ne m'aimant que faiblement; je ne vaux que cela.

J'ai vu ce *Loison*, peintre. Il est beau lui-même à peindre; il a quelque chose de sot, de niais et de fat, qui m'a tout-à-fait refroidie pour son talent. Cet homme-là ne sentirait jamais votre âme; il peindrait vos traits, et il trouverait le secret de rendre votre figure sans intérêt pour moi. Cependant comment cela se pourrait-il? N'ai-je pas dans mon cœur de quoi animer la pierre et faire vivre la toile? Mon ami, je ne veux rien y perdre : vous m'avez promis votre portrait; je l'aurai donc, il me le faut. — Je ne suis point sortie; je ne verrai personne qui me parle du bal : j'entendrai parler de M. Turgot, non pas avec l'intérêt qui m'anime, mais avec l'intérêt qu'on a pour la vertu, et par la crainte de son successeur. Pour moi, depuis deux jours, il n'est plus contrôleur-général : il est M. Turgot, avec qui je suis liée depuis dix-sept ans, et sous ce rapport, il agite et trouble mon âme.

Mon ami, si vous aviez été au Temple, si vous vous étiez débarrassé de vos visites au Marais, si vous aviez pensé à faire aujourd'hui tout ce qu'il fallait pour être libre dimanche prochain, que vous seriez aimable, que vous seriez raisonnable! mais non, vous mettez de la fantaisie dans toutes vos actions : ce n'est ni la raison, ni le sentiment qui en décident; aussi, toute votre conduite n'a pas le sens commun : mais tel que vous êtes, je vous aime à la folie, et vous ne le savez que trop bien. Voilà la troisième fois que je vous écris.

LETTRE LXXVII.

Dix heures, 1774.

Mon ami, êtes-vous où je suis? dans le bain? avez-vous souffert? Je ne sais si c'est à vous ou au meilleur état de M. Turgot, que je dois d'avoir dormi quatre heures de suite. Cela ne m'arrive presque jamais; mais j'étouffe encore. — Voilà une lettre du comte de Schomberg, et un billet de madame d'Enville; vous en aurez reçu un. Je compte sortir à une heure, et je rentrerai à quatre, ou plutôt j'irai me promener aux Invalides; ou bien, ce que je préfère à tout, je vous attendrai chez moi. Vous y viendrez de bonne heure, mon ami? je vous en prie. Venez causer avant dîner avec le comte de Broglie; vous pourrez le quitter à quatre heures. Je ne vous vois point, je ne vous parle point; ce n'est pas une manière de parler, mais j'ai oublié dix choses que j'avais à vous dire.

Mandez-moi positivement : *Je serai chez vous à telle heure*; cela me décidera sur l'endroit où j'irai dîner; je peux quitter madame de Saint-Chamans avant quatre heures, je la préférerai. Bonjour.

LETTRE LXXVIII.

Dix heures et demie, 1774.

J'étais avec trois femmes, je toussais à mourir; je n'ai pas pu vous remercier de m'avoir donné de vos nouvelles.

Vous avez bien fait, mon ami, de rester au coin de votre feu : votre santé, votre bien-être me sont encore plus chers que mon plaisir. Je suis sûre que vous m'aurez accusée d'humeur et d'injustice, et c'est vous qui aurez été injuste; mais je vous le pardonne : j'ai pour vous un sentiment qui est le principe, et qui a les effets de toutes les vertus, indulgence, bonté, générosité, confiance, abandon, abnégation de tout intérêt personnel. Oui, mon ami, je suis tout cela, quand je crois que vous m'aimez : mais un doute renverse mon âme, et me rend folle ; et ce qu'il y a de cruel, c'est que c'est presque ma disposition habituelle.

Mon ami, la première règle pour écrire en points, c'est de former ses lettres et surtout d'être exact : donc vous ne pouvez pas écrire en points : mais je vous répondrai pourtant que je ferais bon marché de l'avenir ; je ne sens le besoin d'être aimée qu'aujourd'hui ; rayons de notre dictionnaire les mots *jamais, toujours*. Mon âme n'atteint plus là : j'ai cent ans, et j'ai sous ma clé le remède de l'avenir, Vous voyez que j'ai lu vos points. Mais vous, lisez ces deux passages de Sénèque : ils m'ont ravie ; j'ai voulu que vous les vissiez, je les ai fait écrire. M. de Mora avait le même sentiment. Cela l'avait soutenu trois ans contre l'agonie ; mais la mort est encore plus forte que l'amour. Bonsoir. Je me sens triste ; la vie me fait mal, et cependant je vous aime avec tendresse et passion.

Je vous donnais à deviner ce matin de quoi j'avais peur : c'était de ne vous pas voir. Ah ! je passe ma vie à voir mes craintes et mes pressentiments se justifier. Au moins vous verrai-je demain au soir ?

LETTRE LXXIX.

Onze heures, 1775.

Je ne suis seule que dans ce moment, et il y a deux heures que j'aurais voulu m'occuper de finir cette critique du vicomte de La***, et puis je suis enlevée depuis douze jours à ce qui m'a le plus intéressée dans ma vie. Eh! mon ami, que la dissipation est bête, que la société est dénuée d'intérêt pour une âme occupée, qu'il y a peu de conversations qui vaillent la peine de sortir de chez soi! j'en suis presque au dégoût de l'esprit, et comme vous disiez, ce qui ne fait que m'éclairer, m'ennuie. Ah! je suis bien malheureuse; ce que j'aime, ce qui me console, met mon âme à la torture par le trouble et les remords. J'ai donc besoin de souffrir, car je me surprends sans cesse à désirer ce qui me fait mal; mais, mon ami, ce n'est que par la pensée que vous entendez tout cela; ce n'est donc rien de tout cela que je devrais vous dire; aussi ne contais-je vous écrire que pour vous dire de me renvoyer ou de me rapporter ce volume de Montaigne, que vous avez mis dans votre poche, il y a quelques jours. J'irai vous prendre avant deux heures; n'ayez point de carrosse. Mon ami, il n'y a de noble, de juste et d'honnête, que de se soumettre à sa mauvaise fortune. Je connais tant de gens riches qui vont à pied pour leur plaisir, et tant de gens vieux et infirmes qui ne vont qu'en fiacre! Je suis bien rabâcheuse, mon ami, c'est la preuve la plus tendre de mon intérêt; car si vous saviez ce que sont pour moi les détails, ce qu'est pour moi le bonheur qu'on obtient à prix d'argent! Mon Dieu! ma situation actuelle prouve de reste que j'ai dédaigné la fortune ; elle a sans doute ses avantages, mais que de choses sont préférables ! Bonsoir, mon ami. Que faites-vous dans ce moment ? je vous défie d'être mieux que moi ; je suis occupée de ce que j'aime.

Soyez donc prêt avant deux heures.

LETTRE LXXX.

1775.

Ce n'est pas que je vous croie curieux ; mais il faut pourtant que je vous dise que je sors à une heure, que je dîne chez M. Turgot, que je vais à *Orphée* ; après l'opéra, je vais chez madame Geoffrin jusqu'à minuit, et puis finir ma soirée rue des Capucines. A présent, voulez-vous que j'aille vous prendre pour venir dîner chez M. Turgot ? voulez-vous que je vous mène à l'Opéra, ou voulez-vous vous y rendre dans la loge de M. Dangevillers, aux premières sur l'amphithéâtre ? Si vous voulez, après *Orphée*, faire une visite à madame Geoffrin, nous vous y mènerons ; si vous y voulez passer la soirée, vous la charmerez ; voyez ce que vous voulez prendre ou laisser de tout cela. Je suis toujours à désirer de vous voir, je suis toujours bien aise de vous voir ; et par une inconséquence qui ne s'explique que par ma folie, je suis toujours fâchée de vous avoir vu. Avez-vous été à temps hier pour donner la main à madame de*** ? si elle avait pu voir votre impatience, elle aurait été bien contente ; oh ! c'est votre talent que de contenter ce que vous aimez et surtout ce qui vous aime. Bonsoir.

Je saurai du moins si vous êtes allé à Versailles.
Je veux ravoir mon *Connétable*.

LETTRE LXXXI.

A midi, 1775.

J'étais si éteinte, si refroidie hier au soir de ce que vous étiez arrivé si tard, de ce que je vous avais si peu vu les jours d'avant, que j'ai oublié de vous donner une copie de cette lettre de madame Geoffrin que vous désiriez. Je ne vous ai pas dit non plus que vous auriez un billet pour cet ami que vous ne voulez pas me nommer. Si vous étiez aimable, et surtout raisonnable, voici comment vous arrangeriez votre journée de demain : vous dîneriez au Temple, vous verriez là madame de Boufflers; et puis, à six heures, vous viendriez ou à l'Opéra, ou ici : je vous le ferai dire. Je suis bien tentée de ne pas aller dîner chez le comte de C... il doit avoir, du moins il s'en flatte, M. Roucher. J'admire de toute mon âme son talent; mais l'emploi qu'il en a fait m'ennuie; les diamants, l'or, l'arc-en-ciel, tout cela ne touche pas l'endroit sensible de mon âme; un mot de ce que j'aime, son *sommeil* même animent plus en moi tout ce qui sent et qui pense, que toutes ces richesses factices. Mon ami, je veux vous voir aujourd'hui : venez avant souper. Demain je vous ferai dire si c'est à l'Opéra ou chez moi que je vous attendrai.

Allons, voilà qui est fait : je ne vous prêterai plus de manuscrits, puisque vous les faites promener; il n'y a donc nulle sûreté avec vous. Enfin, malgré tous vos défauts, il vous reste la confiance, comme vous me le disiez hier, d'être encore bien recherché, bien aimé, et plus mille fois que vous ne pouvez, ni ne voulez y répondre. Bonjour, j'ai tort de vous écrire ; cela me répond presque que je ne vous verrai point. Il n'importe qui est-ce qui fournit au trésor royal ? il suffit qu'il ne soit pas vide. Mon Dieu ! qu'il est dommage qu'étant aussi aimable, vous méritiez aussi peu d'être aimé ! Bonjour encore, mon ami ; je ne suis pas fade, mais je suis peut-être trop vraie. Je ne sors aujourd'hui qu'à neuf heures du soir. Je parie que vous courez déjà. Il n'y a que trois choses dont vous ne connaissez pas le prix, et que vous jetez par la fenêtre, votre temps, votre talent et votre argent, et de tout le reste, vous en êtes avare.

LETTRE LXXXII.

Quatre heures, 1775.

Mon ami, voulez-vous que je vous dise de mes nouvelles ? Je souffre, je ne peux pas dormir, et j'ai la fièvre. Je suis dans le feu, et l'activité de mon âme est dans ma tête : dans cette disposition que la vie m'est pénible ! qu'elle m'est douloureuse ! Mon ami, je ne sais par quelle fatalité je suis ramenée sans cesse au désespoir d'avoir perdu M. de Mora, je voudrais m'occuper de vous, et je suis entraînée par le désir, par le besoin de le suivre, ou plutôt par celui de me délivrer d'un regret qui me déchire.

Mon Dieu ! pourquoi m'avez-vous commandé de vivre ? pourquoi me faites-vous trouver encore quelques moments de douceur à vous aimer ? pourquoi me soutenez-vous ? pourquoi me retenez-vous entre la vie et la mort ? Ah ! laissez-moi achever de mourir, ou faites que mon âme soit assez remplie de vous, pour ne plus sentir le vide affreux qu'y a laissé M. de Mora, mais, mon ami, je me reproche de vous laisser voir tout ce que je souffre ; pouvez-vous me plaindre ? oui, vous me plaindrez, parce que vous êtes bon et sensible ; vous me plaindrez, parce que vous savez bien que je vous aime, et que je ne suis retenue à la vie que par ce sentiment.

Mon ami, si je ne vous vois pas aujourd'hui, je serai bien malheureuse. Les souffrances physiques ne me sont à charge que parce qu'elles affaiblissent mon âme : elles augmentent le besoin de voir ce que j'aime, et cependant je serais désolée de vous contraindre une minute, et de vous priver de la seule espérance du plaisir ; ne faites donc point d'effort, mon ami, encore moins de sacrifice : je vous verrai quand vous pourrez, et je vous désirerai toujours.

Pardonnez-moi de vous dire que je tremble que cette lettre ne se trouve dans les mains de la première personne qui voudra l'ôter des vôtres. Ce billet d'hier matin ! mon ami, plaignez-moi d'avoir à me défier de ce que j'aime à la folie, et du seul homme à qui je m'abandonne sans cesse. Adieu.

LETTRE LXXXIII.

A midi, 1775.

Une conduite *indigne* et *commune* serait de vous laisser à votre colère, et à l'opinion que j'ai pu vouloir vous offenser. Mon ami, connaissez-moi mieux, et croyez que je ne saurais craindre, comme vous le dites, d'être compromise, ni même d'être trahie : songez donc que pour quelqu'un qui ne craint pas la mort, et qui loin de la craindre, n'a pas passé vingt-quatre heures, depuis six mois, sans trouver en soi le désir et la force de la prévenir ; songez, mon ami, que, dans cette disposition, mon âme ne peut connaître qu'une espèce de crainte, et elle tient à ma tendresse pour vous : je crains de vous déplaire ; je crains de vous affliger : mais, en honneur, je ne crains rien pour moi : car il y a des moments où je voudrais, au contraire, que vous me réduisiez au désespoir. Voyez si, après cela, je puis avoir ces petites craintes qui ne sont excitées que par une plate vanité qui fait désirer l'estime qu'on ne mérite pas. Non, mon ami, je vous le répète, je ne crains rien dans la nature que ma conscience ; comme je ne puis la calmer, ni étouffer mes remords, je voudrais mourir ; et mon seul regret, en mourant, serait de vous avoir offensé. Jugez-moi d'après cet aveu sincère du sentiment qui m'anime : et voyez si votre âme doit rester *ulcérée* d'un mouvement condamnable, sans doute, s'il n'était pas un effet des deux maladies qui consument ma vie, et qui déchirent mon cœur. Mon ami, je vous l'ai répété souvent, il faut absolument que vous ayez beaucoup, mais beaucoup d'indulgence pour moi ; pardonnez-moi donc, non pas mon intention, non pas mon sentiment (car assurément ils ne peuvent point avoir besoin de pardon, à moins que ce ne soit pas l'excès de passion qui les anime); mais pardonnez-moi un accès de folie que je n'ai pu retenir. Votre lettre est injuste : mais elle ne m'a pas ôté l'espérance d'aller encore jusqu'à votre cœur. Dites-moi qu'il m'est fermé à jamais, et je vous rendrai grâce : car avec ces mots, vous briserez le seul lien qui me retienne à une vie remplie de regrets, de remords, et où je ne me promets plus d'autre intérêt, ni d'autre plaisir, que celui de vous aimer, sans espérer que vous puissiez partager mon sentiment. Mais du moins soyez sûr que je ne troublerai point votre bonheur, ni votre dissipation. Je ne vous demanderai jamais des moments que vous croirez mieux employer ; et vous serez libre de ne me voir que rarement, sans craindre l'importunité de mes reproches. Mon ami, répétez-moi que vous ne me verrez *jamais* : c'est, je crois, le mot que mon âme est le plus avide d'entendre. Ah ! non, je ne crains que de vivre : je mets au pis toute la nature ; je me sens si forte, et en même temps si faible, que je vous demande du fond de mon âme, ou d'achever de m'accabler, ou de venir à mon secours. Adieu, mon ami.

Je ne vous dis pas venez me voir, mais je vous avertis seulement que je ne ferai rien de ce que j'avais projeté : je rentrerai à cinq heures, et si je savais où vous dînerez, j'irais vous prendre. J'envoie chez vous, mais vous n'y serez pas; si vous daignez me répondre, je donne ordre qu'on m'apporte votre lettre chez madame de Meulan, où je dîne.

LETTRE LXXXIV.

Onze heures, 1775.

Depuis deux heures, j'attends ; enfin la voilà cette brochure. Souvenez-vous donc que l'éloge de la raison vous a fait plaisir ; ne revenez pas sur cet avis. Mon ami, en prêchant la modération, votre zèle vous emporte, et il n'y a guère de conversation où vous n'ayez à vous reprocher de vous être compromis sans avoir fait aucune conversion ; mais, comme je ne serais pas plus heureuse que vous, je finirai là mon sermon, et je vous dirai que je serai ravie de vous voir. Venez de bonne heure. Songez qu'il y a huit jours que je ne vous ai vu. Devinez si je suis bien charmée de votre billet. Mon Dieu ! pourquoi mettez-vous tant d'intérêt et de chaleur à m'accabler, à me faire trouver inconséquente et absurde ; et puis, pourquoi êtes-vous de glace pour aller à mon âme? Ah! pourquoi? c'est que vous êtes vrai ; c'est que, si vous ne m'aviez pas aimée, vous m'auriez haïe ; c'est que le seul malheur, est de nous être rencontrés : mais puisqu'il est impossible de revenir sur le passé, je vous demande de m'en consoler en venant de bonne heure. Bonjour ; je vous écris en causant avec M. d'Andezy ; cela n'est pas commode.

LETTRE LXXXV.

A midi, 1775.

Mais vraiment, je le crois bien, que vous ne prendrez

ni les manières, ni le ton de personne : tout ce qui a une véritable grandeur, n'aurait qu'à perdre à changer; Alexandre n'aurait peut-être point voulu n'avoir pas le torticoli ; gardez donc tout, mon ami, votre goût, votre légèreté, vos manières, et surtout votre oubli de tout ce qui touche et intéresse ce que vous dites aimer. Par exemple, vous avez un raffinement de délicatesse que je n'ai trouvé qu'en vous : vous ne me verrez pas, parce que cela vous contraint de ne pas me voir seule ! En vérité, cela est d'une tendresse touchante, surtout lorsqu'il vous serait libre de venir chez moi le matin et à quatre heures : c'est le temps où l'on est presque sûr de me trouver seule. Mais, mon ami, il est bien plus délicat de n'y pas venir, et j'y donne mon consentement : car je ne désire pas plus que vous me fassiez des sacrifices, que vous n'avez envie de m'en faire. L'excès de votre intérêt se contentera de ces deux mots, *j'ai souffert*. Bonjour, non, ne croyez point que le quartier y fasse rien, *c'est le cœur qui fait tout*, a dit La Fontaine. Adieu donc, à jeudi. Je vis avec mes autres amis; pour vous, je ne fais que vous voir ; cela est dans l'ordre.

LETTRE LXXXVI.

A midi et demi, 1775.

On va venir me chercher : je ne vous verrai pas ; je ne saurai pas si vous voulez que j'aille vous prendre.—Savez-vous qu'on donne *Tom Jones avec la Fausse Magie ?* cela vous ferait plaisir, et votre plaisir ferait le mien. Ainsi donnez votre soirée à madame de*** et la comédie à moi ; mais surtout décidez-vous : car votre place a bien des *concurrents*. Vous avez eu la bonté de me priver la semaine dernière de deux soirées, sur lesquelles j'avais compté ; cela a monté mon âme à la générosité, et c'est sans rancune que je vous rends votre liberté ce soir. Je me ressens encore de la crise de ma journée et de ma journée d'hier ; j'ai besoin de solitude, de recueillement, et avec vous je ne trouverais que du trouble. Allez donc passer votre soirée avec ce que vous aimez, avec ce qui vous plaît, avec ce qui vous aime ; et laissez-moi m'abîmer, m'enivrer d'une douleur qui vaut mieux que tous les plaisirs des gens avec qui vous soupiez hier. Oui, le vice est moins dangereux que ces âmes de papier mâché et ces têtes vides. Le vice indigne, révolte, au lieu que ces gens-là vous séduisent par leurs manières et leur ton, et ils éteignent pour jamais l'esprit, l'âme et le talent. Ah ! mon Dieu ! ne donnez pas le dégoût à M. Roucher d'être jugé par ces morts-nés, ou ces vivants morts. Ils ne l'entendront pas, et ils blesseront son âme par l'insolence avec laquelle ils lui parleront de sa pauvreté. Ah ! vous aviez bien raison de leur dire qu'avec ce talent on est *plus riche, plus grand et plus heureux* que tout ce qui était là. Je vous conterai une générosité de M. de B.... qui vous donnera la mesure de son âme, ou de ce qui la représente. M. Turgot entendra M. Roucher, il le sentira : il est vertueux, et il n'y aura rien à lui dire pour l'obliger. — M. de Vaines m'avait aussi répondu, et moi je vous réponds de lui : vos petits-neveux seront servis, cela est sûr. — Donnez une de ces trois cartes ; j'ordonne qu'on me l'apporte à S. Joseph où je dîne, et puis dites que je ne suis pas ingénieuse !

J'ai fait votre thême en trois façons ; mais au moins ne m'en rendez qu'une.

LETTRE LXXXVII.

Dix heures du matin, 1775.

Oui, je vous ai impatiemment attendu toute la journée : c'était le désir et l'espoir de mon âme ; mais un sentiment plus profond me disait que je ne vous verrais pas. Si j'écoutais toujours celui-là, mon âme s'éteindrait, ou ma vie finirait bientôt. Je vous connais si bien, je me sens si coupable, que jamais vous n'entendrez ni plainte, ni reproche. — Je crois que vous faites bien d'aller à Versailles : il faut parler une fois de cette affaire, pour n'en plus parler ensuite. — Madame Geoffrin m'a apporté une estampe pour vous : je vous l'envoie, pour que vous en jouissiez plus tôt. Cette femme est belle, mais, en effet, elle est froide comme une muse. Envoyez donc votre copie à madame Geoffrin : elle est pressée. Quand on est bien jeune et bien vieux, on veut jouir vite. J'ai été fort souffrante aujourd'hui : c'est l'habitude de ma vie ; on ne doit pas plaindre les maux qui durent toujours ; c'est bien assez d'être supportée. Bonsoir. A mon retour, il faudrait peut-être aller ou envoyer chez M. Turgot.

LETTRE LXXXVIII.

Sept heures, 1775.

Hier à cette heure-ci, mon ami, je vous attendais et je

souffrais ; aujourd'hui mon âme est abattue et triste, parce qu'elle n'est pas soutenue par l'espérance de vous voir. Ce que je ressens me rappelle ces vers de M. de La Harpe :

> Ah ! que ne puis-je encor l'attendre,
> Dût-il encor ne pas venir !

Mon ami, que je vous plains de ne pas pouvoir partager le sentiment qui m'anime ! vous connaîtriez encore une fois le bonheur, mais ce bonheur qui donne l'idée du ciel, et qui donnerait la force de l'acheter par les tourments de l'enfer. Oui, je le sens, mon âme n'est faite que pour les excès ; aimer faiblement m'est impossible : mais aussi, si vous ne me répondez pas, si mon âme ne peut entraîner la vôtre, si vous voulez vivre partagé, s'il vous suffit d'être agité et jamais heureux, je me sens encore assez de ressort pour renoncer tout-à-fait à vous. Mon ami, vous le savez : toutes les fois qu'on se sent la force et même le désir de mourir, on peut tout prétendre, tout exiger ; on ne se donne pas le temps de mériter, d'acquérir par le temps et par des moyens lents, ce qu'on a besoin d'obtenir sur-le-champ. Ce n'est pas le prix de mon bonheur que je mets à être aimée de vous : c'est celui de ma vie ; à cette condition, il serait honteux de me tromper, et il y aura de la générosité à ne me point laisser d'espérance. Mais ce n'est pas un mot de tout cela que je voulais vous dire lorsque j'ai pris la plume : voyez comme on est libre lorsqu'on a l'âme agitée. Je voulais que vous fussiez averti de ne pas venir demain avant midi, parce que je me suis souvenue que j'ai un coiffeur, et qu'il m'est odieux de vous voir avec cette importunité ; je serai quitte à midi et demi au plus tard. Fâchez-vous-en, si vous voulez ; mais je ne saurais vous exprimer combien je me suis trouvée heureuse que vous vous soyez en allé ce matin : dix minutes plus tard, je ne sais ce que je serais devenue. M. de Magallon est arrivé ; et peu de temps après son départ, je me suis trouvée tout-à-fait mal : j'ai eu une violente attaque de convulsion ; ma machine ne peut plus soutenir les mouvements de mon âme. Je n'en suis ni effrayée, ni inquiète : je ne crains ni la douleur, ni le terme de la douleur ; mais, mon ami, expliquez-moi ce qui donne cette force au comble du malheur. Est-ce que les situations désespérées fortifieraient et élèveraient l'âme ? en ce cas, il faudrait subir son sort et ne pas se plaindre. — J'ai dans ma chambre une conversation où je ne suis pas tentée de prendre part, mais elle m'importune. Adieu, mon ami. Vous n'aviez pas besoin de me retrouver ce soir, et moi je n'ai pas pu vous quitter de la journée. Quelque dissipé que vous ayez été, quelque plaisir que vous ayez eu, je ne vous envie rien : j'ai été en meilleure compagnie. J'ai été occupée de *Catinat* : j'en ai relu une partie, et j'en suis plus charmée, plus contente que je ne peux l'exprimer. A coup sûr *l'auteur ira loin.* Ce n'est pas assez dire qu'il a du talent, de l'âme, de l'esprit, du génie : il a ce qui manque presqu'à tout ce qui est bon, cette éloquence et cette chaleur qui fait qu'on le sent avant de le juger. C'est ce qui fait que, sans présomption, je puis louer, approuver avec autant de vérité que si j'avais de l'esprit et du goût. Je ne sais ni disserter, ni mesurer rien : mais ce qui est beau, enlève mon âme, et alors j'ai raison, quoique vous en puissiez dire. Adieu, adieu donc.

LETTRE LXXXIX.

1775.

Mon ami, êtes-vous en retraite? M'y mettrez-vous demain? Que je sache du moins à quoi j'emploierai ma pensée et mon sentiment : sera-ce en regrets ou en attente? Quoi qu'il en soit, l'un et l'autre seront remplis de vous; et soit que vous me priviez, ou que vous me fassiez jouir, je vous aimerai tendrement.

Vous ne m'avez pas dit si vous aviez été à *Gustave*. Autant qu'il m'en souvient, cela est bien mauvais, et écrit d'une manière barbare. Bonsoir. Devinez pour qui je vous quitte. Ah! je quitterais le présent, l'avenir, le monde entier pour vous : il n'y a que mes souvenirs auxquels je tienne plus qu'à la vie, plus qu'à la mort aussi; car ils m'aident à l'attendre.

Cherchez deux de mes lettres que vous avez eu le soin de *serrer* sur votre table.

LETTRE XC.

Dix heures du soir, 1775.

Mon ami, que vous êtes bon, que vous êtes aimable d'avoir bien voulu me dédommager de ce que j'avais perdu ce matin! Si vous saviez aussi comme je vous avais attendu, comme j'avais éloigné, renvoyé tout ce qui pouvait troubler mon plaisir! comme chaque carrosse qui passait me donnait de l'espérance, et puis comme il faisait mal à mon âme! Mon Dieu! combien je vous aime! que je me sens coupable d'avoir pu vous blesser ! Non, mon ami, ne me pardonnez pas : punissez-moi ; ajoutez, s'il est possible, à ma douleur, à mon regret ; il faut que l'extrême malheur mette hors de mesure. Oui, il rend folle, il égare, il rend malade : il a fallu tout cela pour j'aie pu vous offenser. Depuis trois jours je ne sentais plus ce malheur, et j'en serais morte, si vous n'étiez venu à mon secours. Ah ! mon ami, vous avez prononcé des mots qui me font encore frissonner, qui navrent mon cœur : je vous *ai glacé*, il fallait vous *combattre pour vous voir*. O ciel ! pourquoi n'étais-je pas anéantie avant que d'entendre des mots qui me donneraient le courage d'aller au-devant de la mort ? Ne ne me dites plus que je suis condamnée à vous haïr un jour ; mon ami, j'appelle de cet arrêt, et je fais serment par vous que j'aime, par tout ce qui m'est sacré, de ne pas survivre une heure à cet horrible mouvement. Moi, vous haïr ! voyez donc quelle passion, quelle tendresse animent mon âme ! Ah ! si un jour il fallait ne plus vous aimer, mon Dieu ! qu'il serait doux de mourir ! Le ciel m'est témoin que je ne tiens qu'à vous, et que tout ce qu'on me prodigue de soins, de bontés, d'amitié et d'intérêt, n'aurait pas la force de me retenir jusqu'à demain. Mon ami, M. de Mora est toujours à côté de moi, et je vous vois toujours. Si mon âme perdait de vue cet appui, ce secours, je n'existerais pas une heure. Ah ! lisez donc dans le fond de mon âme : voyez-y plus encore et mieux que je ne vous dis. Peut-on jamais exprimer ce qu'on sent, ce qui anime, ce qui fait qu'on respire, ce qui est plus nécessaire, oui, plus nécessaire que l'air ? car je n'ai pas besoin de vivre, et j'ai besoin de vous aimer. Mon Dieu ! mon ami, à quelle distance êtes-vous ? Vous me disiez hier : *Vous avez commencé par me blesser, et vous avez fini par me glacer*. Et moi je vous réponds : Vous m'avez blessée, et j'ajoute : Vous me mépriseriez, vous me haïriez, que je trouverais encore en moi de quoi vous aimer avec passion. Oui, mon ami, je vous le répète : la mort vient à ma pensée vingt fois par jour, et mon âme n'ose concevoir l'idée de vous aimer moins. Oh! connaissez-moi toute entière ; voyez dans mon âme un poison qui me consume, et que je n'ose pas vous faire voir. Ce ne sont pas mes remords, je vous en parle quelquefois : ce n'est pas ma douleur ; je m'en suis plainte souvent à vous : mon ami, c'est un mal qui altère ma raison et ma santé ; c'est un mal qui rend injuste, qui me rend défiante, qui m'a fait prononcer des choses dont j'ai horreur. Comment ai-je été assez hors de moi pour pouvoir vous dire que j'avais mauvaise opinion de vous? Cela est-il dans la nature? cela peut-il être dans mon cœur? Adore-t-on, rend-on un culte à ce qui ne nous paraît pas un Dieu? Mon ami, il a fallu que ma tête et mon âme fussent exaltées à un degré bien rare, bien haut, pour être aussi coupable que je l'ai été. Mon Dieu! j'étais aimée comme je vous aime, et par la créature la plus parfaite ; et puis, aurez-vous la force de me dire que je ne vous ai pas aimé, que mon sentiment était de la haine ? Oui, en effet, j'avais de la haine, mais c'était pour moi, c'était pour le mouvement irrésistible qui m'entraînait. Mon ami, regardez-y bien, et vous verrez que, quoique vous ayez été beaucoup aimé sans doute, jamais personne ne vous a aimé avec plus de force, de tendresse et de passion.

LETTRE XCI.

A minuit, 1775.

Eh bien ! ne vous l'avais-je pas dit, mon ami ? je ne vous verrai pas et je ne vous ai pas vu, Mon Dieu ! qu'il est triste de prévoir si juste, et qu'il est douloureux de montrer des regrets à qui ne les partage pas ! Je ne sais comment j'ai pu sentir aussi vivement que vous me manquiez : il n'y a qu'à *Iphigénie* où il y ait plus de monde qu'il y en a eu cet après-dîner dans ma chambre ; j'en suis écrasée de fatigue. J'avais d'abord commencé par aller passer une heure avec M. Turgot, et puis encore une heure chez madame de Chatillon ; cela fait bien des marches à monter, et j'étais morte en rentrant. J'avais promis d'aller passer la soirée à S. Joseph, je n'en ai pas eu la force. J'irai demain, si la course du Marais m'en laisse le courage. — Avant dîner je vais voir rue de Cléry des automates qui sont prodigieux, à ce qu'on dit. Quand j'allais dans le monde, je n'aurais pas eu cette curiosité : deux ou trois soupers en donnent satiété ; mais ceux de la rue Cléry valent mieux : ils agissent et ne parlent point. Venez-y, en allant au Marais, et je vous dirai là si j'ai la loge de M. le duc d'Aumont. Je dois l'avoir demain ou mardi : j'aimerais mieux demain, parce que nous aurons M. Roucher mardi. Enfin, mon ami, de manière *quelconque*, il faut que je vous voie demain, et beaucoup. Madame de Ch.... ne vous croit point coupable de négligence : elle m'a demandé aujourd'hui si votre retraite durait encore. Vous croyez bien que je n'ai pas manqué de dire qu'elle avait été absolue, et de là plus de tort : car ce que les femmes veulent seulement, c'est d'être préférées. Presque personne n'a besoin d'être aimé, et cela est bien heureux : car c'est ce qui se fait le plus mal à Paris. Ils osent dire qu'ils aiment, et ils sont calmes et dissipés! c'est assurément bien connaître le sentiment et la passion. Pauvres gens ! il faut les louer comme les Liliputiens : ils sont bien jolis, bien gentils, bien aimables. Adieu, mon ami. La confiance que vous m'avez marquée hier au soir à l'occasion de la lettre de madame votre mère, est tout-à-fait aimable.

LETTRE XCII.

A minuit, 1775.

Minuit sonne; mon ami, je viens d'être frappée d'un souvenir qui glace mon sang. C'est le 10 février de l'année dernière que je fus enivrée d'un poison dont l'effet dure encore. Dans cet instant même il altère la circulation de mon sang : il le porte à mon cœur avec plus de violence; il y ramène des regrets déchirants. Hélas! par quelle fatalité faut-il que le sentiment du plaisir le plus vif et le plus doux soit lié au malheur le plus accablant! quel affreux mélange! Ne pourrais-je pas dire, en me rappelant ce moment d'horreur et de plaisir : Je vis venir à moi un jeune homme dont les yeux étaient remplis d'intérêt et de sensibilité : son visage exprimait la douceur et la tendresse; son âme semblait agitée par la passion. A cette vue je me sentis pénétrée d'une sorte d'effroi, mêlé de plaisir; j'osai lever les yeux, les arrêter sur lui; j'approchai : mes sens et mon âme furent glacés; je le vis devancé, et, pour ainsi dire, environné par la douleur en habit de deuil, elle tendait les bras; elle me voulait repousser, arrêter, et je me sentais entraîner par un attrait funeste. Dans le trouble où j'étais : Qui es-tu, lui dis-je, ô toi qui fais pénétrer dans mon âme tant de charme et d'effroi, tant de douceur et tant d'alarmes! quelle nouvelle m'apportes-tu? — Infortunée, me dit-elle avec l'air sombre et un accent douloureux, je serai, je ferai ton sort; celui qui animait ta vie vient d'être frappé par la mort..... Oui, mon ami, j'entendis ces funestes mots; ils se sont gravés dans mon cœur; il en frémit encore, et il vous aime!..... — En grâce, que je vous voie demain; je me sens pénétrée de tristesse et de trouble. Ah! mon Dieu! il y a un an qu'à pareille heure, M. de Mora fut frappé du coup mortel; et moi, dans le même instant, à deux cents lieues de lui, j'étais plus cruelle et plus coupable que les ignorants barbares qui l'ont tué. Je meurs de regrets : mes yeux et mon cœur sont pleins de larmes. Adieu, mon ami. Je n'aurais pas dû vous aimer.

LETTRE XCIII.

Six heures du matin, 1775.

Vous souvenez-vous de vos derniers mots? vous souvenez-vous où vous m'aviez mise, et où vous croyez m'avoir laissée? Eh bien! je dois vous dire que, revenue bientôt à moi-même, je me suis *relevée*, et que je ne me suis pas vue une ligne plus bas qu'une heure avant, où j'étais debout et de toute ma hauteur. Et, ce qui vous étonnera peut-être, c'est que de tous les mouvements qui m'ont entraînée vers vous, le dernier est le seul dont je n'ai point de remords. Et savez-vous pourquoi? c'est qu'il y a un excès de passion qui justifie une âme qui a également horreur de ce qui est vil et malhonnête. Dans cet abandon, dans ce dernier degré d'abnégation de moi et de tout intérêt personnel, je vous ai prouvé qu'il n'y avait qu'un malheur dans la nature qui ne me parût pas supportable, vous offenser et vous perdre ; cette crainte m'aurait fait donner ma vie. Et comment regretterais-je d'avoir prouvé et prononcé avec force un sentiment qui me fait vivre et mourir depuis un an? Non, mon ami : malgré vos expressions, je ne me sens point humiliée ; et c'est parce que je vous crois honnête, que je ne me crois pas coupable. Ne croyez point que je me fasse une fausse conscience, que je cherche à me justifier ; non, mon ami, le sentiment qui m'anime, dédaigne l'orgueil et la mauvaise foi, et si vous m'accusez, je me tiens condamnée pour jamais : votre estime m'est plus chère que la mienne.

Je suis si sûre de votre honnêteté, je connais tellement votre bonté, que je suis certaine qu'avant de vous endormir, vous vous êtes promis de me voir aujourd'hui. Je vous remercie de ce mouvement ; mais je vous demande de ne me pas voir : mettez-y de la délicatesse et de la pitié. J'ai besoin de laisser reposer mon âme : vous lui faites éprouver des excès qu'elle n'avait jamais connus, et où ma seule pensée n'aurait pas pu atteindre. Ah! mon Dieu! que le grand malheur est redoutable! il n'y a plus ni borne, ni mesure. Ah! j'ai besoin de repos, laissez-moi me calmer : je vais prendre deux grains d'opium ; en engourdissant mon sang, mes idées se troubleront, mon âme s'affaissera, et peut-être que j'oublierai que vous n'avez point répondu à mon cœur, que vous ne m'avez pas dit un mot qui pût me consoler et me rassurer dans toute cette soirée d'hier ! Adieu, mon ami ; ne venez pas, et, d'après ma prière, ne trouvez point mauvais que ma porte soit fermée, elle le sera pour tout le monde. Je suis si faible, que l'effet de l'opium absorbe toutes mes facultés, mais il suspend mes maux ; il m'ôte la partie de mon existence qui me fait sentir et souffrir. Adieu. Je me sépare de vous pour vingt-quatre heures. Si, par un malheur que je ne veux pas prévoir, la soirée d'hier avait..... non, je n'ose achever. Mon ami, j'entrevois un moyen de réparer : je me punirais, je sais souffrir, et je me condamnerais à ne vous dire jamais ce que je prononce dans ce moment avec tendresse et passion : *je vous aime.*

LETTRE XCIV.

Onze heures, 1775.

Jugez de mon malheur : je me sentais une répugnance mortelle à ouvrir votre lettre ; si je n'avais craint de vous offenser, j'allais vous la renvoyer. Quelque chose me disait qu'elle irriterait mes maux, et je voulais me ménager. La souffrance continuelle de mon corps affaisse mon âme ; j'ai encore eu la fièvre, je n'ai pas fermé l'œil, je n'en puis plus. De grâce, par pitié, ne tourmentez plus une vie qui s'éteint, et dont tous les instants sont dévoués à la douleur et aux regrets. Je ne vous accuse point, je n'exige rien, vous ne me devez rien : car, en effet, je n'ai point eu un mouvement, pas un sentiment auquel j'aie consenti ; et quand j'ai eu le malheur d'y céder, j'ai toujours détesté la force ou la faiblesse qui m'entraînait. Vous voyez que vous ne me devez aucune reconnaissance, et que je n'ai le droit de vous faire aucun reproche. Soyez donc libre, retournez à ce que vous aimez, et à ce qui vous convient plus que vous ne croyez peut-être. Laissez-moi à ma douleur, laissez-moi m'occuper sans distraction du seul objet que j'ai adoré, et dont le souvenir m'est plus cher que tout ce qui reste dans la nature. Mon Dieu ! je ne devrais pas le pleurer, j'aurais dû le suivre : c'est vous qui me faites vivre, qui faites le tourment d'une créature que la douleur consume, et qui emploie ce qui lui reste de forces à invoquer la mort. Ah! vous en faites trop et pas assez pour moi. Je vous le disais bien il y a huit jours, vous me rendez difficile, exigeante : en donnant tout, on veut obtenir quelque chose. Mais, encore une fois, je vous pardonne, et je ne vous hais point : ce n'est pas par générosité que je vous pardonne, ce n'est pas par bonté que je ne vous hais pas; c'est que mon âme est lasse, qu'elle meurt de fatigue. Ah! mon ami, laissez-moi, ne me dites plus que vous m'aimez : ce baume devient du poison, vous calmez et déchirez ma plaie tour-à-tour. Oh! que vous me faites mal! que la vie me pèse, que je vous aime pourtant, et que je serais désolée de mettre de la tristesse dans votre âme ! Mon ami, elle est trop partagée, trop dissipée, pour que le vrai plaisir y puisse pénétrer. Vous voulez que je vous voie ce soir : eh bien! venez donc..... Le bon Condorcet est resté avec moi; j'étais morte.

J'ai retenu votre commissionnaire, parce que Tenon m'a interrompue; il m'a trouvé encore de la fièvre. Bonjour. Il est midi, et vous serez sorti; et puis, vous me gronderez, si je crains les effets de votre négligence, et de pis que cela encore !

LETTRE XCV.

Onze heures, 1775.

Quand on chérit la bonté, et surtout quand on aime, il ne faut être ni difficile, ni injuste. Ainsi, mon ami, je ne vous accuserai point, je ne me plaindrai pas. Ah! non, vous n'avez pas tort, et l'abandon où vous m'avez laissée aujourd'hui a été involontaire; vous vous le serez reproché; peut-être aurez-vous eu assez de bonté pour dire : Elle souffre, et c'est moi qui suis la cause de son mal. Mon ami, si votre cœur a senti ces mots, vous êtes trop puni, et je serai trop vengée; mais ne serai-je pas plus heureuse demain? ne dînerai-je pas avec vous? ne vous verrai-je point? Je compte aller voir M. Turgot jeudi; je propose à M. de Vaines de me mener à Versailles, et vous aussi, si cela vous convient. Si cet arrangement n'a pas lieu, l'envoyé palatin m'a offert de me mener, et si vous pouvez, et si vous voulez, je dirai comme dans Démocrite : *Nous allons à la cour, on t'a mis du voyage.* M. de Condorcet et M. d'Alembert y vont demain; ce dernier lui lira des éloges. M. Roucher lui a dit aujourd'hui son poème; voilà deux bonnes journées : il aura peu parlé, et il aura eu du plaisir. — Mon ami, si vous ne me voyiez pas aussi enflée d'orgueil que la grenouille, je vous dirais que M. Turgot m'a fait prier de lui porter mes précieuses rapsodies, et je lui fais dire demain que cette bonne fortune ne saurait lui manquer. — Mon Dieu! si je vous avais vu, j'aurais passé une journée bien douce, oui, paisible comme *Gessner.* J'ai eu des nouvelles de M. Turgot toutes les heures; le comte de Schomberg, à lui seul, m'a écrit trois fois, et toujours pour me rassurer, en me disant vrai pourtant. J'ai dîné tête-à-tête avec une personne qui est malheureuse : par conséquent, voilà de l'intérêt; et puis, à trois heures, j'ai été faire le tour des Tuileries. Oh! qu'elles étaient belles! le divin temps qu'il faisait! l'air que je respirais me servait de calmant; j'aimais, je regrettais, je désirais : mais tous ces sentiments avaient l'empreinte de la douceur et de la mélancolie. Oh! mon ami, cette manière de sentir a plus de charme que l'ardeur et les secousses de la passion; oui, je crois que je m'en dégoûte : je ne veux plus aimer fort; j'aimerai doucement, mais jamais faiblement; et vous le croyez bien, puisque c'est vous que j'aime. — Je suis rentrée à quatre heures et demie, j'ai été seule jusqu'à six; et savez-vous comment j'ai trompé l'attente où j'étais? c'est en relisant vos lettres depuis le 1ᵉʳ janvier, je les ai mises en ordre : enfin, en ne vous voyant pas, j'ai été vivement, tendrement occupée de vous; et puis sont arrivées six ou sept personnes, qui m'avaient consacré leur *mardi-gras*. Elles étaient lasses de se divertir, elles voulaient avoir le plaisir de la conversation, de la liberté, du repos, et nous jouissions de tout cela : car j'étais encore soutenue par l'espoir de vous voir, j'espérais. Ah! quand j'ai entendu sonner neuf heures, j'ai tourné à la mort, et mon silence a averti tout le monde de me quitter à neuf heures et demie. Mais je suis folle, ou plutôt imbécille de vous fatiguer d'une journée où vous n'avez pas voulu prendre part un seul instant. Adieu, mon ami; faites-moi savoir ce que vous voulez, ce que vous pouvez pour jeudi. Je vous crois trop homme du monde pour manquer le bal de cette nuit; pour moi, j'aime mieux respirer l'air doux et pur des Tuileries, à l'heure où l'on y est presque seul.

Ah! c'est que mon âme me fournit encore plus que ne peuvent vous fournir tout votre esprit et tout votre talent. Mais adieu.

LETTRE XCVI.

Onze heures du soir, 1775.

Mon ami, le mal vient de plus loin : vous souvenez-vous de ces mots : *Oh! ce n'est pas madame de*** que vous avez à craindre, mais.....* et le ton avec lequel ils furent prononcés, et le silence qui suivit, et la réticence, et la résistance ? Mon Dieu ! en faut-il tant pour porter le trouble et la douleur dans une âme agitée? Joignez à cela, le désir que vous aviez de me quitter; et pour qui étiez-vous si pressé ? Pouvais-je me calmer ? je vous aimais, je souffrais, et je m'accusais. J'ai été à votre porte ce matin, la tristesse était dans mon âme; je vous ai vu, et le plaisir s'est mêlé à la disposition de la mélancolie qui me pénétrait. Et puis j'ai vu que vous mettiez de l'acharnement à me confondre; et puis j'ai cru tout ce que vous avez supposé. Je vous avais entendu nommer... Alors ce que vous lisiez m'a paru odieux, et c'était vous qui me le faisiez trouver tel. Je croyais vous gêner, vous retenir, vous contraindre, et mon âme en était à la torture. Eh bien ! mon ami, je vous demande pardon de vous avoir soupçonné une fois injustement ; c'est la défiance attachée au malheur. Combien de fois vous ai-je caché mes larmes ! Ah ! je le vois trop bien : on ne saurait ni retenir, ni ramener un cœur qui est entraîné par un autre penchant; je me le dis sans cesse, quelquefois je me crois guérie ; vous paraissez, et tout est détruit. La réflexion, mes résolutions, le malheur, tout perd sa force au premier mot que vous prononcez. Je ne vois plus d'asile que la mort, et jamais aucun malheureux ne l'a invoquée avec plus d'ardeur. Mon Dieu! vous me feriez chérir M. Marmontel, non parce qu'il m'a louée, mais parce qu'il vous a dit que je vous aime. Ah! mon ami, mon malheur, c'est que vous n'avez pas besoin d'être aimé comme je sais aimer. Je retiens la moitié de mon âme : sa chaleur, son mouvement vous importunerait, et vous éteindrait tout-à-fait ; le feu qui n'échauffe pas, incommode. Ah! si vous saviez, si vous lisiez comme j'ai fait jouir une âme forte et passionnée, du plaisir d'être aimée ! Il comparait ce qui l'avait aimé, ce qui l'aimait encore, et il me disait sans cesse : « Oh ! elles ne sont pas dignes d'êtres vos écolières ; votre âme a été chauffée par le soleil de Lima, et mes compatriotes semblent être nées sous les glaces de la Laponie. » Et c'était de Madrid qu'il me mandait cela. Mon ami, il ne me louait pas, il jouissait ; et je ne crois point me louer, quand je vous dis qu'en vous aimant à la folie, je ne vous donne que ce que je ne puis pas garder ou retenir.

Je viens d'être interrompue par une lettre de M. de Vaines. Il m'inquiète, il me mande qu'il faut que M. d'Alembert soit chez lui avant huit heures, et qu'il lui porte son éloge de l'abbé de Saint-Pierre ; il ajoute, *cela est important*. Je meurs de peur qu'on ne trouble le repos de mon ami. Ah ! j'en serais désolée ; je voudrais ajouter à mes maux tout ce qu'il doit souffrir. La haine et les dévots veillent toujours. J'ai une impatience extrême d'être à demain, et je sens que je ne fermerai pas l'œil : plus j'abandonne mon propre bonheur, et plus celui de mes amis m'est cher. Je ne puis exprimer mon affection pour M. de Condorcet et M. d'Alembert, qu'en disant qu'ils sont identifiés avec moi : ils me sont nécessaires comme l'air pour respirer ; ils ne troublent pas mon âme : mais ils la remplissent. Enfin, je voudrais être à demain matin. Mais, mon Dieu ! si ce désir, si ce besoin avait un autre principe, si ce n'était pas l'amitié, qui... Ah ! je serais une indigne créature, et je haïrais le sentiment de la passion. Non, non, je ne puis pas le haïr : il m'a encore enlevée ce soir à ce que je souffrais ; j'ai encore entendu *le mois de Septembre.* Oh ! que cela est beau ! que cela est grand ! que cela est sublime ! Mais, mon ami, vous manquiez à mon plaisir, votre présence le rend plus vif, plus fort, plus profond. Ah ! dans tous les temps, dans toutes les dispositions, mon âme a besoin de vous. Je ne suis rentrée qu'à sept heures et demie ; j'ai trouvé mes amis qui m'attendaient ; M. Roucher y était, il n'est point allé à Versailles. Je voudrais être à demain matin ; mais c'est pour vous voir en courant. Cependant je serai seule demain, car madame de Ch.... garde sa chambre ; elle voulait que j'allasse passer la soirée avec elle. Eh ! bon Dieu ! mes soirées sont à M. de Mora ou à vous : c'est le temps de la journée qui m'est le plus cher. Si je n'avais craint une méprise, j'aurais donné cette lettre au laquais de M. de Vaines. Bonsoir.

LETTRE XCVII.

Onze heures du soir, 1775.

Mon ami, vous ne sentez pas le besoin de me voir ; peut-être même ai-je été importune à votre pensée. Vous avez repoussé un souvenir qui venait troubler votre plaisir. Ah! que je vous plains de n'être pas tout entier, ou à ce qui vous plaît, ou à ce qui vous aime! ce partage ôte le charme et le plaisir qui tiennent au sentiment, et il doit isoler une âme honnête. Je ne vous accuse point, je ne me plains pas ; mais je m'afflige de ma faiblesse. Non, mon amour-propre ne peut point me donner de force contre vous ; *je vous aime* : tout intérêt personnel se tait à ces mots. Mais c'est vous, c'est votre bonheur qui m'inspire du courage et de la générosité. Oui, mon ami, je peux vous céder à ce que vous aimez ; mais par ce sacrifice, je dois obtenir de vous de ne plus chercher à nourrir dans mon âme un sentiment qui en ferait le désespoir. Mon ami, je le sais, il ne vous est plus libre de m'aimer. Rendez du repos à votre âme ; ne passez pas votre vie à vous reprocher ce que vous faites : cessez d'inquiéter ce que vous aimez, et n'offensez plus ce qui vous aime, et qui prévient votre goût, vos désirs, votre volonté, en un mot, qui vous fait le sacrifice de vous à vous-même. Mon Dieu ! comment pourrais-je croire qu'il ne vous en coûterait pas beaucoup pour me tromper? Ah ! si vous n'avez pas assez de force pour faire mon bonheur, du moins il est certain que vous êtes assez honnête pour être affligé de faire mon malheur. Mon ami, croyez-en un cœur qui est tout à vous, et qui ne respire que pour vous. Ne combattez plus, abandonnez-vous à votre penchant : du moins il me restera la pensée consolante que j'ai fait quelque chose pour votre bonheur ; et dans la situation forcée où vous me mettez, j'ai à me reprocher de le troubler. Ah ! délivrez-moi et du mal que je vous fais, et de celui que vous me faites. Mon ami, soyez de bonne foi, je vous en conjure ; que faut-il faire pour mériter d'entendre la vérité ? Dites, rien ne me sera impossible, écoutez le cri de votre âme, et vous cesserez de déchirer la mienne. Oui, je peux me passer d'être aimée, et il m'est affreux de douter de vous, de vous soupçonner : estimez-moi assez pour ne me pas tromper ; je fais serment, par ce qui m'est le plus cher, par vous, de ne jamais vous faire repentir de m'avoir dit vrai. Je vous aimerai pour le trouble et la peine que vous m'aurez épargnés ; jamais vous n'entendrez un reproche. En vous perdant, je ne veux pas conserver le droit de me plaindre, ni même celui de vous intéresser.

Mon ami, je sais que vous avez été charmé de l'opéra : madame d'Héricourt et le comte de Creutz sont venus m'en dire des nouvelles ; je ne les ai pas écoutés, parce que c'était vous que j'aurais voulu entendre. D'ailleurs l'abbé de B..... venait de me troubler en me parlant de vous ; il prétend qu'on lui dit que j'étais folle de vous ; ce sont ses expressions, et il a ajouté : *non, je ne suis pas méchant, ce n'est ni un piége, ni une vengeance.* Je suis restée confondue, et heureusement on a annoncé dans le même instant l'archevêque de Toulouse. Que pensez-vous de cela ? je ne sais si je cherche à me rassurer ; mais je crois que c'est un artifice de l'abbé de B....., auquel j'ai donné lieu : je vous dirai comment. — J'ai vu M. Turgot qui m'a dit qu'il se reprochait de ne vous avoir pas répondu : il a été très-flatté de votre lettre. Il en a reçu une charmante de Voltaire, qui lui dit, *vous serez accablé de compliments vrais*, etc. — J'ai fait demander à madame de Luxembourg quel jour revenait madame de Boufflers ; c'est lundi. Je n'ose pas me flatter de dîner demain avec vous : mais je ne puis m'empêcher de le désirer, quoique ce soit peut-être un vœu contre votre plaisir. Si vous avez été chez le comte de Broglie, mon ami, il est bien mal de ne pas m'avoir donné un moment ; vous êtes cause que je n'ai écouté l'archevêque d'Aix qu'avec distraction : je vous attendais, comment pouvais-je être à lui? Bonsoir. Je sens que l'abbé de B..... a raison, mais il a tort de me le dire. J'ai vu vingt personnes aujourd'hui, et elles n'ont pu me distraire du besoin que j'avais de vous voir. Qu'avez-vous fait ? où avez-vous soupé ? vous êtes-vous souvenu que je vous aimais ? pouvais-je dire au moins comme dans Oreste, *le cœur est pour Pyrrhus, et les vœux pour Oreste.* Mais adieu. Je ne veux que la vérité : songez encore une fois que vous me la devez sans détour, sans modification, telle enfin qu'elle est dans votre âme.

LETTRE XCVIII.

Samedi, onze heures, 1775.

Je ne m'y attendais pas : j'avais au fond de l'âme l'impression douloureuse de ces cruels mots : *nous ne pouvons pas nous aimer*, et j'y répondais avec toute la force de mon âme : *je ne peux pas vivre.* Mon ami, tout ce que je souffre, tout ce que je sens est inexprimable : il me paraît impossible de n'y pas succomber ; je sens l'épuisement de ma machine, et il me semble que je n'ai qu'à me laisser aller pour mourir. Cependant je suis mieux ce soir : j'ai été trois heures dans le bain ; j'en suis sortie presque éteinte, mais avec une douleur fixe dans la poitrine qui ne m'a pas quittée. J'étais avec M. d'Andezy et le baron de K.... ; ils se sont en allés pour me laisser répondre, et ils ne savent pas à qui. Bonsoir. Vos soins, votre inquiétude me persuadent que, quoique vous en disiez, *nous pouvons nous aimer*. A demain ; je vous attends déjà.

LETTRE XCIX.

Mardi, onze heures du soir, 1775.

J'ai refusé d'aller passer la soirée avec deux personnes qui s'aiment, pour parler à ce que j'aime, pour m'en occuper avec plus de repos et de plaisir que j'en aurais eu avec du monde. On n'aurait pas eu le pouvoir de me distraire tout-à-fait ; mais c'est un mal que d'être détourné de ce qui plaît et intéresse. Mon ami, la solitude a un grand charme pour une âme occupée. Oh ! mon Dieu ! que l'on vit *fort* lorsqu'on est mort à tout, excepté à un objet qui est l'univers pour nous, et qui s'empare tellement de toutes nos facultés, qu'il n'est plus possible de vivre dans d'autres temps que dans le moment où l'on est. Eh ! comment voulez-vous que je vous dise si je vous aimerai dans *trois mois* ? Comment pourrais-je, avec ma pensée, me distraire de mon sentiment ? Vous voudriez que, lorsque je vous vois, lorsque votre présence charme mes sens et mon âme, je pusse vous rendre compte de l'effet que je recevrai de votre mariage ; mon ami, je n'en sais rien, mais rien du tout. S'il me guérissait, je vous le dirais, et vous êtes assez juste pour ne m'en pas blâmer. Si, au contraire, il portait le désespoir dans mon âme, je ne me plaindrais pas, et je souffrirais bien peu de temps. Alors vous seriez assez sensible et assez délicat pour approuver un parti qui ne vous coûterait que des regrets passagers, et dont votre nouvelle situation vous distrairait bien vite ; et je vous assure que cette pensée est consolante pour moi : je m'en sens plus libre. Ne me demandez donc plus ce que je ferai lorsque vous aurez engagé votre vie à une autre. Si je n'avais que de la vanité et de l'amour-propre, je serais bien plus éclairée sur ce que j'éprouverai alors. Il n'y a guère de méprise aux calculs de l'amour-propre, il prévoit assez juste : la passion n'a point d'avenir ; ainsi en vous disant : je vous aime, je dis tout ce que je sais et tout ce que je sens. Je n'attache aucun prix à cette constance que commandent la raison et plus souvent encore de petits intérêts de société et de vanité que je méprise de toute mon âme. Je n'estime guère davantage ce plat courage qui fait souffrir lorsqu'on peut l'empêcher, et qui fait employer sa raison et sa force pour convertir un sentiment vif en une habitude froide. Tout ce manége avec soi-même, toute cette conduite avec celle que l'on aime me paraît l'exercice de la fausseté et de la dissimulation, les ressources de la vanité et les besoins de la faiblesse. Mon ami, vous ne trouverez rien de tout cela en moi ; et ce n'est pas la suite de la réflexion, c'est l'habitude de ma vie, de mon caractère, de ma manière d'être et de sentir ; en un mot, c'est toute mon existence, qui me rend la société et la contrainte impossibles. Je sens bien que si vous aviez à créer en moi une disposition, ce ne serait pas le résultat de tout ceci qui la composerait : vous me formeriez un caractère plus analogue au parti que vous allez prendre ; ce n'est pas de la raideur et de la force qu'on veut trouver dans les victimes, c'est de la faiblesse et de la soumission. Oh ! mon ami, je me sens capable de tout, excepté de plier ; j'aurais la force d'un martyr, pour satisfaire ma passion ou celle de la personne qui m'aimerait : mais je ne trouve rien en moi qui me réponde de pouvoir jamais faire le sacrifice de mon sentiment. La vie n'est rien en comparaison, et vous verrez si ce ne sont là que les discours d'une tête exaltée. Oui, peut-être ce sont là les pensées d'une âme exaltée, mais à laquelle appartiennent les actions fortes. Serait-ce à la raison qui est si prévoyante, si faible dans ses vues, et même si impuissante dans ses moyens, que ces pensées pourraient appartenir. Mon ami, je ne suis point raisonnable, et c'est peut-être à force d'être passionnée que j'ai mis toute ma vie tant de raison à tout ce qui est soumis au jugement et à l'opinion des indifférents. Combien j'ai usurpé d'éloges sur ma modération, sur ma noblesse d'âme, sur mon désintéressement, sur les sacrifices prétendus que je faisais à une mémoire respectable et chère et à la maison d'Alb...! Voilà comme le monde juge, comme il voit. Eh! bon Dieu! sots que vous êtes, je ne mérite pas vos louanges : mon âme n'était pas faite pour les petits intérêts qui vous occupent ; toute entière au bonheur d'aimer et d'être aimée, il ne m'a fallu ni force, ni honnêteté pour supporter la pauvreté, et pour dédaigner les avantages de la vanité. J'ai tant joui, j'ai si bien senti le prix de la vie, que, s'il fallait recommencer, je voudrais que ce fût aux mêmes conditions. Aimer et souffrir, le ciel, l'enfer, voilà à quoi je me dévouerais, voilà ce que je voudrais sentir, voilà le climat que je voudrais habiter, et non cet état tempéré dans lequel vivent tous les sots et tous les automates dont nous sommes environnés. — Mon ami, quand j'ai pris la plume, c'était dans l'intention de continuer de vous peindre, et voilà que, par une personnalité détestable, j'ai changé d'objet, et que je me suis peinte moi-même, en me laissant aller, comme une insensée, à tout ce qui m'anime : mais c'est par vous que je le suis, c'est par le sentiment le plus vif et le plus tendre ; j'ai donc bien fait de m'y livrer. Je ne sais pas si je vous enverrai, ou si je vous remettrai ce long bavardage ; oui, je vous le remettrai. Si j'envoyais, je craindrais que vous ne m'apprissiez que vous dînez chez M. de Beauveau ; que cela serait mal !

LETTRE C.

A minuit, 1775.

O que de douceurs et de plaisirs peut encore éprouver une âme enivrée de passion ! Mon ami, je le sens, ma vie tient à ma folie : si je devenais calme, si j'étais rendue à la raison, je ne pourrais pas vivre vingt-quatre heures. Savez-vous le premier besoin de mon âme lorsqu'elle a été violemment agitée par le plaisir ou la douleur ? c'est d'écrire à M. de Mora; je le ranime, je le rappelle à la vie, mon cœur se repose sur le sien, mon âme se verse dans la sienne ; la chaleur, la rapidité de mon sang brave la mort : car, je le vois, il vit, il respire pour moi, il m'entend, ma tête s'exalte et s'égare au point de n'avoir plus besoin d'illusion, c'est la vérité même : oui, vous ne m'êtes pas plus sensible, pas plus présent que vient de me l'être, pendant une heure, M. de Mora. O divine créature ! il m'a pardonné, il m'aimait. Mon ami, ce que je viens d'éprouver est encore une suite de la secousse que mon âme a reçue cet après-dîner. Mon Dieu ! il faut chérir, adorer le talent qui semble vous donner une nouvelle existence. Oh ! non ; je ne suis point assez grande, assez forte pour louer ce don du ciel ; mais il me reste assez de sensibilité et de passion pour en jouir avec transport, et pour en rapporter le mouvement et le sentiment à l'objet qui a animé ma vie, et qui la soutient encore. Ah ! quel bonheur que d'aimer ! c'est le seul principe de tout ce qui est beau, de tout ce qui est bon et grand dans la nature. Mon ami, M. Roucher a aimé, c'est la passion qui l'a rendu sublime. Mais mon cœur fond de tristesse, lorsque je viens à penser que cet homme rare, ce prodige de la nature, connaît la misère, qu'il en souffre pour lui et dans ce qu'il aime. Ah ! cet excès de pauvreté éteint l'amour, et il faut un miracle pour conserver l'énergie et le ressort qu'il y a dans ses vers ; son âme est de feu, et nulle part on ne sent qu'il soit abattu par le malheur. Je ne sais si c'est faiblesse, mais je viens de fondre en larmes, en sentant l'impuissance où je suis de venir au secours de cet homme. Ah ! si mon sang pouvait se changer en or ! sa femme et lui auraient le bonheur ce soir. Que ne puis-je animer l'âme du comte de C....., quel emploi il ferait de sa richesse ! Ah ! si M. de Mora vivait, avec quel plaisir, avec quel transport il aurait satisfait mon cœur ! Oui, c'est avec des larmes de sang qu'il faut pleurer un tel ami ; en l'adorant, c'était rendre hommage à la vertu. Mais, adieu, mon ami. Vous ne pouvez pas être au ton de mon âme : vous me jugez et je sens. Vous venez d'être distrait et engourdi par la dissipation, et moi je viens d'être enivrée par la passion : mes forces en sont épuisées, et je ne sais où j'ai trouvé celle de griffonner aussi longuement. Adieu.

Si vous n'avez pas changé d'avis, j'irai vous prendre demain à cinq heures chez M. d'Argental ; mais surtout, mon ami, point de complaisance, point de sacrifice : je ne le mérite pas, et vous le savez bien.

LETTRE CI.

Dix heures, 1775.

Je disais comme Mahomet : *L'.... seul me console, il est ma récompense;* et pour vous citer à vous-même, je vous dirai, *si mon ami m'afflige, il essuiera mes larmes.*

Vous voilà donc avec la fièvre ! cela m'afflige. — On vient de me dire qu'on vous a vu chez un peintre en émail, et que vous étiez frappant de ressemblance. Cette jeune personne mérite bien le sacrifice que vous lui avez fait du temps qu'il a fallu pour vous peindre en émail; mais votre vie sera à elle, il est généreux d'en avancer le moment.

Je l'ai trouvée charmante et bien digne de l'intérêt qu'elle vous inspire; la manière, la figure et le ton de sa mère sont également aimables et intéressants. Oui, vous serez heureux ; je vous sais gré du hasard qui me les a fait rencontrer. Bonsoir.

LETTRE CII.

Onze heures, 1775.

Mon ami, que m'avez-vous fait ? je me sens si profondément triste, si malheureuse, tellement accablée du poids de la vie, qu'il faut que ce redoublement de malaise et de douleur me vienne de vous. La crainte que vous me causez, la défiance que vous m'inspirez, sont deux supplices qui mettent sans cesse mon âme à la torture, et ce genre de tourment suffirait pour me faire renoncer à votre affection, ou du moins à ce qui y ressemble. Je ne sais quel affreux plaisir vous trouvez à porter le trouble dans mon âme : jamais vous ne cherchez à me rassurer, et même en me disant vrai, vous y mettez l'accent de quelqu'un qui trompe. Eh! mon Dieu! que j'ai mal à l'âme! que je souhaite passionnément d'être délivrée, il n'importe par quel moyen, de la disposition où je suis! j'attends, je désire votre mariage; je suis comme les malades condamnés à une opération : ils voient leur guérison, et ils oublient le moyen violent qui doit la leur procurer. Mon ami, délivrez-moi du malheur de vous aimer. Il me semble si souvent qu'il n'y a presque rien à faire pour cela, que je me sens une sorte de honte d'y avoir pu mettre l'intérêt de ma vie; mais plus souvent encore je me sens tellement enchaînée, garrottée de toutes parts, que je n'ai plus un mouvement de libre ; c'est alors que la mort me paraît la seule ressource et le seul secours que j'aie contre vous. — Je ne voulais pas vous dire de ne pas venir chez moi aujourd'hui, et je crois que c'était bien votre intention. Je passe la soirée chez madame de B...., je vais à *Orphée*, et dans l'intervalle du souper à l'Opéra, je vais chez madame de Chatillon qui est toujours malade. Vous n'avez pas voulu dîner demain avec moi; vous trouvez que c'est trop de deux dîners dans une semaine; mercredi, vous me direz de même : eh bien! faites donc tout ce qu'il vous plaira, je ferai de mon mieux pour que cela me plaise aussi. Adieu.

Après avoir reçu votre lettre.

Par quel genre de poison vous ranimez ma vie! est-ce donc un bien de sentir un instant de plaisir et de bonheur, lorsqu'il ne reste plus le temps d'en jouir? Ah! que vous avez été cruel! vous m'avez retenue à la vie, et vous saviez que bientôt après je ne devais plus vivre pour vous! Mais, mon ami, je ne devrais pas vous faire des reproches : vous me comblez de louanges, et je n'en mérite aucune ; non, il ne faut pas me louer, il faut me plaindre d'être animée d'un sentiment qui donnerait de l'expression aux pierres. Comment parler froidement de ce qu'on aime? comment ne pas désirer son bonheur et sa gloire, de préférence à tout ce qui n'est que soi? Mon ami, vous me faites mal en me louant; est-ce que vous croiriez consoler mon âme en flattant ma vanité? Mon Dieu! si vous saviez qu'il n'y a ni dédommagement ni compensation dans l'univers entier à ce que je désire, et à ce que je crains! Oh! oui, vous le savez : car vous voyez au fond de mon âme, et vous voyez ce qui la remplit, ce qui l'anime, et ce qui la désespère. Bonjour, mon ami. Votre lettre est bien aimable ; elle m'aidera à passer cette longue journée.

LETTRE CIII.

Jeudi, 1775.

Ah! mon Dieu! que votre billet venait de haut? est-ce là le ton que vous ferait prendre votre bonheur? en ce cas, je n'oserais pas m'en plaindre; mais je veux seulement que vous sachiez qu'il n'est pas en mon pouvoir de souffrir la protection et la compassion : mon âme n'a pas été façonnée à tant de bassesse; votre pitié mettrait le comble à mon malheur, épargnez-m'en l'expression. Persuadez-vous que vous ne me devez rien et que je n'existe plus pour vous. Ce n'est pas un effort que je vous demande, comme vous voyez : c'est seulement de conserver avec moi l'habitude que vous en avez ; n'ayez point de ces retours de commisération qui flétrissent et abattent jusqu'à la mort ceux qui en sont l'objet. — Comment vous portez-vous ? Allez-vous à Versailles ? Votre Éloge est entre les mains d'un docteur.

LETTRE CIV.

Onze heures du soir, 1775.

Eh bien ! mon ami, je vous ai pardonné : mais comme ce n'est pas par générosité, je suis punie ; mais par vous, cela est-il juste ? — Dites-moi de vos nouvelles : avez-vous pris du petit lait ? vous êtes-vous baigné ? enfin une fois ferez-vous ce que vous avez dit que vous feriez ? Savez-vous bien que vous avez en vous de quoi guérir de vous-même, et d'une manière infaillible ; cette vérité commence à m'être démontrée d'une manière qui m'effraie quelquefois. Oui, la mort n'était rien ; vous me l'avez rendue épouvantable. Mais je détourne ma pensée d'un souvenir qui glace mon sang et qui me détache de vous. — Mon Dieu ! je ne vous ai pas vu ! je vous attendais ; c'était un sentiment doux, lorsque M. le prince de Pignatelli est arrivé. Sa présence me tue, le son de sa voix me fait frissonner de la tête aux pieds : je suis alternativement pénétrée de sensibilité et d'effroi ; enfin il agite mon âme au point de me faire oublier que j'aurais pu vous voir. Il ne m'a quittée qu'à dix heures, et j'ai été depuis dans un abattement dont vous seul pouvez me tirer.

Mon ami, avez-vous reçu la réponse à cette lettre charmante que vous aviez écrite hier matin ? Quoi que vous en disiez, vous aimez plus à plaire qu'à être aimé : je l'ai éprouvé; vous étiez si aimable alors! il me semblait qu'il serait si doux d'être aimée. Ah! que d'erreurs! et les regrets qui les suivront animeront le dernier souffle de ma vie. — J'ai reçu aujourd'hui un présent ravissant, et la manière dont on me l'a fait est si piquante et si originale que je veux vous la dire. « *Je vous envoie ces C..... de R...... qui vous plaisent tant, et que par conséquent vous garderez jusqu'à ce qu'ils ne vous plaisent plus du tout : j'apprendrai par là combien de temps il vous faut pour que ce qui vous a plu vous déplaise.* »

Si ce tour-là vous paraît commun, je ne me connais ni en esprit ni en originalité : mais moi, je me sens bien bête pour répondre à cela; cependant il faut au moins remercier. Répondez pour moi : ce mot que vous me ferez dire, m'acquerra à jamais le pas sur madame de Sévigné; c'est la première fois que j'aurais senti du plaisir à usurper l'opinion, et à me parer des plumes du paon. Mon ami, plaisanterie à part, ayez de l'esprit pour moi. Vous comprenez que c'est un homme qui m'a fait ce présent; je ne lui ai jamais écrit, ainsi il ne comparera pas.

Bonsoir. Vous dînez demain avec des gens que vous connaissez peu; vous serez bien aimable, devinez pourquoi. Pour moi, je dîne chez madame la duchesse de Chatillon; je serai bien morte, et c'est ma faute : car on me disait aujourd'hui : *Je vais souper avec elle; je n'en ai jamais tant de désir que lorsque j'ai dîné avec elle;* cela veut dire qu'assez n'est point assez. Vous n'êtes pas assez heureux vous pour avoir ce mouvement : vous ressemblez bien plutôt *à ce malheureux qui n'aime rien.* — Mon ami, je veux mon Dictionnaire et la lettre de madame d'Anville, et celle de madame de Boufflers, et les *miennes; et puis,* je veux vous voir. Si vous voulez éviter cette pernicieuse société, venez à une heure ou à cinq. J'ai vu cette après-dîner vingt personnes. En vérité, je crois qu'en les jugeant sévèrement, elles valent presque autant que celles qui ont rempli votre journée. Mon ami, excepté dans un seul point, soyons toujours raisonnables et modérés, si cela est possible.

LETTRE CV.

Sept heures, 1775.

Je vous remercie de m'avoir donné de vos nouvelles; j'en avais besoin. J'avais tenté trois moyens d'en avoir, et je n'avais pas réussi. J'avais compté vous aller voir, mais j'ai attendu de savoir votre volonté, et vous ne me l'avez pas fait dire. Si vous aviez voulu me voir ce soir! mais je suis comme l'homme de l'Évangile, j'attends, il faut me dire de venir, et je viens. En conséquence, dites-moi si vous voulez que j'aille chez vous demain à une ou à cinq heures; ce sera en allant ou en revenant de chez M. de Vaines. Je crains que le mot que vous m'avez écrit ne vous ait fatigué.

Bonsoir, si vous restez chez vous ce soir, comme je l'espère, vous auriez bien dû me le dire : mais apparemment vous n'aviez pas besoin que j'en fusse instruite; ainsi tout est bien.

M. d'Alembert vient d'avoir le plus grand succès à l'Académie. Il a lu l'éloge de Bossuet. M. de Duras a fait un discours qui est fort applaudi, exact, noble, simple et délicat. J'ai là un détachement de l'Académie. J'enverrai chez vous demain à huit heures, et M. d'Alembert ira à dix ou onze : pour moi je n'irai pas si vous ne me dites point d'y venir, Adieu. Dormez cette nuit, reposez-vous, calmez-vous, et oubliez, s'il le faut, tout ce qui souffre.

LETTRE CVI.

Minuit, 1775.

Faites-moi dire, ou si vous en avez la force, dites-moi comment vous avez passé la nuit, j'espère que ce sera sans fièvre. Je viens de voir, dans mes livres, que la *Camomille romaine* ne vous empoisonnera pas : elle est adoucissante, et on en fait usage dans les coliques ; dites-moi donc à présent si elle vous a soulagé. — Le mariage vous fera des merveilles : l'intérêt de votre femme, celui de tout ce qui vous entourera vous forcera mieux à soigner votre santé. Vous jouissiez déjà aujourd'hui de la douceur du ménage ; vous avez bien fait de ne le pas quitter pour l'Opéra ? c'était les *Limbes*. Cette musique a les pâles couleurs : il faut que mon ami Grétry s'en tienne au genre doux, agréable, sensible, spirituel, c'est bien assez ; et quand on est bien fait dans sa petite taille, il est dangereux et sûrement ridicule de monter sur des échasses. On tombe sur le nez, et les passants rient. Vous remarquerez que ce n'est point en contradiction, mais bien en confirmation de mon engoûment pour *Zémire et Azor*, pour l'*Ami de la Maison*, pour la *Fausse Magie*, etc., etc., que je vous parle ainsi.

Je ne sais si vous avez eu de ces instructions ; elles ne se vendent pas, ainsi je vous en envoie. J'ai reçu aujourd'hui deux lettres qui m'ont bouleversée, mais qui ont rempli mon âme. Figurez-vous quelles dates : *Madrid 3 mai 1774. En montant en voiture pour vous voir;* et l'autre *de Bordeaux, 3 mai* 1774. *En arrivant, et presque mort.* Et je les reçois un an après leur date! cela me paraît tenir du prodige. Il semble que ce soit un nouvel avertissement. Cela me trouble, cela m'occupe. Je réponds oui, et cependant je remercie le ciel qui m'a laissée vivre pour recueillir encore ce qu'il y avait de plus cher et de plus sacré pour moi dans l'univers.

Vous gardez votre chambre ; ainsi il vous sera moins importun de chercher et de rassembler mes lettres. En grâce, ne me refusez pas ce moment de soin ; soyez assuré que je n'abuserai pas de votre bonté.

Je compte sortir demain à midi, et rentrer à quatre heures pour ne plus sortir. Je ne me permets pas de désirer de vous voir. Ce que je veux de préférence à mon plaisir, c'est votre bien-être, votre bonheur, votre volonté, et même votre fantaisie, tant je me rends facile !

LETTRE CVII.

1775.

Vous me faites mal, vous m'affligez, vous me tourmentez, et puis vous dites que je ne suis pas accoutumée à trop de sévérité avec vous. Ah! mon Dieu ! je ne vous passe rien? Mon ami, comment osez-vous prononcer ces mots ? mais je vous pardonne; et quoique vous ne soyez pas trop bien avec moi, il s'en faut bien que vous y soyez aussi mal que j'y suis moi-même. Je suis troublée, agitée, et d'une inconséquence qui va jusqu'à l'égarement. Je ne sais ce qui résistera le plus longtemps, de ma tête ou de ma vie ; mais il est impossible de supporter un état aussi violent. Si je vous disais tout, je vous ferais peur, vous me haïriez. Ah ! que je suis souffrante, que je suis malheureuse ! que je regrette ! que je crains l'avenir ! mais il ne tient qu'à moi. Adieu, mon ami, ma tête, mon âme se sont renversées ; je ne puis plus me calmer ; et, dans le trouble où je suis, je ne sais si je vous aime. — Voilà ce billet de l'Académie. Vous devriez aller dîner chez madame la duchesse d'Anville, on se met à table à une heure, et tout le monde va à l'Académie. M. de Condorcet y sera ; il a passé la soirée avec moi hier, ce sera de même aujourd'hui : mais demain j'espère qu'il n'aura pas tant de bonté ; et vous en aurez, vous, assez pour venir le matin me dire si je puis compter sur vous le soir.

LETTRE CVIII.

Onze heures du soir, 1775.

Eh ! mon Dieu ! non je n'ai pas été à l'Académie : je voulais vous voir pendant la séance, et vous ne l'avez pas voulu. J'ai vu des gens enivrés de plaisir, et j'étais pénétrée de tristesse, j'étais inquiète. Vous souffriez, et vous n'aviez pas besoin de me voir : voilà ce que je sentais, et j'entendais mal tout ce qui se disait autour de moi. M. d'Alembert vous contera son succès, il vous dira le plaisir vif qu'il a eu de faire applaudir l'archevêque de Toulouse jusqu'au transport ; l'archevêque en a pleuré de joie et de reconnaissance. J'aime ce mouvement ; c'est à coup sûr un des moments les plus heureux de sa vie. J'en suis bien aise, mais c'est de la pensée seulement ; car mon âme souffre, et le plaisir n'y peut plus pénétrer. Mon ami, vous y avez mis le dernier sceau de la douleur, mais ce n'est pas de moi que je veux vous parler. Dites-moi des nouvelles de votre nuit : je voudrais bien qu'elle eût été bonne. Au moins êtes-vous sans fièvre ? et voudrez-vous que je vous voie à une heure où à cinq ? dites, mais ne vous contraignez pas surtout.

LETTRE CIX.

Une heure après minuit, 1775.

Non, mon ami, je ne me coucherai point sans vous faire partager l'estime, le respect et l'enthousiasme dont je suis pénétrée et exaltée. Ah ! que cela est beau, que cela est vertueux, que cela est noble ! que je me sens d'admiration pour *Marc-Aurèle*, et d'estime pour son vertueux panégyriste ! Il faut absolument que le roi le lise : j'ai déjà agi pour cela ; j'espère que mon vœu sera rempli, et en vérité, ce n'est pas pour M. Thomas que je le souhaite. L'excellent homme n'a besoin que des jouissances que lui donne sa vertu. Vous croyez bien que je viens de lui dire *deux mots* sur cet éloge. Mon ami, ma mort serait arrêtée pour demain, que je sentirais encore le besoin d'honorer, de chérir les talents et la vertu. Croyez-moi folle si vous voulez ; c'est du moins le genre de folie dont était animé ce que j'ai adoré pendant huit ans. Ah ! je sens avec déchirement ce que dit Montaigne : il me semble quand je sens, quand je jouis seule, *que je lui dérobe sa part*.

Bonsoir. A demain, vers une heure et demie, au plus

tard, vous me rendrez cet éloge; je ne veux pas m'en séparer. Mon Dieu! j'ai été de même aujourd'hui de votre pensée, rien ne pouvait m'en détourner. Oh! que je serais malheureuse, si mon âme se tournait toute entière de ce côté-là : il me faudrait du courage pour m'arracher à ce que je vais perdre pour jamais. Adieu, puissent ces affreuses pensées ne pénétrer jamais jusqu'à votre âme!

LETTRE CX.

Minuit, 1775.

Le voilà donc signé cet arrêt! Dieu veuille qu'il ait prononcé aussi sûrement sur votre bonheur, qu'il a prononcé sur mon sort! Mon ami, je ne puis plus soutenir ma pensée. Vous m'accablez, il faut vous fuir pour retrouver la force que vous m'avez ôtée. Adieu! puissiez-vous être toujours assez occupé et assez heureux pour perdre jusqu'au souvenir de mon malheur et de ma tendresse! Ah! ne faites plus rien pour moi; votre honnêteté, vos bons procédés ne font qu'irriter ma douleur : laissez-moi vous aimer et mourir.

LETTRE CXI.

Mardi, 24 mai, onze heures du soir, 1775.

Eh! mon Dieu! suivez votre dépit, partez : j'ai besoin de repos, vous me troublez; je suis mécontente de vous. Je me hais, j'ai des remords. Ah! pourquoi vous ai-je connu? Je n'aurais qu'un malheur, ou plutôt je n'en aurais plus. Je serais délivrée d'une vie que je déteste, et à laquelle je ne suis retenue que par un sentiment qui met mon âme à la torture. — Ce que j'ai fait aujourd'hui? ce que j'ai pensé? ce que j'ai senti? hélas! je ne vous ai pas vu, je n'ai donc connu que le regret, la douleur, et le désespoir de vous craindre et de vous désirer. Adieu. Ne me voyez point; j'ai l'âme bouleversée, et vous ne me calmez jamais. Vous ne connaissez ni le tendre intérêt qui console et qui soutient, ni cette bonté et cette vérité qui inspirent de la confiance, et qui rendent au repos une âme blessée et affligée profondément. Ah! que vous me faites mal, que j'ai besoin de ne plus vous voir! Si vous faites bien, partez demain après dîner. Je vous verrai le matin, c'est bien assez.

LETTRE CXII.

Samedi, 1ᵉʳ juillet 1775, avant la poste.

Le trouble et l'agitation de mes idées et de mon âme, m'ont privée longtemps de l'usage de mes facultés. J'éprouvais ce que dit Rousseau, qu'il y a des situations qui n'ont ni mots ni larmes. J'ai passé huit jours dans les convulsions du désespoir : j'ai cru mourir, je voulais mourir, et cela me paraissait plus aisé que de renoncer à vous aimer. Je me suis interdit les plaintes et les reproches; il me semblait qu'il y aurait eu de la bassesse à parler de mon malheur à celui qui le faisait volontairement. Votre pitié m'aurait humiliée, et votre insensibilité aurait révolté mon âme; en un mot, je sentais que, pour conserver quelque mesure, il fallait garder le silence et vous attendre. Peut-être me trompais-je : mais je croyais que, dans cette circonstance, vous me deviez quelques soins; et sans vous supposer ni beaucoup de tendresse, ni beaucoup d'intérêt pour moi, je croyais devoir compter sur ce que l'honnêteté et mon malheur vous prescrivaient. J'attendais donc ; et au bout de plus de dix jours d'absence, je reçus du château de C... un billet qui est un chef-d'œuvre de froideur et de dureté. J'en fus indignée, j'en conçus de l'horreur pour vous, j'en eus bientôt pour moi, lorsque je vins à considérer que c'était pour vous (pardonnez-le-moi), oui, que c'était pour vous, que je voyais si cruel, que j'avais pu me rendre si coupable envers ce qu'il y a jamais eu de plus digne d'être aimé. Je m'abhorrais, la vie ne me paraissait plus supportable, j'étais déchirée par la haine et par les remords, et, dans mon désespoir, j'arrêtai avec moi-même le jour, le moment où je me délivrerais du poids qui m'accablait. Je fixai la mort, elle était le terme de tous mes maux. Il faut que ce moment terrible fasse taire toutes les passions ; car dès ce moment-là, je me sentis froide et calme. Je me promis de ne plus ouvrir vos lettres ; je voulais ne plus m'occuper que de ce que j'avais aimé ; mes derniers jours devaient être employés à adorer ce que j'ai perdu : et en effet je ne fus plus poursuivie par votre pensée. Cependant, s'il m'arrivait d'avoir quelques instants de sommeil, je me réveillais avec effroi par le son de ces terribles mots : *vivez, vivez ; je ne suis pas digne du mal que je vous fais.* Non, non, m'écriai-je, vous n'étiez pas digne d'être aimé ; mais, moi, il fallait que j'aimasse éperdument pour devenir aussi coupable. Vous avez eu la cruauté de me retenir à la vie, et de m'attacher à vous. Sans doute que c'était pour me rendre la mort plus nécessaire. Ah ! que vous me paraissiez cruel, qu'il m'en coûtait peu pour m'éloigner de vous et pour renoncer à la vie ! Mais pourquoi mourir, me disais-je quelquefois, en retournant sur moi, et en me sentant aimée et entourée de gens qui voudraient faire ma consolation et mon bonheur ? Pourquoi faire croire à l'homme que je hais, que je n'ai pu vivre sans l'aimer ? En mourant, ce ne serait pas même m'en venger. Je sentais mon âme se fortifier en m'éloignant de vous. J'étais dans cette disposition à l'arrivée du paquet adressé à M. de Vaines. Il me ramena à un mouvement plus doux, il fallut bien l'ouvrir, puisqu'il contenait l'éloge de Catinat. Je ne sais si c'est faiblesse, ou délicatesse, mais je me persuadai que, quoique je ne vous dusse plus rien, je ne pouvais pas vous refuser des soins pour une affaire de laquelle vous vous en étiez rapporté à moi. Je pensai que mon ressentiment ne devait pas me permettre de manquer à un procédé qui m'était imposé par la confiance que vous m'aviez marquée. Ce fut donc par morale que j'ouvris ce paquet. J'y vis votre lettre ouverte, je la lus ; elle était honnête, mais froide ; elle aurait pu être sensible, et alors j'aurais peut-être eu à combattre ma résolution : elle fit mieux, elle m'y confirma. Je continuai mes soins pour votre *Éloge*, et je jouissais avec une sorte de plaisir du genre d'intérêt qui m'animait. Ce n'était pas vous, ce n'était pas mon sentiment que je satisfaisais, c'était mon orgueil que je contentais. J'ai donc assez de force, me disais-je, pour obliger, pour servir ce que je hais et ce qui m'a fait mal ; et par la manière que j'y mettrai, je suis sûre qu'il ne me sera pas obligé. Cette pensée soutenait mon courage : je me sentais tant de force contre vous, que je relisais votre lettre ; et loin que mon âme s'en amollît, elle devenait plus forte, en voyant le peu d'intérêt et de regret que vous me montriez. Je la jugeai sans passion : car elle ne m'irritait point ; elle me prouvait seulement que j'avais pris le seul parti raisonnable. Je continuai donc à agir pour le succès de votre affaire, et j'y mis tant d'activité, que l'on pouvait me croire animée du plus vif intérêt. Je reçus votre billet de Bordeaux ; je pensai que je ne devais pas en craindre l'effet, et qu'au contraire, vous me donneriez de nouveaux motifs de m'éloigner de vous. Je l'ouvris donc avec empressement : il était court, et quoique dénué de sentiment, il me montrait un regret qui tenait à l'honnêteté ; je n'en fus pas touchée, mais j'en fus plus calme. Tant mieux, s'il est honnête, me disais-je ; s'il peut me paraître moins coupable, j'en serai moins humiliée. Mon âme n'a pas besoin de le haïr, c'était un tourment pour elle. L'indifférence me rendra au repos, et cette disposition me remettra peut-être en état de jouir des consolations qui me sont offertes. Il faut m'abandonner aux soins de l'amitié, il faut répondre à des gens que j'aurais dû rebuter ; il faut leur plaire, et cette occupation me détournera des pensées qui flétrissent et abattent mon âme depuis si longtemps. D'après ces réflexions, je me prescrivis une conduite à laquelle j'ai été jusqu'ici assez fidèle, et qui me réussit bien. Je mène une vie plus dissipée : je me livre à tout ce qui se présente ; je suis toujours environnée de gens qui m'aiment, qui tiennent à moi, non parce que je suis aimable, mais parce que je suis malheureuse. Ils me font l'honneur de croire que je suis restée abîmée par la perte que j'ai faite ; ils semblent jouir de l'effort que je me fais pour guérir : ils me savent gré de mon courage, ils me louent, ils se plaisent avec moi : ils m'enlèvent pour ainsi dire à ma douleur, en ne me laissant pas un instant à moi-même. Oui, je le vois, le plus grand bien, le seul bien est d'être aimé, c'est le seul baume d'un cœur déchiré. Mais rien, je le sens, rien dans la nature n'éteindra le sentiment qui a fait toute mon existence pendant tant d'années. Le besoin de me délivrer du tourment que vous me causez, me fera rechercher des ressources que j'avais rejetées. Enfin, je l'espère, je le sens, une volonté bien éclairée, bien absolue a plus de pouvoir que je ne l'avais cru. Vingt fois j'avais eu le mouvement de me séparer de vous ; mais je n'avais jamais été de bonne foi avec moi-même : je voulais bien ne plus souffrir ; mais je n'avais jamais pris le moyen de guérir ; vous m'en avez fourni un bien puissant, à la vérité. Votre mariage, en me faisant connaître votre âme, a repoussé et fermé la mienne à jamais. Oh ! non, ne croyez point que je suive vos conseils, et que je prenne mes modèles dans les romans de madame Riccoboni : les femmes que la légèreté égare, peuvent en effet se conduire d'après ces maximes et des principes de roman. Elles se font illusion ; elles croient être douces et généreuses, lorsqu'elles ne sont que froides, basses et méprisables : elles n'ont point aimé, elles ne sauraient haïr ; en un mot, elles ne connaissent que la galanterie, leur âme n'a pu atteindre à la hauteur de l'amour et de la passion ; et madame Riccoboni elle-même n'a pu s'y élever, même par l'imagination. Mon Dieu ! que je fus blessée de ce rapprochement que vous faisiez de mon malheur à cette situation de roman ! que vous me parûtes froid et peu délicat ! que je me trouvai supérieure à vous, en me sentant capable d'une passion que vous ne pouviez pas même juger ! Mais il faut terminer cette longue lettre qui vous mettra en état de mieux apprécier ma position actuelle. Je vous ai rendu compte de tout ce que j'ai éprouvé : j'y ai mis la même vérité que j'ai toujours eue avec vous ; et par une suite de cette vérité qui m'est sacrée, je ne vous dirai point que je désire votre amitié, ni que j'en ai pour vous : ce sentiment ne peut avoir de douceur et de charme, que lorsqu'il est fondé sur la confiance, et vous savez si vos procédés et votre conduite ont dû m'en inspirer. Adieu. Souffrez-moi le mouvement d'orgueil et de vengeance qui me fait trouver du plaisir à prononcer que je vous pardonne, et qu'il n'est plus en votre pouvoir de me faire connaître la crainte, sous quelque rapport que ce puisse être.

Je joins ici trois lettres que je vous prie de relire : ce n'est pas que je prétende, ni que je veuille vous inspirer ni regret, ni intérêt ; mais je veux que vous frémissiez une fois de tous les maux que vous m'avez causés. Puisse ce souvenir vous rendre meilleur ! J'exige (et votre conscience vous dira que j'en ai le droit), que vous me renvoyiez ces lettres sous l'enveloppe de M. de Vaines, et avec une double adresse par le courrier qui suivra celui où vous les aurez reçues.

LETTRE CXIII.

Lundi au soir, 3 juillet 1775.

A l'arrivée du courrier de samedi, je venais de vous écrire un volume, et je ne vous en ferai pas grâce, quoique votre lettre m'ait fait changer, non pas de façon de penser, mais de manière de sentir. Cependant je restai confondue en lisant que vous n'aviez que *l'apparence* d'être coupable envers moi, et que mon *malheur* fondait votre *indulgence* ; et c'est vous qui prononcez ces mots, et c'est moi que votre injustice fait mourir de douleur ! Ah ! mon Dieu ! où trouver la force dont j'aurais besoin ? Mon âme ne peut plus s'arrêter, se fixer à rien. Je ne vous hais pas, je passe ma vie à vous condamner, à souffrir, à maudire la vie à laquelle vous m'avez garrottée. Ah ! pourquoi vous ai-je connu ? pourquoi m'avez-vous rendue si coupable ? Et vous prononcez froidement que je suis *malheureuse !* Rien ne vous avertit donc que c'est vous qui m'avez rendu mon malheur irrévocable, et vous osez nommer le silence du désespoir, *un détestable caprice !* Hélas ! je vous ai aimé avec tant d'abandon, mon âme a été tellement enlevée à tout autre intérêt que celui de ma passion, qu'il est inouï que vous appeliez *caprice* le mouvement qui m'éloigne de vous. Quoi ! vous n'avez pas même la langue du sentiment qui m'anime. Au moment même où vous paraissez vouloir me ramener, vous blessez mon cœur, vous meurtrissez mon âme par vos expressions. Prenez garde que ce ne soit manquer de délicatesse que de vous plaindre de moi, lorsque je suis accablée par vous. Ce n'est, dites-vous, ni le dépit ni la reconnaissance qui vous inspire, c'est le sentiment le plus tendre. Ah ! s'il était vrai, serais-je au comble du malheur ? Non, vous vous méprenez, je le crois : car sans partager mon sentiment, sans avoir même besoin d'être aimé autant que j'aime, il vous en coûte un peu pour renoncer à être le premier, l'unique objet d'une âme active et passionnée, qui met, sinon de l'intérêt, du moins du mouvement dans votre vie. Oui, l'homme le plus dissipé et le plus agité sent encore du vide lorsqu'il cesse d'être aimé par une âme assez forte pour souffrir, et assez sensible pour tout pardonner. Je n'étais pas assez généreuse ou assez froide pour vous pardonner le mal qui me déchire ; mais j'avais eu assez de raison pour chercher le calme dans le silence. Mon âme était si malade, que j'espérais que le besoin de repos me ramènerait doucement à l'indifférence. Je ne croyais pas impossible qu'en cessant de vous voir et de vous parler, vous perdissiez enfin le pouvoir que vous avez d'égarer ma raison et de bouleverser mon âme. Eh! bon Dieu! que voulez-vous faire de cet ascendant? sans doute le malheur de ma vie et le trouble de la vôtre : il faut un excès d'amour-propre que je ne saurais exciter, pour vouloir entretenir un sentiment qu'on ne peut pas partager. Vous savez bien que mon âme ne connaît pas la modération : ainsi c'est me condamner aux tourments des damnés, que de vouloir m'occuper de vous. Vous voudriez l'impossible, que je vous aimasse, et que *ma raison* réglât tous mes mouvements; cela est-il dans la nature? Il n'y a que les sentiments qu'on fait avec sa tête qui puissent être parfaits, et vous savez si je sais rien feindre, si je peux rien usurper, si je voudrais devoir le bonheur de toute ma vie à une conduite qui ne me serait pas dictée par la tendresse de mes sentiments, ou par la violence de ma passion. Vous le savez, vous le voyez, je n'ai pas même l'usage de mon esprit avec ce que j'aime. Mais c'est trop vous parler de moi. C'est de vous que je veux savoir tout ce que j'ignore depuis si longtemps : vous me devez compte de vos pensées, de vos sentiments; oui, j'ai droit à tout cela. Comment pouviez-vous vous arrêter, lorsque vous m'écriviez? Et vous dites que *votre cœur et votre esprit étaient pleins!* Avec qui vous livrerez-vous? Y a-t-il quelqu'un dans le monde qui puisse vous entendre mieux que moi? — Sur ce que vous m'avez dit du *Connétable*, j'ai envoyé chez M. le maréchal Duras, qui a répété que le *Connétable* serait joué, que vous auriez un congé pour la fin du mois, que vous iriez, au mois de septembre, à Metz, finir le temps de votre service. Il vous a écrit tout cela le dernier courrier, et je vous le répète pour ma propre satisfaction. Vous avez donc trop *présumé de mon zèle*, et de je ne sais plus quoi! Que vous êtes ingrat! s'il eût dépendu de mon honneur et de ma vie, je n'y aurais pas mis autant d'activité. Il y a au concours quinze éloges de Catinat; mais il n'y en a qu'un qui m'inquiète. Je dois le lire demain, et je vous promets de vous envoyer mon jugement *cacheté* : nous verrons si je me rencontrerai avec l'Académie. Pour juger sainement, je ferai abstraction de *haine* et d'*amour*, et puis vous verrez si j'aurai de l'esprit. — N'avez-vous pas repris *les Gracques* ? et quoique toute ambition soit éteinte en vous, n'espérez-vous pas que cet ouvrage ajoutera beaucoup à votre réputation ? — M. de Vaines doit vous envoyer tous les originaux du travail que vous avez fait pour M. Turgot. N'allez pas croire que j'ai oublié le mémoire de M. Du......, je l'ai envoyé sur-le-champ ; j'ai écrit avec plus d'intérêt que je n'en mettrai jamais à moi et à ma fortune. J'ai prié qu'on ne me répondît pas sur-le-champ, parce qu'il n'y a que les refus qui soient si prompts. Enfin, *Monsieur*, j'ai pensé que *je serais* un de vos amis, et cette pensée ne m'a pas permis de rien omettre pour réussir. Que vous seriez ridicule, si vous n'étiez le plus aimable du monde! Votre lettre est un mélange de confiance dans mon sentiment, et de défiance *d'avoir jamais pu être aimé*, qui est trop plaisant ; c'est un ton si poli, et puis c'est un ton si confiant! Cela me rappelle : *Philis qu'est devenu ce temps*, etc. Je ne sais pas si vous m'aimez, mais vous êtes presque aussi inconséquent que moi : est-ce que je vous entraînerais ? si vous saviez tout ce que mon silence vous a fait perdre? et je n'entends pas par là les preuves de ma tendresse ; mais votre curiosité aurait été si amusée, si intéressée ! J'ai tant vu, tant entendu de choses depuis votre départ ! Je me disais : Tout cela serait plein de vie et d'intérêt pour moi, si je pouvais le lui communiquer ; mais dès que je ne dois pas lui parler, ce n'est pas la peine d'écouter : et en effet, je me retirai dans mon âme, où je trouvais bien mauvaise compagnie, des remords, des regrets, de la haine, de l'orgueil, et tout ce qui peut faire prendre en horreur la vie. — Je veux que vous me disiez par quelle lettre vous avez *commencé*; je crois au désespoir, si c'était par celle-ci ; vous ne liriez le reste que comme les gazettes de l'année dernière, et je vous aurai offensé, *j'espère*; je vous aurai révolté, vous m'aurez haïe, c'est quelque chose : mais la sottise, la faiblesse, c'est d'avaler sur-le-champ ce que je vous ai pourtant dit avec toute la vérité de mon âme. Oh ! il m'était échappé un mot, en vous mandant que vous étiez du concours, mot que je me suis bien reproché. En effet, comment appeler *mon ami* ce qu'on *hait* le plus dans la nature ? quelle réminiscence peut amener là ? Cela n'est pas concevable. Est-ce donc que cette haine serait le premier anneau de la chaîne qui ne laisse pas un mouvement de liberté aux malheureux qui ont été subjugués malgré eux ? Ah ! vous n'avez point assez *d'esprit* pour concevoir tout ce qu'on souffre en aimant sérieusement un homme qui ne mériterait d'être aimé que par les femmes dont il flatterait la vanité, sans occuper jamais l'âme. Voilà comme on aime, voilà ce qu'on dit qui est aimable ; et je ne sais comment, avec tant d'agrément de part et d'autre, il arrive cependant de s'ennuyer à mourir au milieu de tous ces gens-là. Mon ami, oui, mon ami le plus cher à mon cœur, ne soyons plus mal ensemble : pardonnons-nous, nous avons encore de quoi être indulgents, mais souvenez-vous que je suis bien malade et bien malheureuse : si vous voulez que je vive, aidez-moi, soutenez-moi ; faites-moi oublier tout le mal que vous m'avez fait. Répondez-moi, il me revient un volume. Adieu, adieu. N'êtes-vous pas las ?

LETTRE CXIV.

Mardi, 4 juillet 1775.

J'en suis bien fâchée ; mais, mon ami, pourquoi me demandez-vous l'*impossible?* donnez-moi l'occasion de vous être utile dans ce que vous croirez juste, je vous réponds que cela se fera, et sans que je m'en mêle : vous n'aurez qu'à parler. Si vous saviez ce qu'il m'en coûte pour vous taire quelque chose qui me comblerait de joie, si mon âme en était encore susceptible ! mais c'est un bien, c'est un plaisir qui contente ma réflexion, et qui fait jouir tout ce qu'il y a d'honnête et de sensible en moi. Oh ! mon ami, si vous étiez là, je ne serais pas discrète ; car je vous confierais un secret que je dois garder. Il faut qu'on se doute de mon attrait pour vous, puisqu'en me disant l'importance du secret, on a ajouté : *Mais pour tout le monde, pour Monsieur de G.....* J'ai ri de cette condition, et j'ai dit : Il n'est donc pas compris dans tout le monde ? Non, non, il ne l'est pas pour *vous ;* et vous voyez qu'on avait bien raison : car il n'y a que vous dans le monde, à qui je puisse dire que je meurs de regret de ne pouvoir parler.

J'ai eu cet éloge de *Catinat*, je vais le lire. Mon Dieu ! que les passions ont une morale relâchée ! Me voilà en reconnaissance de la marque de confiance que me donne l'auteur, me voilà à désirer que son ouvrage soit bon, mais à ce degré qui ne permette pas le doute entre vous et lui. Mon ami, je vous dirai vrai, mais je ne vous réponds pas que ce soit la vérité : vous savez bien que je n'ai point de goût et bien peu de sens commun, ainsi vous jugerez mon jugement comme il le méritera. — Que dites-vous de ce torrent d'écriture ? Ne seriez-vous pas mieux fondé à vous plaindre de l'excès que de la disette ? Bonjour. Si je n'ai pas une lettre demain, il n'y a point de justice à attendre de vous.

LETTRE CXV.

Jeudi, 6 juillet 1775.

Je n'ai point eu de vos nouvelles hier, mon ami. Vous vous êtes lassé de me parler, et moi je me suis trop tôt lassée de me taire ; avec un peu de courage, tant de douleurs, tant d'efforts n'auraient peut-être pas été perdus. Mon Dieu ! dites-moi, si vous le savez, comment cette torture finira ? sera-ce la haine, l'indifférence, ou la mort qui m'en délivrera ? Mon ami, je ne veux pas être généreuse à demi, je crois que je vous ai pardonné ; ainsi je vais causer avec vous, comme si j'étais contente de vous. — Je vais vous dire que d'ici à peu de jours voici ce qui sera public : c'est que M. de Malesherbes a toutes les places de M. le duc de la Vrillière : celui-ci donnera sa démission dans quelques jours, il a encore à faire une visite à l'assemblée du clergé qui doit lui valoir vingt mille francs. M. de Malesherbes donnera la démission de sa charge à la Cour des aides, et M. de Barentin le remplacera. Si vous saviez tout ce que M. de Malesherbes a mis d'honnêteté et de simplicité en acceptant cette place ! vous redoubleriez d'estime, de goût et de vénération pour cet excellent homme. Oh ! pour le coup soyez assuré que le bien se fera, et qu'il *se fera bien*, parce que ce sont les lumières qui dirigeront la vertu et l'amour du bien public. Jamais, non jamais deux hommes plus vertueux, plus désintéressés, plus actifs n'ont été réunis et animés plus fortement d'un intérêt plus grand et plus élevé. Vous le verrez : leur ministère laissera une profonde trace dans l'esprit des hommes. Tout ce que je vous dis là est encore un secret. Ce choix-là sera reçu avec transport du public ; il y a quelques gens qui en enrageront, mais ils se tairont. Les intrigants auront bien peu de moyens, cela est bien touchant. Oh ! le mauvais temps pour les fripons et pour les courtisans ! n'y a-t-il pas bien de la délicatesse à faire cette distinction ! cela s'appelle partager un cheveu en quatre.

A présent écoutez-moi, tremblez : car je vais juger deux éloges de Catinat, qui seront, à ce que j'imagine, les deux seuls qui occuperont l'Académie. Les auteurs de ces deux éloges sont M. de G...... et M. de La Harpe. M. de G...... est auteur d'un excellent ouvrage de tactique et d'une tragédie : ces deux ouvrages l'ont fait connaître comme un homme plein de talent et d'esprit, et ils annoncent partout une âme élevée et pleine d'énergie. C'est d'après cette connaissance et la prévention qu'elle doit inspirer pour M. de G......, que j'ai lu et jugé son éloge de Catinat. Vous connaissez M. de La Harpe mieux que moi, vous savez que c'est un excellent littérateur qui a beaucoup d'esprit, et surtout le goût le plus éclairé et le plus pur : voilà la justice que je lui rendais avant que de lire son éloge de Catinat. A présent, écoutez ce que la présomption aveugle, sotte et bête a osé prononcer, et voyez si vous en serez irrité, ou si vous prendrez le parti de dédaigner *cet arrêt*. L'éloge de M. de La Harpe est écrit avec sa facilité ordinaire, mais avec une correction dont il s'est dispensé tant qu'il n'a pas eu M. de G...... pour rival. Son style est à la fois facile et élevé : il est si rare de réunir ces deux mérites, du moins à ce point, qu'il me semble qu'on pourrait dire qu'il écrit en prose comme Racine écrit en vers. Cet ouvrage est d'un homme de lettres qui a un esprit juste et sage, une âme douce, honnête et élevée. Il y a une foule d'expressions heureuses, des choses touchantes, d'idées fines exprimées avec clarté et avec noblesse ; mais ce n'est que l'ouvrage d'un excellent écrivain, d'un homme de beaucoup d'esprit. — Celui de M. de G...... me paraît l'ouvrage d'un homme supérieur, qui a plus que de l'esprit, c'est du génie. Aucun des deux n'est philosophe : l'un, parce qu'il ne pense pas assez froidement ; l'autre, parce qu'il ne pense pas assez profondément : mais l'âme de M. de G...... juge les hommes et les événements avec tant de hauteur et d'énergie, qu'on aime mieux être entraîné par elle qu'éclairé par un philosophe. La partie militaire est si bien traitée dans M. de G......, que les plus ignorants se croient, en le lisant, en état d'apprécier le mérite de Catinat. Cette partie dans M. de La Harpe est obscure, fatigante et fort ennuyeuse. En lisant M. de La Harpe, on est agréablement occupé, et quelquefois touché ; on estime le talent de l'auteur. En lisant M. de G......, je sens mon âme s'agrandir, se fortifier, prendre une activité, une énergie nouvelle : mais quelquefois il passe la mesure ; son style n'est pas toujours assez clair et assez concis ; il manque quelquefois d'harmonie, on y trouve des expressions trop hasardées. Si on accordait le prix à l'art d'écrire, à l'éloquence de style, à l'ouvrage le mieux fait, il faudrait, je crois, couronner M. de La Harpe : mais si on le donnait à l'éloquence de l'âme, à la force et à l'élévation du génie, à l'ouvrage qui produira le plus grand effet, il faudrait couronner M. de G...... Si je ne connaissais pas les auteurs, je passerais ma vie à désirer ou à regretter de n'être pas l'amie de M. de G......; et je ne m'informerais seulement pas si M. de La Harpe vit à Paris. Mon ami, je meurs d'impatience que vous soyez à portée de juger mon jugement ; mais je vous demande votre parole d'honneur que vous n'en ferez part à personne, pas même à ce qui vous est le plus cher : je ne veux pas avoir le dégoût ou la *gloire* que m'a causée le jugement des deux éloges de La Fontaine. Mon ami, je n'ai ni amour-propre ni prétention avec vous. Il m'est commode d'être bête, et je me laisse aller : mais avec les autres, je ne me gêne pas, car je n'en ai plus la force. Je ne leur parle point, je me contente de dire : Cela est bon, cela est médiocre ou mauvais, et je me garde bien de me fonder en raison ; à coup sûr, cela m'ennuierait autant que je les ennuierais. Et qu'importe d'avoir de l'esprit avec ceux qui ne vont pas à mon âme, c'est bien moi qui suis éteinte. Mon âme est encore animée par le malheur, mais elle est restée sans chaleur : j'ai perdu ce qui m'échauffait, ce qui m'éclairait, ce qui m'exaltait ; il ne me reste que des souvenirs qui couvrent de crêpe tous les objets. O mon ami, M. de Mora n'est plus, et vous m'avez empêchée de le suivre ! par quelle fatalité vous ai-je inspiré un intérêt qui m'est devenu si funeste ?

Vendredi, 7 juillet.

J'oublie de vous dire que M. de Sartine doit entrer au conseil : c'est pour le consoler. Je vous disais, il y a quelques jours, que j'étais environnée de mes amis ; mais depuis deux jours, c'est une désertion entière : les inspections, les régiments, les terres, les eaux m'ont tout enlevé. Cependant l'ambassadeur de Naples me reste, et je le vois tous les jours, mais il est trop gai pour moi, il contrarie ma disposition. M. de Condorcet est de retour. Après de longs entretiens avec son cher oncle, il a été convenu que M. de Condorcet se marierait quand il en aurait envie : cette *tyrannie* est tolérable. Il a accordé qu'il *serait présenté au roi*, qu'il ferait prendre le deuil à son laquais, parce que c'est l'*aîné de la maison* qui est mort ; et après ces conditions et ces promesses, il a pris congé de son oncle, qui se console d'avoir un neveu de l'Académie, parce qu'il a appris qu'il était l'ami intime d'un ministre. Mon Dieu ! que de sottises ! cela fait gémir, quand cela ne fait pas rire. — Mon ami, je vous conterai quelque jour une colère où je me suis laissée aller : j'ai dit des duretés, des injures, je je me suis fait des ennemis ; mais il ne m'importe, je me suis satisfaite. Il me paraissait que c'était le comble de l'injustice et de l'insolence que d'oser vous juger. Je voudrais avoir le droit exclusif de penser mal de vous ; je voudrais que les autres vous jugeassent comme je vous sens, noble, grand, élevé, et qu'on ne dît jamais de vous, *il est aimable*. Ah ! la sotte louange ! elle est destructive de tout vrai mérite. Il est aimable, cela veut dire, quand cela est traduit et que ce sont les gens du monde qui parlent : il est frivole, léger et sans caractère. Voilà les gens aimables de ce pays-ci : mais nous deviendrons meilleurs, j'en suis intimement persuadée. Adieu, mon ami. Vous vous moquerez de moi de vous avoir gardé un secret que tout le monde vous mandera ; mais si vous n'êtes pas devenu trop *provincial*, vous saurez que trois jours peuvent être d'une grande importance dans un secret de cette nature. D'ailleurs, je l'avais promis, et la morale ne doit pas être raisonneuse. — J'ai une grande curiosité, ce serait de voir une lettre de..... Mais de nouveaux devoirs imposent sans doute de manquer de confiance : eh bien ! soit. J'espère que j'aurai demain de vos nouvelles. Ce sera un mot bien sec, bien froid : cela me déplaira, et peut-être tant et tant, que je me reprocherai amèrement mon retour vers vous. J'aurais dû vous écrire : *Vous n'étiez pas digne du mal que vous me faites;* ces mots découvrent jusqu'au fond de l'âme, et jetteraient de la lumière sur dix ans de liaison : c'était ce que disait Clarisse en mourant à Belfort, ami de Lovelace, et cette pensée lui faisait trouver la mort consolante et nécessaire. Mais adieu. Richardson a connu les hommes, l'amour et les passions : madame Riccoboni ne connaît que l'amour-propre, la fierté, et quelquefois la sensibilité ; et voilà tout.

LETTRE CXVI.

Lundi, 10 juillet 1775.

Eh bien ! achève donc de déchirer mon cœur. En effet, que je suis malheureuse, que je suis hors de propos, hors de mesure ! dans quelle méprise, bon Dieu ! je suis tombée ! Il vous suffisait, dites-vous avec plus de délicatesse que de sensibilité, de recevoir *une feuille de papier blanc;* et mon malheur a voulu que lorsque vous me prononciez votre volonté, j'étais entraînée à vous dire tout ce que je pensais, tout ce que je sentais. Je souffrais, mon âme s'est lassée, elle s'est tournée vers celui qui la blessait. Oh ! mon ami, vous ne m'entendrez pas, vous me répondrez mal, je vous haïrai avec d'autant plus de force que je vous ai montré plus de faiblesse. Cessez donc de me tourmenter : vous faites trop et trop peu ; laissez éteindre un sentiment que vous ne voulez pas, que vous ne pouvez pas partager. Mon Dieu ! j'étais guérie sans ce maudit éloge de Catinat ; j'en serais restée à cet infâme billet du château de C....., dont le souvenir me fait encore frémir de colère. Je n'aurais plus rien lu de vous, et du moins, dans ce silence profond, j'aurais eu la force de guérir ou de mourir. Mon ami, vous êtes bien coupable : car vous faites bien froidement le désespoir de ma vie. Après m'avoir dit que vous savez que je souffre, vous ajoutez que *vous auriez besoin de vivre à la campagne, et que la disposition dans laquelle vous êtes, durera longtemps.* Quoi ! vous savez que vous me désolez, et vous pensez à vous ? Vous auriez envie d'aller à la campagne, et non pas de me voir, cela est-il vrai ? et si cela est vrai, pourquoi me le dites-vous ? Vous devez me taire ce qui est fait pour révolter mon âme, oui, vous le devez : car n'allez pas croire qu'il n'y ait qu'une sorte de devoir, et qu'ils soient tous remplis lorsqu'on a satisfait à ceux qui ont pour objet l'intérêt personnel, et ceux qui sont soumis au jugement du monde. Sans doute, c'en est assez pour ces âmes grossières et vaines qui n'attachent d'idée de bonheur qu'à l'argent, et de considération qu'à l'approbation des sots qui les environnent. C'est à votre conscience, moi, que j'en appellerai toujours, et c'est la mienne qui vous jugera, lorsque ma passion se taira. Mon ami, vous me faites mal ; vos lettres sont froides, tristes et indifférentes ; vous ne m'avez pas dit un mot qui vînt du cœur. Pourquoi donc le mien s'est-il abandonné à vous ? Enfin dites-moi pourquoi je vous aime, lorsque j'aurais de si fortes raisons de ne vous aimer pas; et ce n'est pourtant point comme la plupart des femmes, par sotte et plate vanité ou par désœuvrement. A l'égard du vide et du désœuvrement, je ne le connais pas : mon âme serait occupée cent ans de ce que j'ai aimé et de ce que j'ai perdu ; et ma vie serait pleine de mille intérêts, si je le voulais. Je repousse, j'écarte sans cesse ce qui voudrait pénétrer jusqu'à mon âme. Ainsi vous voyez donc que c'est par une fatalité toute particulière que je suis condamnée au supplice qui me tue ; et vous, vous vous en faites spectateur froid ! vous étiez tant accoutumé à ne plus avoir signe de vie de moi, *une feuille de papier blanc*, répondait à tout ce que vous pensiez et sentiez pour moi, mon ami ! et je vous ai écrit des volumes : songez-vous ce que c'est que la gaucherie et la sottise de ma conduite ? J'en suis confuse, mais je veux un peu m'en venger en vous disant, que dans cette lettre à laquelle je réponds, celle du 1ᵉʳ juillet, il y a quelque chose de bien mauvais goût, mais bien mauvais. Oh ! je vous le garde, et si lorsque je vous confondrai, vous ne me haïssez pas, il faut que vous soyez bien bon. Mais, oui, vous êtes doux, vous êtes bon. Ah ! vous êtes aussi bien méchant, bien dur, bien inconséquent; mais ce que vous êtes plus que tout cela et qui couvre tout, c'est que vous êtes b... a... ! Je n'ose pas écrire ces mots en toutes lettres : il me semble que c'est comme si je disais : je suis folle ; vous seriez capable de le croire, et l'on se met trop à son aise avec les fous. Je veux vous gêner, je veux vous tyranniser, je veux vous faire souffrir pendant une heure ce que vous me faites souffrir toute ma vie. — Mais à propos, je ne vous ai pas encore parlé de cette bague que vous m'avez donnée en partant : elle était le symbole, l'emblême de tout ce qui est arrivé. Je la mis à mon doigt, et deux heures après elle était brisée. Ce n'est point une plaisanterie, cela me fut du plus triste augure. Venez, mon ami. Donnez-moi une bague forte et durable comme mon sentiment ; celle que vous m'avez donnée ressemblait trop au vôtre, elle ne tenait qu'à un cheveu. — *Vous n'aimez donc plus que la lecture ?* Et cependant vous dédaignez la gloire. En vérité, vous êtes un grand philosophe lorsque vous êtes triste ; mais cet hiver, vous serez si heureux, si riche, si gai, si dissipé, alors il ne sera plus question de cette profonde philosophie. Ah ! non, votre vie n'est pas si avancée, votre tête est encore bien jeune ; elle a encore besoin d'être purgée de bien des choses qui souvent égarent votre âme. Mon ami, je suis bien impertinente, n'est-ce pas ? Je vous critique sans cesse, mais je vous aime mieux que ceux qui vous louent toujours. M. d'Alembert vous aime comme si j'y consentais. Adieu. Écrivez-moi donc et beaucoup.

LETTRE CXVII.

Mardi, 11 juillet 1775.

J'ai fait mon thême en deux façons ; et comme ce qui en est le sujet et l'objet à la fois, ne vous est pas absolument indifférent, je vous envoie ce brouillon. Je ne crois pas qu'il diffère de beaucoup de mon premier jugement ; mais cependant il doit y avoir de la différence : c'est que la dernière fois, j'écrivais en venant de lire M. de La Harpe, et cette fois-ci, c'est en venant de vous lire. Jugez si j'ai mieux senti, si j'ai été plus ou moins bête. Enfin, mon ami, condamnez-moi ; mais ne dites pas que je ne suis pas occupée de vous jusqu'à vous en fatiguer. — M. de Malesherbes ne sera en possession que samedi, ou dimanche. Il a été dire adieu à sa solitude de Malesherbes, et je crois que ce ne sera pas sans en avoir le cœur serré. Un ambitieux aura peine à croire qu'on fasse des sacrifices en devenant ministre ; mais si vous connaissez M. de Malesherbes, vous verrez que je dis vrai. Bonjour, mon ami. Je vais envoyer à la grande poste. Je vous ai écrit hier un volume. C'est demain que j'aurai de vous quatre lignes, bien sèches, et peut-être bien dures. Eh bien ! quelles qu'elles soient, je les attends avec plus d'impatience que vous n'attendez un plaisir. Je donne ordre qu'on m'apporte mes lettres chez madame Geoffrin. Au moment où elles arrivent, et jusques-là j'ai bien peu l'esprit à la conversation. Mes yeux et mon âme sont attachés sur la porte et sur les mains de tout ce qui entre dans la chambre. Mon ami, il n'y a donc de manière d'exister fortement qu'en souffrant. Mon Dieu ! j'en ai connu une autre ; que ce souvenir est mêlé de douleur et de regret !

LETTRE CXVIII.

Mercredi au soir, 12 juillet 1775.

Dites-moi : peut-il y avoir une bonne raison pour ne m'avoir pas écrit ce courrier-ci ? Vous deviez répondre à ce que je vous mandais, que votre éloge était au concours ; et puis vous deviez... Eh non, vous ne deviez rien, puisque le cri de la douleur n'a pas touché votre âme. Vous avez bien fait de ne me pas répondre, vous m'auriez blessée, et je ne suis qu'affligée. Je me rappelle que je vous disais alors que, fussiez-vous le plus dur et le plus injuste des hommes, je ne me reprocherais jamais le mouvement que le désespoir m'arrachait ; et vous vous taisez : c'est en gardant le silence que vous comptez soulager une âme accablée et déchirée tout ensemble. Mais si vous étiez coupable, vous ne seriez pas digne du regret que je vous marque ; et si vous ne l'êtes pas, mon ami, je vous demande pardon : car j'afflige votre cœur en le supposant insensible à ce que je souffre. Il faut attendre à samedi. Je ne sais si je dois le désirer, c'est peut-être le jour le plus important de ma vie : s'il ne me restait qu'une ressource ! Eh bien ! vous auriez mis le complément à une destinée exécrable, et il me semble que je vous en bénirais. Oui, je vous en chérirais : car je ne puis plus, je ne veux plus vous haïr ; cet horrible sentiment est trop étranger et trop violent pour mon âme. J'ai pensé en mourir, tant cela avait mis mes nerfs en contraction et en convulsion. Je n'obtiens après cela du calme qu'avec une dose d'opium, qui me jette dans un état d'affaissement qui ressemble à l'imbécillité. Mon ami, bientôt je n'aurai plus physiquement la force de vous aimer. La suite des violentes secousses de mon âme est toujours d'affaiblir et de détruire ma machine. Encore si les souffrances rendaient le chemin plus court ! mais l'on va si lentement lorsqu'on est heurté à chaque instant ! Ah ! mon Dieu ! combien d'heures à passer d'ici à samedi ! Je m'en vais mettre tout ce que j'ai de force à en tromper la longueur. Je me suis déjà engagée cet après-dîner pour cinq ou six choses dont il n'y en a pas une, qui ne soit pour moi par-delà l'indifférence ; mais je serai toujours avec des gens qui m'aiment un peu ; cela soutiendra mon courage. Je vais demain à Auteuil, vendredi à Passy entendre cette célèbre chanteuse qui passa l'année dernière ici et qui a, à ce qu'on dit, une si étonnante voix et une si grande bêtise. Dans une disposition de calme j'aurais pu jouir de ce plaisir, mais pour une âme qui souffre et qui aime, reste-t-il quelque intérêt dans la vie ?

Mon ami, je vous écris de chez le comte de C...., où je suis établie depuis deux jours. J'y suis seule ; madame de C.... est à la campagne, et son mari est à Metz pour faire un mois du service le plus cruel, puisqu'il le sépare de sa femme. J'ai beau chercher dans cet appartement, en parcourir toutes places ; ils ont tout emporté, il n'y reste pas vestige de bonheur. J'ai passé la nuit dans un lit bien dur, je n'avais pas encore fermé l'œil à huit heures du matin ; je me sentais bien abattue, bien triste et je me disais : *que dans les mêmes lieux les cœurs sont différents*! Mais si le malheur avait plus d'influence que le plaisir et le bonheur, que je les plaindrais, de retrouver dans ce lit les pensées et le sentiment qui m'y ont occupée ! — Mon ami, vous avez dû recevoir tous les papiers que vous aviez confiés à M. Turgot, qui m'en a parlé avec beaucoup d'éloge et de reconnaissance pour vous. J'ai plus causé avec lui hier matin, que je n'avais fait depuis qu'il est contrôleur-général. Je le vis entrer dans ma chambre à onze heures du matin, et nous fûmes seuls jusqu'à une heure. Je vous le répète, il n'y a point, mais point d'homme plus vertueux et plus passionné pour l'amour du bien. Je n'entrerai dans aucun détail ; je dirai seulement : c'est moi qui le dis, et c'est lui qui le prouvera. N'allez pas croire que j'aie passé ce temps à le louer ; non, en vérité, il vaut mieux que mes louanges. Je lui ai dit tout ce que je vous ai ouï dire qu'il faudrait qu'il sût ; je n'ai pas si bien dit que vous auriez dit ; mais je me sentais animée par votre esprit. N'importe, j'ai parlé avec cet abandon de confiance qui m'est si naturel avec les gens que j'estime, et que j'aime ; en un mot, j'étais à mon aise comme avec vous. Et après avoir dit mille impertinences, j'ai remarqué qu'il n'y avait que la vertu et la simplicité qui pussent se passer d'habitude pour se trouver à son aise. Et en effet, il me semblait qu'il n'y avait point eu d'intervalle depuis le temps où il venait me dire *ses vers métriques.* Si je voulais, je vous dirais bien des choses aussi sur M. de Malesherbes; mais cela serait de trop bon air, et il est difficile de crever de vanité, lorsqu'on meurt de tristesse. Adieu, mon ami, et il ne serait pas impossible que ce fût adieu pour jamais : Dieu seul et vous, le savez.

LETTRE CXIX.

Samedi au soir, 15 juillet 1775.

Mon ami, je vis, je vivrai, je vous verrai encore; et quelque sort qui puisse m'attendre, j'aurai encore un instant de plaisir avant que de mourir. Je ne me disais pas cela ce matin : mon âme était frappée de tristesse, j'attendais mon arrêt; je le croyais funeste, et je voulais le subir : je ne voulais plus me plaindre, je ne pouvais plus souffrir, et j'avais déterminé qu'aujourd'hui serait le dernier jour de ma vie, si vous ne veniez pas à mon secours. Vous y êtes venu, mon ami, votre cœur m'a entendue; il m'a répondu, et dès lors la vie m'est supportable. J'étais dans un accès de désespoir ce matin, M. d'Alembert en a été effrayé, et je n'avais plus assez de présence d'esprit pour le calmer. Son intérêt me déchirait, il a détendu mon âme, il m'a fait fondre en larmes; je ne pouvais pas parler; et dans mon égarement, il dit que j'ai répété deux fois : *je mourrai, allez-vous-en;* et ces mots l'ont renversé : il a pleuré, et il voulait aller chercher mes amis, et il disait :

Que je suis malheureux, que M. de G...... ne soit pas ici ! c'est le seul qui pouvait adoucir vos maux : depuis son départ vous êtes livrée à votre malheur. Oh ! mon ami, votre nom m'a ramenée à la raison, j'ai senti qu'il fallait me calmer pour rendre le repos et la vie à cet excellent homme. J'ai fait un effort, je lui ai dit qu'il s'était joint une attaque de nerfs à ma douleur habituelle. Et en effet, j'avais un bras et une main tordue et retirée ; j'ai pris un calmant. Il avait envoyé chercher un médecin ; pour me délivrer de tout cela, j'ai rassemblé tout ce qui me restait de force et de raison, et je me suis enfermée dans ma chambre en attendant le facteur. Il est arrivé, j'ai eu deux lettres de vous : mes mains tremblaient au point de ne pouvoir les saisir, ni les ouvrir. Ah ! pour mon bonheur, le premier mot que j'ai pu lire était, *mon amie*. Mon âme, mes lèvres, ma vie s'étaient attachées au papier ; je ne pouvais plus lire ; je ne distinguais rien que des mots détachés ; je lisais : *vous me rendez la vie ; je respire.* Oh ! mon ami, c'est vous qui me la donniez ; je mourrais, si vous ne m'aimiez plus. Jamais, non jamais, je n'avais éprouvé un sentiment aussi vrai. Enfin, j'ai lu, j'ai relu dix fois, vingt fois, des mots qui ont porté la consolation dans mon cœur. Mon ami, en vous approchant de moi, vous me rattachiez à la vie : oui, je le sens, je vous aime plus que le bonheur et le plaisir. Je vivrai privée de l'un et de l'autre ; je vous aimerai et quand cela ne suffira plus, il sera temps de mourir. Oui, nous serons vertueux, je vous le jure, je vous en réponds ; votre bonheur, votre devoir me sont sacrés. Je me ferais horreur si je trouvais en moi un mouvement qui pût les troubler. Oh ! mon Dieu ! si j'avais pu conserver une seule pensée qui pût blesser la vertu, vous me feriez frémir. Non, mon ami, vous n'auriez rien à vous reprocher, moi seule j'aurai été coupable ; je serai dévorée de remords et de regrets : mais si vous êtes heureux, je tairai à jamais tout ce qui pourrait vous donner l'idée de mon malheur. Mon ami, vous connaissez la passion : vous savez la force qu'elle peut donner à une âme qu'elle possède ; eh bien ! je vous promets de joindre à cette force toute celle que peut donner l'amour de la vertu, et le mépris de la mort, pour ne jamais porter atteinte à votre repos et à vos devoirs. Je me suis bien consultée : si vous m'aimez, j'aurai la force d'un martyr ; mais si je viens à douter de vous, il ne me restera que celle qu'il faut pour se délivrer d'un poids insupportable ; et elle ne me manquera sûrement pas au besoin : je l'avais ce matin. Vous croyez donc qu'il n'y a pas un degré de passion par-delà celle que je vous ai montrée ? Moi, je vous réponds que vous ne savez pas tout, que vous ne voyez pas tout, et qu'il n'y a point de mots qui puissent exprimer la force d'une passion qui se nourrit de larmes et de remords, et qui ne se propose que deux choses, aimer ou mourir. Il n'y a rien de cela dans les livres, mon ami ; et j'ai passé avec vous une certaine soirée, qui paraîtrait exagérée si on la lisait dans *Prévost*, l'homme du monde qui a le mieux connu tout ce que cette passion a de doux et de terrible. — Je n'ai point encore le paquet de mes lettres ; je ne serai tranquille que lorsque je le tiendrai : je ne saurais me défendre de la crainte que vous n'ayez fait quelque méprise ; vous étiez si pressé ; mais je crois que je ne vous ferais point de reproches : devinez si ce serait générosité. — Mon ami, il m'arrive une chose qui m'aurait renversée autrefois : madame Du Deffand me fait une noirceur affreuse : elle m'a mêlée dans toute cette tracasserie de madame Necker et de madame de Marchais ; elle m'a compromise vis-à-vis de madame d'Enville, et tout cela est encore plus absurde que méchant ; il faudra avoir des explications. M. d'Angevilers a aussi son rôle dans cette pièce infernale ; l'ambassadeur de Naples y met beaucoup d'intérêt, M. d'Alembert est furieux : et moi, au milieu de tout cela, je suis calme comme l'innocence, et froide comme l'indifférence. Et hier qu'on voulait me monter la tête sur tout cela, je répondais toujours : *tout ira bien* ; et l'on admirait mon sang-froid au milieu de cet orage. Oh ! c'est que j'en avais un d'un autre genre et qui était près de fondre sur ma tête ; il n'y avait d'important pour moi dans la nature que l'arrivée du courrier de Bordeaux. Eh ! bon Dieu ! je défierais toutes les furies de l'enfer, lorsque je suis contente de vous. Voilà l'avantage, le cruel avantage du malheur : c'est qu'il tue tous les petits chagrins qui agitent la vie des gens du monde. Je sens que je me tirerai à merveille de cette tracasserie, parce que je n'y mets ni chaleur, ni intérêt ; je me reproche seulement de vous en parler si longtemps : mais si vous étiez ici, vous en sauriez bien davantage ; ce procès-là a pris la place de celui de M. de Guignes. — Le chevalier m'a rapporté de vos nouvelles. Vous me dites que vous gardez dans votre cœur les *injures*, les *horreurs* que je vous ai dites ; eh bien ! qu'en ferez-vous ? Vous savez que j'ai tout annulé ; je vis et je vous aime : voilà ce qui reste de mon désespoir et de ma haine. *Vous allez recueillir votre raison* pour me répondre : vous n'en avez pas besoin ; et moi, je suis si raisonnable lorsque mes accès de folie sont calmés, qu'en vérité, c'est de la prodigalité que de m'aider de votre raison et de vos raisonnements : cependant je les attends avec une vive impatience. Qu'il y a loin du samedi à mercredi ! *que pour les malheureux l'heure lentement fuit !* Bonsoir, mon ami. J'achèverai ce volume ces jours-ci : car il ne partira que mardi. Je suis malade depuis trois jours; j'étais sur la roue, vous m'avez guérie.

LETTRE CXX.

Jeudi, 14 juillet 1775.

Mon ami, j'aimerais à vous chercher et à vous rencontrer partout, à vous parler sans cesse, à vous voir, et à vous entendre toujours. Je vous ai écrit à Bordeaux, à Montauban, et encore aujourd'hui à Bordeaux, et tout cela peut-être inutilement : car si vous devez être ici le premier, vous serez en route le 26 ou le 27. Tant mieux. Vous n'aurez pas mes lettres; mais je vous verrai, et j'ai bien de la peine à croire que ce plaisir ne me fasse que du mal : vous êtes si doux, si sensible, si aimable, que peut-être je ne sentirai que cela. Mais pourquoi n'ai-je pas eu de vos nouvelles le dernier courrier? est-ce que le temps doit jamais manquer pour venir au secours de ce qui souffre? Oh! oui, je souffre, et beaucoup : j'ai des entrailles qui font de leur mieux pour me distraire des maux de mon âme. J'ai eu hier des douleurs effroyables; j'ai passé la matinée dans le bain, j'en ai obtenu un peu de calme. Mon ami, arrivez; mais cependant je ne vous verrai guère : une femme, une tragédie à faire jouer, des devoirs; que pourra-t-il rester à une malheureuse créature qui n'existe que pour aimer et souffrir? Oui, je le sens, je suis condamnée à vous aimer tant que je respirerai : quand mes forces sont épuisées par la douleur, je vous aime avec tendresse; et quand je suis animée, que mon âme a du ressort, je vous aime avec passion. Mon ami, le dernier souffle de ma vie sera encore une expression de mon sentiment. Adieu. Si vous me lisez, répondez-moi, et ne croyez point arriver plus tôt que votre lettre. Mon ami, gardez-vous de venir chez moi dans un moment où je serais avec du monde. Je vous quitte, j'ai des douleurs affreuses. Adieu, adieu, je vous aime, et je crois que ce n'est pas parce que je vous ai aimé.

LETTRE CXXI.

Ce mardi, 1er août 1775.

Mon ami, je viens de finir *Catinat*, je ne l'avais jamais si bien entendu, si bien senti ; je ne doute pas que l'Académie n'en sente le prix : ce qui concourra, pourra être bon, et rester à une grande distance. Vous me faites peur pour des gens que je connais; cependant je ne veux pas les décourager. Eh bien ! mon ami, vous n'avez rien trouvé à répondre ? mais au moins rapportez-moi mes sottes écritures; s'il est nécessaire, je vous ferai le commentaire ce soir d'après ce texte. Je vous verrai ce matin ; peut-être serez-vous assez aimable pour venir de bonne heure ce soir. Il faut en convenir, les morts n'ont point de telles journées ; mais aussi ils n'ont rien souffert hier, et ils ne se plaindront pas demain. Bonjour ; j'ai prononcé hier des mots qui arrêtent la circulation de mon sang. Mon ami, j'ai dit que je désirais votre départ; c'est comme si je disais : je voudrais être morte, et cela est vrai souvent. Il était donc bien embarrassant de me répondre? laissez faire, je sais un secret pour vous tirer d'embarras, pour me faire aimer : oui, aimer, et avec énergie ; mais il ne faut en venir aux grands moyens, que le plus tard qu'on peut. — Mon livre tout de suite.

LETTRE CXXII.

1775.

Je suis tellement dans l'habitude de souffrir et de ne sentir que de la douleur, que je doute que j'eusse été bien sensible au plaisir de voir votre éloge couronné par l'Académie : cela ne m'aurait paru que juste, et je crois que j'aurais joui faiblement de ce que ce succès pouvait avoir de flatteur pour votre amour-propre. Mais j'avoue que je sens et que je ressens, trop vivement peut-être, le dégoût que vous avez d'être soumis à des formules inventées par des pédants, pour l'encouragement et la récompense des écoliers. Un *accessit* seul aurait été une platitude choquante ; mais deux *accessits* me paraissent une impertinence offensante, et il ne m'importe de savoir quelle modification ou quelle distinction on y mettra le jour de l'assemblée publique. Si Voltaire avait concouru, et qu'on vous eût donné l'*accessit*, cela serait tout simple ; mais être à la suite de M. de La Harpe, et à côté d'un jeune homme de vingt ans ! cela me révolte à un degré que je ne puis exprimer, et que je n'ai pu contenir ; cela blesse mon orgueil, cela me rend injuste, car cela pousse mon âme jusqu'à la haine pour celui qui vous a été préféré. Soyez plus modéré, si vous pouvez, cela sera honnête, et généreux à vous ; et peut-être trouverez-vous, et dans vos talents et dans le sentiment de votre force, de quoi dédaigner l'*accessit*. Les Académies de tout l'Univers ne sauraient vous faire descendre de la place où la nature vous a élevé. Je sais tout cela, je me le dis ; mais je sens le dégoût, et j'en suis si près, que ce que je souffre, l'emporte de beaucoup sur ce que je pense... — J'ai besoin de vous voir, et de raisonner avec vous sur le parti que vous prendrez pour l'impression ; mon avis serait qu'il fût répandu dans le public avant qu'il pût connaître celui de M. de La Harpe, qui ne sera lu que le 25, et imprimé que le 28 ou le 30. Cette opinion n'est pas dictée par la réflexion, mais voyez si elle contente la vôtre.

Je n'ai pas le droit d'être sévère : mais celui qui me restera toujours, c'est de sentir quand vous manquerez à l'amitié ; et vous l'avez blessée en ne cédant pas à la grâce que je vous avais demandée, et que je croyais pouvoir obtenir. Vous ne devriez plus avoir ni curiosité, ni intérêt sur l'expression de mon sentiment : il vous a été si bien connu, vous l'avez repoussé si cruellement dans le temps même que vous en exigiez le plus de preuves, qu'en vérité, je suis forcée de croire que le prix que vous paraissez y mettre dans ce moment, n'est plus qu'un effet de votre délicatesse, et peut-être aussi, un moyen d'étourdir votre conscience qui vous dit plus haut que moi, que vous avez abusé de mon malheur, en paraissant vouloir l'adoucir. Ayez assez de vertu pour me sauver le dernier degré d'humiliation, qui serait de devenir l'objet de votre pitié : car ce n'est plus que cela qui vous ramène à moi ; et, je vous avoue, que malgré l'attrait invincible qui m'a entraînée vers vous, cette pensée révolte toutes les facultés de mon âme. Quoi ? j'ai été aimée de M. de Mora. J'ai été l'objet de la passion de l'âme la plus grande, la plus forte et la plus vertueuse ; et vous voudriez m'humilier ? Ah ! laissez-moi à mes remords, ils m'anéantissent ! J'ai été coupable, je suis punie, M. de Mora est vengé. Que voulez-vous de plus ? m'accabler, m'abîmer sous le poids de votre pitié ? Je vous le déclare, je ne me sens pas faite pour cette abjection : vous hâteriez ma mort. Je ne démêle pas si c'est à mon sentiment que je tiens encore, ou bien si je suis arrêtée par l'horreur que je sens de faire le malheur de deux personnes qui donneraient leur vie pour moi : ma mort les accablera ; et je ne me flatte point, je voudrais au contraire pouvoir les détacher, les éloigner de moi ; j'en serais plus libre, je me délivrerais du tourment qui me tue, et je vous délivrerais de l'importunité de me voir ou de m'éviter.

Vous me dites que, peut-être, vous me verrez demain, *en passant :* oui, en effet, tout ce que vous feriez pour moi, tout ce que vous m'accorderiez serait *en passant ;* voilà comme est la vertu. Elle accorde *en passant ;* il n'y a que le sentiment qui arrête, et en vérité je n'y prétends plus ; et je vous cède à demeure à ce qui vous possède.

Je dois vous dire pour l'acquit de la vérité et de la justice, que MM. Suard, Arnaud et d'Alembert ont fait l'impossible pour vous épargner l'*accessit :* mais dix académiciens l'ont emporté sur eux, et ils avaient l'usage et les statuts de l'Académie pour appuyer leurs avis. Ils ont arrêté que le jour de l'assemblée publique, on parlerait avec la plus grande distinction de votre excellent ouvrage : il y a eu trois voix pour partager le prix. Voilà qui est fait, je n'en veux plus parler, qu'une fois à vous.

LETTRE CXXIII.

Onze heures du soir, 1775.

L'ESPRIT *est toujours la dupe du cœur*, comme cela est vrai, comme cela est juste, lorsqu'on traite avec l'homme le plus facile et le plus susceptible de toutes les impressions! Voilà ce que me disait mon expérience, et mon cœur la démentait tout bas; il disait : *il reviendra;* et tout ce qui sent en moi répétait : *je le verrai.* Oh! mon ami, vous ne *méritez pas*, en effet, ce que j'ai souffert; vous ne méritez pas les combats que j'éprouve; vous ne méritez pas le sacrifice que je vous ai fait, non-seulement de ma vie, mais de ma mort; vous ne méritez pas surtout le trouble, l'embarras, les obstacles que mon penchant pour vous met dans la situation la plus critique de ma vie. Oh! ce penchant, cette fatalité prononceront encore; et quelque parti que je prenne, il sera suivi de regret et de repentir. Oh! mon Dieu! ma vie me lasse, elle a été trop remplie : la nature m'avait isolée; j'étais née pour l'obscurité et le repos, et j'ai été en proie à toutes les passions! moi-même j'en ai connu tout le malheur. Ah! si je n'avais pas aimé M. de Mora, que de mal j'aurais à dire de la vie! mon ami, je ne voulais vous dire qu'un mot, et malgré moi, mon âme se verse, et va chercher la vôtre : l'habitude d'être aimée m'égare encore, je me tourne vers vous, et ce n'est pas lui. Eh! non, ce n'est pas lui! il ne m'attendait pas : à peine pouvais-je répondre. Mon Dieu, quels souvenirs! ils m'éteignent et me désolent!

Voulez-vous vous rendre au salon des tableaux, demain mardi, à une heure et un quart? Je ne vous piquerais pas d'honneur, en vous disant que vous seul vous ne serez pas exact au rendez-vous. Quelle folie d'aller vous engager à dîner chez le comte de C..., mercredi, de préférence à madame Geoffrin ! — Mon ami, quoique vous dénigriez tout ce que j'éprouve, tout ce que j'aime, dites-moi si vous ne trouvez pas cette manière de dire bien aimable : quelqu'un en me demandant des nouvelles de M. de Saint-Chamans, me disait : *vous savez combien je l'aime avec votre cœur et avec le mien.* Cela vaut mieux que la phrase de madame de Sévigné, sur la poitrine de sa fille. Il me revient six lettres en comptant celle-ci ; il m'en faut six, si vous voulez que je vous dise quatre mots demain. Je me presse de vous en répéter trois, que vous entendez trop souvent. J. V... A... mais moins : oui, moins, j'en ai une preuve certaine.

Nous aimons toujours ceux qui nous admirent, etc. J'ai vraiment de l'esprit ce soir : car c'est celui de La Rochefoucauld. Bonsoir : je voudrais avoir le secret de votre amour-propre ; en revanche vous aurez celui de mon cœur. Eh ! ne le savez-vous pas ? qu'importe le reste ?

LETTRE CXXIV.

1775.

Vous ne vous souciez donc pas qu'on vous écrive, puisque vous n'en indiquez aucun moyen ? mais comme je suis fort ingénieuse en un seul genre, à la vérité, je charge un valet de chambre de M. Turgot, de vous chercher partout, et de vous trouver surtout. N'oubliez donc pas de me mander de combien de places est la loge que vous me destinez :

vous joindrez aussi un mot d'instruction pour s'y rendre. Croyez-moi si vous voulez, dites-vous que le vrai n'est pas vraisemblable ; mais il est pourtant certain que j'ai beaucoup vu aujourd'hui madame votre femme : j'ai été au-devant d'elle, je lui ai parlé de sa santé, de ses talents, de tout ce qui était-là sous nos yeux au salon ; enfin j'ose vous répondre que vous entendrez dire que *je suis bien aimable*, et vous n'en croirez rien. Mais savez-vous ce que je suis, et à quoi il faut que vous accoutumiez votre pensée ? Je suis vraiment la sœur ou la femme de *Grandisson*. Je deviens parfaite à me faire peur ; je crois que je suis comme le cygne : son chant de mort est le plus parfait. Enfin c'est quelque chose ; vous direz : elle est morte mal à propos, c'est bien dommage. Mon ami, j'ai un chagrin : j'ai un de mes amis bien souffrant, bien malheureux. J'ai passé deux heures avec lui hier au soir, je pleurais avec lui, et je sentais que je le calmais et le consolais un peu. Hélas ! il n'est que trop vrai, *tout mortel est chargé de sa propre douleur*.

Je vous verrai quand vous pourrez ; ce sera en passant, en courant, et je vous serai obligée de tout ce que vous ferez : je ne me plaindrai jamais. Je serai cette bonne brebis ; elle ne vous redemandera pas si vous avez reçu des lettres de Bordeaux, elle ne regrettera pas que vous ayez oublié cette lettre qui est restée avec celles que vous avez reçues dimanche de tout l'univers : enfin cette brebis sera un peu bête ; on la tondra jusqu'au vif, sans qu'il lui échappe un cri. Eh ! bientôt on oubliera qu'elle souffre et qu'elle est victime ! cela sera dans l'ordre. Bonjour, êtes-vous content ? Êtes-vous mort de fatigue ? Je me ravise : je vais envoyer ma lettre au chevalier qui la gardera peut-être dans sa poche. Il n'y a donc point encore d'éloge de

Catinat? J'ai fait le sacrifice du mien à la plus excellente des femmes.

LETTRE CXXV.

1775.

Mon ami, c'est *moi*. J'ai besoin d'occuper votre pensée une minute, et vous ne me l'auriez pas donnée de votre mouvement. Que de billets, que de gens qui vous demandent, qui vous attendent! Je veux percer la foule, et je n'y veux pas rester. M'y laisseriez-vous, mon ami? Non, vous savez bien que je ne suis pas comme tout le monde. Je vous hais, je vous aime, je vous juge à ma manière; vos succès, vos torts, vos défauts, tout cela n'est connu, n'est senti par personne comme par moi, et cependant je vous aime moins que je ne vous ai aimé : j'y ai regret quelquefois; plus souvent, je m'afflige de vous aimer. Mon ami, je veux vous voir demain : c'est cela que je voulais vous dire, et aussi que nous avons des nouvelles de M. de Saint-Chamans qui ne sont pas bonnes; mais cela est moins alarmant que d'ignorer son état.

Une loge pour M. de Savalette. Et l'éloge de *Catinat?* Vous ne voulez donc pas que je voie le *Connétable?* Mon Dieu, que de plaisirs vous avez tués! Encore un peu de temps, et nous serons heureux comme les morts. Ainsi soit-il!

LETTRE CXXVI.

Dix heures, 1775.

Ce n'est ni la fierté, ni l'orgueil qui repoussent votre

pardon : c'est le sentiment le plus vrai et le plus tendre, qui m'assure que je n'ai pas pu vous offenser. Songez donc que si, par impossible, je venais à vous mésestimer, je serais forcée à me mépriser à jamais. Comptez donc, non pas sur vos vertus, non pas sur ma justice, mais sur tous les genres d'amour qui animent les hommes. Si je vous haïssais, je vous estimerais encore ; enfin tout vous défend de soupçonner jamais mon estime pour vous : c'est le plus fort de tous mes sentiments : c'est celui qui les fonde tous, et qui les excuserait, s'ils pouvaient l'être. Dans le moment où vous m'avez le plus blessée, où je renonçais à vous, je m'y abandonnais encore : car de toutes les lettres que je vous ai jamais écrites, il n'y en a point eu où mon malheur, mes torts, ma faiblesse fussent prononcés, avoués et accusés avec plus de simplicité et de vérité que dans cette lettre dont vous me parlez. Si ce n'est pas là ma profession de foi sur mon estime, sur ma confiance et mon abandon à votre probité, dictez-m'en une autre, et je la signerai de mon sang.

Vous ne m'avez pas vue, parce que la journée n'a que douze heures, et que vous aviez de quoi les remplir par des intérêts et des plaisirs qui vous sont, et qui doivent vous être plus chers que mon malheur. Je ne réclame rien, je n'exige rien, et je me dis sans cesse que la source de mon bonheur et de mon plaisir est perdue pour jamais.

Non, je n'irai point au *Connétable :* je ne sais plus juger ni jouir de pareils plaisirs. Je prendrai le plus vif intérêt à vos succès, et j'en serai comblée.

LETTRE CXXVII.

Deux heures, 1775.

Mille grâces vous soient rendues, mon ami. Vous êtes bon d'avoir mis de la suite pour me faire avoir cette loge : je n'ai eu les billets qu'à neuf heures ce matin, et je crains que vous n'ayez été importuné par l'envoi d'un courrier, parce que ces dames étaient fort alarmées de n'avoir pas la loge hier à minuit. Mais, mon ami, vous n'êtes plus aussi bon, et vous êtes même injuste, lorsque vous dites *que j'aime à vous faire de la peine.* Eh! bon Dieu! quel étrange plaisir j'aurais là, si vous appelez aimer à vous faire de la peine, que de vous parler vrai! alors il serait inutile d'aimer et d'être aimé; il serait odieux d'être dans l'intimité, comme dans la société, toujours masqué. — Mon ami, à cinq heures, lorsque le *Connétable* commencera, je ferai comme je ne sais plus quel Prophète, qui élevait ses bras au ciel pendant que Josué combattait. Oh! oui, ma pensée, mon âme seront bien avec vous : qu'importe après cela où soit ma personne? Je serai couchée sur un canapé chez la marquise de Saint-Chamans, qui est toujours malade, et qui a envoyé tous ses enfants au *Connétable.* Mon ami, j'espère que vous reviendrez cette nuit de Versailles.

De trois dîners en ferez-vous un? demain chez madame la duchesse d'Anville, lundi chez M. le comte de C......, mardi chez M. de Vaines. Voyez, mon ami, si vous aurez le courage de vous refuser toujours à mon plaisir. Je n'ai pas fermé l'œil cette nuit, je souffre beaucoup des entrailles; mais je suis moins malheureuse que ces deux jours passés. Mon Dieu ! que j'avais mal à l'âme ! j'ai eu un accès de désespoir qui a duré soixante heures : je n'ai vu personne pendant ce temps-là, pas même ce que j'étais bien sûre qui aurait eu du plaisir à me voir. Mon ami, je vous aime ; mais c'est avec tant de trouble et si peu de confiance, qu'en vérité ce sentiment est presque toujours un grand mal ; et autrefois je le sentais sans cesse comme un grand plaisir. Bonjour. Si vous êtes dans le comble de la gloire, dites-le-moi ; et si vous n'étiez pas content, c'est à moi qu'il faut le dire ; parce que ce qui est vous, est plus que moi-même. Adieu.

LETTRE CXXVIII.

Onze heures et demie du soir, 1775.

Je dis comme dans la Barbe-Bleue : *ma sœur Anne, ne vois-tu rien venir ?* et M. d'Alembert ne vient pas. Je ne veux point de détail ; mais avant de me coucher, je veux entendre ces mots : *Il n'y eut jamais un plus grand succès.* Quand j'aurai entendu ces douces paroles, je prononcerai bien avec délices celle de S. Siméon, après avoir vu son Sauveur. Oui, il me serait doux, plus doux que jamais, de m'endormir cette nuit du sommeil éternel !... Mon Dieu ! que je suis fâchée ! on m'avait offert de m'envoyer un courrier ; et un autre courrier où l'on me dirait en duplicata : *Grand succès ou médiocre succès.* J'ai refusé ce soir cette marque de bonté ; je n'ai pas voulu être autant obligée. Enfin, j'ai été bête et je suis punie ; mais j'ai craint que cette recherche de soins ne fît croire un trop profond intérêt ; cependant je n'y ai pas été, et à coup sûr, il y aurait eu plus d'intérêt à s'y exposer, qu'à s'en priver : je me juge bien et je suis contente de moi à cet égard. Mon Dieu! que de bonheur! et, comme dit l'ambassadeur de Naples, que de plaisir *à la maison !* Mon ami, vous n'en aurez jamais autant que je vous en désire ; vous ne le sentirez jamais avec autant de transport que je le souhaite. — Ah ! pour le coup, voilà M. d'Alembert. *Le succès a fait violer toutes les règles* : on a beaucoup applaudi cette scène du troisième acte, ce qu'il y a de plus beau au théâtre. Adieu, mon ami. Vous me croirez folle ; mais le premier vœu de mon cœur n'est pas de vous voir : il est que vous voyiez tout ce qui vous fera jouir de votre bonheur, et surtout les gens qui l'ont partagé. Ne me voyez pas ces jours-ci ; jouissez et n'allez pas jeter les yeux sur un objet que vous n'auriez jamais dû voir. Je ne vous demande qu'une heure avant votre départ, je suis du costume des *adieux*.

LETTRE CXXIX.

Dimanche, 17 septembre 1775.

Eh ! non, je ne suis plus assez heureuse, ou assez malheureuse, pour faire *du fiel* et *du poison* de ce que vous dites : vous y avez mis bon ordre ; avec un mot vous avez glacé mon âme, et vous avez glacé en même temps tout ce que vous croyez être l'expression d'un sentiment. Souvenez-vous du secret qui vous est échappé : il m'a donné la clé de mille choses qui m'avaient paru inexplicables ; il m'a fait rétracter un jugement faux que je n'avais porté que par ignorance. Je croyais lire la lettre d'une jeune personne de dix-sept ans, qui écrivait à un homme qui avait été son mari quatre jours ; et au lieu de cela, c'est une jeune personne qui écrit à un homme qui l'aime depuis un an. Dèslors, tout ce qu'elle lui dit, n'est plus que l'expression naturelle d'un sentiment, avoué et partagé depuis longtemps. Ce secret échappé m'a aussi expliqué le billet que j'ai reçu du château de C....; mais, en me l'expliquant, il ne l'a pas justifié : car rien dans la nature ne peut justifier un tel outrage ; ce billet ne contenait pas un mot qui ne dût révolter et indigner mon âme. Mon Dieu ! et j'ai pu vous voir ? j'ai pu vous écouter, je vous parle encore ? Oh ! combien l'on déchoit, lorsqu'on a pu braver les premiers remords ! Oui, j'ai besoin de me le répéter, de me le dire sans cesse ; j'ai été aimée de M. de Mora, c'est-à-dire, de l'âme la plus élevée, la plus forte, de la créature la plus parfaite qui exista jamais. Cette pensée soutient mon âme, ranime mon cœur, et me rend assez d'orgueil pour ne pas me laisser anéantir.

Je n'ai pas répondu à votre billet, du moment de votre départ. Eh! bon Dieu ! que pouvais-je répondre ? Quand je lis maintenant les expressions de votre sensibilité, voici ce que ma raison prononce : il en dit autant à une autre, et peut-être y met-il plus de force et plus de chaleur ; et il y a cette différence entre cette autre et moi, qu'avec elle, il dirige toutes les actions de sa vie pour lui prouver qu'il sent tout ce qu'il lui dit ; et avec moi, au contraire, il n'y a pas une de ses actions, pas un de ses mouvements qui ne soient en contradiction et en opposition avec ses paroles. D'après cette observation si juste, si cruellement fondée, dites-moi, que faut-il vous répondre? Ah ! j'en appelle à votre conscience : croyez-vous que j'y pusse pénétrer, et conserver pour vous le sentiment que vous me désirez? Eh bien ! j'ose vous assurer, que si vous pénétriez dans la mienne, vous n'y verriez que la faute que j'ai commise. Je n'ai pas eu une pensée, pas un mouvement qui ne dût me mériter votre estime, si on peut l'accorder à celle qui nous a sacrifié ce qui devait être plus cher que l'honneur. Mais, dites-moi, pourquoi me faites-vous l'objet de votre morale, et de l'exercice de votre vertu? Vous vous en avisez bien tard ; et si vous vous imposez cette tâche en expiation du mal que vous avez fait, je vous avertis que vous vous égarez encore. Pour que vous eussiez le mérite de cette conduite, où vous mettez une patience, un courage, une bonté, une indulgence *infatigables*, il faudrait, dis-je, que tant de vertu eût un effet ; il faudrait soulager, consoler; et je vous l'ai répété cent fois, vous ne pouvez plus rien pour moi, que me faire souffrir. Perdez donc l'envie de vouloir me faire la victime de votre morale, après m'avoir fait celle de votre legèreté. Je vous assure que je ne prétends point vous faire des reproches : je vous pardonne de tout mon cœur : et ce que je vous dis aujourd'hui, c'est pour répondre à votre lettre. Dans ce billet de samedi, vous me montriez la crainte que vous aviez, que l'influence du malheur que vous prétendez avoir, ne vînt à se répandre sur votre femme. Que fallait-il répondre à cela? Que cette crainte seule suffirait pour l'en garantir; que le sacrifice que vous lui avez fait de votre temps, de vos affections et de votre personne doit aussi l'en garantir. Qu'ajouter à cela? Que je souhaite : et voilà en vérité, tout ce que l'on peut pour quelqu'un avec qui on n'a aucun rapport. Des gens qui ne vous ont point vu avec madame votre femme, et qui ne savent pas comme moi, le sentiment que vous aviez pour elle depuis un an, disent que vous avez converti les devoirs du mariage en servitude. Ils trouvent que ce coup de cloche d'onze heures est austère comme la règle des couvents : vous voyez bien qu'ils disent des sottises; parce qu'ils ne sont pas encore dans votre secret. Pour moi qui y suis et qui dois vous dire le mien...; mais, non, en voilà assez pour aujourd'hui. — Oh ! je suis bien inquiète ; le vicomte de Saint-Chamans va de plus mal en plus mal; on ne connaît rien à son état ; pour moi, il m'effraie. Le comte de C.... versait des larmes hier : sa femme est accouchée heureusement; mais son enfant se meurt. Ce n'est pas son enfant qu'il pleurait, mais le chagrin qu'en aura sa femme, et le tourment qu'il éprouve de la tromper sur l'état de cet enfant. Les gens heureux ont donc aussi leurs peines ! Oui, puisque vous dites que vous en avez beaucoup : mais vous avouez que l'exercice les soulagera, et je le crois comme vous le dites. — Ma santé est pire que jamais ; j'ai eu plusieurs accès de fièvre : mais j'ai fait serment de ne pas m'empoisonner de la façon des médecins. Adieu. Je ne réclame, ni votre sentiment, ni votre morale, ni votre vertu. Voyez si je ne vous laisse pas libre.

LETTRE CXXX.

Samedi à quatre heures du matin, 25 septembre 1775.

Hélas ! il est donc vrai, on survit à tout ! l'excès du malheur en devient donc le remède ! Ah ! mon Dieu ! le moment est arrivé où je puis vous dire, où je dois vous dire avec autant de vérité : *je vivrai sans vous aimer*, que je vous disais il y a trois mois : *vous aimer ou cesser d'être*. Ma passion a éprouvé toutes les secousses, tous les accès d'une grande maladie. J'ai d'abord eu la fièvre continue avec des redoublements et du délire ; et puis la fièvre a cessé d'être continue, elle s'est tournée en accès, mais si violents, si déréglés, que le mal n'en paraissait que plus aigu. Après s'être soutenue longtemps à ce degré de danger, elle a un peu diminué, les accès se sont éloignés, ils se sont affaiblis. Il y a eu dans les intervalles des moments de calme qui ressemblaient à la santé, ou qui du moins la faisaient espérer. Après un peu de temps la fièvre a tout-à-fait cessé : et enfin, depuis quelques jours, il me semble qu'il ne me reste plus que l'ébranlement et la faiblesse qui suivent toujours les longues et grandes maladies. Je crois pressentir une convalescence prochaine; non pas cette sorte de convalescence que M. de Saint-Lambert peint, en disant : *Oh! que l'âme jouit dans la convalescence!* Non, la mienne ne connaîtra plus cet état de jouissance; mais elle sera soulagée, elle ne sera plus déchirée activement, et c'est bien assez; car, quoique délivrée d'un mal bien cruel, il m'en restera encore un plus ancien, plus douloureux, plus profond, plus déchirant; et cette plaie ne se fermera jamais, mais elle sera plus irritée et empoisonnée par le chagrin et le remords de tous les instants. Enfin, elle trouvera peut-être des calmants, et c'est le seul remède aux maux incurables. Voilà l'histoire et le récit le plus fidèle de l'état de mon âme : il n'y a pas un mot, pas une circonstance qui ne soient applicables à ma situation actuelle. Je vous ai aimé jusqu'à l'égarement ; j'ai éprouvé tous les degrés, toutes les nuances du malheur et de la passion; j'ai voulu mourir. J'ai cru mourir, j'ai été retenue par le charme attaché à la passion, même à la passion malheureuse. Depuis j'ai réfléchi, j'ai flotté longtemps, j'ai souffert encore; en un mot, je ne sais si c'est vous, si ce sont vos procédés, si c'est la nécessité ou peut-être l'excès de mon malheur : tout enfin m'a ramenée à une disposition moins funeste. J'ai regardé autour de moi ; j'y ai trouvé des amis que mon malheur et ma folie n'ont point encore rebutés : j'ai vu que j'étais environnée de soins, de bontés, de marques d'intérêt. Au milieu de tant de secours et de tant de ressources, j'ai trouvé un sentiment plus vif, plus animé : il est vrai, si tendre, si doux, qu'il faudra bien qu'à la fin, il fasse pénétrer dans mon âme, du calme et de la consolation. Et puis-je jamais prétendre à mieux et à plus que cela ? Et après l'affreuse tempête dont je suis battue depuis trois ans, n'est-ce pas là rentrer dans le port ? n'est-ce pas déjà voir le ciel ouvert ? Non, ne croyez point que je m'exagère les progrès de ma guérison ; je me vois telle que je suis, et si je me sens un peu plus calme, je me crois un peu plus susceptible de consolation. Sans doute il m'en aurait moins coûté pour mourir, que pour me séparer de vous. Une mort prompte eût satisfait mon caractère et ma passion ; mais la torture que vous avez donnée à mon âme en a épuisé la force : elle a perdu son énergie ; et puis je me suis vue aimée, cela amollit. Comment quitter la vie, lorsqu'on veut vous y retenir par le sentiment le plus tendre ? Ah ! il fallait mourir dans le moment où j'ai perdu ce qui m'aimait, et ce que j'ai plus aimé que tout le reste de la nature ! Voilà le seul reproche que je me permettrai de vous faire. Pourquoi me reteniez-vous ? était-ce donc pour me condamner à une mort lente et plus cruelle que celle où je courais ! Plût au ciel que je pusse effacer de mon souvenir, et anéantir de ma vie les dernières années qui viennent de s'écouler ! Celles qui les avaient précédées, seront à jamais le charme et le tourment de mon cœur. Ah ! six ans du plaisir et du bonheur du ciel doivent faire trouver l'existence un assez grand bien pour en rendre encore grâces au ciel, même au comble du malheur ! Si je pouvais retrouver le repos; si mon âme pouvait s'y fixer; peut-être que le peu de jours qui me restent à vivre pourraient encore être tolérables! Je vais tâcher de faire ma consolation de ce qui ferait le plaisir et le bonheur d'une autre. J'aimerai par reconnaissance ce qui devrait être mieux aimé, si je répondais à la chaleur et à la vivacité de l'amitié qu'on me témoigne. Depuis trois mois, j'ai à me reprocher de repousser avec froideur et avec dureté l'expression du plus vif intérêt, qui est la suite du sentiment le plus vrai, dont malgré moi j'ai reçu des preuves non équivoques; et vous savez si je dois être difficile en preuves. Je vous étonne sans doute, vous croyez que je rêve; je ne dis pas un mot qui ne vous paraisse blesser la vérité et la vraisemblance. Eh bien! cela vous prouvera ce que vous avez déjà pu voir, mais peut-être jamais dans un cas aussi extraordinaire : que *le vrai peut quelquefois n'être pas vraisemblable.* Hélas! cela me paraît tout aussi surprenant qu'à vous : je reste confondue de ce qu'il y a encore quelqu'un sur la terre, qui puisse mettre son plaisir, et espérer du bonheur de la créature du monde la plus triste et la plus faite pour repousser tout intérêt. L'excès du malheur a donc de l'attrait pour de certaines âmes! Oui, je le vois, on a besoin de plaindre, de s'intéresser, de s'animer; et en approchant de moi, on partage et on prend cette disposition sans que je le veuille. Depuis longtemps j'ai remarqué que cet homme ne me quittait jamais sans émotion; et il m'est intimement prouvé que c'est le malheur, la maladie et la vieillesse qui me tiennent lieu auprès de lui de grâces, de jeunesse et d'agréments. Croyez-vous qu'il soit possible d'être vaine, d'avoir un pareil attrait pour un homme honnête et sensible? Eh! non, je ne suis pas vaine: je suis trop malheureuse, trop profondément malheureuse, pour être accessible aux plaisirs et aux sottises de la vanité. Je ne vous avais point encore entretenu de tout ceci : je craignais qu'en le prononçant, cela n'y donnât trop de consistance ; je ne voulais pas même y arrêter ma pensée. Dans les premiers jours de mon désespoir, lorsque vous eûtes prononcé contre mon repos et ma vie, je rejetai avec horreur ce qui voulait me distraire de vous : j'aimais mieux mourir que m'en séparer. J'espérais me calmer sur l'arrêt que vous veniez de prononcer contre moi : je croyais que votre présence me ferait du bien ; que vous me diriez ce que j'avais besoin d'entendre ; que vous m'aideriez à supporter le coup dont vous veniez de me frapper. Je n'ai rien trouvé de tout cela ; et sans prétendre former une plainte, ni vous faire un reproche, je me suis persuadée, mais d'une manière absolue, que votre mariage devait à jamais rompre toute liaison entre nous ; qu'elle ne me donnerait jamais que du tourment, que je vous deviendrais à charge, et peut-être odieuse. Dans le premier moment, je crus que je ne pouvais plus vivre sans vous haïr. Cet affreux mouvement ne pouvait pas durer dans une âme remplie de passion et de tendresse. J'ai depuis éprouvé toutes les angoisses, toutes les agitations de la douleur ; et me voilà enfin dans une disposition que je crois du calme, et qui n'est peut-être que de l'épuisement et de l'abattement : mais du moins je ne veux plus à l'avenir avoir à me reprocher ce que je souffrirai : c'est, je crois, un grand mal de moins. Jusqu'ici j'ai justifié ce qu'a dit La Rochefoucauld, que l'esprit de la plupart des femmes sert plus à fortifier leur folie que leur raison. Oh ! que cela est vrai ! je meurs de confusion en me rappelant ce que j'avais osé prétendre. Oui, j'ai été assez exaltée, ou plutôt assez égarée pour ne pas croire impossible d'être aimée de vous par-dessus tout ;

et ma folie m'en donnait des raisons qui étaient assez plausibles pour contenter mon sentiment. Voyez, je vous prie, à quel degré d'illusion j'ai été menée ! je vous jure pourtant que ce n'était point l'amour-propre qui m'égarait : c'est lui au contraire qui m'a aidée à revenir à la vérité et à la raison. C'est lui qui me juge aujourd'hui avec plus de sévérité que vous ne pouvez en avoir : tout ce que vous me refusez, tout ce que vous n'avez pas été pour moi, ne me paraît plus qu'un résultat nécessaire de la justesse de votre goût et de votre justice. Oh ! ne croyez pas cependant que je trouve que vous ayez été équitable dans votre conduite avec moi : c'est ma raison et rien que ma raison qui prononce aujourd'hui ; et en me voyant aussi faible, aussi coupable, aussi folle que je l'ai été, cela ne justifie point tout le mal que vous m'avez fait : mais que je vous pardonne de toute mon âme ! Peut-être ne se consolera-t-on jamais des grandes humiliations : mais je dois espérer que le temps en effacera l'impression. Je souhaite que votre mariage vous rende aussi heureux qu'il m'a rendue malheureuse : croyez que, lorsque le souhait est bien sincère, la générosité et la bonté ne peuvent pas être portées plus loin. — Je n'ai point reçu de réponse à une lettre que je vous ai écrite il y a huit jours. Je ne m'en plains pas ; je vous en avertis seulement, parce que je voudrais bien qu'elle ne fût pas perdue. — Avant que de partir pour la campagne, je vous prie de me renvoyer les trois lettres que je vous ai écrites à Metz. Si enfin vous aviez reçu celle de Bordeaux, vous voudriez bien l'y joindre. Je n'ai point reçu vos dragées ; voilà pourquoi je ne vous en ai point remercié. Il n'y a que la haine qui convertisse le miel en poison, et je n'ai point de haine. En vérité, l'on me rend folle : je ne sais plus lequel me désole davantage, ou du mal que vous me faites, ou du bien qu'on voudrait me faire ; j'en meurs. J'aurais besoin de fuir dans un désert pour me reposer. Que je vous plains de la longueur assommante de cette lettre ! mais je suis si malade, si abattue, que je n'ai pas eu la force d'y mettre de l'ordre, ni d'en écarter les inutilités. Je le sens, les longues douleurs fatiguent l'âme et usent la tête ; mais si je me suis permis de parler si longuement une fois, ce sera pour n'y revenir jamais : il y a des sujets sur lesquels on ne peut pas revenir. Si vous étiez à Paris, je me serais bien gardée de vous y adresser ce volume, vous ne l'auriez pas lu. Il m'a été prouvé que vous ne lisiez pas mes lettres, et cela était tout simple : elles vous étaient adressées dans un lieu où vous aviez à voir et à entendre ce qui était de tout autre intérêt pour vous que moi et mes lettres : aussi je m'engage à ne plus arriver aussi mal à propos. Adieu, *mon ami*, c'est pour la dernière fois que je me permettrai ce nom : oubliez que c'est mon cœur qui l'a prononcé. Ah ! oubliez-moi ! oubliez ce que j'ai souffert ! Laissez-moi croire que c'est un bonheur que d'être aimée ! laissez-moi croire que la reconnaissance suffira à mon âme ! Adieu, adieu.

LETTRE CXXXI.

Dimanche au soir, 24 septembre 1775.

Je ne veux pas rendre votre calcul faux ; vous supposeriez peut-être que j'y mets de l'humeur, du projet, peut-être du caprice ; et rien ne pourrait plus l'excuser. La raison est égale et juste, et il est bien temps de m'y tenir.

Non, s'il vous plaît vous ne me donnerez jamais d'explication sur des faits que Dieu même ne saurait changer. Il faut s'en tenir aux résultats. Vous êtes marié, vous avez aimé, vous aimez et vous aimerez un objet qui a déjà depuis longtemps de l'attrait pour vous, par la vivacité et la force de son sentiment; cela est dans l'ordre, cela est dans la nature, cela est dans le devoir, et par conséquent il faudrait être bête ou folle pour entrer dans des raisonnements qui troubleraient votre bonheur, et qui continueraient mon supplice. Tout est dit à jamais, et croyez-moi, sauvons les détails : quand une fois le fil de la vérité a été rompu, il ne faut pas le rajouter; cela va toujours mal. Dans tous les temps, dans toutes les circonstances, je vous ai dit vrai; aussi il n'y aurait ni confusion, ni embarras pour moi. Depuis que je vis, je n'ai pas à me reprocher d'avoir trompé qui que ce soit dans la nature. J'ai été sans doute bien coupable ; mais je puis me dire que la vérité m'a toujours été sacrée. Les situations de roman, ou plutôt qui ne sont point dans les romans, ne sauront rien changer à celle du malheur et du désespoir où j'ai passé ma vie depuis quelques années. Sans doute que le roman que vous avez commencé sera plein de plaisir, de bonheur et de tout ce qui pourra faire votre félicité ; je le désire de tout mon cœur. Pour moi, je ne devais figurer que dans les romans de *Prevost*; jugez si je dois être exclue de l'*Astrée !* Adieu. Je vous ait écrit un volume, vous devez avoir besoin de vous reposer de moi.

M. de Saint-Chamans est beaucoup mieux depuis deux jours : il vous remercie mille fois. M. d'Alembert a été bien touché de votre souvenir. Le comte de C...... est de retour au ciel : la mère et l'enfant se portent à merveille. Madame de Chatillon vient d'arriver ; elle sort de chez moi. J'espère que M. d'Andezi reviendra dans peu de jours. Je n'ai plus de fièvre.

LETTRE CXXXII.

Minuit, 1775.

Cela ressemble à la folie, et cependant c'est de la raison, bien raisonnable même : car ceci est un soin pour mon plaisir. Je viens de me rappeler que je vous avais mandé de me répondre, et de me renvoyer mes lettres sous le couvert de M. de Vaines. Mon ami, ne faites que la moitié de cela : renvoyez-moi mes lettres sous son adresse, et, au nom de Dieu, n'oubliez pas double enveloppe; mais adressez-moi directement votre réponse, et il faut qu'elle me réponde : aussi il la faut bien longue. Je ne la recevrai que samedi 15, et je me suis souvenue que M. de Vaines est à Versailles le samedi. Cela aurait retardé ce que j'attendrai avec une impatience qui me donne la fièvre. Mon ami, vous m'entendez bien, ne faites donc point d'étourderie : votre lettre à moi, et mes lettres et toutes mes lettres à M. de Vaines. J'ai peur que le courrier ne soit parti ; je vais adresser ma lettre à un ami que j'ai à la poste.

LETTRE CXXXIII.

(ADRESSÉE A LA CAMPAGNE).

Dimanche au soir, 15 octobre 1775.

Mon ami, il faut donc que nous soyons deux. Vous ne savez rien me dire, vous n'avez rien à me dire quand je me tais. Eh! mon Dieu! s'il n'y avait personne derrière vous, si on ne lisait pas par-dessus votre épaule, si les lettres n'étaient pas sous les pieds, sans que vous les y mettiez, je vous écrirais des volumes, je ne vous attendrais pas. Je verserais mon âme; je passerais ma vie à me plaindre, à vous pardonner, et à vous aimer. Mais le moyen? mais où reprendre la force que vous m'avez ôtée? Le coup dont vous m'avez frappée, a atteint mon âme, et mon corps y succombe. Je le sens, je ne veux ni vous effrayer, ni vous intéresser ; mais je sens que j'en meurs : il n'y a plus pour moi de ressource dans la nature; car, en supposant l'impossible, que vous redevinssiez libre, et que vous fussiez pour moi ce que j'avais désiré, il serait trop tard : les principes de la vie sont attaqués, et je le vois sans regrets et sans effroi. Mon ami, vous m'avez empêchée de me tuer, et vous me faites mourir. Quelle inconséquence! mais je vous le pardonne ; dans peu tout sera égal. Mon Dieu! je ne veux point vous faire de reproche ; si vous voyez dans mon âme, ah! elle est loin de vouloir vous offenser, ni de vouloir mettre un instant de chagrin dans votre vie. Non, au comble du malheur, un instant victime d'avoir aimé, me sentant aussi coupable que malheureuse, je ne trouve dans mon cœur que le désir le plus vif de votre bonheur ; mais il y a des liens, il y a des choses qui ne me laissent plus que de la douleur. Écrivez-moi : dites-moi ce que vous faites ; dites-moi si vous êtes content, si ce qui vous intéresse est terminé comme vous le désiriez ; enfin, mon ami, trouvez, s'il est possible, un peu de douceur à répandre quelques instants de plaisir dans un cœur profondément blessé, et qui cependant est encore tout à vous. Je vous écrirai tous les soirs, et en partant de Fontainebleau, vous me renverrez toutes mes lettres. Oh! n'appelez pas cela de la défiance ; c'est plutôt de la vertu, c'est soigner votre repos.

LETTRE CXXXIV.

Ce lundi, quatre heures, 16 octobre 1775.

Mon ami, je vous écris ce matin, parce que je crains de ne le pas pouvoir ce soir. Hier j'avais la fièvre assez fort, et cette nuit, à deux heures, j'ai pensé mourir d'un accès de toux, suivi d'un étouffement qui réellement m'a mise aux prises avec la mort. L'effroi de ma femme-de-chambre me faisait penser qu'il faut en effet que la mort soit bien redoutable : son visage en était renversé ; et lorsque j'ai pu parler, je lui ai demandé la cause de son trouble ; elle ne m'a jamais dit autre chose, sinon : *J'ai cru que vous alliez mourir ;* car elle avait du courage de reste pour me voir souffrir. Je suis encore dans mon lit : il ne me reste qu'un peu d'oppression avec mes maux accoutumés. — N'êtes-vous pas, ou n'allez-vous pas à Montigni ? Madame de Boufflers ne vous y a-t-elle pas donné rendez-vous ? Elle est partie aujourd'hui avec l'abbé Morellet, et elle revient jeudi. L'archevêque de Toulouse y doit arriver ce soir. Quelqu'un qui connaît beaucoup madame de B......, me disait hier : *elle se fait victime de la considération, et à force de courir après, elle en perd. Je parie,* me disait cet homme, *qu'elle fera l'impossible pour se trouver, non pas au dîner des rois, comme Candide à Venise, mais au dîner des ministres à Montigni.* Il me disait cela comme une conjecture, et ce matin j'ai reçu de lui ces deux lignes : *Me croirez-vous sur les gens que je connais ? vous vous moquiez de moi hier ; eh bien ! elle est partie ce matin, et elle va tomber au milieu de gens qui sont à peine ses connaissances. Vanité des vanités!* Mon ami, si c'est pour vous y aller trouver, elle a bien fait : elle doit chérir l'homme à qui elle a pu se résoudre à parler une fois avec vérité. Ce doit être pour elle un grand soulagement que de quitter le masque. Comment vit-on dans cette contrainte perpétuelle? La vanité est donc ce qui a le plus de force dans la nature! Mon ami, dites-moi donc qui vous croyez qui sera ministre de la guerre. Ce sera, à ce que l'on dit, le baron de Breteuil, qui a passé sa vie dans les affaires étrangères. C'est absolument comme dans l'Avare.

Aviez-vous déjà beaucoup lu pour commencer votre grand ouvrage? Vous n'avez eu que huit jours; mais vous faites tout si vite, que huit jours ont peut-être suffi pour faire ce qu'un autre ne ferait pas en huit mois. Avez-vous vu M. Turgot? C'est dans ce moment-ci où le travail que vous avez fait pour lui, peut lui être d'une grande utilité. Vous le verrez à Montigni ; je voudrais que vous causassiez avec lui, et vous verriez qu'il est bien supérieur aux gens qui le jugent avec prévention et avec passion. — Il y a quelques jours que vous me mandiez, sans doute pour me ravir jusqu'au ciel : *c'est d'ici que je vous dis que je vous aime, d'ici où je suis aimé, où je suis occupé, tranquille, etc., etc.* Eh, mon ami! cela court les rues que d'être aimé lorsqu'on est jeune, lorsqu'on a une figure aimable, lorsqu'on a les soins et les manières d'un homme qui prêtent à plaire, et lorsque surtout toutes les actions de sa vie prononcent que l'on ne tient fortement à rien ; et, comment ne seriez-vous pas aimé? les fats et les sots le sont bien ! M. de B...... est adoré de sa femme qui est jeune, jolie et aimable; et ce qui me confond, c'est qu'il n'a pas la tête tournée : il ne croit pas comme le comte de C....., qu'il aurait été choisi ; il se souvient que ce sont 25,000 liv. de rente qui ont fait son mariage. Mais savez-vous ce qui est piquant, ce qui est rare, ce qui est extraordinaire, ce qui tient du prodige, quoiqu'il y en ait quelques exemples, comme ceux de Diane de Poitiers, de madame de Maintenon, de mademoiselle Clairon ? c'est de pouvoir dire: je suis aimée, lorsqu'on est vieille, laide, triste, malade et abîmée dans le malheur, et surtout lorsqu'on peut se dire : je suis aimée d'une homme aimable et honnête, et qui est dans cette saison de la vie où l'on est plus délicat et plus difficile, et où l'on est cependant en droit de prétendre à tout et de mériter d'être préféré : voilà, mon ami, ce qui vaut la peine d'être dit, parce que cela est miraculeux. Mais tirer vanité d'être aimé de sa femme, lorsqu'on est charmant, et que, du matin jusqu'au soir, et du soir au matin, on veut lui persuader et lui prouver qu'on en est passionnément amoureux ! eh ! fi donc ; cela est si commun. Le comte de C........ dit de même et jouit de même ; mais, à la vérité, je ne crois pas qu'il y ait aucune créature qui soit tentée de se mettre en tiers, et qui soit assez abandonnée pour réclamer le surplus de cette grande passion. Adieu, mon ami : je ne sais pourquoi j'ai été vous entretenir de tout cela. Si j'ai de la fièvre, je n'en ai pas assez pour que ce soit du délire ; mais j'ai du plaisir à causer avec vous, et je dis tout ce qui me vient. Écrivez-moi donc, j'ai besoin d'être consolée et soutenue ; mon âme et mon corps sont dans un déplorable état. Mon ami, vous êtes à quatorze lieues : c'est bien loin, et cela serait bien près, si.... Mais adieu.

LETTRE CXXXV.

Mardi, quatre heures, 17 octobre 1775.

J'attendais le facteur : je voulais une lettre de vous, mais vous ne l'avez pas voulu. J'ai vu le timbre de Fontainebleau sur une lettre, j'en ai respiré plus à mon aise, et puis j'ai vu ma méprise. Oh! non, cette lettre n'était pas de vous. Mon Dieu! que je suis folle et injuste, et surtout que je suis malheureuse! Mon ami, si je pouvais ne pas vous aimer, si je pouvais aimer ce que je n'aime point, peut-être que ce qui me reste à vivre ne serait pas dévoué à un supplice qui met mon corps et mon âme à la torture. Cependant je suis moins souffrante aujourd'hui : j'ai pris de l'ipécacuanha en grande dose, qui m'a d'abord fatiguée à mourir; mais il me semble qu'il a rendu de l'air à mes poumons : hier je ne respirais pas. Mon ami, je ne sais pourquoi je vous parle de ma santé; quand je vous vois, je ne vous en parle jamais : mais c'est qu'alors je ne souffre plus. Comment n'aimerait-on pas un peu une créature à qui l'on fait tant de bien, et surtout à qui l'on fait tant de mal? Ah! pourquoi aime-t-on, ou pourquoi n'aime-t-on pas? Qui sont les sots, ou les âmes de glace qui ont jamais su en rendre compte? Le chevalier ne manquerait pas de nous l'apprendre, et il sera toujours bien plus content d'avoir fait un raisonnement que d'éprouver un sentiment. L'on m'a dit qu'il en avait eu un pénible, ces jours passés, à une représentation d'une pièce de M. de Savalette qui fut applaudie avec transport, et que mesdames de Grammont et de Beauveau ne pouvaient cesser de louer. Le chevalier en était dépité, et il ne put jamais cacher son mécontentement. Madame de Gléon fit de même, et tous deux jouèrent le plus détestable rôle dans leur société. Je vous dis là le secret de l'église, et non pas celui de la comédie. Pour remonter un peu leur amour-propre, il donne aujourd'hui *Roméo et Juliette*, suivie d'*Agathe*. Madame de Beauveau a retardé son départ pour assister au triomphe, et pour le faire; mais je me meurs de crainte que *Roméo* ne tue le succès d'*Agathe*. Ce *Roméo*, mon ami, le connaissez-vous? Cela n'est pas mauvais, cela n'est pas médiocre, cela n'est pas même ennuyeux ; mais cela est monstrueux, cela est à faire fuir. J'ai entendu dire à la comtesse de B.... que cela était beau comme Corneille, et meilleur que la pièce anglaise. J'étais avec elle à la première représentation ; et moi, j'étais animée si différemment, que je désirais de m'évanouir pour être emportée de cette salle. C'était moi sans doute qui avais tort ; mais il m'est impossible d'être à froid, et de me composer un avis contre mon sentiment.

J'envoie cette lettre à M. de Vaines ; je ne doute pas que vous ne soyez avec lui à Montigni. Mon ami, les lieux, les personnes, les choses, le charme de tout cela vous aura-t-il laissé la liberté de penser que vous pouviez m'écrire par Nangis? Vous êtes arrivé dimanche à Fontainebleau ; si vous m'aviez écrit lundi matin, j'aurais eu de vos nouvelles aujourd'hui : mais vous avez voulu voir tout à la fois la Reine, M. de Duras, les ministres, vos amis, vos connaissances, ceux qui ne le sont pas ; enfin il faut bien tout voir, tout entendre, tout savoir. On a des affaires, on les fait mal, mais n'importe, on a beaucoup vu, beaucoup été, et au bout de la journée, l'on est *Gros-Jean comme devant;* mais l'on a satisfait à cette charmante activité de l'écureuil, et l'on se dit que, dans dix ans, l'on aura une tête et des affaires mieux réglées, et l'on s'abuse, je vous assure. Mon Dieu! qu'il était doux d'aimer et de vivre pour quelqu'un qui avait tout connu, tout jugé, tout apprécié et qui avait fini, comme le sage, par trouver que tout n'est que vanité! Aimer suffisait à son cœur et à son âme. Ah! qu'elle était noble, qu'elle était grande, cette âme! je n'ai jamais vu réunir tant de passion à tant de vertus. Mon ami, je donnerais ce qui me reste à vivre pour que vous l'eussiez connu..... — Je veux encore augmenter votre mouvement : je vous prie de chercher chez les gens qui vendent des livres, *un Dialogue entre un Évêque et un Curé, sur le mariage des Protestants.* On dit que cela est excellent : lisez-le, et envoyez-le-moi par M. de Vaines; on ne le trouve pas ici. En grâce, ne donnez point de lettre avec cette brochure, parce qu'elle ne serait pas cachetée. Savez-vous ce qu'il y a de pis en vous? C'est l'indifférence dont vous êtes pour tous les inconvéniens et même pour les malheurs attachés à votre manière d'être. Vous en direz tout ce qu'il vous plaira, cette incurie tient à une mauvaise tête. Adieu, mon ami, je vous aime; mais je me sens bien bête, et il me semble que c'est un grand dégoût d'être aimé par une bête. Qu'en pensez-vous? Je crois que si je lisais *Clarisse* ce soir, je n'y trouverais ni amour, ni passion. Mon Dieu! peut-on tomber plus bas? — Je n'aime point Fontainebleau, serait-ce parce que vous y êtes? Mon ami, si vous aviez eu le choix, auriez-vous encore mieux aimé que ce fût moi qui se trouvât à Montigni, que madame la comtesse de B.....? C'est un bonheur que je n'ai jamais éprouvé que d'être à la campagne avec ce que l'on aime le plus dans le monde.

LETTRE CXXXVI.

Mercredi au soir, 18 octobre 1775.

Enfin, vous voilà à Fontainebleau. Je vous y attends depuis dimanche 13. Je vous y ai écrit tous les jours ; deux lettres chez M. d'Aguesseau, et une à M. de Vaines à Montigni, où je croyais que vous seriez. Mon ami, ne fût-ce que pour les jeter au feu, réclamez ces trois lettres, je vous en prie. Mandez-moi, si vous le savez, le jour que vous comptez repartir, pour que je m'arrange de manière à ne pas être encore à Fontainebleau lorsque vous en serez parti. J'aime bien à vous suivre, mais non pas à rester derrière vous, parce que vous avez tant d'autres intérêts, que vous ne vous avisez guère de retourner la tête. — Vous m'écrivez une lettre courte, mon ami, mais vous êtes bien aimable : si vous ne pouvez pas m'ôter le sentiment de mon malheur, vous m'ôtez souvent la force de m'en plaindre. Mon Dieu ! qu'il m'aurait été doux de vous devoir la consolation de ma vie, et de ne plus connaître de plaisir que par vous ! mais vous avez tout détruit, jusqu'à l'espérance. Hélas ! je ne méritais pas d'être ménagée : j'étais déjà si malheureuse quand vous m'avez connue ! vous en avez trop fait, je ne méritais pas l'intérêt que vous m'avez marqué. Il m'a égarée, je me suis précipitée dans un abîme, vous m'y avez conduite, vous m'y avez poussée ; et il n'y a plus de moyen d'y apporter secours. Il faut subir mon horrible destinée, souffrir, vous aimer, et mourir bientôt. Ah ! non, mon ami, je ne veux plus peser sur votre âme, je ne veux plus la fatiguer : il y a de la lâcheté et de la cruauté à faire partager des maux qui n'ont plus de remède. La nécessité de souffrir me rendra généreuse. Mon ami, votre bonheur et votre repos seront, si je le puis, mon unique intérêt. Mais je n'ose répondre de moi : la durée de la douleur rend si faible ; et puis, quand on a absolument renoncé au bonheur pour soi, on juge souvent que la contrainte serait sottise ou folie. Enfin, je ferai comme je pourrai ; et vous, avec un peu de morale et beaucoup de bonté, vous subirez la peine attachée au mal que vous m'avez fait : vous penserez, pour soutenir votre patience et votre courage, que je m'en vais, et que vous, vous commencez une carrière qui vous promet du bonheur, et qui vous fait goûter le plaisir. Ah ! l'on est bien fort, quand on est parvenu à étouffer tant de regret, et qu'il ne reste plus qu'à plaindre une malheureuse créature qui ne se plaint plus, et qui est parvenue au point d'éteindre en elle jusqu'au désir et à l'espérance vague que conservent tous les malheureux. Oui, mon ami, cela est vrai : en me recherchant bien, en me regardant de bien près, en m'interrogeant sur ce que je veux, sur ce qui reste pour moi dans la nature, je ne trouve rien à me répondre, sinon ce que demanderait un voyageur bien las, *un gîte*, et je vois le mien à S. Sulpice. Mais mon talent est d'être toujours hors de propos. Voyez quel ton, quelles images à présenter à un homme qui quitte le plaisir, qui vient occupé de mille affaires, qui ne sait auquel entendre, à qui la reine, le roi ont parlé avec une bonté, avec une grâce infinies ! Mon ami, quand j'y pense bien, si vous me faisiez justice, vous auriez tout à la fois du mépris et de l'horreur pour moi. — Mais pour changer de ton, je veux vous dire que dans une de mes longues insomnies, je suis venue à penser à la C... de B..... Je me demandais ce qui faisait qu'avec beaucoup d'esprit, de grâces et d'agréments, elle faisait en général, aussi peu d'effet et surtout aussi peu d'impression ; je crois en avoir trouvé la raison. N'allez pas être *bête*, et me dire que je n'ai pas eu assez d'esprit pour expliquer ma pensée. Écoutez-moi : ne convenez-vous pas qu'il y a tout un vrai de convention ; il y a le vrai de la peinture, le vrai du spectacle, le vrai du sentiment, le vrai de la conversation, etc. Eh bien ! madame de B..... n'a le vrai de rien ; et cela explique comment elle a passé sa vie sans toucher, ni intéresser, même les gens à qui elle a eu le plus d'envie de plaire. Voulez-vous voir le revers de la médaille? Vous connaissez une personne qui a été toute la vie dénuée des agréments de la figure, et des grâces qui peuvent plaire, intéresser et toucher, et cependant cette personne a eu plus de succès, et a été mille fois plus aimée qu'elle ne pouvait le prétendre. Savez-vous le mot de cela ? C'est qu'elle a toujours eu *le vrai* de tout, et qu'elle y a joint d'être vraie en tout. Despréaux a mis en résultat ce que je viens de délayer dans un tas de paroles :

Rien n'est beau que le vrai, le vrai seul est aimable.
Il doit régner partout, et même dans la fable.

Mon ami, si vous m'avez d'abord trouvée un peu bête, je me suis rendue ensuite assommante. Après vous avoir fait pleurer de tristesse, je vous ferai bâiller d'ennui. En vérité, je m'épuise tellement avec vous, que je n'écrirai à personne ce soir, quoique je doive des réponses à Fontainebleau à des gens que je ne fais pas bâiller. Mais c'est qu'ils ont un grand fonds d'indulgence : car il ne faut pas toujours être *vaine*, quoiqu'il y ait encore bien du *vrai* là-dedans. Oh, mon ami ! ce qui est de première vérité, c'est que je vous aime avec autant d'âme, que si vous aviez fait à mon repos et à mon plaisir le sacrifice de mon bonheur. Oui, mon malheur me paraît d'autant plus accablant, que c'est à vous que j'aurais voulu devoir d'être heureuse. Je ne vous écrirai plus que demain jeudi, parce que j'imagine que vous partirez samedi. La cour aurait-elle plus d'attrait que ?.....

LETTRE CXXXVII.

Ce jeudi au soir, 19 octobre 1775.

Mon ami, je serais accablée de vos reproches, si mes résolutions ne les avaient pas prévenus. Je m'accusais hier, et je vous disais qu'il y avait de la cruauté et de la lâcheté à risquer de vous faire souffrir d'un malheur sans ressource. Il faut en vivre ou en mourir ; mais surtout il faut se taire. Vous avez l'âme assez animée, vous avez assez connu et senti le malheur et la passion, pour concevoir les excès où l'un et l'autre peuvent porter : je les déteste et les abjure tous ; je voudrais être morte avant que d'avoir pu vous offenser. Je pressentais peut-être ce nouveau malheur, lorsque je voulais quitter la vie et vous fuir. Je sentais qu'après la cruelle perte que je faisais, mon âme ne pourrait plus se remettre en mesure ; en effet, je ne devais plus aimer, je ne pouvais plus aimer. Le principe de ma vie, le Dieu qui me soutenait, qui m'animait, n'était plus, je restais seule dans la nature. Ah ! pourquoi vous y êtes-vous trouvé ? Pourquoi vous rapprocher de moi ? Dans ce moment je n'avais besoin ni de consolation, ni d'appui. Pourquoi me disiez-vous des mots que mon âme était accoutumée d'entendre avec sensibilité, ou transport? Pourquoi preniez-vous le langage de l'homme qui venait de mourir pour moi? Enfin pourquoi égariez-vous la raison de quelqu'un que l'excès du malheur avait déjà troublé? C'était à vous de juger, de prévoir; je ne pouvais que gémir et mourir. Vous voyez l'horrible suite qu'a eue ce moment d'oubli de votre part. Sans doute, dans cet instant, vous ne pouviez pas prévoir de quel genre de poison vous abreuveriez mon âme, mais vous saviez que vous ne m'aimiez pas assez pour faire votre premier intérêt de la consolation et du repos de ma vie. Ah! c'est là la source et la cause de tout ce que je souffre. En devenant coupable, mon âme a perdu son énergie. Je vous ai aimé, et dès-lors je n'ai plus été capable de rien de noble et de fort. Je juge ma conduite, mon ami, et je la blâme plus que vous; lorsque vous avez prononcé mon arrêt, il fallait le subir, il fallait m'arracher à vous, ou à la vie : il y a de la bassesse à vouloir être plainte et soulagée par celui qui vient de vous frapper; et cela est si vrai, que j'éprouve sans cesse un combat affreux : mon âme se révolte contre votre action, et mon cœur est rempli de tendresse pour vous. Vous êtes assez aimable pour justifier mon penchant; mais vous m'avez trop mortellement offensée, pour que je ne m'en sente pas humiliée. Mon ami, je vous l'ai dit souvent : ma situation est impossible à supporter : il y faut une catastrophe; je ne sais si c'est la nature ou la passion qui la produira. Attendons et surtout taisons-nous. Vous avez assez de bonté, assez de délicatesse pour épargner ma sensibilité; et vous me croyez moi assez cruelle pour vouloir exercer et alarmer la vôtre! Ah, mon ami! si le malheur rend quelquefois personnel, il rend aussi bien délicat : les malheureux ont pour l'ordinaire la main bien légère; ils craignent bien de blesser, ils sont sans cesse avertis par leur propre douleur. Et vous croyez que lorsqu'à peine il me reste la force de me plaindre, je chercherai, je choisirai les expressions qui pourront vous faire le plus de mal? Vous ne me connaissez pas : car si je pouvais m'arrêter avec vous, si je n'étais pas toute de premier mouvement, sans doute je mettrais du soin à éviter de vous faire de la peine ; mais songez donc que je vous aime. Voilà mon crime envers vous. Ah, mon ami ! la main sur la conscience, et je suis bien sûre que, sans un grand effort de générosité, vous me pardonnerez ? Mais je le jure, je n'aurai plus besoin de votre vertu : je veux élever mon âme au point de n'avoir plus besoin que vous me fassiez grâce. Adieu.

LETTRE CXXXVIII.

Vendredi, midi, 20 octobre 1775.

Je me presse comme si vous deviez m'entendre plus tôt. Mon ami ! vous êtes fou ! Vous allez dire du mal de M. Turgot à M. de Vaines ! et c'est pour moi, et c'est mon intérêt qui vous égare, et qui vous fait presque dire à M. de Vaines qu'il a tort ! Mon Dieu ! quelle mauvaise tête ! Mais que de bonté ! que vous êtes aimable ! Mais vous vous méprenez, si vous allez croire que c'est la pauvreté, ou le bien-être qui vient de la fortune, qui pouvait rien ni pour mon bonheur, ni pour augmenter mon malheur. Mon ami, ce n'est ni M. Turgot, ni M. de Vaines, ni le Roi, ni tout ce qu'il y a de puissant sur la terre, qui peuvent rien pour mon bonheur, pour calmer mon âme, pour en chasser un sentiment déchirant, pour remettre du baume dans mon sang. Hélas! il faudrait que vous m'eussiez aimée ; mais il vous est plus facile de solliciter, de haïr un ministre, parce qu'il a l'honnêteté de ne pas songer à ma fortune. Mon ami, *ni l'or, ni les grandeurs ne nous rendent heureux.* Cela est plus vrai pour certaines âmes, que je ne puis l'exprimer. Je n'ai jamais connu d'équivalent, de dédommagement à rien de ce que j'ai désiré ; la passion est absolue. Les goûts se plient aux circonstances ; je n'ai jamais voulu, ni aimé qu'une chose, et en cela plus conséquente qu'il n'appartient à ma mauvaise tête, je ne me suis jamais repentie de ma manière de me conduire dans les différentes occasions que j'aurais eues de m'enrichir et d'augmenter, ou, pour parler plus juste, d'acquérir de la considération, de celle du moins que les sots distribuent et dont les têtes et les âmes vides font leur aliment. Bonjour, mon ami. J'entends le vicomte de S. Chamans. Je reprendrai après l'arrivée du facteur. J'espère, oui je crois que j'aurai une lettre de vous. Après avoir vu des indifférents tout le jour, vous serez rentré chez vous hier au soir, en disant : je vais faire quelque chose pour le plaisir de ce qui m'aime.

Vendredi, quatre heures, après l'arrivée de la poste.

Point de lettre de vous ! Savez-vous combien je suis juste? Cela me fait haïr celles des autres. Qu'importe tout le reste, lorsque l'âme et la pensée sont fixées sur un seul point. Je conçois à merveille comment *Newton* a pensé trente ans de suite à la même chose, et le but qu'il se proposait ne vaut pas celui que je me promettais. Mon ami, aimer est le premier bien ; être aimée par ce qu'on aime, c'est être trop heureuse. Il y a eu des temps dans ma vie ! mais, mon Dieu ! que je suis tombée ! — Je n'ai point de lettre de vous ! C'est ma faute : M. de Vaines vous aura envoyé trop tard la lettre que je lui avais adressée. J'ai voulu vous suivre partout; et vous ne vous êtes pas soucié de me prévenir. Pour se rencontrer sûrement, il ne faut pas s'attendre. — Mon ami, j'ai relu votre lettre d'hier trois fois tout de suite : ce que vous dites sur la différence de l'esprit et du génie est excellent, et de la plus grande éloquence; la comparaison est *de génie*. Mais je ne pense pas comme vous, qu'il faille, pour gouverner, des gens pleins de passion. Il faut du *caractère* et point de passion; l'esprit suffit, et il est peut-être préférable dans une monarchie, où il faut une marche uniforme, où le bonheur doit être préféré à la gloire ; et c'est parce que je crois que ce n'est ni la passion, ni le génie qu'il faut à un ministre français, que je pense qu'il n'y a point d'homme qui fût plus capable de nous bien gouverner que L. de T..... Et je vous réponds, qu'il n'y a point d'âme plus inaccessible aux passions. Ce n'est pas non plus pour l'énergie qu'il faut le louer : il a du caractère, beaucoup de lumières, une grande activité et une facilité et une amabilité qui aplanissent toutes les difficultés. Voilà ce que je réponds à tout ce que vous me disiez de M. T.... ; il ressemble plus à Licurgue, et L. de T.... au cardinal de Richelieu et à Colbert : car il n'aurait ni la force, ni l'atrocité du cardinal. — Mon ami, vous recevrez cette lettre demain samedi, et sans doute ce sera la dernière, parce que je ne doute pas que vous ne partiez dimanche. Voici *mes ordres* : vous ferez un paquet de toutes mes lettres, vous y mettrez mon adresse, et ce seront vos mains qui le remettront dans celles de M. de Vaines, qui contresignera ce précieux dépôt. Vous partirez après, et vous ne m'écrirez point dans ce paquet, mais bien par la poste. Je veux savoir l'heure, le moment où vous quitterez Fontainebleau ; oui, j'ai un intérêt : où n'en met-on pas lorsqu'on aime ? Je vous ai bien dit que je ne me plaindrais plus, que je ne vous accablerais plus plus du poids de mes maux. Mais souvenez-vous bien que je ne me suis pas engagée à avoir une conduite *parfaite*, égale. Cela viendra peut-être : l'indifférence ne sera pas toujours impossible à mon cœur. Je dis donc que je ne vous ferai plus souffrir de mon malheur ; mais entendez bien que je ne serai ni assez courageuse, ni assez raisonnable pour faire semblant de ne pas souffrir lorsque je me sentirai déchirée. Adieu, mon ami. Il me semble que je me sépare de vous pour longtemps, et cette séparation me fait plus de mal que lorsque vous êtes là, et que vous me dites adieu : alors il n'y a que cet instant pour moi, je vis de toute ma force dans un point ; mais aujourd'hui il n'en est pas de même, je me sens triste, abattue, j'ai la privation de vous, de votre lettre, et je vois encore demain et après ! Ah ! cet avenir sera bien long ! Adieu, adieu.

LETTRE CXXXIX.

Mardi au soir, 24 octobre 1775.

Les oracles avaient cessé, parce qu'ils craignaient de parler aux échos. Ma dernière lettre est de vendredi l'après-dîner : j'avais jugé que vous partiriez dimanche ou lundi ; aujourd'hui j'imagine que vous attendrez l'arrivée de M. de Saint-Germain qu'on attend mercredi ou jeudi. C'est un homme isolé : il est arrivé là sans intrigue ; on doit croire qu'il ne voudra que le bien, s'il fait des réformes et des changements. Il aura la confiance du militaire, parce qu'on sait qu'il est instruit, et qu'il a une grande expérience. Personne ne peut mieux que lui faire usage de vos talents, vous mettre en activité ; d'ailleurs il faut penser à vous. Ne m'avez-vous pas dit qu'il était prévenu pour vous d'un grand intérêt ? Il ne faut pas tourner le dos à la fortune.

J'ai reçu vos lettres de vendredi et de dimanche : elles sont courtes, elles sont rares. Mais, mon ami, je ne me plains pas, vous avez tant d'intérêts divers ! cela vous donne tant de soins, que je ne conçois pas comment vous y pouvez suffire ; tout le monde doit vous remercier et personne ne doit être heureux. Ne me répétez plus qu'il faut que je *tâche* de me faire à votre situation. Mon ami, ces mots *il faut tâcher,* quand il s'agit de sentiment ou de patience, sont autant de doutes et d'absurdités : c'est lorsqu'il s'agit de conduite, d'affaires, de choses d'intérêt qu'il faut en effet *tâcher,* qu'il faut se faire effort, parce que les actions, les démarches sont alors dirigées, ou doivent être dirigées par la réflexion ; et c'est de la sottise ou de la légèreté que de se mettre sans cesse en contradiction avec ses projets et ses intérêts. Mais moi, je tâcherai, je me ferai effort, et pourquoi ? Qu'est-ce que je me propose ? qu'est-ce que je voulais ? Non, non, mon ami, j'ai manqué le but de ma vie, il n'y a plus d'intérêt pour moi. Je me tairai sans doute, mais ce ne sera pas *en tâchant*, ce sera après avoir tout apprécié, tout jugé, et surtout après avoir vu de bien près le terme ; c'est pour me calmer, s'il est possible, dans ces derniers temps de souffrance. L'on supporte tout à la fin d'un voyage, je ne veux pas vous coûter un regret. Je n'ai point besoin de larmes après ma mort. Je ne vous demande plus que l'indulgence et la bonté qu'on accorde aux malades et aux malheureux. Adieu, mon ami. J'ai passé une cruelle journée, j'ai toussé à mourir. J'ai un peu de fièvre ce soir. Il faut cependant que j'écrive un mot à M. de Vaines. Je lui envoie cette lettre.

LETTRE CXL.

Jeudi, six heures du soir, 26 octobre 1775.

Vous aurez un mot demain matin. Je reçois votre lettre : c'est la première que j'aie eue le lendemain de sa date, ordinairement c'est le troisième jour. Mais, comme vous dites, il faudra se plier à cette manière d'être ; car vous n'en changerez pas. Mais aussi vous ne devez pas trouver extraordinaire, que, dans cette incertitude perpétuelle de ce que vous faites et du lieu où vous êtes, on ne soit pas toujours aussi exact. Je vous ai écrit hier, c'est-à-dire, mardi au soir, et par le courrier de M. Turgot. Je priai M. de Vaines de vous envoyer ma lettre. — Eh! bon Dieu! êtes-vous fou d'aller demander de mes nouvelles au comte de C....? Il ne saura plus qu'une chose de moi : il saura ma mort; tout le reste est pour lui comme ce qui se passe en Chine. Il sait qu'il aime sa femme, il sent qu'il est riche; et voilà, je vous jure, les deux parties de son discours dont il ne se tirera en effet que par la vie éternelle. — Non, je ne me porte pas bien : j'ai une toux convulsive qui ne me laisse pas un moment de repos — Je ne vous réponds point sur M. de Saint-Germain? c'est que j'en ai mes poches pleines. Mon ami, tout ce que je désire, c'est que vous ne mettiez rien contre vous; sûrement cet homme a du mérite et beaucoup. Il vous a aimé, pourquoi voudriez-vous, comme dit précieusement M. de Saint-Mart, *donner cent coups de bâton à votre étoile*. Adieu. — Mais est-il bien vrai ? avez-vous besoin d'être aimé de moi ? cela ne prouve pas que vous soyez sensible, cela prouve seulement que vous êtes insatiable. Je vous écrirai par le courrier de M. Turgot ; envoyez chercher une lettre chez M. de Vaines demain vendredi à six heures Mais, au nom de Dieu, écrivez-moi avant neuf heures du soir : la poste part à cette heure-là, et si vous saviez combien il est triste de recevoir une lettre qui a trois jours de date lorsqu'on est à quatorze lieues ! Cela annonce tant d'indifférence ! J'ai eu ce matin à neuf heures, une lettre d'hier au soir, de la même heure, et ainsi tous les jours. Vous avez beau dire, les soins, l'attention, prouvent quelque chose. — Ma chambre est pleine, et même il y a des personnes que j'aime bien.

LETTRE CXLI.

Jeudi, minuit, 26 octobre 1775.

La conversation n'aura pas été interrompue longtemps, et cependant vous aurez eu le temps de respirer. Vous êtes bien heureux si vous respirez à l'aise : car pour moi cela m'est impossible, et je ne puis pas exprimer de quelle souffrance cela est ; mais c'est de vous que je veux parler, mon ami. — Je pense que vous ferez mal de quitter tout de suite M. de Saint-Germain. Dans ce premier brouhaha, il ne verra rien : rien ne fera trace, au lieu que, si vous étiez là après ce premier moment il s'approcherait de vous ; vous pourriez lui être utile en mille choses. Cet homme tombe des nues, il aura des milliers de questions à faire, et il a assez d'expérience pour ne les pas faire au hasard. Il vous a vu si jeune, vous étiez *son fils*, et l'on ne craint pas de se commettre vis-à-vis d'un jeune homme qu'on aime. Enfin je puis me tromper, mais je regarde ces premiers moments comme bien importants pour vous. Voyez, mon ami ; ne mettez ni fausse générosité, ni légèreté dans votre conduite. Je vous dis comme je vois. Je sais bien qu'il y a un degré d'intérêt qui trouble la vue ; mais vous êtes encore plus près de vous que je n'en suis, ainsi défiez-vous donc de vous-même. — Vous ne dites plus rien de vos affaires ; qu'est-ce que cela prouve ? sont-elles terminées comme vous le désirez ? ou y mettez-vous autant de négligence que M. le maréchal de Duras y met de légèreté ? Oh ! les excellents négociateurs ! — M. de Vaines me fait votre éloge, mais de la meilleure manière ; c'est son âme qui vous loue. Je vous dis cela pour vous prouver que vous ne l'avez pas blessé le jour que vous lui avez parlé de moi ; mais c'est moi que vous blesseriez actuellement, si si vous reveniez à la charge. Mon ami, la première règle dans l'amitié, c'est de servir nos amis comme ils veulent l'être, fussent-ils les plus bizarres du monde : l'on doit avoir la délicatesse de se plier à leur volonté sur ce qui leur est directement personnel. Cela posé, ma manière, ma manie, si vous voulez, à moi, c'est de n'être servie par personne : je tiens compte des intentions, comme les autres tiennent compte des actions. Ainsi laissez donc là votre activité, portez-la sur d'autres objets : car je vous le répète encore, vous m'offenseriez si jamais vous veniez à vous occuper de mes intérêts. Songez donc que, si j'avais voulu, je ne serais pas restée pauvre : il faut donc que la pauvreté ne soit pas le plus grand mal pour moi. Mon ami, croyez-moi ; je dis toujours vrai, et je sais bien ce que je veux.

Vous ne m'avez point parlé des spectacles, vous ne me dites pas un mot de ce que vous faites ; vous n'avez pas besoin de causer, vous n'avez besoin que d'être partout, et de voir tout. Je voudrais que Dieu pût vous faire don de la puissance qu'il a d'être présent partout. Pour moi, je serais au désespoir d'avoir ce talent-là ; je suis bien loin de désirer d'être partout, car je voudrais bien n'être nulle part. Ah ! mon Dieu ! je voudrais avoir la chimère qu'a madame de Muy, je croirais avoir retrouvé le bonheur : elle est sûre qu'elle reverra M. de Muy ; quel appui pour une âme désolée ! — Il y a quatre ans dans ce temps-ci, que je recevais régulièrement deux lettres par jour de Fontainebleau. L'absence fut de dix jours : j'eus vingt-deux lettres ; mais c'est qu'au milieu de la dissipation de la cour, étant l'objet de la mode, étant devenu celui de l'engouement des plus belles dames, il n'avait qu'une affaire, il n'avait qu'un plaisir : il voulait vivre dans ma pensée, il voulait remplir ma vie ; et, en effet, je me rappelle que ces dix jours-là je ne sortis pas une fois : j'attendais une lettre, et j'en écrivais une. Ah ! ces souvenirs me tuent ! cependant je voudrais bien pouvoir recommencer, et à des conditions plus cruelles encore. Mon ami, si vous voyez le fond de mon âme, que vous devez me plaindre ! mais ne me le dites pas : c'est du courage que j'ai besoin ; oui, j'en ai besoin, je souffre cruellement. — Dites-moi si vous avez régulièrement des nouvelles de madame de ***. Avez-vous fait quelque chose pour ce qui l'intéressait ! Vous ne me dites rien ; mais vous êtes si pressé ! — Est-ce que vous ne comptez pas suspendre votre travail sur le livre de M. Dumesnil-Durand ? M. de St-Germain y répondra peut-être en quatre mots : cela vous épargnera bien de la peine ; cependant si c'était un moyen d'ajouter à votre réputation, je le regretterais pour vous.

Le chevalier va faire jouer une pièce qu'il vient de composer ; il ne l'a fait voir à personne : cette manière lui a bien réussi pour *Agathe*, et je souhaite qu'il s'en trouve aussi bien cette fois-ci. Ce que c'est que le monde, le torrent de la société! ils jouent et font des comédies; ils ont sans cesse des scènes entre eux qui sont d'un genre larmoyant; ils se tourmentent du matin au soir : c'est l'amour-propre qui se plaint d'un côté, et de l'autre, c'est une vanité effrénée. Je me meurs de peur qu'avec les talents qu'ils ont tous les deux pour la comédie, et même pour la tragédie, ils amènent une scène de dénouement à une pièce qui devrait finir sans éclat. Oh! comme tout le monde est malheureux! — Vous voyez bien que je ne peux pas vous écrire jusqu'à votre départ, surtout lorsqu'il n'est pas fixé; je ne veux pas qu'il reste une lettre après que vous serez parti. Adieu, je vous aime partout où je suis, mais non pas partout où vous êtes. Voilà le dénouement pour nous.

LETTRE CXLII.

Vendredi, 28 octobre 1775.

Je viens de recevoir trois lettres de Fontainebleau : elles sont du 26, et M. de Saint-Germain n'était pas encore arrivé. Mon ami, vous me disiez mercredi matin que vous m'écririez le soir, et vous n'avez pas pensé à moi. Depuis cet instant, dites-moi donc au moins si vous avez reçu deux lettres par M. de Vaines, et une par la poste, l'une de mardi et deux d'hier. Quand j'ai vu toutes ces lettres de Fontainebleau, je n'ai pas mis en doute qu'il n'y en eût une de vous. Mon Dieu, que vous me rendez injuste! mon premier mouvement est toujours de lire avec dégoût les lettres de Fontainebleau, lorsqu'elles ont trompé mon espérance. Eh! non, non, ce n'est pas vous qu'il faudrait aimer : vous êtes d'une agitation, d'une évaporation qui ne permettent pas de compter sur vous. Je ne vous critique pas ; mais je me condamne par tout ce qui me reste de raison ou de force. — Les archevêques d'Aix et de Toulouse sont partis ce matin pour Fontainebleau. Mon ami, vous avez jugé de l'état de ce dernier avec ce vif intérêt qui fait dire au comte de C.... que je me porte bien ; il est en bien mauvais état, et j'en suis bien inquiète : il a le meilleur régime, mais j'ai bien peur qu'il ne suffise pas contre son mal. Il est gai et même sans inquiétude : il tient peu à la vie, quoiqu'il n'ait guère senti le malheur. — J'admire votre justice, mon ami, lorsque vous blâmiez le choix du ministre, c'était M. Turgot qui l'avait fait ; depuis, après y avoir mieux pensé, vous avez trouvé que c'était le plus excellent choix qu'on pût jamais faire ; ce n'est plus M. Turgot, c'est M. de Malesherbes. Tout comme il vous plaira, mais vous aurez bien de la peine à mettre dans ces *deux têtes-là* deux volontés : il n'y en a qu'une, et c'est toujours pour faire le mieux possible. Oh! oui, je les aime ; ce n'est pas le mot : je les chéris et les respecte du fond de mon âme. Ils ont eu l'honnêteté de me faire partager le plaisir qu'ils avaient du choix du roi. Ce n'est pas par reconnaissance que je tiens à M. Turgot : il oublierait que j'existe, que je me souviendrais de même de tout ce qu'il vaut. Voilà ma réponse à tout ce que vous me mandiez de Montigni ; par sagesse je m'abstiens de répondre de premier mouvement : vous m'aviez blessée, et je me tus ; je n'y sais plus que cette manière. Je ne sais plus si *M. Nicole* a oublié ce moyen de conserver la paix : il en vaut bien un autre. Adieu, mon ami. Vous ne m'avez rien dit, et je vous parle. J'ai là trois lettres, et je ne réponds pas. — A propos, j'ai oublié de vous dire que madame de Boufflers m'a répété deux fois qu'elle vous croyait *bien heureux*; je lui ai dit que je n'en doutais pas. — Madame de Mart..... est à Montigny. Mon ami, elle va peut-être donner ou recevoir un acquit comptant des 22,000 liv. de rente. — Si je ne vous paraissais pas trop outrée, je vous dirais que je hais, oui, que j'abhorre l'argent, quand je viens à penser qu'il est le prix de tout. Fi !

LETTRE CXLIII.

Mercredi, 8 novembre 1775.

Mes lettres vous manquent, et ma présence ne vous est pas nécessaire. Vous avez passé cinq jours à Paris, en me reprochant, et à vous aussi tous les moments, que vous y restiez. Vous avez été quinze jours à Fontainebleau, et il ne s'y est guère passé de jour où vous n'eussiez trouvé une occasion commode pour aller et revenir. Vous saviez que j'étais malade, vous saviez la part que vous y aviez; et puis vous me mandez, et cela doit me combler d'aise et de reconnaissance, que, *si vous étiez venu à Paris, j'aurais été le seul objet de votre voyage.* Aussi ne l'avez-vous pas fait; et puis vous osez dire que si cela ne me pénètre pas de sensibilité, c'est que je suis devenue bien difficile et bien injuste. Oh ! que vous pesez sur mon cœur, lorsque vous voulez me prouver qu'il doit être content du vôtre ! Je ne me plaindrais jamais, mais vous me forcez souvent à crier, tant le mal que vous me faites est aigu et profond ! Mon ami j'ai été aimée, je le suis encore, et je meurs de regret en pensant que ce n'est pas de vous. J'ai beau me dire que je ne méritai jamais le bonheur que je regrette ; mon cœur cette fois fait taire mon amour-propre : il me dit que, si je dus jamais être aimée, c'était de celui qui aurait assez de charme à mes yeux, pour me distraire de M. de Mora, et pour me retenir à la vie après l'avoir perdu. Mais est-on jamais aimé par ce qu'on aime? entre-t-il de la justice et et de la réflexion dans ce sentiment si involontaire et si absolu ? — Je n'ai fait que languir depuis votre départ ; je n'ai pas été une heure sans souffrance : le mal de mon âme passe à mon corps; j'ai tous les jours la fièvre, et mon médecin, qui n'est pas le plus habile de tous les hommes, me répète sans cesse que je suis consumée de chagrin, que mon pouls, que ma respiration annoncent une douleur active ; et il s'en va toujours en me disant : *nous n'avons point de remède pour l'âme.* Il n'y en a plus pour moi ; ce n'est pas guérir que je voudrais, mais me calmer, mais retrouver quelques moments de repos pour me conduire à celui que la nature m'accordera bientôt. Il n'y a que cette pensée qui me repose : je n'ai plus la force d'aimer ; mon âme me fatigue, me tourmente : je ne suis plus soutenue par rien. Le désir et l'espérance sont morts en moi ; plus je m'affaiblis et plus je suis obsédée par une seule pensée. Sans doute je ne vous aime pas mieux que je vous ai aimé ; mais c'est que je n'aime plus rien, c'est que les maux physiques me ramènent sans cesse à moi. Il n'y a plus ni dissipation, ni diversion : la longueur des nuits, la privation du sommeil ont fait de mon sentiment une manière de folie ; cela est devenu un point fixe, et je ne sais comment il ne m'est pas déjà échappé vingt fois de dire des mots qui découvriraient le secret de ma vie et celui de mon cœur.

Quelquefois, en société, je suis surprise par mes larmes, je suis obligée de m'enfuir. Hélas! en vous peignant l'excès de mon égarement, je ne veux point vous toucher, puisque je crois que vous ne lirez jamais ceci. D'ailleurs, dans l'état où je suis, qu'est-ce que j'ai à prétendre ou à craindre de vous? Il me suffit de vous croire honnête, pour être bien sûre de tous vos procédés jusqu'à la fin. Il y a des situations qui forceraient une âme dure et insensible : tout ce qui m'entoure paraît plus animé pour moi ; en voyant de près une séparation éternelle, on se rapproche. Je ne saurais assez me louer des soins et de l'intérêt de mes amis : ils ne me consolent pas; mais il est certain qu'ils mettent de la douceur dans ma vie. Je les aime, et je voudrais les aimer davantage. Adieu. Je succombe à tant de pensées douloureuses; cependant, en répandant mon âme, je l'ai un peu soulagée.

LETTRE CLXIV.

Jeudi, onze heures du soir, 9 novembre 1775.

Mon ami, je vous ai écrit quatre pages hier ; jamais je ne puis finir ma journée sans prononcer que je vous aime. Je viens de voir la personne du monde de qui je suis la plus aimée, et cela ne m'a fait que mieux sentir à quel point je vous aimais. Après trois mois d'absence, si je vous avais entendu annoncer sans m'y attendre, comme j'aurais tressailli de la tête aux pieds! comme je n'aurais pas su un mot de ce que je disais, ni de ce qu'on me disait! Mon ami, il faut aimer pour connaître tout ce que la nature a accordé de biens et de plaisirs aux hommes. Il est doux sans doute d'être aimé ; mais où est le bonheur ? car de juger, d'apprécier l'affection d'un homme aimable, de répondre avec honnêteté à des mouvements involontaires, de voir tour-à-tour la tristesse et le mécontentement se peindre sur le visage de quelqu'un tout rempli du désir de votre bonheur ; oh ! si cela flatte l'amour-propre de quelque sotte femme, combien cela afflige une âme honnête et sensible ! Mon ami, je pourrais vous dire comme Pyrrhus à Andromaque :

> Ah ! qu'un seul des soupirs que mon cœur vous envoie,
> S'il échappait vers elle, y porterait de joie !

— Mon Dieu ! est-ce que vous ne souffririez point de n'avoir point de mes nouvelles ? est-ce que cela ne fait pas un vide dans votre vie ? Seriez-vous occupé ou enivré au point de ne pas éprouver tour-à-tour un besoin actif et une grande langueur ? Est-ce que je ne suis pas bien près de votre pensée lorsque je ne la suis pas ? Ah, mon ami ! Ces questions ne vous peignent qu'une bien faible partie de ce que je sens ; je meurs de tristesse. Mes amis me croient affectée de ces maux. Je voyais ce soir la bonté de M. d'Andezi et de M. de Schomberg : ils me rassuraient sur ma poitrine ; ma toux les déchirait, et ils me consolaient. Les excellentes gens ! ils ne savent pas tout ce que je souffre ; mais je ne mérite pas d'être plainte, même par vous : car jugez de l'excès de ma folie ; je sens que je vous aime par-delà les forces de mon âme et de mon corps. Je sens que je me meurs de n'avoir point de communication avec vous : cette privation est de tous les supplices le plus cruel pour moi. Je compte les jours, les heures, les minutes ; ma tête s'égare sans cesse : car je veux l'impossible, je veux avoir de vos nouvelles les jours où le courrier n'arrive point : enfin, que vous dirai-je, je vous aime à la folie. Eh bien ! après cela, comprenez-moi si vous pouvez, Je ne vous envoie point mes lettres ; je vous choque, je vous irrite, ne fût-ce que par contradiction : il y a plus, c'est que si, par quelque hasard, vous veniez à être forcé de rester dans le lieu où vous êtes, six mois, ou un an, ou toute la vie, je crois pouvoir répondre que vous n'entendriez jamais parler de moi. Concevez, d'après cette disposition, l'horreur que m'a causée ce maudit billet, daté d'un lieu qui se peint à moi d'une manière plus effroyable que l'enfer ne s'est jamais peint à sainte Thérèse et aux têtes les plus exaltées. Nulle raison dans la nature ne peut combattre une aussi funeste impression : je frissonne encore, en me rappelant cette date et le peu de lignes qui la suivaient. O ciel ! qu'étiez-vous devenu ! aviez-vous donc cessé absolument d'être sensible à mes maux ? Adieu ; ce souvenir flétrit mon cœur.

15 novembre, vendredi après l'heure de la poste.

Non, les effets de la passion ou de la raison (car je ne sais laquelle m'anime dans ce moment) sont incroyables. Après avoir attendu le facteur avec ce besoin, cette agitation qui font de l'attente le plus grand tourment, j'en étais malade physiquement : ma toux et ma rage de tête m'en avaient avancée de cinq ou six heures. Eh bien ! après cet état violent, qui n'est susceptible ni de distraction ni d'adoucissement, le facteur est arrivé, j'ai eu des lettres. Il n'y en avait point de vous ; j'en ai reçu une violente commotion intérieure et extérieure, et puis je ne sais ce qui est arrivé, mais je me suis sentie calmée : il me semble que j'éprouve une sorte de douceur à vous trouver encore plus froid et plus indifférent que vous ne pouvez me trouver bizarre. En me prouvant que je ne suis rien pour vous, je crois qu'il me sera plus aisé de me détacher de vous. Il m'est tellement démontré que vous ne pouvez faire que le malheur de tous les instants de ma vie, que tout ce qui me donne la force de m'éloigner de vous, de m'en séparer, est réellement pour moi le plus grand soulagement que je puisse sentir. Me voilà à souhaiter que vous soyez retenu par goût, ou par force, dans le lieu où vous êtes : votre absence cesse d'être un mal pour moi ; c'est du repos. Adieu.

LETTRE CLXV.

Lundi, trois heures après-midi, 1775.

Mon ami, que vous êtes aimable, et que vous justifiez bien l'excès de mon égarement et de mon malheur ! Oui, je le crois, ce que j'ai souffert, ce que j'attends, rien n'aurait le pouvoir de m'empêcher, de me garantir de vous aimer, si je ne vous aimais pas. Il y a des choses qui me font croire à la fatalité : je devais donc vivre pour vous revoir, et j'en devais mourir. Mais, mon ami, je vous ai aimé, je ne me plains plus. Laissez-moi donc subir ma destinée, et gardez-vous de mettre le comble à mes maux, en me faisant aimer la vie au moment où il faudra la quitter, où je sens qu'elle m'échappe. Hélas, mon ami ! par bonté, par pitié, laissez-moi croire que la mort me délivrera d'un fardeau qui m'accable ! laissez-moi arrêter, reposer ma pensée sur ce moment tant désiré, si attendu, et dont je me sens approcher avec une sorte de transport ! Mais aussi, lorsque je vous écoutais hier, que je vous voyais, je pensais avec attendrissement que bientôt je vous dirais adieu pour jamais. Je me tâtais, j'aurais voulu ne pas me croire si malade ; je regrettais de ne pouvoir plus espérer. Enfin, mon ami, ma tendresse pour vous remplissait mon âme, et ne me permettait plus de former un souhait qui eût pour objet de me séparer de vous. Ah ! sous cet affreux rapport, la mort sera un mal, un grand mal. Mon Dieu ! vous ne saurez jamais le déchirement, l'espèce de mort et d'angoisse où je viens de passer ces trois dernières semaines. Ce n'est pas la perte de mes forces, ma maigreur, l'excès de mon changement qui sont étranges. Ce qui est inouï, c'est que ma vie ait résisté à cette torture. Mais vous voilà ; je vous ai retrouvé plein de bonté, de sensibilité : vous avez calmé mon âme, vous avez mis du baume dans mon sang. Il m'était moins pénible de souffrir cette nuit ; je n'ai point dormi, j'ai eu la fièvre, j'ai toussé ; mais en vérité je n'ai pas été malheureuse : car j'étais occupée de vous d'une manière douce et sensible. Je pensais que je vous écrirais, et je n'osais pas espérer recevoir de vos nouvelles. Mais cela ne me paraissait pas impossible. Jugez du sentiment de bonheur que j'ai eu lorsqu'en entrant dans ma chambre, l'on m'a dit de la part de M. de G..... Mon ami, ces mots m'ont fortifiée pour ma journée ; je ne crains plus la fièvre avec votre lettre : le remède a plus de pouvoir sur moi que le mal. — Seulement, je chasserai de ma pensée ce qui veut y revenir sans cesse. *Il est arrivé samedi à cinq heures à Paris, et il a attendu jusqu'à dimanche une heure, pour savoir si j'étais morte, malade, ou au comble du malheur.* Ah, mon ami ! vous aviez donc oublié que je vous aimais, et vous ne saviez donc plus comment j'aime avec toutes les facultés de mon âme, de mon esprit, avec l'air que je respire. Enfin *j'aime pour vivre, et je vis pour aimer*.

Je meurs d'envie de savoir ce que vous aura dit M. de Saint-Germain. J'ai pensé de nouveau à sa lettre : elle est fort bien, mais fort bien ; et je ne doute pas que vous ne soyez content de la conduite qu'il aura avec vous. Si ce n'est pas le matin que je vous vois demain mardi, écrivez-moi un mot, car je ne doute pas que vous reveniez ce soir. Si vous ne venez pas le matin, et que vous ne puissiez pas me donner votre soirée, il faut que vous sachiez que, depuis quatre heures jusqu'à cinq et demie, je suis seule : ainsi voilà trois manières de me voir avec liberté. Prenez-en donc une, mon ami ; car j'ai besoin de vous voir. Bonjour. Vous voyez que je me dédommage. Eh! bon Dieu ! j'ai tant souffert de me taire ! Mon ami, croyez-vous qu'il y ait ou qu'il y ait eu quelqu'un dans le monde plus vivement frappé de vos agréments, et plus profondément occupé de vous ? croyez-vous enfin qu'il y ait un degré de tendresse et de passion par de-là celui qui m'anime ? Les battements de mon cœur, les pulsations de mon pouls, ma respiration, tout cela n'est plus que l'effet de la passion : elle est plus marquée, plus prononcée que jamais ; non pas qu'elle soit plus forte, mais c'est qu'elle va s'anéantir, semblable à la lumière qui revit avec force avant que de s'éteindre pour jamais. Adieu, mon ami. Je vous aime.

LETTRE CLXVI.

Quatre heures, 1775.

Mon ami, je n'ai pas fait ce que vous vouliez, je vous

en demande pardon : mais il est au-dessus de mes forces de vous adresser une lettre dans le lieu où vous êtes. Cependant je ne suis pas assez injuste pour souhaiter que vous n'y soyez pas, et même avec plaisir et intérêt. Je suis inconséquente, faible et malheureuse, voilà tout. Souffrez-moi telle que je suis, et moi je vous aimerai à la folie tel que vous êtes. Mon Dieu ! que vous êtes aimable de m'avoir écrit ce petit mot en partant ! Il a ranimé un instant mon âme abattue. Ah, mon ami ! qu'il m'est difficile de vivre ! votre présence seule peut me faire supporter le sentiment de la perte que j'ai faite : tout le reste m'avertit que mon malheur est sans ressource comme sans consolation ; tous mes amis, tous leurs soins me font sentir que rien ne peut désormais pénétrer jusqu'à mon cœur. C'était M. de Mora ; c'était mon sentiment pour lui qui animait tout pour moi ; hors vous et mon affection pour vous, tout s'est éteint avec lui. La nature entière me paraît morte, je ne voudrais pas la ranimer, mais je voudrais m'anéantir. Que faire d'une existence aussi douloureuse et aussi languissante ? Mon ami, vous m'aiderez à la supporter, et cela suffira quelque temps à votre bonté et à votre délicatesse. Vous vous direz : je soulage, j'adoucis le malheur, j'essuie les larmes d'une personne qui ne tient à la vie que par moi. Mais, mon ami, ce sentiment de vertu ne saurait satisfaire entièrement votre âme : son ardeur, sa chaleur, son activité ne se contenteront point d'avoir adouci mes maux, vous voudrez, et avec raison, faire ma consolation, mais cela sera impossible, et bientôt vous vous refroidirez. Je sens, je prévois cet avenir, et il me paraît tout près de moi. Pourquoi l'attendre ? Ne serait-il pas doux et facile de le prévenir ? Ah ! laissez-moi achever de mourir ! Ne cherchez point à réchauffer, à ranimer une âme que le plaisir et la douleur ont consumée. Je vous trouve si aimable, si digne d'être aimé, que vous me feriez regretter à chaque instant la force et la vivacité que j'ai perdues. Non, ce n'est pas moi, en effet, qu'il faut aimer. Vous sentiriez trop souvent que vous me faites grâce, et cela flétrirait votre cœur. Vous devez régner sur une âme vive, jeune, remplie de chaleur et de passion ; la mienne ne peut plus s'élever jusque-là. Elle n'est animée que par la tendresse et la sensibilité. Vous en êtes l'objet ; il n'y a point de moment où je ne trouvasse de la douceur à vous en donner des preuves : mais puisqu'il y a mieux, et plus que cela, vous y pouvez prétendre, et avec raison. — Mon ami, le chevalier de Chatelux a résolu de me *tourner la tête ;* il est encore venu passer la soirée hier avec moi. Il est arrivé de Choisi à onze heures, et il est venu descendre chez moi. Il m'a trouvée avec de M. Condorcet et M. d'Andezi. J'étais presque morte quand il est entré, et je n'ai pas été plus en vie pendant tout le temps qu'il a été avec moi. Il est bon, plus encore qu'il n'est vain : car il m'a demandé plusieurs fois si je souffrais. Il comparait mon état de la veille à celui où j'étais, et il ne se doutait pas que le charme qui me soutenait, qui m'animait le jour d'avant, était évanoui. Il agissait ailleurs sans doute ; et cette pensée n'était pas consolante pour moi. Je me suis couchée fort tard. Je n'ai point dormi, et à six heures j'ai pris de l'opium, mais en assez petite dose, pour diminuer seulement le besoin que je sens d'en prendre cent grains. En effet, il m'a ôté l'activité et le déchirant de ma douleur. Je souffre, mais aussi je sens que je vous aime. — Je pense que je vous verrai dimanche matin ; que peut-être j'aurai de vos nouvelles demain : si cela n'était pas, j'en serais quitte pour reprendre deux grains, et je vous attendrais sans me plaindre et sans vous aimer moins. Mon ami, je me sens d'une douceur, d'une *modération* qui me font peur. Cette dernière vertu me paraît faite pour les habitants des limbes, et je crains d'y être condamnée. Je n'ai connu que le climat de l'enfer, quelquefois celui du ciel. Il n'y a plus moyen de façonner mon âme à une autre température : cela veut dire que, lorsqu'on a touché le dernier terme du malheur et de la félicité, il ne reste plus qu'une chose à faire, mourir. Et voilà, en effet, où j'aspire, où j'aurais déjà atteint si vous ne m'en aviez détournée. Adieu. Je vous aime de toute mon âme ; mais ce n'est pas assez, ce n'est rien pour ce que vous méritez, et ce que vous devez m'inspirer. Si j'ai de vos nouvelles, je vous en remercierai, et puis je vous enverrai ma lettre pour que vous la trouviez en arrivant.

M. d'Andezi va dîner mardi à Auteuil, il sera ravi de vous mener. Je ne vous ai pas dit que j'avais répondu le billet le plus sot, le plus plat. Mais il ne m'importe guère ; elle est au moins indulgente, et mon amour-propre ne peut plus être difficile à contenter. Adieu donc.

Après l'arrivée de la poste.

Non, vous ne vous y méprenez pas, vous connaissez mon sentiment : vous voyez dans mon âme, vous savez ce qu'elle est pour vous ; vous avez vu ses combats, ses remords, vous voyez sa douleur. Je vis ; après cela ai-je besoin de vous dire que je vous aime, que ce qui me reste d'activité est employé à vous désirer, à craindre votre absence, à croire que je ne pourrai pas la supporter ? et si ma pensée peut s'y arrêter avec un peu de calme, c'est en me disant que je retrouverai, peut-être, le courage que m'ôte votre présence : car comment trouver la force de mourir, quand on voit ce qu'on aime ! Mon ami, votre lettre est aimable comme vous : elle est pleine d'intérêt, j'en avais besoin. Ah ! mon Dieu ! comme j'ai souffert cette nuit ! je n'en puis plus, mais je vous aime.

Rapportez-moi ma lettre et pardonnez-moi ; on ne guérit pas de la peur.

LETTRE CLXVII.

Onze heures et demie du soir, 1775.

Vous ne venez pas, et je n'ai point de lettre de vous ! Cela est bien vide. Mon ami, je vous aime, sans doute, mille fois mieux que *Bérénice* n'aimait *Titus*. Mais malheureusement je ne puis pas faire le même emploi de mon temps : je ne saurais le passer tout entier à vous attendre, et ceci n'est pas hors de propos. Par exemple, l'espérance de vous voir ce soir m'a fait éconduire un de mes amis. Cela m'a peinée en vous attendant, et actuellement cela m'inquiète ; car même les amis s'éloignent bien vite. On a tant d'affaires et de dissipation qu'il faut une grande bonté pour me sacrifier des soirées. Vous allez avoir mauvaise opinion de moi, je ne serais ni inquiétée, ni affligée, si j'avais éconduit ce qui m'aime. Il a actuellement ce degré d'intérêt qui pardonne, et qui fait qu'on ne prend point un refus pour un dégoût. Mais M. D..... n'en est pas là. En se répétant deux fois, *on ne peut plus la voir*, il s'y soumettra comme à la nécessité. Cependant le moyen de l'avoir là, quand je vous attends ! Si bien donc que je vous prie de ne me pas faire partager vos doutes ; ils tourmentent mon âme, et ils laisseraient mes soirées trop solitaires.

— Savez-vous bien que j'ai passé trois heures fort alarmée sur l'état de M. de Saint-Germain ? On disait qu'il était *mal*, qu'on craignait une fluxion de poitrine, et cette pensée me faisait frémir. La France est donc frappée de malédictions, me disais-je ! Et puis vous, votre intérêt, tout cela m'agitait, et je me taisais. Sur les sept heures on m'a annoncé une jolie femme, elle s'est mise à côté de moi. Sauriez-vous des nouvelles de M. de Saint-Germain ? — Oui, vraiment, j'en ai de sept heures du matin : elles étaient fort bonnes ; mais j'ai donné ordre, chez moi, de m'apporter ici des nouvelles de cinq heures que je dois avoir à huit heures. J'ai été alors tout-à-fait calmée, et je n'avais plus besoin de sa lettre qui est pourtant arrivée comme elle l'avait dit ; elle était datée de la chambre de M. de Saint-Germain, et elle était si rassurante, que je suis persuadée que vous aurez pu travailler avec lui. Mon Dieu ! je le voudrais : car lorsque réellement on n'est pas ministre, il y a bien peu de chose qui dédommage de la perte de sa liberté. On ne fait guère ce sacrifice qu'à la fortune et à l'amour ; et en vérité on a bien raison : l'idée de chaîne, fût-elle d'or, révolte mon âme. Bonsoir. J'ai souffert, je ne connais plus que la douleur, et cependant vous dites qu'il faut chérir la vie ; cela ne me paraît pas bien conséquent.

Onze heures du matin.

Je reçois votre lettre, mon ami. Je vous remercie de ne m'avoir pas laissée dans l'incertitude plus longtemps. J'en ai encore sur votre retour, et c'est bien assez : car vous me dites bien faiblement que vous me verrez aujourd'hui.

En tout, ce billet est un peu froid, mais il est une marque de bonté et d'attention ; ainsi je dois m'en louer. Bonjour, mon ami. J'enverrai cette lettre chez vous pour que vous l'ayez en arrivant ; et j'espère que si je ne vous vois pas ce soir, j'aurai de vos nouvelles demain matin de bonne heure. Écrivez-moi en vous levant, ou avant que de vous coucher.

LETTRE CLXVIII.

Onze heures du soir, 1776.

J'ai bien pensé que, si vous n'êtes pas heureux, très-heureux, il faut que le bonheur n'existe pas, qu'il n'y ait pas une telle chose dans la nature : car vous êtes justement fait, tout exprès, pour jouir beaucoup et pour souffrir peu. Tout vous sert, vos défauts, vos bonnes qualités, votre sensibilité, votre légèreté. Vous avez des goûts, point de passions ; vous avez de l'âme, et point de caractère. En un mot, il semble que la nature se soit étudiée à faire les combinaisons les plus justes pour vous rendre heureux et pour vous rendre aimable. Vous me demanderez l'à-propos de cela ? Ah ! si vous ne le trouvez pas, croyez que je divague, et sur cent fois vous rencontrerez juste quatre-vingt-dix-neuf. — Mon ami, je ne vous attendais guère ce soir ; cependant je me suis arrachée avec peine de chez moi, à dix heures, pour aller passer une heure avec le comte d'Andezi, chez M. de Saint-Chamans dont j'étais inquiète.

Quand vous verrai-je ? Combien vous verrai-je ? Aurez-vous la force de me refuser trois jours ? Vous qui êtes si facile avec tout le monde, mon ami, songez ce que sont trois jours sur toute votre vie, sur des liens qui dureront à jamais. Ma vie sera si courte à moi, nos liens sont si frêles! eh, mon Dieu! je les croyais rompus. Il n'y a entre nous de solide, de bien fondé que le malheur : vous en avez signé l'arrêt par le sacrifice de votre liberté, et par le repos de tout de ce qui me reste à vivre. Adieu. Dites-vous que, puisque vous m'avez condamnée, vous ne me devez rien; soyez cruel si vous pouvez. Enfin, donnez-moi le coup de grâce, que je vous bénisse et que je vous chérisse encore. — Le comte de C..... voudrait vous donner à dîner vendredi ou dimanche; il est à la campagne jusqu'à demain. Dites-moi à présent que tous vos désirs, que tous vos goûts sont satisfaits, à qui doivent appartenir les moments qui vous restent. Je vous demande seulement de ne les pas jeter par la fenêtre.

Mes lettres, mon ami.

Je n'ai point reçu les papiers que madame Geoffrin attend avec impatience; renvoyez-les-moi tout de suite, je vous en prie.

LETTRE CXLIX.

Minuit, 1776.

Mon ami, vous ne m'avez pas attendue, n'est-il pas vrai? Vous n'avez pas eu le temps de penser à moi, et il y aurait de la gaucherie et de la sottise à me faire des reproches et à vous des excuses : *il faut se croire aimé pour se croire infidèle*. Mais dans le vrai, avec la volonté et le désir de vous écrire, je ne l'avais pas pu. Depuis quatre heures jusqu'à cet instant, je n'ai pas été seule une minute. D'ailleurs, que vous dire, mon ami, lorsque vous voulez que je vous parle de moi? Avec deux mots, je puis toujours exprimer ma disposition physique et morale : *je souffre, j'aime*; et depuis quelque temps, cela est dans cet ordre-là. Oui, je souffre beaucoup. J'ai eu la fièvre. J'ai la fièvre, et je sens que ma nuit sera détestable ; je meurs déjà de soif, et j'ai la poitrine et les entrailles brûlantes, c'est aussi ma mauvaise nuit ; ma journée a été assez tolérable. Il y a eu si bonne compagnie, si bonne conversation dans ma chambre, que je vous y ai désiré pour vous : car pour moi, le bon, le médiocre et le mauvais n'ajoutent rien au besoin que j'ai de vous voir ; c'est le besoin de mon âme, comme le besoin de respirer est celui de mes poumons. Mon Dieu! que je voudrais modérer, éteindre même ce besoin ! il est trop actif pour la faiblesse de ma machine, et puis il est plus nécessaire que jamais que je m'accoutume à vous voir rarement. Ah! mon Dieu ! tout nous sépare, mon ami, et tout me rapprochait d'un homme qui était né à trois cents lieues de moi. Hélas ! il était animé de ce qui fait faire l'impossible. Ah ! je ne me plains point : vous m'accordez assez, on se trouve toujours trop riche quand on va déménager, ou tout perdre. Eh bien ! mon ami, avez-vous rempli vos projets, avez-vous beaucoup travaillé ? Je n'en crois rien. Voici ce que vous aurez fait, dîner, après dîner causer, à cinq heures aller au Temple, où vous aurez lu vos changements sur le *Connétable ;* ils auront été exaltés jusqu'aux nues, et avec cette douce faconde, les heures coulent bien vite. Vous serez rentré un peu avant neuf heures ; il est bien commode de végéter en famille, et de se faire adorer jusqu'à onze heures et demie, minuit. Ici j'emploie l'art du peintre d'*Agamemnon*, et je me tais. Bonsoir. Je ne sais quelle heure vous me destinez demain, quoique vous m'ayez bien dit que ce serait la soirée ; mais il se passe tant de choses dans votre tête, que vos projets ne doivent jamais être regardés comme des engagements. Enfin, mon ami, vous me donnerez ce que vous pourrez. Mais ne venez pas à quatre heures ; j'ai dit à quelqu'un de venir à cette heure-là, parce que j'ai bien jugé que ce n'est pas celle que vous choisiriez. Je me reproche de vous retenir si longtemps, vous êtes entouré comme un ministre. Mais comme ils sont sujets à confondre les papiers qu'ils reçoivent, je vous prierai de rassembler les quatre feuilles que vous avez de moi, et de me les rapporter.

LETTRE CL.

Onze heures du soir, 1776.

Quelque triste que je sois, j'ai joui vivement du plaisir de recevoir réponse sur les cinq heures du soir, à une lettre que je vous ai écrite à cinq heures du matin. Voilà ce qui fait aimer les grandes villes et Paris par-dessus tout. On n'a rien oublié de ce qui pouvait être commode et utile. Vous ne me dites pas de vous écrire, ainsi c'est un peu hasarder d'être perdue ou égarée. Mon ami, vous êtes vraiment d'un excellent conseil, et soit qu'il vous soit dicté, ou par la sensibilité, ou par la lassitude de mes maux, je n'aurais rien de mieux faire, comme vous dites, que d'en essayer. Vous traitez ma toux, ma maigreur, mon estomac détruit, mes insomnies, l'irritation de mes entrailles, comme vous traiteriez les fantaisies de toutes ces belles dames : ce sont leurs plumes, leur tête en pagode, leur démarche sur un talon, en un mot, toutes les sottises. Vous me proposez de me guérir, comme vous leur proposeriez de se corriger. Mon ami, vous êtes bien jeune, voilà ce que cela me prouve : car je ne peux pas dire que vous êtes bien froid et bien désintéressé ; croyez que ni ma volonté, ni rien dans la nature n'aurait plus le pouvoir de me sauver. Non, la résurrection de M. de Mora, qui serait pour mon âme le premier de tous les biens, ne pourrait plus changer mon sort. Ah! si ce miracle s'opérait, combien la mort me serait effroyable! Il ne m'a connue qu'avec le besoin, le désir et le plaisir de vivre. Mais, mon ami, je m'accuse, je me le reproche, je suis trop faible, je vous fatigue. Mes maux, mon malheur pèsent sur votre âme. Je ne veux plus que vous sachiez ce que je souffre : en ne vous le disant pas, votre sensibilité ne sera plus exercée d'une manière pénible, et vous croirez que j'ai suivi votre conseil. Vous me trouverez un meilleur visage; et, ce qui est bien plus important, vous me trouverez moins curieuse. Allons, je vais faire comme *Sosie*, je me donnerai du courage par raison. Je ne vous promets pas d'aller jusqu'à la gaîté, et c'est un tour au-dessus de mes forces. J'ai moins toussé aujourd'hui ; et si la nuit est de même, je renverrai encore la saignée comme dernière ressource. Non, le comte de C..... ne vous a point su mauvais gré : il m'a dit honnêtement qu'il aurait fait comme vous. Mais si vous voulez tout réparer, dînez-y dimanche, vous me donnerez la force de sortir. — Oh! je suis bien fâchée de ce que l'on commence à s'affaiblir, il faudrait être fort dans le moment où l'on a tout le pouvoir ; s'il craint, tout est perdu.

Vous voulez donc écraser tous les sots et tous les méchants? Mon ami, cette ambition a moins d'éclat que celle d'Alexandre, mais elle est tout aussi vaste. Adieu, adieu, mon ami. Vous êtes si pressé, si affairé que c'est manquer d'égard que de vous retenir. Que je voudrais savoir si vous reviendrez demain ! que je voudrais vous voir, que je voudrais !... l'impossible.

LETTRE CLI.

Onze heures du soir, 1776.

Je ne vous ai pas vu. Mon ami, *je vous aime*. Quand vous verrai-je ? Voilà le résultat du passé, du présent, et de l'avenir, s'il y a un avenir ! Ah ! mon ami, que j'ai souffert, que je souffre ! Mes maux sont affreux ; mais je sens que je vous aime. Le comte de C..... a rapporté de Versailles que M. de Saint-Germain était dans son lit avec un gros rhume. Si vous ne deviez pas le voir, j'aurais grand regret à votre voyage. *Adieu*, mon ami. Quand ce serait le dernier, je ne le prononcerais pas avec plus de tendresse et de regret. Mais pardon : vous ne voulez pas que je vous parle, ni de mon mal, ni de mon espérance.

LETTRE CLII.

Onze heures du soir, 1776.

Eh bien, mon père, vous me tuez, vous étiez moins cruel hier. Ah ! laissez-moi guérir, ou mourir ! Ne vous justifiez pas. — Non, mon ami, si vous n'êtes pas mort, si vous n'avez sauvé la vie à personne, il n'y a point d'excuse. Ah ! mon Dieu, je meurs ! mon âme ne se possède plus. Vous l'avez exaltée ce matin, et vous m'abandonnez !

Mon ami, je pressens que vous me forcerez un jour à vous donner un grand chagrin. Hélas ! peut-être vous trouverez-vous soulagé ? Oh ! que cette pensée me donne de force ! — J'ai manqué à madame de Saint-Chamans ce soir, j'ai éloigné mes amis. Demain je serai enfermée depuis midi jusqu'à deux heures; c'est un rendez-vous pris depuis quinze jours. Bonsoir. Puissiez-vous dormir et jouir d'autant de plaisir que vous m'avez fait éprouver de torture et d'angoisse ! Non, je ne sais pas comment on ne meurt point de la force de la pensée. Ne venez point demain matin.

LETTRE CLIII.

1776.

Mon ami, êtes-vous toujours aussi content? votre zèle s'est-il refroidi? n'avez-vous rien à rabattre de tout le bien que vous espériez et désiriez ? Enfin, mon ami, êtes-vous content? avez-vous pris des arrangements positifs pour *le Connétable?* avez-vous vos loges, vos billets? est-ce toujours demain matin que vous avez une répétition? Trouverez-vous, au milieu de tant d'affaires, un moment à me donner? la réponse à cette question n'est pas celle qui m'intéresse le moins. J'ai besoin de vous voir. Mon âme languit; c'est, je crois, cette disposition que les dévots appellent un temps de sécheresse, et qu'il ne faut rien moins que l'amour de Dieu pour rendre supportable. Imaginez, mon ami, que le plus vif intérêt de ma journée a été un dîner excellent, dont je suis sortie tourmentée de remords, et pénétrée de regret d'avoir eu et trop de faiblesse et trop de force tout ensemble. Vous ne connaissez pas le plaisir de manger poussé jusqu'à la passion. Eh bien! j'en suis là depuis douze ou quinze jours, et les médecins, qui sont des ignorants ou des barbares, prétendent que c'est un mauvais symptôme pour ma poitrine. Si je pouvais calmer ma toux, je ne me soucierais guère de leur pronostic. Mon ami, je n'ai vu que des gens d'esprit à ce dîner : ils ont été aussi maussades que des bêtes; il n'y a pas jusqu'à l'ambassadeur qui n'ait donné dans le genre ennuyeux. Figurez-vous ce que c'est que de venir lire des vers italiens pendant une heure. Mais en tous cas, s'ils m'ont ennuyée, je leur ai bien rendu en importunité, je n'ai pas cessé de tousser. Bonsoir, mon ami. Je me souviens que je vous aime, mais je ne le sens pas.

A propos, c'est tout de bon qu'il faut que je cherche un logement. Je sais de ce matin que je ne pourrais pas garder celui-ci, quand je le voudrais. Voyez donc à votre porte.

LETTRE CLIV.

Cinq heures du matin, 4776.

Je ne saurais dormir : mes entrailles, ma tête, mon âme, tout cela m'éveille et me tourmente. Pour charmer mes maux, je veux vous parler. Vous voyez bien, mon ami, que je ne peux pas, que je ne peux plus aller dîner chez M. Boutin. Je vous ai mandé que je lui avais écrit pour m'excuser, et, en vérité, cela serait au-dessus de mes forces. Excepté vous, je ne saurais écouter, ni parler à personne. J'ai été si bouleversée, il me reste encore tant d'inquiétude, que je ne saurais me trouver bien qu'avec cette famille désolée : je souffre et je sens comme elle.

Mon ami, mon cœur est plein de larmes, et celles que je répands n'ont pas seulement M. de Saint-Chamans pour objet. Ah! que vous tenez de près à tout ce qui anime mon âme! c'est vous, c'est toujours vous, sous quelque forme et de quelque manière que j'exprime un sentiment douloureux. Mes regrets, mes craintes, mes remords, tout est rempli de vous, et comment cela ne serait-il pas? Je n'existe que par vous et pour vous. Eh! mon Dieu! vous dites que je rejette, que je repousse tout ce que vous faites pour moi. Expliquez donc ce qui m'attache, ce qui m'enchaîne à une vie de douleur que j'aurais dû quitter au moment où j'ai perdu ce qui m'en avait fait connaître tout le prix, ce qui me l'avait fait chérir. Qui est-ce qui me retint alors? qui est-ce qui me retient encore en déchirant mon cœur? Vous savez aussi bien que moi si je vous aime; vous savez qu'en vous disant que je vous hais, je vous prouve encore que je vous aime : mon silence, ma froideur, mes torts, tout vous est une preuve qu'il n'existe pas dans la nature une passion plus tendre et plus forte. Mon Dieu, qu'elle est combattue! qu'elle est abhorrée! et elle est toujours plus puissante que ma volonté et ma raison. — Mon ami, envoyez vite vous excuser de ce dîner de M. Boutin. Gardez-moi votre bonne volonté pour demain mercredi chez madame Geoffrin. J'espère que je pourrai y aller, si nous avons des nouvelles aujourd'hui. — J'ai reçu votre lettre de Versailles en rentrant, elle était arrivée à minuit. Je ne vous ai pas assez dit combien j'étais touchée de cette bonté compatissante. Bonjour ou bonsoir, mon ami, car je vais commencer ma nuit. Il est bien plus doux de causer avec vous que de dormir; mais pour vous aimer, pour souffrir encore quelque temps, il faut bien avoir du sommeil; car pour aimer, il faut vivre;

et il est bien certain que je ne vis que pour vous aimer. Adieu, la plus aimable et la plus chérie de toutes les créatures. C'est pardonner, mais oublier! Ah! mon ami!

LETTRE CLV.

Quatre heures, 1776.

Mon ami, je suis malade, bien souffrante. Mais aussi je suis folle, depuis deux jours. Je ne sais ce qu'est devenue mon âme, c'est un désert : je n'y trouve plus ni sentiment, ni passion, mais des regrets déchirants, une parfaite douleur, l'étonnement d'exister encore, la sensibilité et l'égarement des premiers moments où la mort impitoyable m'enleva ce qui seul m'avait fait chérir la vie. Ah! mon Dieu! pourquoi m'empêchâtes-vous de le suivre? Pourquoi me condamnâtes-vous à une mort si lente et si douloureuse? Voilà, mon ami, les pensées qui ont rempli ma vie depuis hier au soir. J'en ai été plus malade; j'ai passé une nuit sans me coucher, je n'ai été dîner nulle part, et, je vous l'avouerai, *le Connétable* est venu rarement à ma pensée. Je crois même que si vous ne m'aviez pas écrit, je n'aurais pas eu la force de vous montrer à quel point je suis triste et abattue. — Eh! mon Dieu, non! je n'irai pas à Versailles : d'abord je suis trop malade; et puis je serais sur la roue pendant la représentation. Je suis plus difficile que vous sur votre intérêt. D'ailleurs, si cette tragédie amène, comme je l'espère, un grand succès, je ne me soucie pas d'exalter mon âme : elle est trop fatiguée; il ne lui faudrait plus que du repos et du calme. L'on m'a déjà envoyé demander trois fois ce billet de loge, cela m'importune à mourir. Je fais serment de ne jamais me mêler des plaisirs de personne. C'est le premier intérêt de tous ces gens-là, et moi, loin d'avoir le projet de me divertir, je me sens la mort dans l'âme.

Vous ne m'avez pas rendu mes lettres; je suis bien sûre que si je les envoyais demander chez vous, je les aurais. Vous étiez bien pressé mercredi : en tout, le mouvement vous est bien plus nécessaire que l'action. Cela paraît bien subtil, mais pensez-y, et vous verrez que cela est juste. — Mon ami, je vous remercie de l'intérêt que vous mettez à ce logement. Mon Dieu! que je voudrais en avoir un à Saint-Sulpice! Ah! ce qui est affreux, c'est que je fais peser mon malheur sur ce qui m'aime; mais ce n'est pas vous. — Vous devriez venir dîner dimanche chez madame la duchesse d'Enville. J'attends de vos nouvelles ce soir, et je me flatte que ce billet de loge y sera. Pardon, mon ami, de vous occuper, de vous détourner, et surtout de n'avoir pas eu la force de vous cacher ce que je souffre.

LETTRE CLVI.

Six heures du matin, 1776.

Je ne puis pas dire que ma première pensée est pour vous; car je n'ai point encore dormi; mais ma pensée est pleine de vous, et je veux vous dire que je vous aime avant que quelque moment de sommeil m'enlève au plaisir de le sentir. Mon ami, je me suis couchée bien triste : je vous avais attendu longtemps; et cet espoir avait animé et soutenu mon âme. Mais quand l'heure d'espérer a été passée, ah! je suis tombée bien bas, car mon corps était bien abattu! Il y avait du monde autour de moi, mais je n'aurais pas été plus seule dans un désert. Eh! bon Dieu! me disais-je en entendant annoncer ; tout ce qu'on n'attend point, tout ce qu'on ne désire point arrive, est exact, assidu! Il est affreux de ne vivre que dans un point, de n'avoir qu'un objet, qu'un désir, qu'une pensée. Mon ami, ce que cela fait éprouver, n'est sûrement pas le remède de la fièvre ; mais cependant je l'ai beaucoup moins forte que la nuit dernière ; je n'en ai ni la soif, ni la chaleur, ni l'espèce de délire. Figurez-vous qu'il m'était impossible de m'occuper de vous : mon sentiment m'échappait comme tout le reste, et ce manque de pouvoir sur ma pensée augmentait ma chaleur et mon agitation. Actuellement je suis plus calme ; je souffre, mais d'une manière supportable. Êtes-vous à Paris, mon ami? Vous verrai-je ce matin? Mon Dieu! je vous souhaite la meilleure, la plus grande fortune, tous les succès, mais qu'il est malheureux de s'être attaché à quelqu'un que tout éloigne de nous! Si M. de Saint-Germain vous occupe, vous serez sans cesse à Versailles. Les représentations de cette pièce vous y mèneront sans cesse, et puis une femme, une famille, des goûts, de la dissipation! Ah! mon ami! je ne me plains de rien, mais, de bonne foi, dites-moi si je pourrais vivre au travers de tout cela. Ce que vous feriez pour moi, vous coûterait beaucoup, et ce que vous ne feriez pas, me mettrait à la torture. Il vaut bien mieux dire et faire comme *la femme de Pétus : Je ne pleure point, mais je meurs.* Je ne sais si c'est la fièvre, mais depuis assez longtemps, ma tête est épuisée et rassasiée de larmes. Je n'en ai plus, ce soulagement n'est plus à l'usage de ma douleur. Mais, mon ami, c'est de vous que je veux vous parler. Vous êtes donc arrivé bien tard : car sûrement j'aurais entendu parler de vous aujourd'hui, si vous étiez arrivé *à cinq heures.* N'importe, je vous aime.

LETTRE CLVII.

Sept heures, 1776.

Oui, vous aurez un mot, mais rien qu'un mot. J'ai du monde ; vous, vous faites des visites, tout cela est d'un grand intérêt, il faut en convenir. Ah! si l'on aimait, comme tout cela serait plat! mais tout est bien, quand tout est mal. — A l'égard du logement, je n'ai que jusqu'à mercredi matin pour me décider, ainsi vos bontés et vos soins n'ont que cette latitude. — Je ne sortirai demain qu'à neuf heures du soir. Je dîne chez moi. — Je n'ai pas vu le baron, au lieu de cela, j'ai été passer une heure et demie au chevet du lit d'une charmante créature : songez donc quel charme elle a pour moi, puisque le tête-à-tête ne me pèse point. — Vous avez dû voir qu'il m'est impossible de mentir. Pour ce qui concerne le secret de quelqu'un, cela me paraît impossible autrement. Je sais bien que l'on manque souvent à la morale ; mais il faut une distraction, ou un intérêt : ce serait faire le mal en pure perte. Bonsoir. — La semaine dernière j'ai pu dîner trois fois avec vous, et vous ne l'avez pas voulu. Je pouvais vous voir tous les jours, car l'ambassadeur, M. de Schomberg, M. d'Andezi, etc., logent aussi loin que vous ; mais ils ne tiennent pas à tant de choses, ni à tant de personnes, mais ils n'ont pas des chaînes qu'ils aient choisies, moyennant quoi, ils les mettent souvent à terre ; ils ont raison et vous n'avez pas tort : j'en aurais, moi, si je m'oubliais à vous écrire. Souvenez-vous donc de faire inscrire toutes les listes pour la répétition de mardi ; joignez-y M. et madame la baronne de Breil.

Mon Dieu ! ne vous occupez donc plus de ma santé, cet intérêt me pénètre ; mais je crains qu'il ne vous fasse souffrir.

LETTRE CLVIII.

Midi, mars, 1776.

Je n'entends pas ce que cela veut dire. A propos de ce propriétaire, vous dites : *Je n'ai jamais rien vu de si difficile.* En quoi ? pourquoi ? Je n'entends pas ; mais puisque vous voulez bien prendre la peine de faire faire ce bail, je voudrais que ce ne fût pas *le vendredi.* Ce jour, ce nom me fait encore frissonner d'horreur. Si cela vous est égal, choisissez samedi ; ou bien je ne le signerai que samedi. Pardon de tout cet ennui. Non, je n'envoie plus chez vous, je ne vous presse plus de me donner du temps. Il me semble que c'est forcer nature que de chercher à vous rapprocher. Par la nature des choses, par les circonstances, par nos goûts, par nos âges, nous sommes trop séparés pour pouvoir nous rapprocher. Il faut donc se soumettre à ce qui a encore plus de force que la volonté et même le penchant, *la nécessité.* Vous êtes marié : votre premier devoir, votre premier soin et votre plus grand plaisir se trouvent là ; suivez-le donc, et songez que ce que vous enlevez à cela, ne saurait contenter une âme sensible. L'épuisement et l'affaiblissement de tout mon être me font fuir les convulsions de la passion. Je voudrais me reposer, je voudrais respirer, je voudrais essayer ce que peuvent les sentiments les plus vrais et l'amitié la plus tendre, pour la consolation d'une créature abîmée de douleur et de malheur depuis tant d'années ! Oh ! laissez-moi, et soyez tout entier à vos goûts, à vos devoirs, et à vos travaux ; en voilà bien assez pour remplir votre vie.

Non, ne venez pas ce soir ! vous avez près de vous un délassement et un plaisir beaucoup plus efficaces que ceux que vous viendriez chercher avec moi ; d'ailleurs je suis restée chez moi hier au soir. Je ne peux pas, je ne veux pas passer deux jours sans voir madame de Saint-Chamans qui est malade. Demain, si vous voulez, je vous verrai : je dîne chez l'ambassadeur de Naples, et je ne sortirai pas le soir. Aujourd'hui, je vais chez madame Geoffrin. Bonjour. De tout ce que je connais, de tout ce que j'aime, de tout ce qui m'aime, vous êtes ce que je vois le moins. Je ne m'en plains pas ; je me dis, au contraire, que cela est impossible autrement ; et je détourne vite ma pensée de ce que je ne saurais changer.

LETTRE CLIX.

Minuit, 1776.

Oh ! vous êtes tout de glace, gens heureux ! Gens du monde, vos âmes sont fermées aux vives, aux profondes impressions ! Je suis prête à remercier le ciel du malheur qui m'accable, et dont je meurs, puisqu'il me laisse cette double sensibilité et cette profonde passion qui rendent accessible à tout ce qui souffre, à tout ce qui a connu la douleur, à tout ce qui est tourmenté par le plaisir et le malheur d'aimer. Oui, mon ami, vous êtes plus heureux que moi : mais j'ai plus de plaisir que vous ; je viens de finir le premier volume du *Paysan perverti*. Cette dernière page ne vous a pas ravi ; vous n'avez pas eu besoin de m'en parler, de me la lire ! âme de glace ! C'est le bonheur, c'est le langage du ciel. Et la mort de *Manon*, et sa passion, et ses remords, et ces mots douloureux et passionnés qu'elle employe ! Ah ! mon Dieu ! nous avons passé hier la soirée ensemble ; le livre était là, vous l'aviez lu et vous ne m'en disiez mot ! Mon ami, il y a un petit coin de votre âme, et une grande partie de votre conduite qui pouvaient sans folie et sans injustice faire faire un rapprochement qui ne vous plairait pas. Oui, oui, il y a un peu d'*Edmond* dans votre affaire, vous ne lui ressemblez pas de face, mais un peu de profil. Mon ami, ce livre, ce mauvais livre qui manque de goût, de délicatesse, de bon sens même, ce livre, ou je me trompe fort, est fait avec le reste de passion et de chaleur qui animait Saint-Preux et Julie. Oh, il y a des mots délicieux ! si ce ne sont pas les dernières étincelles de ton génie, *Jean-Jacques ;* si ce ne sont pas les cendres mal éteintes de la passion qui animait ton âme, lis cet ouvrage, je t'en conjure, et ton cœur sera animé d'intérêt pour l'auteur, qui a mal conçu et mal conduit cet ouvrage, mais qui est certainement capable d'en faire un meilleur. Je vous punis, mon ami, je vous accable, mais vous vous tirerez d'affaire, comme de coutume, en ne le lisant point. *Edmond* en aurait bien fait autant, et il était moins occupé que vous. Mon ami, voici le titre, ou la note d'une lettre que j'aurais fait comme *Pierre l'Éditeur. Edmond à Manon. Comment peut-on marquer les mêmes sentiments à tant d'objets différents ? Le monde est un dangereux séjour pour quiconque a le cœur fait comme Edmond.*

Vous me renverrez mon livre et mes lettres. Vous me direz que vous avez été plus dissipé qu'occupé cet après-dîner ; l'opéra, des visites, les soins, les manières, la frivolité des gens du monde, du talent, du génie, le besoin d'avoir du mérite. Oh ! l'étonnant contraste, et quel affreux malheur d'avoir vu de si près un homme encore plus séduisant qu'il n'est aimable ! Mon ami, j'ai toussé à consterner tout ce qui était autour de moi, je n'en puis plus. En vérité, vous êtes obligé de m'aimer, vous n'avez plus qu'un moment. Je le sens.

Une loge de quatre places pour des femmes, trois billets de parquet ; pensez-y, ne méprisez pas un soin qui oblige ce qui vous aime.

Je ne sortirai pas : j'ai la fièvre, et ma toux est continuelle.

LETTRE CLX.

Onze heures du soir, 1776.

Depuis que je vous ai quitté, mon ami, j'ai vu bien du monde, j'ai bien entendu causer de ce qu'il y a de plus important dans ce moment-ci ; j'ai bien écouté parce que c'étaient des gens qui savaient ce dont ils parlaient. J'en ai conclu que cette sotte, que cette malheureuse espèce humaine est bien difficile à gouverner, surtout lorsqu'on voudrait la rendre meilleure et plus heureuse. Mais pour dernier *résultat*, j'ai vu que M. de Saint-G.... ne vous disait pas tout, et je souhaite qu'il vous garde aussi bien le secret qu'il le garde à d'autres ; je ne vous parle pas au hasard. — Je voudrais bien que vous vinssiez dîner avec moi demain : et je n'ose vous en prier ; d'abord parce que j'aime mieux ce qui vous convient, que je n'aime mon plaisir ; ce n'est pourtant pas rigoureusement vrai, mais il en est des expressions de sentiment comme des traits d'esprit et des jeux de mots, qu'il ne faut jamais presser, ni analyser. Voilà que je me souviens, que j'ai laissé *un d'abord* en l'air, qui demande une seconde raison. La voici : c'est qu'en ne vous pressant pas, si vous venez, je serai comblée, et que je m'épargne un refus : il faut avoir soin de soi lorsqu'on est aussi malingre que je le suis. Ah ! si vous saviez comme j'ai toussé, et par quelle charmante personne j'ai été plainte, soignée et, en vérité, intéressée au point de faire un peu diversion à ce que je souffrais. Oui, après vous, mais bien après vous, c'est ce qui me plaît le plus dans le monde. *Entendez bien* que je ne dis pas aimer, ni m'intéresser, je parle seulement de goût et d'attrait. J'ai été une heure tête-à-tête avec elle. Celle-là sait parler de ce qu'elle lit, et elle n'a pas besoin de cette ressource ; car elle sent et elle pense. — Mon ami, je dîne jeudi à l'hôtel de La Rochefoucauld ; il me serait bien doux que ce fût avec vous, mais Versailles. Avant que d'y aller, vous devriez bien faire inscrire sur la liste de la Comédie-Française les noms que je vais joindre ici. Et s'il était possible, vous devriez rapporter de Versailles le billet de la loge et les trois billets de parquet. J'entends bien que cette suite, que cette importance que je mets à une petite chose, vous transporte de colère, ou de mépris. Mon ami, votre tort à vous est de n'en mettre ni aux grandes, ni aux petites choses. Il me revient dix lettres avant votre départ. Si je ne les reçois pas (car il faut employer la *menace* où la prière est inutile), je ne vous écrirai pas une ligne d'ici à un mois. Mais, mon Dieu! je sens quel cas vous devez faire de mes menaces et de mes résolutions! Si vous ne me croyez pas la plus fausse des créatures, vous devez me trouver la plus faible et la plus aimante. Bonsoir, mon ami. Pour pouvoir causer avec vous un moment, je viens de renvoyer quelqu'un qui ne dormait pas comme vous, que je n'ennuyais pas comme je vous ennuie, mais qui ne pouvait pas retenir mon attention, parce que je voulais vous parler. Cependant je n'aime pas trop à vous écrire à Paris : vous êtes si pressé, vous répondez si peu et si mal! vous êtes si peu avec moi, lorsque je suis avec vous! en un mot, vous êtes si bien tout ce qu'il faut être pour plaire et n'être guère aimé, que je me meurs d'envie de me mettre à ce régime. C'est la dernière ressource que j'aie à tenter pour guérir mon âme, et soulager ma poitrine et mes entrailles : j'en souffre beaucoup dans ce moment-ci.

LETTRE CLXI.

1776.

Mon ami, vous êtes bien aimable. Quand je vous vois, je n'entends, je ne sens que vous. Mais livrée à moi, je ne connais plus que le sentiment de la douleur, des remords, des regrets. Tout ce qui peut tourmenter une âme sans la détacher, voilà le supplice auquel vous m'avez condamnée. Si j'avais de vos nouvelles, combien je vous en serais obligée!

Mais partez donc, vous arrivez toujours trop tard.

LETTRE CLXII.

Six heures du soir, 1776.

Je ne veux pas, mon ami, que, dans le peu de jours qui me restent à vivre, vous puissiez en passer un sans vous souvenir que vous êtes aimé à la folie par la plus malheureuse de toutes les créatures. Oui, mon ami, je vous aime. Je veux que cette triste vérité vous poursuive, qu'elle trouble votre bonheur ; je veux que le poison qui a défendu ma vie, qui la consume, et qui sans doute la terminera, répande dans votre âme cette sensibilité douloureuse, qui du moins vous disposera à regretter ce qui vous a aimé avec le plus de tendresse et de passion. Adieu, mon ami. Ne m'aimez pas, puisque cela serait contre votre devoir, et contre votre volonté ; mais souffrez que je vous aime et que je vous le redise cent fois, mille fois, mais jamais avec l'expression qui répond à ce que je sens.

Mon ami, venez dîner demain chez madame Geoffrin. J'ai si peu à vivre, que rien de ce que vous ferez pour moi, ne pourra tirer à conséquence pour l'avenir. Mon Dieu, l'avenir ! que je plaindrais ceux qui l'attendraient, s'ils vous aimaient ! Mais adieu. J'ai du monde là. Qu'il est pénible de vivre en société, lorsqu'on n'a qu'une pensée !

LETTRE CLXIII.

Onze heures du soir, 1776.

Bonsoir, mon ami. Comment êtes-vous ? Je suis inquiète de votre mal de gorge. Pour moi, je me suis traînée, et c'est le mot, chez l'ambassadeur de Naples. J'ai toussé à assourdir les vingt-quatre personnes qui étaient là. Je suis rentrée, j'ai eu des convulsions si violentes, qu'il ne m'est rien resté de mon dîner dans l'estomac. J'ai vomi avec des angoisses inexprimables ; cette secousse m'a donné la fièvre, et beaucoup plus forte que celle d'hier. Voilà du moins la décision de mes deux médecins d'Andezi et la Larochefoucault qui viennent de me quitter. Je les crois de reste, et je n'avais pas besoin d'eux pour savoir que j'ai la fièvre.— Mon ami, c'est M. d'Alembert qui vous remettra cette lettre : il va encore voir ce Monsieur si difficultueux ; je suis confuse des soins que vous prenez pour cette affaire. Je vous demande cependant de ne pas m'abandonner jusqu'à ce que vous m'ayez vue perdue, c'est-à-dire, jusqu'à la signature du bail. Faites-vous rendre les conditions ou clauses que je veux qui y soient insérées, et mettez de la pédanterie à faire tout exécuter. Tous ces détails faits, je n'ajouterai cependant pas, comme cet homme qui accablait son ami absent, de soins, de commissions, etc. Mon cher ami, mettez beaucoup d'exactitude et d'attention à tout ce que je vous demande : *car je m'intéresse fort à ce qui me regarde.* En honneur, je ne trouve ni en moi, ni pour moi mon premier intérêt. Oh ! quand on a aimé, quand on a perdu ce qui nous aimait, peut-il rester quelqu'intérêt pour soi ? Mon Dieu ! je n'en ai plus qu'un dans la vie : c'est de fuir ce qui me fait mal, et, par conséquent, d'être délivrée du seul mal qui accable les malheureux, *la vie.* Mon ami, je vous ai fait mal hier, en vous prouvant que vous jouiriez du premier de tous les biens, si vous aviez daigné l'apprécier. Adieu. Il y a des choses que je voudrais effacer de mon souvenir et retrancher de ma vie ; et c'est justement tout ce que j'ai fait pour vous, et tout ce que vous avez fait contre moi. Vous me disiez avec plus d'honnêteté que de sensibilité, qu'en signant mon bail, je signerais *le traité de votre bonheur*. Mon ami, celui qui a pu signer mon arrêt le premier de mai, ne doit plus trouver son bonheur en moi. Adieu. Ne prenez pas la peine de venir demain matin chez moi.

LETTRE CLXIV.

Neuf heures et demie, 1776.

Je le sais bien : vous écrivez des billets charmants, mais vous me faites mourir. J'ai froid, si froid que mon thermomètre est à vingt degrés plus haut que celui de Réaumur. Ce froid concentré, cet état de torture perpétuel me jettent dans un découragement si profond, que je n'ai plus la force de désirer une meilleure disposition. En effet, que désirer ? Ce qui me reste à sentir, ne vaut pas mieux que ce que j'éprouve. Oh! oui, il faut achever de s'anéantir. Je ne repousse, ni votre pitié, ni votre générosité. Je croirais vous faire mal en m'y refusant. Il faut que vous conserviez l'illusion de pouvoir me soulager ; on aurait ce mouvement pour son ennemi qu'on aurait accablé. Je suis avec du monde. Avant quatre heures j'avais chez moi la personne que j'attendais.

LETTRE CLXV.

1776.

Je gèle, je tremble, je meurs de froid, je suis dans l'eau. Vous ranimez la partie de moi qui est le plus malade ; mon cœur est froid, serré et douloureux, et je dirais comme la Folle de Bedlam : *il souffre tant qu'il crèvera.* Mon ami, il me semble qu'il y a un siècle depuis hier matin, et je crains de ne pas arriver ce soir : je vous verrai donc, mes maux en seront adoucis. Mon Dieu ! je n'ai plus assez de force pour mon âme, elle me tue. Bonjour, mon ami, je vous aime mieux et plus que vous n'avez jamais aimé. Oui, j'ai toussé, j'ai souffert, mais je vous verrai. Ah ! vous serez occupé d'ici à ce soir ; et moi, je n'aurai qu'une pensée qui me fera dire sans cesse : *que pour les malheureux l'heure lentement fuit !* — Mon ami, voyez si vous voulez dîner avec moi demain ou lundi chez le comte de C.... : choisissez le jour ; j'aimerais mieux lundi, mais votre volonté me décidera.

LETTRE CLXVI.

Minuit et demi, 1776.

Je ne suis seule que dans l'instant, je n'ai donc pas pu faire attendre votre laquais. Je suis si triste et si fort tournée au malheur, que, quelque fondée que je sois à ne vous pas croire, je ne doute pas que vous ne soyez souffrant et que madame votre femme ne soit malade. Il me semble qu'elle est d'une santé bien délicate : elle en sera encore plus intéressante. J'ai prié M. d'Alembert d'aller savoir de vos nouvelles, parce que je craignais de n'avoir pas le moment de vous écrire ; il me dira si vous allez à Versailles. Je crois qu'il y aura de l'inconséquence, mais il ne me reste rien à dire : vous ne ferez que ce qu'il faudra.

Mon Dieu ! il est bien tard pour vous occuper de mes

maux. Oubliez-en la cause : ne vous inquiétez pas des suites, et tout ce que je vous demande là est bien à votre portée. Cela vous sera plus facile que de trouver *ces grandes occasions* et *ces grands dangers* à courir pour moi : non, je ne vous devrai plus rien, que la seule ressource à laquelle vous m'avez arrachée.

LETTRE CLXVII.

Une heure, 1776.

Ah ! s'il vous reste quelque bonté, plaignez-moi : je ne sais plus, je ne puis plus vous répondre ; mon corps et mon âme sont anéantis.

Mon bail, cassez-le ; achevez de me lier, tout ce qu'il vous plaira, cela m'est par-delà l'indifférence. Ah ! mon Dieu ! je ne me connais plus.

LETTRE CLXVIII.

Dimanche bien tard, février 1776.

Vous le voyez bien, je le savais bien, cependant ce qui y mettait un peu de doute, c'est que je vous avais dit de ne pas venir ; mais le moment vous a entraîné, et j'en suis bien aise : vous aurez eu du plaisir, et moi je ne me suis point ennuyée, et je n'ai pas eu le mal-aise de vous attendre ; ainsi je remarque, mais je ne me plains point. Je viens de voir quelqu'un qui avait été deux jours absent. Mon ami, *vous m'aimez bien*, mais vous ne m'avez pas fait, ce matin, une des questions dont je viens d'être accablée : si j'avais eu la fièvre ? si j'avais mieux dormi ? combien d'accès de toux j'avais eus dans les vingt-quatre heures ? etc., etc., et je voyais que chaque question avait besoin d'une réponse. Mon ami, expliquez-moi, si vous pouvez, comment on peut conserver pour vous le moindre sentiment, lorsqu'on est certain, mais certain jusqu'à l'évidence, que ce que vous appelez votre sentiment est dénué d'intérêt, d'attentions, d'amitié, et enfin de tout ce qui répond à une âme sensible et attachée. Oui, je le crois, si vous en avez le temps, et si vous pensez quelquefois à tout ce qu'on vous donne, et au peu que vous accordez, vous devez prendre, ou en grande pitié, ou en grand mépris vos dupes : pour moi, comme vous voyez, je ne le suis pas, mais je suis bien pis que cela ; je pourrais vous dire dans tous les instants : *ne pouvant m'aveugler, vous m'avez su séduire.* Quelle malédiction, mon Dieu !...

Avez-vous eu des nouvelles de M. de Saint-Germain ? M. d'Andezi arrivait ce soir de Versailles, où l'on disait qu'il était dans son lit : Dieu veuille qu'il vive et pour vous et pour la France. — Eh bien ! qu'est-ce qui l'a emporté ce soir, ou de madame de ***, ou de madame His, ou du travail ? Il faut être bien heureux pour être toujours dans l'embarras du choix ; pour moi, j'avoue que ce n'est pas ainsi que j'avais conçu le bonheur ; et si je recommençais à vivre, ce n'est pas de celui-là que je voudrais : il est bien plus fait pour contenter la vanité que la sensibilité ; mais tout le monde a raison, et vous plus qu'un autre : car vous êtes bien content, et je vous en fais mon compliment du fond du cœur. — Que ferez-vous demain, mon ami ? non pas, comme de raison, ce que vous avez dit que vous feriez ? — J'ai eu un plaisir bien doux, bien sensible : j'ai embrassé M. de Saint-Chamans ; il est mieux, mais il n'est pas guéri, et sa mauvaise santé l'attriste, car il voudrait vivre. Le dégel m'a beaucoup rendu; ma chambre a été remplie de monde tout le jour : cela ne m'a fait ni plaisir, ni peine; j'ai gardé le silence et j'ai moins toussé. Je dois à madame de Durtal un sirop qui m'a tenu lieu de calmant aujourd'hui et hier : depuis trois mois je vivais d'opium, ils me l'ont fait bannir. Bonsoir. Vous voyez comme je suis entraînée à causer avec vous, cependant je devrais être dans mon lit; ce n'est pas répondre au désir que vous aviez de me quitter ce matin.

LETTRE CLXIX.

1776.

Eh! mon Dieu! vous vous méprenez : ce n'est pas moi qui vous suis nécessaire; mais n'importe, puisque vous le voulez, je vous attendrai, et je passerai la soirée avec vous; mais, en vérité, c'est vous sacrifier mon repos, j'y ai regret, parce que ce n'est rien faire pour votre bonheur. Il y a deux sortes de choses dans la nature qui ne supportent pas la médiocrité, et vous m'amenez à cette mesure que je déteste, et qui n'est pas faite pour mon âme. Oh ciel! pourquoi vous ai-je connu? je n'aurais pas éprouvé le remords et je n'existerais plus. Et voyez de quoi vous remplissez ma vie et mon âme! je ne vous fais point de reproches, mais je vous exprime le vif regret que je sens de la méprise effroyable dans laquelle je suis tombée. — Rapportez-moi la lettre de la comtesse de Boufflers. M. de Vaines ne viendra pas ce soir, il est venu hier jusqu'à onze heures : il m'a chargée de vous faire souvenir de lundi, parce qu'il ne savait pas où vous logez. Bonjour, à ce soir donc : mais ne venez pas tard, vous serez bien aimable ; apportez-moi ce mémoire de M. de Voyer.

LETTRE CLXX.

1776.

Je renvoie M. de La Rochefoucauld pour vous répondre. Votre bonté, cet intérêt actif me touche bien sensiblement ; mais, mon ami, si le sentiment que vous avez pour moi, vous est pénible et douloureux, il faut donc que je souhaite de le voir refroidir : car il me serait affreux de vous faire souffrir. Ah ! nous devons tous les deux avoir le même regret : le jour qui nous a fait rencontrer était un jour bien funeste ; que ne suis-je morte la veille ! — Ma journée a été remplie de douleurs, et ce qui est extraordinaire, d'un abattement que je croyais ne pouvoir pas s'allier avec l'activité de la souffrance.

Quel plaisir douloureux j'ai senti en revoyant madame Geoffrin ! ah ! elle m'a fait mal, j'ai vu sa fin plus près que la mienne ; je n'ai jamais pu me rendre maîtresse de mes larmes, elles m'ont surmontée devant elle, j'étais désolée. Eh ! mes liens sont trop forts, ils vont trop directement à mon cœur : il semble que je ne devrais plus avoir qu'une douleur et un regret ; et cependant je retrouve souvent mon âme toute vive d'affections et d'intérêts qui me déchirent Mon Dieu ! si vous continuez à vous affecter de mes maux, vous m'en ferez trouver la durée insupportable. Je vous connais bien, mon ami, mon agonie sera un mal pour vous ; mais la rapidité de vos idées me répond que vous êtes pour jamais à l'abri des grands malheurs. Eh ! mon Dieu ! tant mieux, j'en bénis le ciel pour vous.

Mais demain, c'est votre jeudi, soyez-y fidèle : je ne sais ce que je dis, ce ne sera que mercredi. Venez donc, mon ami, si vous avez du courage et de la bonté : car il en faut pour soutenir le spectacle de la douleur et du découragement. Bonsoir, je vais me mettre dans mon lit, d'où je devrais ne plus sortir.

LETTRE CLXXI.

Mardi, quatre heures, 17 octobre 1776.

Il faut vous écrire ! Mais en vérité, c'est presque me dire, il faut monter dans la lune. Mon ami, j'ai cédé, et mon regret c'est que ce ne soit pas seulement à votre prière : en m'arrachant ce *oui*, l'on m'a fait fondre en larmes, et vous me le pardonnerez. Mais je n'en reviens pas : pourquoi cet acharnement après ma vie? Ils me répondent tous que jamais personne n'a si bien aimé que moi. Eh, bon Dieu! ce mérite-là a été payé de trente ans de souffrance, et puis la mort au bout ! je ne sais si cela encouragera nos dames à plumes. — Je verrai donc *Bordeu* demain à quatre heures, car c'est le poignard sur la gorge. Ne venez pas à cette heure-là. J'ai vu toute ma liste : ils sont restés trois jusqu'à dix heures et demie, c'est moi qui ai renvoyé. Je vais me coucher, car il a bien fallu me lever. Bonsoir. Vous êtes bien aimable, et sans une profonde expérience, il serait impossible de ne pas se laisser entraîner ; tant de soins, tant de chaleur, si bien le ton et les expressions du sentiment, et tout cela employé, mon Dieu, pour qui? pour une créature que la mort a enfin exaucée. Pourquoi donc voudriez-vous me rendre inconséquente comme le bûcheron ? Hélas ! il ne manquerait plus pour compléter mon horrible destinée, que d'aller me mettre à regretter ce que je ne puis plus contenir ou retenir. Adieu, mon ami ; de vos nouvelles.

LETTRE CLXXII.

Onze heures, 1776.

Pourquoi me supposez-vous animée d'un sentiment affreux ? Voyez mieux : en aurais-je la force, quand même j'en aurais la disposition ? et puis il faudrait autant de manque de délicatesse que de maladresse, pour laisser percer du ressentiment lorsque je suis arrivée au point où je n'ai plus besoin de défense ni de vengeance. Mon ami, je meurs : cela satisfait à tout, cela remplit tout. Mais savez-vous ce qu'il faut faire de l'effroyable sentiment que vous me supposez ? un calmant pour le vôtre, auquel mon danger a donné un moment de vigueur : il faut vous refroidir, vous endurcir, fuir une malheureuse créature qui ne répand plus que la tristesse et l'effroi ; enfin il faut vous amener à la disposition, où lorsque l'événement arrivera, vous n'en éprouverez plus aucun mal. Voilà ce que ma générosité et mon intérêt pour votre repos me font vous conseiller, et c'est du fond de mon âme. N'allez pas m'opposer la morale : mon ami, on ne doit plus rien à qui a renoncé à tout ; tout pacte, tout lien, tout est rompu. Vous le voyez ! non, mon âme est impénétrable à toute consolation ; à peine osé-je me promettre quelque moment de soulagement à mes maux physiques : je les crois aussi incurables que ceux de mon cœur. J'ai cédé à l'amitié en voyant Bordeu : avant qu'il soit peu, la même amitié gémira de l'inutilité des secours. Bonsoir, je souffre beaucoup ; je voudrais bien que vous ne puissiez pas dire de même.

Songez que c'est demain votre *jeudi.* Vous avez la bonté de l'oublier : je dois m'en souvenir.

LETTRE CLXXIII.

Six heures du soir, mars 1776.

Oui, j'entends bien votre générosité. Vous voudriez qu'un autre me rattachât à la vie, ou du moins m'enlevât à la mort, à laquelle vous m'avez condamnée. Que de grâces je vous dois ! le sentiment de la haine n'aurait pas mieux fait pour mon bonheur et mon repos. Plût au ciel que vous eussiez répondu à ces avances si indiscrètes et si hors de propos, par de la haine ! ce sentiment m'eût été moins funeste que celui qui vous a entraîné à me sauver la vie. Mais ce n'est point tout cela que je voulais vous dire. Je voulais vous remercier de m'avoir donné de vos nouvelles, et de m'avoir demandé des miennes : elles sont pis que jamais, mais trop bonnes encore.

LETTRE CLXXIV.

Dix heures du matin, 1776.

Je ne pouvais lire, ni écrire, ni dicter à huit heures quand j'ai reçu votre billet. J'étais dans une crise de toux et de douleur, qui ne m'ont permis qu'une heure après d'ouvrir votre lettre. Ce matin, mes douleurs sont venues à un tel point, que j'étais menacée d'inflammation. J'ai tout tenté pour obtenir du soulagement ; et dans cette crise, vous voyez bien qu'il fallait que ma porte fût fermée. L'archevêque d'Aix et deux autres personnes y étaient venus longtemps avant vous. Eh ! bon Dieu ! pourquoi vous exclure ? parce que vous ne m'avez pas vue hier ! Ces mouvements, ces pensées ne viennent que lorsqu'on se croit aimé, et surtout qu'on espère du plaisir ; et dans mon état il n'y en a plus, je ne respire qu'après le soulagement. Je viens de me priver de M. d'Andezi ; il restait avec moi. Je n'en ai pas eu le courage ; il m'a trouvé la fièvre assez forte, et il lui a paru bien simple que je préférasse mon lit à la conversation. Bonsoir donc ; je vais me coucher. Ne venez pas demain matin : ma porte sera fermée jusqu'à quatre heures sans exception. Je ne suis plus maîtresse de mes maux ; ils ont pris possession de moi, et je leur cède. N'allez pas croire que je n'aie point envie de vous voir ; mais je meurs de regret à la manière triste dont vous passez la soirée auprès de moi, tandis que vous êtes entouré chez vous de tous les genres de plaisir. Point de sacrifice, mon ami : les malades repoussent les efforts ; ils leur font si peu.

LETTRE CLXXV.

1776.

L'amitié fait des miracles. Voici le fait : le vicomte de Saint-Chamans a demandé un congé ; s'il ne l'obtient pas, et qu'il aille à Monaco, c'est un homme perdu. Il a la funeste expérience des deux années passées. Je ne vous dis pas : sollicitez son congé, parce que ce n'est peut-être pas cela qu'il faut faire. Mais parlez du mauvais état où il est ; parlez du danger qu'il court, d'abord, en ne faisant pas les remèdes qu'on lui ordonne, et puis, en s'exposant à un air qui lui est mortel. Enfin, mon ami, plaidez pour sa vie : c'est détourner de celle qui me reste à subir, une des plus profondes douleurs que je puisse sentir désormais. Dites au baron de se joindre à vous, pour parler de l'effet de la mer sur ce malheureux jeune homme ; il en a été témoin. J'attends de mes nouvelles, puisque vous m'en avez promis : car je crois qu'il est bien plus doux et plus naturel de parler à celle qui vous a consacré sa vie ; on ne doit plus avoir rien à dire à quelqu'un qui va la perdre. Ah ! je n'en puis plus, et cela est bien vrai. Bonsoir.

LETTRE CLXXVI.

Trois heures, 1776.

Ce n'est ni votre faute ni la mienne, mon ami, si vous n'avez pas eu de vos nouvelles à Versailles. J'ai reçu votre billet ce matin à onze heures ; il n'était plus temps, et comme j'imagine que vous irez chez vous avant que de venir chez moi, je me presse de vous remercier de votre soin si aimable, si plein de bonté. Votre intérêt me touche si fort, que je suis désolée de ne pas pouvoir le contenter en vous disant que je suis mieux ; mais il n'y a pas moyen, j'ai toussé hier à en mourir. J'ai eu la fièvre assez forte cette nuit pour avoir mes idées un peu plus brouillées et plus égarées que jamais ; et ce matin, à onze heures, j'ai vu mon médecin, qui m'a trouvé plus de fièvre que je n'en ai ordinairement à cette heure-là : c'est une fièvre d'irritation ; ma poitrine et mes entrailles sont encore plus allumées et plus agitées que mon âme. Mais, mon ami, je vous aime ; et si vous me répondez, j'aurai la force du martyr : je souffrirai, je préfèrerai mes maux au bonheur de tout ce qui existe. — Je viens de recevoir un billet bien aimable de l'archevêque de Toulouse ; mais il m'inquiète, quoiqu'il ne soit pas inquiet, au moins à ce qu'il me dit : il a craché du sang hier. *Bordeu* dit que c'est de la gorge ; mais est-il naturel de cracher du sang, surtout lorsqu'on est au lait pour toute nourriture, et que l'on prend une fois par jour du lait d'ânesse? j'ai peur que cela ne finisse mal. Mon Dieu ! qu'il y a loin de ce que j'aime, de ce qui m'intéresse, de ce qui m'inquiète même, qu'il y a loin de tout cela à vous ! ah ! mon ami, portez-vous bien, ne me tourmentez plus, ne me faites plus de mal ; mais aussi, n'allez pas à l'autre excès : ne me faites pas croire que ma vie vous est nécessaire ; je serais trop à plaindre, car je sens le besoin de mourir. Bonjour, mon ami. — J'ai bien envie de savoir si vous êtes content de M. de Saint-Germain : je l'espère, je le crois. Venez, venez. Vous avez plus de pouvoir sur moi que Logistile sur Roland, que l'opium sur la douleur ; et je crois, en honneur, que vous seriez plus fort contre moi que la mort même. — Tout le monde, tout ce qui a un peu de goût et d'esprit, est à la chevrette.

LETTRE CLXXVII.

1776.

J'étais hier dans le néant : ce degré d'abattement ressemble à la mort, mais malheureusement ce ne l'est pas.

J'ai pensé à six heures que vous étiez peut-être bien près de moi, mais aussi vous en étiez peut-être bien loin par la pensée : car, dans la même chambre, on est souvent bien peu ensemble. Mon ami, n'arrivez donc pas à dix heures du soir, venez de bonne heure. Savez-vous ce qui m'aguerrit un peu pour vous, c'est M. de Condorcet, qui va à Nogent à pied toutes les semaines ; il me dit que ces courses l'ont fortifié d'une manière sensible. En conséquence, il part pour faire sa promenade de quatre lieues ; mais cependant je trouve votre rue bien loin : vous devriez venir en voiture, et la renvoyer.

M. de Saint-Chamans n'est pas plus mal ; mais voilà tout, et son état me donne de grandes craintes pour l'avenir. Vous êtes une bonne et bien aimable personne de vouloir bien vous occuper de mes affections.—J'ai su hier de vos nouvelles par M. de Vaines. Bonjour, mon ami. Et moi aussi je ne suis pas seule, cela coupe la parole. A ce soir, mon ami. Ne vous laissez pas aller à un autre mouvement.

En grâce apportez-moi ce soir votre voyage de Prusse et de Vienne. Oui, je le veux tel qu'il est ; si vous me dites non, nous serons brouillés.

LETTRE CLXXVIII.

Dix heures du matin, 1776.

Mon ami, vous m'avez vue bien faible, bien malheureuse. Ordinairement votre présence suspend mes maux, et détourne mes larmes. Aujourd'hui je succombe, et je ne sais lequel, de mon âme ou de mon corps, me faisait le plus de mal. Cette disposition est si profonde, que je viens de refuser les consolations de l'amitié, et que j'ai préféré d'être seule, de vous dire un mot, de me coucher, à la douceur et à la tristesse de me plaindre et de faire partager ma douleur. — Je viens de me souvenir que vous m'avez dit que vous aimiez à rester chez vous les *mardis* et les *jeudis*. Votre bonté vous l'a fait oublier, mais je vous rends votre parole. Mon ami, jamais je n'ai moins désiré que vous me fissiez des sacrifices. Hélas! vous voyez si je suis en état de jouir de rien! je vous crie seulement : ne déchirez pas ma plaie. Voilà où se bornent tous mes désirs. Il me semble que, si vous le vouliez bien, vos voyages à Versailles seraient un peu moins fréquents. — Mon ami, si je vous vois demain, apportez-moi le reste de votre voyage et ma brochure bleue : si vous l'avez sous la main, donnez-la à mon domestique. — Mon ami, avez-vous envoyé mon billet au propriétaire de ma maison? Mon Dieu, je regrette souvent la peine que je vous donne pour ce logement. Adieu. Je n'ai pas, en vérité, la force de tenir ma plume; toutes mes facultés sont employées à souffrir. Ah! je suis arrivée à ce terme de la vie, où il est presque aussi douloureux de mourir que de vivre. Je crains trop la douleur ; les maux de mon âme ont épuisé toutes mes forces. Mon ami, soutenez-moi ; mais ne souffrez pas : car cela deviendrait mon mal le plus sensible. Je vous le répète bonnement, simplement, n'enlevez pas la soirée de demain à votre famille ; demain c'est *mardi*.

LETTRE CLXXIX.

1776.

Mais cela est comme vous, sans mesure : envoyer la nuit deux fois! ah! le meilleur de tous les hommes! Oui, calmez-vous, je vous le répète : vous hâteriez mes maux ; les vôtres me font mal, bien mal. Je viens de prendre des calmants, je n'en suis pas encore soulagée. Je suis dans mon lit, et je penserai souvent avec douleur que vous souffrez. — Ne venez pas avant midi. Adieu.

LETTRE CLXXX.

Quatre heures, 1776.

Vous êtes trop bon, trop aimable, mon ami. Vous voudriez ranimer, soutenir une âme qui succombe enfin sous le poids et la durée de la douleur. Je sens tout le prix de votre sentiment ; mais je ne le mérite plus. Il a été un temps où être aimée de vous ne m'aurait rien laissé à désirer. Hélas! peut-être cela eût-il éteint mes regrets, ou du moins en aurait adouci l'amertume ; j'aurais voulu vivre. Aujourd'hui je ne veux plus que mourir. Il n'y a point de dédommagement, point d'adoucissement à la perte que j'ai faite ; il n'y fallait pas survivre. Voilà, mon ami, le seul sentiment d'amertume que je trouve dans mon âme contre vous. — Je voudrais bien savoir votre sort, je voudrais bien que vous fussiez heureux. — J'ai reçu votre lettre à une heure ; j'avais une fièvre ardente. Je ne puis vous exprimer ce qu'il m'a fallu de peine et de temps pour la lire : je ne voulais pas différer jusqu'aujourd'hui, et cela me donnait presque le délire. — J'attends de vos nouvelles ce soir. Adieu, mon ami. Si jamais je revenais à la vie, j'aimerais encore à l'employer à vous aimer ; mais il n'y a plus de temps.

FIN.

A LA MÊME LIBRAIRIE.

CLARISSE HARLOWE,

PAR

JULES JANIN,

2 vol. in-18 jésus, 7 fr.

LE GATEAU DES ROIS,

PAR LE MÊME,

1 vol. in-18 jésus, 1 fr.

L'IMPROVISATORE,

OU

LA VIE EN ITALIE,

Par C. ANDERSEN.

Traduit du danois, par Mme CAMILLE LEBRUN,

2 vol. in-18 jésus, 7 fr.

A LA MÊME LIBRAIRIE.

Ouvrages de M. PHILARÈTE CHASLES,

PROFESSEUR AU COLLÉGE DE FRANCE.

En Vente :

ÉTUDES SUR L'ANTIQUITÉ, précédées d'un essai sur les phases de l'histoire littéraire et sur les influences intellectuelles des races, 1 vol. in-18. . . . . . 3 50

ÉTUDES SUR LE MOYEN-AGE et les premiers temps du Christianisme, 1 vol. in-18. . . . . . 3 50

ÉTUDES SUR L'ESPAGNE et sur les influences de la littérature espagnole en France et en Italie, 1 vol. in-18. . . . . 3 50

OLIVIER CROMWELL, sa vie privée, ses discours publiés et sa correspondance particulière, 1 vol. in-18. . . . . , ... 3 50

LE XVIIIᵉ SIÈCLE EN ANGLETERRE. Études politiques et humoristiques, 2 vol. in-18. . . . . . . 7 ««

A LA MÊME LIBRAIRIE.

Ouvrages de M. PHILARÈTE CHASLES,

PROFESSEUR AU COLLÉGE DE FRANCE.

A Paraître :

ÉTUDES SUR LE XVIe SIÈCLE, précédées de l'histoire de la littérature française depuis le règne de François Ier jusqu'à celui de Henri IV, couronné par l'Académie, 1 vol. in-18. . . . . 3 50
ÉTUDES SUR L'ALLEMAGNE, 1 vol. in-18. . . . 3 50
ÉTUDES SUR L'ANGLETERRE et sur l'Amérique du Nord, 1 vol. in-18. . . . . . , ... 3 50
ÉTUDES SUR LES HOMMES ET LES MOEURS AU XIXe SIÈCLE, 1 vol. in-18. . . . . 3 50
CHARLES Ier, sa cour et son peuple, 1 vol. in-18. . 3 50

A LA MÊME LIBRAIRIE.

LES CONTES DE CHARLES DICKENS,

TRADUITS DE L'ANGLAIS,

ET

Précédés d'une notice biographique sur l'Auteur,

Par M. AMÉDÉE PICHOT.

2 Séries, in-18 jésus. . . . . 3 » »
1re Série. Contenant les Apparitions de Noël, les Carillons, le Cricri du Foyer.
2e Série. Contenant la Bataille de la Vie, la Cloche du Tocsin, Laura Bridgman, l'Enfant de mon Frère, l'Épée brisée, Nelly.

LES APPARITIONS DE NOEL, 1 vol. . . . . . . 1 « «
LES CARILLONS, 1 vol. . . . . 1 « «
LE CRICRI DU FOYER, 1 vol. . . . . 1 « «
LA BATAILLE DE LA VIE, 1 vol. . . . . . . 1 « «
LES CHEFS-D'OEUVRE DE DICKENS, la Cloche du Tocsin, Laura Bridgman, l'Enfant de mon Frère, l'Épée brisée, Nelly, 1 vol. . . . . . . 2 « «

A LA MÊME LIBRAIRIE.

DEVOIRS
ET
CONDITION SOCIALE DES FEMMES

DANS L'ÉTAT DU MARIAGE,

Traduit de l'anglais par M. GUSTAVE BRUNEL,

1 vol. in-18, 3 fr. 50 c.

LES SUÉDOIS,

DEPUIS CHARLES XII JUSQU'A OSCAR Ier.

Par le Vicomte de BEAUMONT-VASSY,

1 vol. in-18, 3 fr. 50 c.

LA GUERRE DES PAYSANS,

Par A. WEILL,

1 vol. in-18, 3 fr. 50 c.

HISTOIRE DE LA CHUTE DES JÉSUITES,

AU XVIIIe SIÈCLE,

Par le Comte ALEXIS de SAINT-PRIEST,

PAIR DE FRANCE.

1 vol. in-18, 3 fr. 50 c.

A LA MÊME LIBRAIRIE.

LA RUSSIE EN 1839,

PAR

Le Marquis de CUSTINE,

3ᵐᵉ ÉDITION.

4 vol. in-18, 14 fr.

NAPOLÉON ET MARIE-LOUISE,

SOUVENIRS HISTORIQUES,

PAR

Le Baron MENEVAL,

Ancien Secrétaire de l'Empereur.

3 vol. in-18, 10 fr. 50 c.

RÉCIT D'UNE EXCURSION

DE

L'IMPÉRATRICE MARIE-LOUISE

AUX GLACIERS DE SAVOIE

En juillet 1814,

Par le même.

1 vol. in-18, 1 fr. 50 c.

www.ingramcontent.com/pod-product-compliance
Lightning Source LLC
Chambersburg PA
CBHW060305230426
43663CB00009B/1598